Gottfried Adam, Rainer Lachmann, Regine Schindler

Das Alte Testament in Kinderbibeln

Eine didaktische Herausforderung in Vergangenheit und Gegenwart

TVZ

Gottfried Adam, Rainer Lachmann, Regine Schindler

Das Alte Testament in Kinderbibeln

Eine didaktische Herausforderung in Vergangenheit und Gegenwart

T V Z
Theologischer Verlag Zürich

Publiziert mit Unterstützung des Schweizerischen Nationalfonds
zur Förderung der wissenschaftlichen Forschung

Layout und Satz: Mario Moths, Hindelbank

Umschlagsgestaltung: g : a   gataric : ackermann visuelle gestaltung   www.g-a.ch
unter Verwendung des Titelblatts von «Bible en estampes ...» Paris 1817 (siehe S. 21)

Druck: Kösel GmbH & Co, Kempten

Die Deutsche Bibliothek - Bibliographische Einheitsaufnahme

Die Deutsche Bibliothek verzeichnet diese Publikation in der Deutschen Nationalbibliographie; detaillierte bibliographische Daten sind im Internet über <http://dnb.ddb.de> abrufbar

ISBN 3-290-17253-8

© 2003 Theologischer Verlag Zürich

Alle Rechte, auch die des auszugsweisen Nachdrucks, der fotografischen und audio-visuellen Wiedergabe, der elektronischen Erfassung sowie der Übersetzung, bleiben vorbehalten.

INHALT

Zur Einführung (Adam/Lachmann/Schindler) 7

I. Horizonte

Regine Schindler, «Zwischen Himmel und Erde» –
Ein Leitmotiv zur Beurteilung alter und neuer Kinderbibeln 13

Christine Reents, Das Alte Testament in Kinderbibeln –
Eigenständigkeit oder Verchristlichung? 41

Judith Suliman, Die Bibel und jüdische Kinder.
Der Stellenwert der Bibel in der jüdischen Erziehung 59

II. Historische Spurensicherungen

Ruth B. Bottigheimer, Die kleine Bibel von Moses Mordechai
Büdinger und andere jüdische Kinderbibeln in deutscher Sprache 71

Horst Weigelt, Lavater als Bearbeiter alttestamentlicher
Erzählungen für Kinder 85

III. Zur Didaktik in Kinderbibeln

Annelie Baum-Resch, «Rebbekka war ein wenig schüchtern» –
Frauen des Ersten Testaments in Kinderbibeln 101

Josef Braun, Die Arche Noach-Geschichte als Erzählung
für Kinder? Eine kritische Sichtung von Kinderbibeln und
biblischen Kinderbüchern 111

Christoph Th. Scheilke, Abraham in Kinderbibeln.
Zum angemessenen Umgang mit zwei schwierigen Texten
in der hebräischen Bibel 127

Reinmar Tschirch, Die Schöpfungserzählungen in Kinderbibeln.
Eine kritisch-theologische Analyse neuerer Kinderbibelausgaben   140

Irmgard Weth, Die dunklen Seiten des Alten Testaments –
Zumutung nicht nur für Kinder   153

IV. Vielfalt methodischer Zugänge

Winfried Bader, Kinderbibeln – digital. Interaktiver Umgang
mit alttestamentlichen Texten durch neue Medien   171

Reinhard Herrmann, Illustration alttestamentlicher
Geschichten in Kinderbibeln. Erfahrungen eines Illustrators   187

Dietrich Steinwede, Erzählen alttestamentlicher
Geschichten für Kinder. Erfahrungen eines Erzählers   205

Philipp Wegenast, «Nach ein paar Tagen war niemand mehr
beim großen Turm». Die Bildwelt des Alten Testaments im Comic   223

V. Neuere Kinderbibeln – kritisch untersucht

Christine Reents, Neuere Kinderbibeln unter der Lupe   241

VI. Anhang

Gottfied Adam / Rainer Lachmann, Anhang   265
Bibliographie   266
Bibelstellenregister   277
(Altes Testament 277, Neues Testament 278)
Personenregister   278
(Autorinnen und Autoren 278, Biblische Personen 282, Namen aus der Literatur 283)
Sachregister   283
Verzeichnis der Mitarbeiterinnen und Mitarbeiter   285

Zur Einführung

Wachsendes Interesse an Kinderbibeln

Mit Freude konnte man in den letzten zehn Jahren ein Anwachsen des Interesses für Kinderbibeln feststellen. Die Notwendigkeit, sich den Fragen im Umkreis der Kinderbibeln, sowohl ihrer Verwendung in der religiösen Erziehung als auch ihren Qualitäten und Problemen zuzuwenden, ist bewusster geworden. Dies kommt auch deutlich zum Ausdruck in den entsprechenden Veröffentlichungen, die in der Bibliografie am Ende dieses Bandes aufgeführt sind. Die beiden renommierten Lexika «Religion in Geschichte und Gegenwart» und «Lexikon für Theologie und Kirche» enthielten in ihrer 3. bzw. 2. Auflage noch keinen Artikel zum Thema «Kinderbibel». Das hat sich in den jüngsten Auflagen erfreulicherweise geändert.

Im Dezember 1994 traf sich auf Initiative von Gottfried Adam und Rainer Lachmann in Wien eine Gruppe von Religionspädagoginnen und Religionspädagogen zum Ersten Internationalen Forschungskolloquium «Kinderbibel». Dies war der Beginn eines kontinuierlichen Arbeitsprozesses, zu dem man sich in erweiterter Runde in einem dreijährigen Rhythmus trifft. Eine erste Frucht dieser Zusammenarbeit bildete die Veröffentlichung «Kinder- und Schulbibeln. Probleme ihrer Erforschung» (Göttingen 1999).

Nach dem Zweiten Internationalen Forschungskolloquium 1997 in Bamberg werden mit der vorliegenden Veröffentlichung weitere Ergebnisse der Beschäftigung mit Kinderbibeln vorgelegt, die im Wesentlichen auf das Dritte Forschungskolloquium «Kinderbibel», das vom 22.-24. Juni 2000 in Zürich stattgefunden hat, zurückgehen. Es wurde durchgeführt von Gottfried Adam und Rainer Lachmann in Zusammenarbeit mit Regine Schindler, die auch die Vorbereitung und Koordination der Tagung in Zürich übernahm, wo das Schweizerische Jugendbuchinstitut an der Gestaltung mitwirkte und die Theologische Fakultät der Universität, vertreten vor allem durch Alfred Schindler und Ellen Stubbe, den institutionellen Rahmen bot und für die Beschaffung von Fördermitteln sorgte.

Das Alte Testament in Kinderbibeln

Das Zürcher Kolloquium konzentrierte sich auf die Bedeutung und Stellung des Alten Testaments in Kinderbibeln – und führte auf verschiedenen Ebenen zur Reflexion darüber, wie entsprechende Werke für Kinder das «Alte Testament», das «Erste Testament» oder die «Jüdische Bibel» umsetzen. Allein schon diese verschiedenen Bezeichnungen weisen auf die

Brisanz unserer Fragestellung hin. Wir möchten dazu beitragen, besser bewusst zu machen, wie sehr uns das Alte Testament mit Menschen jüdischen Glaubens verbindet. Auch die Brücke zum Koran, in dem sich teilweise die gleichen oder ähnliche Geschichten finden, scheint uns wichtig. Eröffnet wurde das Kolloquium mit dem Beitrag von Regine Schindler «Zwischen Himmel und Erde». Nach einer Darstellung von Zürcher «Neujahrsblättern für die Jugend» und der reformierten «Kinderbibellandschaft» um Johann Caspar Lavater wurde, anhand folgender exemplarischer Fragestellungen, auch mit vielfältigem Bildmaterial, in die Thematik eingeführt: *1.* Die Titelgestaltung von Kinderbibeln mit ihren didaktischen Absichten; so erschien auf Bildern nicht zufälligerweise der Zeigefinger, sei es als Finger Gottes, als Finger des Mose, als Finger Jesu oder als Finger einer bürgerlichen Mutter; *2.* Darstellungen von Gott; *3.* Kain und Abel – ein Textvergleich; *4.* Die Jakobsleiter; *5.* Der Tempel Salomos und *6.* Frauengestalten des Alten Testaments. Der Vortrag war zugleich die Hinführung zu einer Ausstellung im Schweizerischen Jugendbuch-Institut «Zwischen Himmel und Erde. Kinderbibeln zum Alten Testament in Vergangenheit und Gegenwart», die Regine Schindler im Hinblick auf das Kolloquium konzipiert hatte; Verena Rutschmann (Beratung und Bibliografie) und Irène Meier (grafische Gestaltung) hatten bei der Ausstellung mitgewirkt.

Christine Reents fragt in ihrem Beitrag «Das Alte Testament in Kinderbibeln – Eigenständigkeit oder Verchristlichung?» danach, wie sich Altes und Neues Testament zueinander verhalten. Im Durchgang durch Kinderbibeln arbeitet sie die verschiedenen Lösungen, die sich in Kinderbibeln finden, heraus (z.B. das Alte Testament als Vorbereitung, das Neue Testament als Erfüllung des Heils).

Judith Suliman geht aufgrund ihrer eigenen Erfahrung auf «Die Bibel und jüdische Kinder» ein. Sie zeigt, welchen Stellenwert die Bibel in der jüdischen Erziehung hat. Insbesondere stellt sie das Gottesbild, die Frage verbindlicher ethischer Werte und die Dimension jüdischer Identität in den Vordergrund.

Nachdem auf diese Weise zunächst im *ersten Teil Gesamthorizonte* aufgezeigt sind, geht es im *zweiten Teil* um *historische Spurensicherungen*. Jüdischen Kinderbibeln wendet sich Ruth B. Bottigheimer in ihrem Beitrag «Die Kleine Bibel von Moses Mordechai Büdinger und andere jüdische Kinderbibeln in deutscher Sprache» zu. Mit Büdinger macht sie vor allem bekannt mit einem Werk des aufgeklärten Judentums des 19. Jahrhunderts, das, bei aller Ähnlichkeit mit Hübner, erstaunlich eigenwillige, ja moderne Züge aufweist.

Horst Weigelt geht «Lavater als Bearbeiter alttestamentlicher Erzählungen für Kinder» nach. Er zeigt Lavaters Individualisierungstendenz auf, auch die Gefahr der Verniedlichung und Moralisierung, der er zu entgehen versucht. Immer legt Lavater die zwei Kriterien der Verständlichkeit und der Erbauung zugrunde. Das Vermitteln einer «sensitiven Gotteserfahrung» ist ihm auch beim Erzählen aus dem Alten Testament ein zentrales Anliegen.

Der *dritte Block von Beiträgen* «Zur Didaktik in Kinderbibeln» geht auf einzelne Aspekte ein. Annelie Baum-Resch «Rebekka war ein wenig schüchtern – Frauen des Ersten Testaments in Kinderbibeln» verfolgt die Frage, welche Frauen in den biblischen Geschichten begegnen. Sie zeigt konkret anhand von sechs Beispielen, wie Kinderbibeln die Frauen des Alten Testaments präsentieren.

Josef Braun nimmt mit seinem Beitrag «Die Arche Noach Geschichte als Erzählung für Kinder?» eine kritische Sichtung von Kinderbibeln und biblischen Kinderbüchern vor . Er zeigt, in welcher Weise die Flut als verdiente Bestrafung des Bösen und als Voraussetzung für neues Leben dargestellt wird, und macht auf gelungene und misslungene Beispiele der Aktualisierung aufmerksam.

Christoph Th. Scheilke fragt nach der Gestalt Abrahams in Kinderbibeln. Er plädiert dafür, die Geschichten von Ismael und der «Opferung» Isaaks (1 Mose 16 sowie 1 Mose 21 u. 22) ungekürzt zu rezipieren, indem man beide Traditionsstränge nebeneinander stehen lässt und gerade nicht aus den Kinderbibeln streicht, wie das vielfach in guter Absicht getan wird.

Für einen weiteren wichtigen Erzählkomplex «Die Schöpfungserzählungen in Kinderbibeln» legt Reinmar Tschirch eine kritische theologische Analyse neuerer Kinderbibelausgaben vor. Auch hier ist interessant, was weggelassen und was erzählt wird.

Irmgard Weth geht schließlich auf «Die dunklen Seiten des Alten Testaments – Zumutung nicht nur für Kinder» ein. Sie kommt zu dem Ergebnis, dass viele Texte in der Tat eine Zumutung für Religionspädagoginnen oder Religionspädagogen bedeuten und macht Mut, die schwierigen Geschichten in ihrer meisterhaften Form möglichst stehen zu lassen und mit Behutsamkeit und Achtung weiterzugeben.

Die *vierte Gruppe von Beiträgen* spiegelt die Vielfalt methodischer Zugänge wider. Winfried Bader geht den «Kinderbibeln-digital» nach und fragt nach dem interaktiven Umgang mit alttestamentlichen Texten durch neue Medien. Hier sind wir mit einer äußerst aktuellen Herausforderung konfrontiert, die uns noch weiter beschäftigen wird.

Reinhard Herrmann, der hervorragende Illustrator, der am 21. Juni 2002 verstorben ist, lässt uns Anteil haben an seinen Erfahrungen mit «Illustration alttestamentlicher Geschichten in Kinderbibeln – Erfahrungen eines Illustrators». Anhand seiner Illustrationen zur Elementarbibel wird in eindrücklicher Weise gezeigt, wie bibelnah und didaktisch reflektiert eine Kinderbibel gestaltet werden kann. Das Gleiche wird von ihm auch im Hinblick auf seine Engel-Darstellungen vorgeführt.

Dietrich Steinwedes Ausführungen zum «Erzählen alttestamentlicher Geschichten für Kinder – Erfahrungen eines Erzählers» entfalten die Grundmotive, die diesen Altmeister in seiner Erzählpraxis geleitet haben. Man spürt förmlich seine große Ernsthaftigkeit angesichts der Aufgabe, wenn er Martin Buber zitiert: «Immer wenn ich einen biblischen Text zu übertragen oder zu interpretieren habe, tue ich es mit Furcht und Zittern in einer untrennbaren Schwebe zwischen dem Wort Gottes und dem Wort der Menschen.»

Der Bildwelt des Alten Testaments in Comicform geht Philipp Wegenast in seinem Beitrag «Nach ein paar Tagen war niemand mehr beim großen Turm» nach. Für die biblische Geschichte vom Turmbau zu Babel (1 Mose 11) analysiert er vor allem drei anspruchsvolle Bearbeitungen des Themas durch Comics.

Christine Reents nimmt sachkundig «Neuere Kinderbibeln unter die Lupe». Sie stellt dar, welche Kinderbibeln aus ihrer Sicht empfehlenswert sind, und expliziert die Gründe für die Auswahl. Dabei wird die Frage «Babybibeln – ein sinnvolles Unterfangen?» gestellt. Angesichts der neuesten Entwicklungen auf dem Kinderbibelmarkt – solche Werke für die Kleinsten entstehen in großer Zahl, verschwinden aber schnell wieder vom Markt – ist dies eine aktuelle Frage, die es auch grundsätzlich, mit einer Reihe von kritischen Argumenten, zu bedenken gilt.

Abgeschlossen wird der Sammelband mit einer ausführlichen Kinderbibel-Bibliografie, die Rainer Lachmann erstellt hat. Bei der Herstellung der Register war Gregor Schwimbersky behilflich.

Unser Dank gilt dem Schweizer Nationalfond, der durch einen namhaften Druckkostenzuschuss das Erscheinen des Bandes ermöglicht hat.

Im Mittelpunkt des vorliegenden Bandes steht also das Alte Testament und seine Rezeption in Kinderbibeln. Dabei geht es nicht nur um historische Fragestellungen, sondern auch um grundsätzliche didaktische Aspekte und aktuelle gegenwärtige Probleme. Religionspädagogisches Arbeiten profitiert immer von diesem Zusammenhang von Vergangenheit und Gegenwart.

Das Vierte Internationale Forschungskolloquium «Kinderbibel» wird vom 19. bis 21. Juni 2003 in Wien stattfinden. Sein Thema wird die Frage der Illustration von Kinderbibeln sein. In einer Zeit, die durch die Hinwendung zum Bild und eine Renaissance des Ästhetischen gekennzeichnet ist, stellt auch dies eine wichtige Thematik dar.

Es ist der Wunsch der Herausgeberin und der Herausgeber, dass durch diese Veröffentlichung die Beschäftigung mit Kinderbibeln weiter befördert und damit die kritische und konstruktive Reflexion weiter vorangebracht wird.

Bamberg/Wien/Zürich,   Gottfried Adam
im Februar 2003   Rainer Lachmann
                                                   Regine Schindler

Regine Schindler

«Zwischen Himmel und Erde» - Ein Leitmotiv zur Beurteilung alter und neuer Kinderbibeln

Abb. 1: «Das Frolocken der Engeln uber Gelegtes Fundament der Erden». Neujahrsblatt 1715. Kupfer von Joh. Melchior Füssli. (Anm. 2)

«Zwischen Himmel und Erde» – Ein Leitmotiv zur Beurteilung alter und neuer Kinderbibeln

1. Das Zürich des 18. Jahrhunderts als Ausgangspunkt
«Neujahrsblätter» zwischen Brauchtum und ästhetischem Anspruch

«Zwischen Himmel und Erde»[1] – mit diesem Titel der Ausstellung im Schweizerischen Jugendbuch-Institut, aber auch mit dem hier wiedergegebenen Bild 2 der Einladungskarte (Abb. 1) zum Dritten Internationalen Forschungskolloquium «Kinderbibel» vom Juni 2000 wurde eine Art Leitmotiv über die Arbeit mit Kinderbibeln gesetzt: Ein Engel legt seine eine Hand tröstend auf Hiobs Schulter. Er zeigt mit der Rechten zum Himmel, wo Engel tanzen und Gott zu erkennen ist, symbolisiert durch das Dreieck, Zeichen für die Trinität. Es geht um den Menschen und um Gott, um eine tröstliche Verbindung zwischen Himmel und Erde, die es zu entdecken gilt. Darin spiegelt sich der Auftrag, den jede gute Kinderbibel zu erfüllen hat. Erwachsene – ob wissenschaftliche Fachleute, Schriftsteller, Illustratorinnen oder Erzählende in Kirche, Schule oder Kinderzimmer – werden zu zeigenden Engeln, die mit einer Kinderbibel innere und äußere Bilder entstehen lassen.

Erstaunlicherweise bleibt es auf diesem Bild aber nicht bei einem Blick zum heiteren Gotteshimmel. Unter dem Himmel schwebt eine zweite Erde, als wollte das Bild sagen: Auch vor Gott, vor dem tröstenden Gott, von dem es viel zu erzählen gibt, ist der Mensch nicht allein. Zu Füßen der tanzenden Engel schwebt eine Erdkugel, auf die das Gottes-Dreieck deutet, eine Erde, die zeichenhaft als Ganze sichtbar ist, die in unserem Blickfeld zu sein hat, zusätzlich zu unserer nächsten irdischen Umgebung, wo wir wie Hiob leiden, hoffen oder arbeiten. «Das Frolocken der Engel über Gelegtes Fundament der Erden» lautet der Titel der Publikation. Hingewiesen wird auf das Ende der Hiobsgeschichte, Kapitel 38, Verse 4-7, auf jenen Schöpfungspsalm, der Hiobs Fragen nicht eigentlich beantwortet, sondern den Fragen des Menschen Gottes wunderbare Erschaffung der Erde entgegenstellt. Die Bibel zwischen Himmel und Erde hat also nicht nur mich und Gott im Blick, sondern auch die konkrete Welt, die ob aller Gottesschau nicht vergessen werden darf – eine immer auch gefährdete Welt, in die hinein erzählt wird.

Im Gedicht, das dem Neujahrsblatt als «Erklärung des Kupferblattes» beigegeben ist, wird ermuntert zum Lob der Schöpfung, die mitsamt den Engeln des Bildes ein Stück weit entmythologisiert werden soll.

Ob zwahren dises ist figürlich zuverstehen/
Weil Engel Geister sind; doch ist anbey bekant:
Es möge nach dem Sinn der Schrifft gar wol geschehen/
Daß man der Engel Werck verstehe mit Verstand.

Nun zur Herkunft dieses Bildes, das 1714, zeitgleich also mit Hübners Biblischen Historien, geschaffen wurde und als «Neujahrsblatt» auf den Beginn des Jahres 1715 an die zürcherische Jugend verteilt wurde. Entstanden ist es im Zusammenhang mit einem alt-zürcherischen (aber auch anderswo üblichen) Brauch, der noch heute gepflegt wird. Allerdings richteten sich die Neujahrsblätter[3] später, seit der Mitte des 19. Jahrhunderts, nicht mehr an Kinder, während sie von 1645 an der «lernbegierigen, sittsamen, ehr-, tugend- und kunstliebenden, zartblühenden Jugend, zum Nutzen und Vergnügen, verehrt» wurden. Es handelte sich um lose Blätter, versehen mit einem Kupferstich und einem belehrenden oder gereimten Text. Nicht nur die Stadtbibliothek von Zürich, die mit dieser Gabe an die Jugend begann, brachte solche Neujahrsstücke heraus, sondern mehrere Gesellschaften wie die Music-Gesellschaft, die naturwissenschaftliche Gesellschaft, die Gesellschaft der Chorherren, also der Gelehrten «auf der Chorherrenstube», die sich im Anbau des Großmünsters befand, dem Vorgängerbau der heutigen theologischen Fakultät.

Die Kinder sollten zum Berchtoldstag oder «Bächtelistag», dem 2. Januar, die «Stubehitze», ursprünglich Holz oder Reisigbündel zum Heizen der Versammlungsräume, in die Gesellschaftsstuben tragen, Gaben, die schon früh in Form von klingender Münze überbracht wurden. Zwischen Morgenpredigt und Kinderlehre zogen Söhne und Töchter der Stadtbürger von Gesellschaft zu Gesellschaft, wurden mit Malaga oder heißer Trink-Schokolade bewirtet und erhielten, neben den Neujahrswünschen, die sie sich auch gegenseitig in den Zürcher Gassen zuriefen, jene Neujahrsblätter – letztlich eine städtische Form der Heische-Bräuche, die zu den Mittwinterfeiern gehörten. Zürich, eine kleine Stadt von damals kaum 10.000 Einwohnern, hatte eine beachtliche Tradition der Buchillustration aufzuweisen. So kam es, dass die Jugend, neben der Zwingli-Bibel und den Katechismen, eine willkom-

Abb. 2: «Das Horn und die Posaune auf Sinai». Neujahrsblatt der Music-Gesellschaft, Zürich 1719. Kupfer von Joh. Melchior Füssli.

mene deutschsprachige Lektüre erhielt, immer verbunden mit Stichen hervorragender Künstler. Eine frühe Form von Kinder-Periodika war entstanden.

Das vorliegende «Neujahrsstück» gehört zu einer Reihe der «Music-Gesellschaft ab dem Music-Saal auf der Teutschen Schul». Von 1713 bis 1779 war diese Folge immer einem biblischen Thema gewidmet, während andere Reihen eher historische Ereignisse, Porträts berühmter Männer oder auch soziales («wohltätiges») Handeln zum Gegenstand hatten. Das vorliegende Bild schuf Johann Melchior Füssli, der später die meisten Bilder zu Johann Jakob Scheuchzers[4] «Physica Sacra» (1731-1735) entwarf, einem Werk in acht Folianten mit 750 Kupfertafeln, die einzelne Teile der Bibel naturwissenschaftlich und historisch deuten. Es wurde ein in Zürich geplantes, von zwanzig süddeutschen Kupferstechern umgesetztes Meisterwerk deutscher Buchillustration, das vermutlich auch zahlreiche Kinderbibel-Illustratoren prägte. Nicht zufällig stand ein Band mit den Kupferstichen der «Physica Sacra» in der Bibliothek des Bibelillustrators Reinhard Herrmann in Münster[5], der sich bewusster als andere Illustratoren mit alten Buchdrucken auseinandersetzte.

Anhand der Neujahrsblätter sei hier dazu ermuntert, Buchtraditionen zu erforschen, die in das lokale Brauchtum eingebunden sind. Neben den weit verbreiteten, in zahlreiche Sprachen übersetzten Kinderbibeln wie jener von Hübner gibt es immer wieder ausgesprochen lokale Traditionen, deren Einfluss ernst zu nehmen ist. In der ersten Hälfte des 20. Jahrhunderts hat etwa die von Rudolf Münger illustrierte «Kinder-Bibel»[6], eine Berner Schulbibel, mindestens eine Generation Heranwachsender im Kanton Bern geprägt. In Bayern übte das «Gottbüchlein»[7] mit seinen sanft-aufdringlichen anthropomorphen Gottesdarstellungen in den 30er Jahren starken Einfluss aus. Die Reihe solcher Beispiele ließe sich vermehren. Die Neujahrsblätter zeigen aber auch: Ein anspruchsvoller, künstlerisch hochwertiger Stil – in Bild und Text – kann Kindern durchaus zugemutet werden, kann sich langsam dem Bewusstsein einprägen, sich mit dem Größerwerden im Kind aufschlüsseln. Ausgeprägte Infantilisierung – zum aufgeklärten 18. Jahrhundert eigentlich nicht passend – ist dabei nicht unbedingt nötig. Jedenfalls muss in diesem Zusammenhang die Frage neu gestellt werden, ob und warum es Kinderbibeln überhaupt braucht. Ist der ursprüngliche Sinn für große illustrierte Familienbibeln und das spontane Erzählen zu den Bildern mit den Jahrhunderten verloren gegangen? Gab es eine solche ideale Erzählsituation gar nie – und waren Kinder immer überfordert oder unterernährt? Musste die Kindheit erst entdeckt werden? Jedenfalls zeigen die «Neujahrsblätter», die nur punktuell und knapp, aber in ästhetischem Gewande unterweisen und unterhalten wollen, eine überzeugende Möglichkeit und werfen die grundsätzliche Frage auf, wie pädagogisch und didaktisch eine Kinderbibel sein müsse, um zu wirken und sich auch bei den Kindern selbst durchzusetzen.

Kinderbibeln rund um Johann Caspar Lavater

Mit den «Neujahrsblättern» wurde hier auf einen ganz bestimmten Typus der Vermittlung biblischer Geschichten hingewiesen. Es ist nur ein einzelner Teil jener bewegten Zürcher Bildungslandschaft des 18. Jahrhunderts, in die hinein dann der Kreis um Johann Caspar Lavater und Johann Jakob Hess, angeregt durch die «Moralische Gesellschaft», die berühmten Biblischen Erzählungen für die Jugend verfasste. Vor allem aber wurden damals auch in der Schweiz zahlreiche Hübner-Ausgaben publiziert, darunter mehrere französische Varianten, 1770 auch eine rätoromanische.[8] Auch andere deutsche Werke wurden in Zürich neu gedruckt, so 1771 Johann Peter Millers «Erbauliche Erzählungen der vornehmsten biblischen Geschichten zur Erweckung eines lebendigen Glaubens und der wahren Gottseligkeit in der Jugend», Bürkli Truckerey Zürich[8]. Aber auch Wagners «Auserlesene Biblische Historien aus dem Alten und Neuen Testament»[9], unbekanntere Ergänzungsgeschichten zu Hübner, erschienen im selben Verlag, genau wie Lavaters «Christliches Handbüchlein für Kinder» (auch 1771)[10].

Abb. 3: Frühe Zürcher Hübner-Ausgabe (1780), wie sie im Umkreis Lavaters benützt wurde. (Anm. 11)

Abb. 4: «Catechetische Kinder-Bibel» von Abraham Kyburz, Bern 1744, 1. Band. Der 2. Band erschien 1745 in Zürich bei Bürkli. (Anm. 13)

Es wird – etwa im Anhang einer Zürcher Hübner-Ausgabe von 1780[11] (S. 380) – für die verschiedensten scheinbar konkurrierenden Produkte aus dem gleichen Verlag geworben. In einem kleinen «Bericht an die Herren Buchbinder» wird hier auch «eine Anweisung» angeboten, «wie die

Kupfer in ihrer Ordnung müssen beygebunden werden», ob es nun um Texte von Hübner (Abb. 3), Kyburz (Abb. 4) oder Wagner geht. Der Bedarf an religiöser Literatur für Kinder scheint vorhanden und die Produktion in Zürich groß gewesen zu sein.

Die große und teure «Historien-Kinder- und Bet-Bibel»[12] des Berner Pfarrers Abraham Kyburz erschien in 6 Bänden während der Jahre 1737 bis 1763, zuerst in Augsburg, dann in Basel, der letzte Band in Bern; hier wurden die biblischen Erzählungen im Gegensatz zu Hübner ausgeschmückt und erbaulich gedeutet, am Ende eines jeden Kapitels gefolgt von einem langen Gebet, das – auch im Alten Testament – eine nahe Beziehung der Lesenden zu Jesus herstellen sollte. Die Produktion dieses großen Werkes wurde 1744/45 unterbrochen durch Kyburz' «Catechetische Kinder-Bibel»[13] in nur zwei handlichen Bänden, die «abgekürzt» und «ein gantz neues Werk» sein sollten, in Umfang und Art sehr viel eher ‹dem Hübner› zu vergleichen. Auch der zweite Band dieses aus Bern stammenden Werkes wurde bei David Bürkli in Zürich gedruckt: eine zentrale Produktionsstätte religiöser Kinderliteratur?

Interessant ist natürlich die Frage, ob und wie sich nun die zürcherischen, also bearbeiteten Ausgaben des Hübner von der Originalausgabe unterscheiden, wie sich eine ausdrücklich reformierte Produktion selbst versteht. Im Vorwort von 1737, das sich in einer Hübner-Ausgabe von 1768[14] findet, werden die Änderungen für das *reformierte* Gebiet erläutert: «Es möchte zu besserem Nutzen der Jugend eine solche Ausgab verfertiget werden, die mit den Symbolischen Büchern unserer nach Gottes Wort Reformirten Kirchen allerdings übereins käme; damit auch einfältige Leute sie für ihre Kinder desto kommlicher gebrauchen könnten. Diesen Ehren-Leuten zu willfahren, hat die Frau Verlegerin jemand ersucht, das Nöthige zu ändern, und auch andere darinn vorkommende Fehler zu verbessern. Die Aenderungen so dissfals gemacht worden, finden sich grösten Theils in der Citation der heiligen zehen Geboten und in der Lehre von dem Heiligen Abendmahl.»

Die wichtigste Änderung fast aller reformierten Hübner-Ausgaben ist, gemäß Heidelberger Katechismus, das Einfügen des zweiten Gebotes, das in Luthers Katechismus und auch bei Hübner fehlt: «Du sollst dir kein Bildnis machen.»

Dem 25. Kapitel zur Gesetzgebung durch Mose wird in schweizerischen Hübner-Ausgaben zudem ein «Zwischenkapitel» gegen die Sabbatschändung beigefügt – die Sonntagsruhe spielt für Reformierte eine größere Rolle als für Lutheraner. Andere Ausgaben aus Basel, Biel und Zürich weisen die gleichen Änderungen auf. Nur in preiswerteren Fassungen (ohne Illustrationen) wird auf das Zwischenkapitel zum Sabbat verzichtet.

Der Boden für Lavaters Publikationen war also in vielfacher Beziehung bereitet. Die «Ascetische Gesellschaft» – heute würde man sie als «Pfarrverein» bezeichnen – unterstützte das Projekt der kleineren «Moralischen Gesellschaft». Junge Theologen, die noch auf eine Stelle warte-

Abb. 5: Titel des Bildteils der Bilderakademie von J. S. Stoy. Tafel entworfen von Daniel Chodowiecki, gestochen von Joh. Rudolf Schellenberg, Nürnberg 1780. Klio, die Muse der Geschichtsschreibung, öffnet den Vorhang. Zusammen mit biblischer wird hier profane Geschichte vermittelt. (Anm. 16)

ten und als «Exspectanten» bezeichnet wurden, betätigten sich immer wieder als Hauslehrer und schrieben auch für Kinder. Nicht nur Basedows «Elementarwerk»[15], auch die «Bilder-Akademie für die Jugend» von Stoy[16] wurden in Einzel-Lieferungen in Zürich vertrieben, dienten der Bildung der Jugend und machten sie gleichzeitig mit einem anspruchsvollen Illustrations-Stil vertraut (Abb.5). Basedow ist fast durchwegs von Chodowiecki illustriert; bei Stoy wirkte der Winterthurer Kupferstecher Johann Rudolf Schellenberg (1740-1806), den auch Lavater zu biblischen Illustrationen[17] bewegen konnte, entscheidend mit.

Während es bei Basedow vor allem um einen eher utilitaristischen Lernprozess im Rahmen einer philanthropischen Erziehungspraxis geht, steht bei Stoy im Mittelpunkt der kunstvoll aufgebauten Bildtafeln jedes Mal eine Geschichte der Bibel; Bildungs- und Bibelunterricht gehören untrennbar zusammen.

2. Exemplarische Fragen an alte und neue Kinderbibeln[18]
2.1 Der Titel als Programm

Die Überschrift will besagen, dass eigentliche Kinderbibeln in Text und Bild fast von Anfang an didaktisch, programmatisch sein wollen und dies mit ihrem Titel in Wort und Bild auch anzeigen. Nicht zufällig erscheint dabei im Bild immer wieder der Zeigefinger, der auf das hinweist, was trägt: Sei es Gottes Finger[19] (Abb. 6), der Finger des Mose[20] (Abb. 7) auf die Gesetzestafeln deutend, der Finger Jesu oder der Mutter[21] (Abb.8) – ein belehrendes Zeigen in fast unendlichen Varianten, wozu im übertragenen Sinne ganz sicher auch Hübners zweimal 52 biblische Historien gehören, gedacht als Wochenprogramm für zwei Jahre, aber auch ein Zeige-Buch im Einzelnen von Aufbau und Gestaltung her.

Auffallend sind die bei vielen alten Innentiteln zu einem regelrechten dogmatischen Gebäude aufgebauten und symbolisch arrangierten Perso-

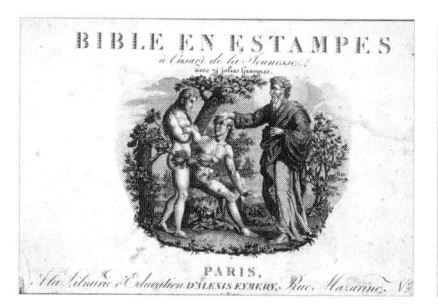

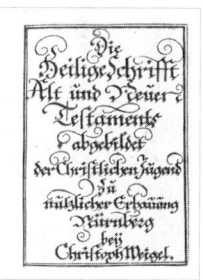

Abb. 6: Gottes Finger auf dem Titelblatt von «Bible en estampes ...», Paris 1817. (Anm. 19)

Abb. 7: Mose, der der eine Gesetzestafel trägt, zeigt mit dem Finger auf verängstigte Kinder. Mini-Büchlein von Ch. Weigel, Nürnberg um 1700. (Anm. 20)

nen und Requisiten[22] (Abb. 9a und 9b): Mose steht links, Jesus rechts; Opferaltar oder Bundeslade deuten auf das Alte, die Abendmahlsgeräte auf das Neue Testament: Symbole des Gottesdienstes.

Im 20. Jahrhundert wollen dann die Außentitel eher auf der Erlebnisebene einstimmen als belehren. Dabei fällt auf, dass Jesusbilder – vor allem Jesus mit Kindern – im Vordergrund stehen: Es besteht damit fast immer die Tendenz, das Neue Testament gewissermaßen zu begünstigen, auch wenn es um die ganze Bibel geht; dies nicht nur durch den Titel, sondern auch durch den Umfang: Meist sind Altes und Neues Testament ungefähr gleich lang, was natürlich nicht dem biblischen Textbestand entspricht. Das Alte Testament soll, darauf

Abb .8: Titelblatt zum Alten Testament von Joh. Rudolf Schellenberg, Winterthur 1774. (Anm. 21) Die Mutter, nicht der Hausvater, erzählt und zeigt mit einem Finger auf die Bibel, mit der andern Hand auf die Kinder.

Abb. 9a: Titelblatt der Bibel von Wilhelm Corrodi, 1842. (Anm. 22)

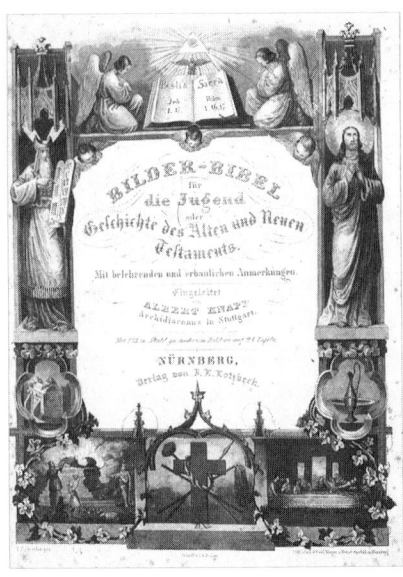

Abb. 9b: Titelblatt der Bibel von Albert Knapp, 1844. (Anm. 22)

Abb. 10a: Schutzumschlag und Titelseite von Paula Jordan, 1927. (Anm. 23)

Abb. 10b: Buchumschlag von Paula Jordan, 1949. (Anm. 23)

verweisen jeweils kleine Kommentare oder Belehrungen am Ende der Kapitel, auf das Neue Testament hin gelesen werden und hat dadurch in sich selbst weniger Gewicht. Auch die Titelbilder von Paula Jordan (1927 und 1949, Abb. 10a und 10b)[23] zeigen diese Dominanz des Neuen Testaments; die Darstellung des Gekreuzigten an prägnanter Stelle, oben in der Mitte, betont die lehrhafte Absicht, die dem Buch mindestens von außen den Erzähl-Charakter nimmt. Eher süßliche Kindersegnungen auf Titeln (Abb.11), wie sie weit verbreitet sind, sind oft Hinweise auf evangelikale oder anglo-amerikanische Herkunft.

Die angedeutete Problematik, die Gefahr nämlich, dem Alten Testament seine Eigendynamik in Gesamtbibeln zu stehlen, ist den neuesten Kinderbibel-Herausgebern offensichtlich bewusst: Durch Titelbilder mit einer allgemein orientalischen Atmosphäre oder mit der Thematik «Unterwegssein in der Wüste»[24] bringen sie dies zum Ausdruck, so dass solche Umschläge dem Alten und Neuen Testament gerecht werden.

Gott im Bild – Gottesbild

Gott als Mensch? Gott als Symbol? Gott gar nicht dargestellt? Der berühmt-berüchtigte ‹alte Mann mit Bart›, im Text womöglich versehen mit drohenden, kontrollierenden Eigenschaften, muss – da ist man sich einig – abgeschafft werden. Dennoch: «Unser Vater im Himmel» beten wir noch heute, auch mit Kindern. Dass Gott die Menschen hört und beschützt, also menschenähnliche Eigenschaften hat, bringen wir auch heutigen Kindern bei. Wie weit ist dies für Kinder auto-

Abb. 11: Titel einer in der DDR verbreiteten Kinderbibel. Bilder von Elisabeth Reuter. Evangelische Verlagsanstalt, Berlin 1960.

Abb. 12: «Froschauer Bibel», Folio-Bibel, Zürich 1531, vermutlich von einem lokalen Künstler. Gott wird mit Tiara dargestellt.

Abb. 13: Joseph und Johann Klauber, Biblische Geschichten, Augsburg 1748, 100 Tafeln [RK KLA 1]: Ein anthropomorpher Gott mit Strahlenkranz.

matisch an einen anthropomorphen Gott gebunden? Gottes Hand, die mich beschützt – in welchem Kontext sind Kinder zu symbolischem Denken fähig?

Gott als Mensch, als Mann: Dahinter steht auch eine alte ikonographische Tradition, beginnend bei frühchristlichen Sarkophagen, über Gott mit Tiara (Abb. 12) in der Froschauer-Bibel (1531) bis zu Joseph Klauber (1748. Abb.13), zu Michelangelo oder Schnorr von Carolsfeld. Aber auch symbolische Gottesdarstellungen – das Dreieck für die Trinität (Abb. 14a und 14b), das Tetragramm (JHWH), ein Strahlenkranz oder die

Abb. 14a: Frühe Hübner-Ausgabe von 1734: Gott als Dreieck mit angedeuteten Schriftzeichen, in Flammen- und Wolkenkranz. (Anm. 25)

Abb. 14b: Gott als Dreieck, umgeben von grossen Engelkränzen, bei Abraham Kyburz, 1744 (Anm. 25); das gleiche Bild findet sich in mehreren Hübner-Ausgaben.

Abb. 15: Der bärtige Gott im "Gottbüchlein" von 1935. (Anm. 26)

Abb. 16: Der Schöpfergott inmitten von Gestirnen. Patmos Bibel 1967. (Anm. 27)

Abb. 17: Reinhard Herrmann, Gottesdarstellung in der Schöpfungsgeschichte. Elementarbibel 1998. (Anm. 28)

verschiedenen Symbole in Kombination – haben eine lange Tradition.[25]
Im 20. Jahrhundert aber scheint Gott grundsätzlich nicht mehr dargestellt zu werden. Doch gibt es einerseits Relikte wie im «Gottbüchlein»[26] (Abb.15), andererseits bewusste, künstlerisch eindeutig gelungene menschliche Gottesdarstellungen, die ernst zu nehmen sind. So hat das Gottes-Bild von Jacques Le Scanff[27] (Abb.16), das einen Menschengott in die Mitte von Gestirnen oder auch Molekülen stellt, 1967 in der inzwischen alten Patmos-Bibel, viele Kinder geprägt; sie sind heute junge Eltern und bezeugen, dass dieses Gottesbild ihnen nicht geschadet habe. Die anthropomorphe Gottesdarstellung von Reinhard Herrmann[28] (Abb.17), über die sich der Künstler in diesem Band selbst äußert, regt Kinder ausgesprochen an; «Gott blies ihm den Hauch des Lebens in seine Nase» heißt es dazu im Text von Anneliese Pokrandt, nach 1 Mose 2,7. Dieser Gott hat mit jenem von Le Scanff eine entfernte Familienähnlichkeit; jedenfalls irritiert er Kinder nicht, im Gegenteil. Es zeigt sich also, dass für die Übermittlung eines biblischen und hilfreichen Gottesbildes nicht nur die Frage, ob menschlich/abstrakt/unsichtbar entscheidend ist, sondern der ganze Kontext von Erzählung und anderen Bildern, natürlich auch von der Bildgestaltung im Detail[29].

Rauch steigt zum Himmel – Brudermord

Neben der Titelgestaltung und den Gottesdarstellungen eignen sich jene Geschichten, die gewissermaßen zum Kanon jeder Kinderbibel gehören, besonders gut für einen Vergleich. So findet sich die Geschichte von Kain und Abel in einem sehr großen Teil aller Kinderbibeln. Im Hinblick auf dieses Thema soll, mehr als bei den anderen Fragestellungen, auch die Gestaltung des Textes mitberücksichtigt werden. Es geht um eine Geschichte urmenschlichen Konflikts, um das problematische Nebeneinander Gleichberechtigter, auch um das komplizierte Gegenüber zweier Kulturen, jener des Ackerbauers Kain und des Hirten Abel[30]. Gott sieht freundlich auf Abels Opfer, auf Kains Opfer aber sieht er nicht. Interessant ist, dass im Alten Testament nirgends gesagt wird, Kain sei a priori der Böse und Abel der Gute gewesen. Auch nicht, Abel habe besser geopfert als Kain. Das Opfer erwächst für beide, Kain und Abel, unmittelbar aus ihrer Arbeit, die sie je als von Gott gesegnet empfinden und wofür sie danken, sicher jeder so gut er kann.

Die Spannung beginnt mit der Reaktion Gottes auf die Darbringung, die man sich zu jener Zeit nicht an einem heiligen Ort, nicht auf einem Altar vorzustellen hat. Das Primizialopfer wurde wohl kaum verbrannt, viel wahrscheinlicher hingelegt, emporgestreckt, ausgebreitet, in's Wasser geworfen. Es bleibt in der Geschichte unerklärt, warum Gott das Opfer Abels ansieht. Es ist darum eine Geschichte über Gott, über einen auch unerklärlichen Gott, der die Menschen mit ihrer Ungleichheit scheinbar allein lässt. Dass der Rauch des einen hinaufsteigt, der des andern hinabgedrückt wird, ist «bloße Phantasie», wie es in Kommentaren[31] heißt, obwohl dies so häufig dargestellt wird, dass man meint, es stehe so in der Bibel. Das Zurückgesetztwerden durch Gott war von Kain sicher im Nichtgelingen der Arbeit zu erkennen. Mit diesem Nichtgelingen wird Kain nicht fertig. Trotz der Warnung Gottes ist der Neid stärker als alle Vernunft.

Vor allem in älteren Kinderbibeln geht es um den Versuch, zu erklären, warum Gott Kains Opfer nicht angenommen hat. Es geht um ein Hinterfragen von Gottes Rätselhaftigkeit, um oftmals aufdringliches Erklären und gleichzeitig um gefährliches Moralisieren. Einzelne Deutungen kommen dabei durch alle Zeiten hindurch immer wieder vor:

a. *Kain opfert nicht richtig:* Johannes Chrysostomos schreibt in seiner Schrift «Über Hoffart und Kindererziehung»[32] im Jahre 393:

«Als er (Abel) Gott nun sein Bestes darbrachte, fiel sogleich Feuer vom Himmel und raffte alles hinweg auf dem Altar in der Höhe. Der ältere Bruder handelte freilich nicht so, sondern er ging hin, nahm von den Früchten seiner Arbeit die besten für seinen eigenen Vorrat und brachte Gott die zweitbesten dar. Daran hatte Gott aber gar keinen Gefallen, wandte sich ab und ließ sie auf der Erde liegen. Das erste Opfer jedoch nahm er zu sich in den Himmel.»

Die Art, wie Kain gemäß Chrysostomos opfert, verstärkt sich z.B. bei Anne de Vries, dem Autor der verbreitetsten Kinderbibel des 20. Jahrhunderts:

«Dann begann Kain auch zu beten, aber richtig dankbar war er nicht. Er dachte: Warum muss ich dem Herrn eigentlich danken? Ich habe das Korn doch selbst gesät, ich habe doch mühsam dafür gearbeitet.»[33]

Allerdings wird dann die Sache mit dem Totschlag verharmlost und moralisiert: Der getötete Abel sei gar nicht arm und unglücklich; er sei bei Gott und bei den Engeln, dort sei es herrlicher als im Paradies. Dieser frei dazugedichtete Schluss wirkt schwärmerisch und lenkt die Gedanken letztlich von der Grundaussage der Geschichte ab; in einer neueren Bearbeitung von Anne de Vries fehlt er denn auch; stattdessen wird, gemäß der biblischen Vorlage, auf weitere Kinder von Adam und Eva hingewiesen, vor allem auf Set.

Bei Abrascha Stutschinsky, der 1964 eine jüdische Kinderbibel schrieb[34], lesen wir: «Kain opferte auch, aber nicht so gern wie sein Bruder Abel. Er opferte ein wenig von den Früchten des Feldes, die für ihn selbst nicht mehr gut genug waren.» Und bei Luise Tobler-Maler: «Auch Kain hatte ein Opfer gebracht, aber nur von dem, was er gerade im Überfluss besaß.»[35]

Die Reihe solcher Ausformungen der Geschichte ließe sich fast unendlich fortsetzen. Im Grunde ist der Versuch, Gottes Verhalten durch falsches Opfern Kains zu erklären, für Kinder gut nachvollziehbar. Kinder wollen eine eindeutige Moral oder eine ganz logische Erklärung. Dies ist eine Gefahr, der viele Kinderbibeln erliegen: den Kindern mehr Moral, aber auch mehr logische, eindeutige Erklärung zu bieten, als die Bibel selbst enthält.

b. *Kain ist böse – Abel ist fromm*: Eine ähnliche Deutungsweise, die Kain grundsätzlich, nicht nur beim Opfer, den Bösen sein lässt, ist noch weiter verbreitet als die Erklärung mit dem «falschen Opfer». Bei Johann Hübner (1714) heißt es: «Adam hatte anfangs nur zwei Söhne und dennoch war ein gottloser darunter. Daraus siehet man, dass es von Anbeginn böse und fromme Kinder gegeben hat.»

Noch ausgeprägter erzählt die stark ausschmückende, weitschweifige Kinderbibel des Berner «Sonntagsschulvaters» Gottfried Fankhauser[36], die ansonsten noch heute gelegentlich gute Erzählanregungen vermittelt: «Und wenn er (Kain) – als Kind – die Hände falten und beten sollte, machte er ein böses Gesicht und wollte nicht... Abel hörte gern vom lieben Gott erzählen, und das Beten war ihm das Liebste.»

Als Ausdruck für das Fromm- und Liebsein stets das Gebet zu erwähnen, ist vor allem für das 19. Jahrhundert kennzeichnend. Es sei in diesem Zusammenhang erinnert an die Geschichte vom «Meretlein» in Gottfried Kellers «Grünem Heinrich»: Ein kleines, für heutige Begriffe ausgesprochen kreatives und originelles Kind wird zu einem Pfarrer in Kur gegeben, weil es nicht richtig beten will und seine Gebetbücher zerreißt. Dort wird es als kleine Hexe, als schlechthin böse oder teuflisch verschrien und stirbt am Schluss, als Folge einer grauenhaften pädagogischen Peinigung. Beten, «gutes Beten», ist Inbegriff der Frömmigkeit.

Johann Peter Hebels «Biblische Geschichten für Kinder»[37] (1824) erwähnen zwar nicht das Beten, charakterisieren Kain aber folgendermaßen: «(Er) ... hatte ein rauhes unfreundliches Gemüt. Abel hingegen war ein frommer Knabe und ein Hirt.»

Auch in neueren Kinderbibeln finden sich ähnliche Formulierungen, so bei Cramer-Schaap[38]: «Kain machte seiner Mutter oft Kummer. Wenn er seinen Willen nicht durchsetzen konnte, wurde er böse. Wie er dann aufbrausen konnte! ... Während Mutter erzählte, dachte Abel an Gott.»

Bei Stefan Andres[39] ist Kain der Schweigsame, der kraftvoll einen Löwen vertreiben kann, aber murrt. Abel ist der intelligente, aufgeschlossene Erfinder.
Vielleicht lässt sich zur Entschuldigung dieser Fehldeutung eines Textes aus dem Alten Testament anführen, dass bereits der 1. Johannesbrief des Neuen Testaments (3, 12) damit beginnt: Kain, der «von dem Bösen stammte», also a priori schlecht war, ist hier genannt. Die Reaktion Kains wird durch eine derartige Charakterisierung schon vorausbestimmt. Die zentrale Frage des Textes: ‹Wie reagiert Kain auf das uns unverständliche Verhalten Gottes?› als Denkanstoß wird dadurch weggenommen, ja im Voraus beantwortet.

c. *Neue Erzählversuche:* In neueren Kinderbibeln wird der Versuch gemacht, der ursprünglichen Intention des biblischen Textes näher zu kommen. So schreibt Sipke van der Land[40]: «Niemand weiß genau, woran Kain merkte, dass Gott auf Abel schaute. Niemand weiß genau, warum das Opfer des Kain Gott nicht gefiel. Vielleicht dachte Kain, er als Bauer sei besser als Abel, der Hirt. Vielleicht dachte er, seine Gabe sei mehr wert als die des Bruders. Vielleicht wollte er sich nur zur Schau stellen vor Gott. Wir wissen es nicht. Aber wir wissen, dass Kain wütend wurde, eifersüchtig auf seinen Bruder.»
Bei Werner Laubi[41] heißt es:
«Im Frühling verbrannte Abel die ersten reifen Ähren und Früchte auf einem Altar aus Steinen. Kain schlachtete das erste Schafböcklein, das auf die Welt kam, und verbrannte es ebenfalls auf einem Altar. Das war das Opfer, das sie Gott darbrachten. Kain jedoch konnte beim Opfern nicht froh werden. Er dachte: ‹Gott gefällt mein Opfer nicht. Aber am Opfer meines Bruders hat er Freude.› Da wurde er neidisch und zornig.»
«Kain konnte beim Opfern nicht froh werden»: Die Annahme oder Nicht-Annahme des Opfers ist hier eher subjektiv, eine Sache von Kains Gefühl. Ähnlich erzählen viele andere Autoren, so etwa auch Karel Eykman[42]:
«Da hatte Kain das Gefühl: Gott sieht Abel lieber zu als mir. Kain wurde wütend. Er presste seine Hände zusammen und blickte zu Boden.»
Einfacher und bibelnah klingt der Text von Dietrich Steinwede in «Kommt und schaut die Taten Gottes»[43]. Hier verhindert das Sätzchen «Gott weiß, warum» Erklärungen und Spekulationen. Die Erzählung Steinwedes lässt Gottes Geheimnis stehen:
«Und dann geschieht es: Kain bringt Gott eine Spende, Korn von seinem Feld. Und Abel bringt Gott eine Spende, ein Lamm. Gott aber ach-

tet auf Abel und seine Spende. Auf Kain und seine Spende aber achtet er nicht. Gott weiß, warum. Da entbrennt Kain im Zorn: Immer er! Immer mein Bruder!....»

Dem kleinen Textvergleich zu dieser Problematik ließe sich ein ausführlicher Vergleich der Illustrationen anfügen. Hier sei nur auf einzelne Bilder aufmerksam gemacht, um Typisches zu zeigen.

Abb. 18: Gottes Hand zeigt auf Abel: Ausdruck von Gottes Zuwendung, unabhängig vom Rauchopfer. Bronzetür Hildesheim, 11. Jahrh. (Anm. 44)

Die *Bronzetür in Hildesheim* (1. Hälfte 11. Jh.; Abb. 18)[44] zeigt wie die bei Steinwede abgebildete Elfenbeintafel tatsächlich ein Opfer ohne jenen typischen Rauch, der angeblich bei Abel senkrecht nach oben steigt, bei Kain nach unten gedrückt wird. Gottes Hand zeigt freundlich auf Abel.

Kees de Kort zeigt in der «Neukirchener Kinder-Bibel»[45] nur die harmonische Familie Adam – Eva – Kain – Abel (Abb. 19); die tragische Szene wird im Bild umgangen – wie bei andern heutigen Künstlern, etwa auch bei Štěpán Zavřel.

Annegert Fuchshuber bildet 1992[46] in der Mitte der Textseite nur eben gerade und

Abb. 19: Kain und Abel mit ihren Eltern; Kees de Kort stellt die Brüder nicht als Rivalen dar. (Anm. 45)

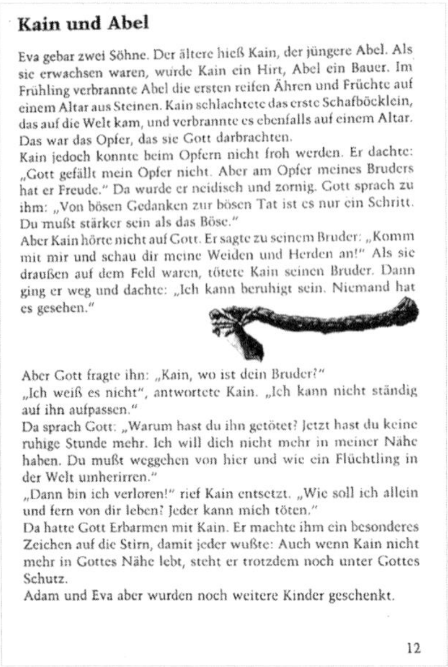

Kain und Abel

Eva gebar zwei Söhne. Der ältere hieß Kain, der jüngere Abel. Als sie erwachsen waren, wurde Kain ein Hirt, Abel ein Bauer. Im Frühling verbrannte Abel die ersten reifen Ähren und Früchte auf einem Altar aus Steinen. Kain schlachtete das erste Schafböcklein, das auf die Welt kam, und verbrannte es ebenfalls auf einem Altar. Das war das Opfer, das sie Gott darbrachten.
Kain jedoch konnte beim Opfern nicht froh werden. Er dachte: „Gott gefällt mein Opfer nicht. Aber am Opfer meines Bruders hat er Freude." Da wurde er neidisch und zornig. Gott sprach zu ihm: „Von bösen Gedanken zur bösen Tat ist es nur ein Schritt. Du mußt stärker sein als das Böse."
Aber Kain hörte nicht auf Gott. Er sagte zu seinem Bruder: „Komm mit mir und schau dir meine Weiden und Herden an!" Als sie draußen auf dem Feld waren, tötete Kain seinen Bruder. Dann ging er weg und dachte: „Ich kann beruhigt sein. Niemand hat es gesehen."

Aber Gott fragte ihn: „Kain, wo ist dein Bruder?"
„Ich weiß es nicht", antwortete Kain. „Ich kann nicht ständig auf ihn aufpassen."
Da sprach Gott: „Warum hast du ihn getötet? Jetzt hast du keine ruhige Stunde mehr. Ich will dich nicht mehr in meiner Nähe haben. Du mußt weggehen von hier und wie ein Flüchtling in der Welt umherirren."
„Dann bin ich verloren!" rief Kain entsetzt. „Wie soll ich allein und fern von dir leben? Jeder kann mich töten."
Da hatte Gott Erbarmen mit Kain. Er machte ihm ein besonderes Zeichen auf die Stirn, damit jeder wußte: Auch wenn Kain nicht mehr in Gottes Nähe lebt, steht er trotzdem noch unter Gottes Schutz.
Adam und Eva aber wurden noch weitere Kinder geschenkt.

12

Abb. 20: Annegert Fuchshuber stellt nur das Mordinstrument dar. (Anm. 46)   Abb. 21: Christine Krais: Der böse Blick Kains. (Anm. 48)

dazu noch sehr klein das Mordinstrument des Ackerbauers (Abb. 20) ab und erinnert damit an jene ausführliche kunsthistorische Diskussion über das Mordinstrument Kains, das für gewisse Traditionen typisch ist: Rinderkiefer, Knüppel, Stein, Hacke oder Baumast.[47]

Christine Krais stellt 1991, in ihren Bildern zur Neuauflage von Gertrud Fußeneggers[48] Bibelgeschichten, sozusagen den bösen Blick Kains (Abb. 21) dar. Es geht ihr also um eine psychologisierende Deutung, wie sie auch bei andern modernen Illustratoren zu finden ist.

Der Hinweis auf die Geschichte von Kain und Abel weist auf zahlreiche Probleme bei der Umsetzung alttestamentlicher Geschichten hin, gerade etwa im Hinblick auf die Frage nach einer berechtigten oder der Geschichte aufgezwungenen Moral. Es wird auch deutlich, dass die Beurteilung im Hinblick auf Bild und Text oft auf eine sehr unterschiedliche Fragestellung hinausläuft und zu nur schwer vergleichbaren Resultaten führt.

Eine Leiter zwischen Himmel und Erde – Jakob

Weniger dramatisch wirken vor allem die Bilder zur Erzählung vom Traum Jakobs von der Himmelstreppe (1 Mose 28, 10-22). Jakob, allein unterwegs durch die Wüste, ist der Mensch schlechthin, dessen Leben durch eine große Verheißung verändert, zwischen Himmel und Erde gestellt wird. Interessant ist, dass diese Geschichte längst nicht in allen Kinderbibeln illustriert wird; so fehlt ein Bild etwa im «Schild des Glaubens» und in der «Neukirchener Kinder-Bibel». Dies hängt wohl damit zusammen, dass Illustratoren eine gewisse Ökonomie walten lassen müssen; in der sehr bildhaften, langen Jakobsgeschichte können nur einzelne Szenen bildlich dargestellt werden. Es gilt bei Jakob also Akzente zu setzen und auszuwählen zwischen dem Betrug, dem Traum, der Brautwerbung oder Heirat, der Arbeit bei Laban, dem Kampf am Jabbok und der Versöhnung mit Esau.

Auffallend ist, dass Jakobs Traum sogar in wichtigen Erzähltexten fehlt, so bei Johann Peter Hebel. Im Hinblick auf die Illustration ist die Darstellung der Engel – mit und ohne Flügel! – von besonderem Interesse. Auch die Frage, wie sich Illustratoren die Leiter, Treppe oder Rampe in Jakobs Traum (Abb. 22) vorstellen und das Thema immer neu und doch geprägt von klassischen Vorbildern variieren, fasziniert. Besonders interessant ist hier die «Große Ravensburger Kinderbibel»[49] von 1995, die der Geschichte von der Jakobsleiter zwei ganzseitige Bilder von Ulises Wen-

Abb. 22: Letizia Galli: Symbolische Verdichtung; Gott, Engel, Wolken fallen weg. In François Brossier: «Meine erste Bibel in Bildern». Wien 1988.

Abb. 23: Ulises Wensell: Jakob vor und während des Traums. Durch die beiden Bilder und ihren Kontrast erhält die Geschichte besonderes Gewicht. (Anm. 49)

Abb. 24: Reinhard Herrmann: Jakob träumt mit offenen Augen. Die Engel tragen keine Flügel; Gott ist Licht. (Anm. 50)

sell widmet (Abb. 23). Die Darstellung Reinhard Herrmanns[50], der sehr bewusst Jakob mit offenen Augen schlafen lässt (Abb. 24), eröffnet eine ganz andere anregende Perspektive: Der Traum von Gott – mit offenen Augen – ist sozusagen ein Leitmotiv religiöser Erziehung.

Wie nur wenige andere Bilder eignen sich die Illustrationen der Jakobsgeschichte nicht nur zum Vergleich, sondern zum anregenden Gespräch mit Kindern, aber auch in der Erwachsenenarbeit.

Ein Tor zum Himmel – der Tempel Salomos

Die Frage, wie Kinderbibel-Autor/innen und -Illustrator/innen mit exakten sachlichen Vorgaben umgehen, drängt sich immer wieder auf. Der Tempel Salomos ist ein Gebäude, das in der Bibel doppelt – im 2. Buch der Chronik und im 1. Buch der Könige – sehr genau beschrieben wird. Das «eherne Meer», dieses genau beschriebene Wasserbecken und die Säulen Jachin und Boas üben – nicht nur in Sachbüchern – auf die Gestaltenden große Faszination aus (Abb. 25b bis Abb. 25d). Besonders kunstvoll und interessant sind die betreffenden Bilder schon in Johann Jakob Scheuchzers «Physica Sacra»[51]: Hier finden sich zum Tempel zahl-

Abb. 25a: «Physica sacra», Band 9, Tafel 451, 1735. Eine der zahlreichen Darstellungen des «ehernen Meers». (Anm. 4)

Abb. 25b: «Das eherne Meer» in einer fast unbekannten französischen Kinderbibel, «Histoire de l'Ancien et du Nouveau Testament, représentée en 586 figures. Ouvrage utile pour l'instruction de la jeunesse». Marseille 1808. Approbation 1771. [RK HIS 1]

Abb. 25c: Der Tempel Salomos in «Histoire...» 1808. Der Stil der «Physica Sacra» findet sich in vereinfachter Form in Werken für die Jugend.

Abb. 25d: Der Tempel Salomos: Neujahrsblatt «für die liebe Jugend», Music-Gesellschaft, Zürich 1747.

reiche verschiedenartige, höchst kunstvolle Stiche (Abb. 25a): Wie könnte es, immer gemäß biblischer Beschreibung, gewesen sein? Der Künstler zeigt jeweils zwei, drei, vier, fünf in ihren Details faszinierende Varianten, die alle zum Text passen und doch ganz unterschiedlich sind.

Bedeutsam ist, dass gelegentlich Einweihung und Gebrauch des Tempels beschrieben sind. Im guten Fall wird das prunkvolle Gebäude dadurch in Kinderbibeln erlebbar gemacht und regt Kinder zum Nachdenken, Erwachsene zum Erzählen über Rituale an. Faszinierend vermittelt Jakob Streit, ein sehr kreativer anthroposophischer Erzähler, in seinem biblischen Teilband «Lasst uns den Tempel bauen»[52] (Abb.26) einen solchen Zugang. Hier wird Liturgie lebendig; Tempelbau und Tempeleinweihung werden narrativ umgesetzt; Kinder lernen den Tempelkult kennen.

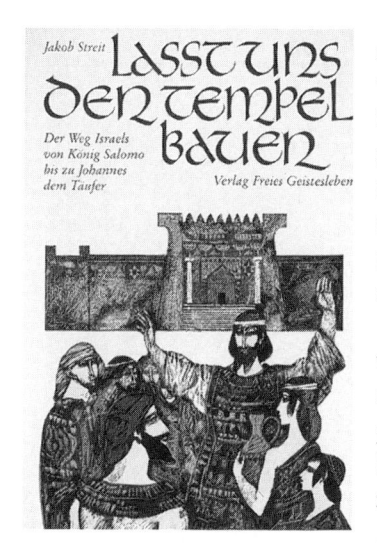

Abb. 26: Im 20. Jahrhundert werden (mit Ausnahme von Sachbüchern) die Menschen und ihre Rituale wichtiger als die Bauten: Titelblatt von Herbert Holzing zum Buch von Jakob Streit. (Anm. 52)

Welche Frauen sind dabei?

Das Aufspüren von Frauengestalten, die in Kinderbibeln ein wirkliches Eigenleben haben, ist ausgesprochen spannend. Ihre Position im Ganzen eines Bildes, ihre Bekleidung, ihre Gebärden müssten genau beobachtet werden. Selten stehen Frauen im Mittelpunkt, selten wird aus Frauen-Perspektive erzählt oder gemalt, selten geht es über jene Frauen hinaus, die bereits in Hübners Biblischen Historien vorhanden sind. Sicher ist Rut eine der ganz wenigen Frauen, der häufig Eigendynamik und ein gewisses Gewicht beigemessen wird – neben der Königin von Saba, die durch Macht und Glanz, aber auch schlicht als Dekoration für König Salomo selten fehlt.

Interessant ist die Frage: Wie sexy darf eine Frau, etwa Potiphars Weib[53], dargestellt werden? Ist ihr Busen entblößt, wie auf einer frühen Hübner-Illustration aus Basel[54] (Abb. 27a u. b) oder züchtig verhüllt wie in einer Lithographie zum gleichen Kapitel aus dem Jahre 1817? Erfrischend sind die frühen (1927) Bilder von Paula Jordan[55], die Frauengestalten lebendig werden lassen, die dann später fehlen: Rebekka (Abb. 28a), deren Abschied von zu Hause sonst praktisch nie dargestellt wird (immer stehen die Männer bei der Brautwerbung im Mittelpunkt!) – aber auch

Abb. 27a: Die Frau des Potiphar mit entblösstem Busen, 1768 (Anm. 54)

Abb. 27b: Die Frau des Potiphar mit verhülltem Busen, 1817 (Anm. 54)

Abb. 28a: Paula Jordan, 1927, S. 22: «Rebekkas Abschied von den Eltern», eine selten dargestellte Szene. (Anm. 23)

Abb. 28b: Paula Jordan, 1927, S. 61: Mirjam und ihre Freundinnen tanzen. (Anm. 23)

Mirjam (Abb. 28b), die erst in den allerneuesten Kinderbibeln wieder so richtig zum Zug kommt, so bei Sieger Köder oder Štěpán Zavřel.

Eine Fülle sehr gemütvoller Frauengestalten findet sich unter den Bildern des Straßburger Kupferstechers Carl Ludwig Schuler (Abb. 29), der

35 «ZWISCHEN HIMMEL UND ERDE»

Abb. 29: Carl Ludwig Schuler (Anm. 56) stellt sonst vernachlässigte Frauenszenen dar: S. 57: Verbindung von Abraham mit Hagar.

S. 69: Hagar und Ismael werden vertrieben.

S. 244: Hanna bringt den kleinen Samuel in den Tempel.

S. 321: Die Königin von Saba besucht König Salomo.

nach 1800 seine Bilder schuf – zum Teil nach berühmten Vorbildern. Sie wurden u.a. den Biblischen Erzählungen von Johann Ludwig Ewald[56] (1747-1822) beigegeben, die wiederum eine Bearbeitung des Katholiken Christoph von Schmid waren. Ewald war badischer Kirchenrat; seine

Texte wurden in einem Gutachten[57] abgelehnt und führten zum Auftrag der badischen Landeskirche in Karlsruhe an Johann Peter Hebel[58], eine neue Kinderbibel zu verfassen.

Der erwähnte Johann Ludwig Ewald, in dessen Bibel – dank der Illustrationen! – Frauengestalten aufleuchten, soll von Johann Caspar Lavater und Johann Jakob Hess, den uns bekannten Zürcher Erzählern, beeinflusst worden sein[59]. Der Kreis der Kinderbibellandschaft scheint sich damit zu schließen, ein Bogen führt zurück nach Zürich.

Zum Abschluss aber soll hier das fast perfekt definierte Kinderbibel-Genus als solches nochmals relativiert werden, so unbestritten wichtig und interessant es ist. Ich weise hin auf ein Bild aus dem handgezeichneten Büchlein[60] (Abb. 30), das der Graf Zinzendorf, dessen 300. Geburtstag im Jahre 2000 gefeiert worden ist, für sein Töchterchen Elisabeth fabrizierte. Das Kind zeigt auf ein segelndes Schiff. Im Text lesen wir: «Sitzt auf ihrer Mama Schoß und blättert in einer Bilder-Bibel und da sie auf ein segelndes Schiff kommt, küsst sie ihr Händchen, legts auf das Bild und sagt ganz bewegt: Lämmlein!»

Offenbar erinnert das Schiff an Jesus, den Seesturm, aber auch an den Vater der kleinen Elisabeth, der nach Pennsylvania fährt. Vor allem aber sitzt das Kind auf seiner Mama Schoß. Vielleicht will Zinzendorf damit zeigen: Mit der richtigen Bezugsperson und in der richtigen Atmosphäre kann eine Kinderbibel winzig und einfach sein – die Situation der Geborgenheit, das Wecken von Phantasie sind dabei ebenso wichtig wie ein kunstvolles und stimmiges Buch!

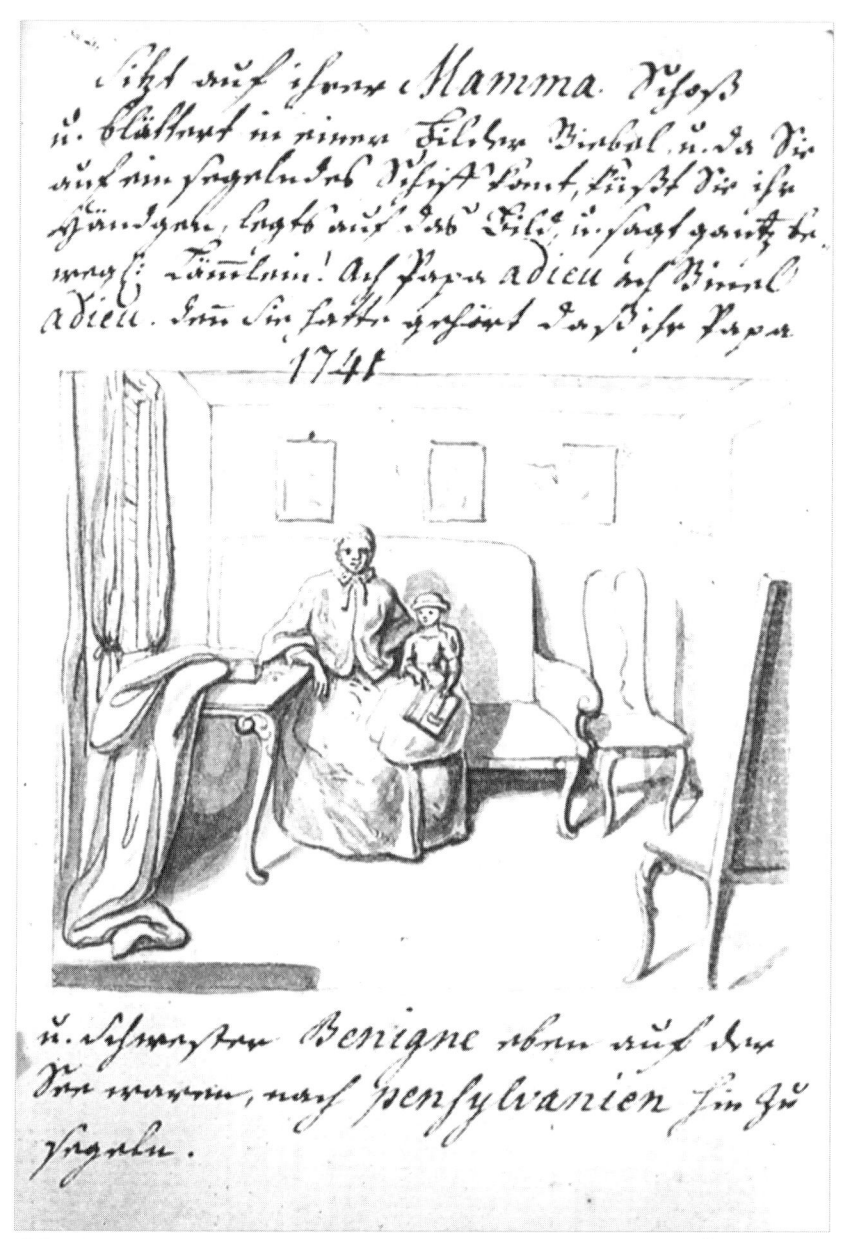

Abb. 30: Aus dem handgezeichneten Büchlein Zinzendorfs (Anm. 60): Die Mutter zeigt dem Kind eine Kinderbibel, während der Vater nach Übersee unterwegs ist.

1 Der vorliegende Beitrag wurde am 22. Juni 2000 als Vortrag in der «Helferei» in Zürich gehalten, begleitet von Dias. Er bildete einerseits die Hinführung zur Ausstellung im Schweizerischen Jugendbuch-Institut. Gleichzeitig sollte ein Bezug zu Zürich als Tagungsort und der Zürcher Tradition hergestellt werden. Er bietet u.a. eine knappe Schilderung der Kinderbibel-Szene zur Zeit Johann Caspar Lavaters, dessen Biblische Geschichten für Kinder der Beitrag von Horst Weigelt ausführlich behandelt. Das Wirken Lavaters, aber auch die interessante Buchproduktion im Zürich des 18. Jahrhundert bildeten mit einen Grund, das Dritte Internationale Kolloquium «Kinderbibel» in Zürich stattfinden zu lassen und die betreffende Literatur in der Ausstellung zu zeigen. Die erwähnten und damals ausgestellten Bibeln befinden sich in der Kinderbibelsammlung Regine Schindler. Den bibliografischen Angaben der alten Bibeln sind in den Fußnoten die Signaturen der Bücher beigefügt. Ein Katalog zur Ausstellung ist erhältlich im Schweizerischen Jugendbuch-Institut (SJI), Zeltweg 11, 8032 Zürich.

2 Das Frolocken der Engeln uber Gelegtes Fundament der Erden. Ab dem Music-Saal auf der teutschen Schul in Zürich. Der lieben Jugend daselbsten verehrt an dem Neuen Jahres-Tag. Kupfer von Joh. Melchior Füssli (1677-1736), in: Zürcher Neujahrsblätter der Music-Gesellschaft. 1715.

3 Zürcher Neujahrsblätter. Beschreibendes Verzeichnis mit Personen-, Ort- und Sachregister, Zürich, Verlag Hans Rohr, 1971.

4 Johann Jakob Scheuchzer, 1672-1733, Naturforscher, Arzt und Historiker, der sich vor allem durch die Erforschung der Alpen und als Begründer der Paläontologie einen Namen machte. Er ließ 1731-35 in rascher Folge und in mehreren Sprachen die Physica Sacra erscheinen: 8 Folianten mit fast 800 Kupfertafeln. Aus der Bibel werden einzelne Teile bibelgeschichtlich und naturwissenschaftlich gedeutet, einer der wichtigsten Beiträge zur deutschen Buchillustration. 20 süddeutsche Kupferstecher waren an der Arbeit. Die Originalvorlagen stammen von Johann Melchior Füssli (1677-1736) aus Zürich. Das Werk wurde oft als seine «Kupferbibel» bezeichnet. [RK SCHEU 1/1 - 1/8]

5 Vgl. dessen Beitrag in diesem Band.

6 Walter Grütter: Kinder-Bibel, ein Lesebuch für den Religionsunterricht; Bilder und Buchschmuck von Rudolf Münger, Bern 1922. Ab 1922 in den Primarschulen des deutschsprachigen Kantonsteils als obligatorisches Lehrmittel verwendet. [RU GRÜ 1]

7 Ernst Veit: Gottbüchlein: Erster Unterricht im christlichen Glauben. Mit Bildern von Bruno Goldschmitt, München 1935. [RE VEI 1]

8 Christine Reents: Die Bibel als Schul- und Hausbuch für Kinder. Werkanalyse und Wirkungsgeschichte einer frühen Schul- und Kinderbibel im evangelischen Raum: Zu Johann Hübner, Zweymal zwey und funfftzig auserlesene Biblische Historien, der Jugend zum Besten abgefasset ..., Leipzig 1714 bis Leipzig 1874 und Schwelm 1902, Göttingen 1984, S. 379. Hier wird auf eine Ausgabe von Miller bei Bürgkli von 1761 hingewiesen (ZB Zürich).

9 Siehe dazu Reents, aaO., S. 86.

10 Zu Lavater vergleiche den Beitrag von Horst Weigelt in diesem Buch. Das «christliche Handbüchlein für Kinder» ist in Band 3 der Lavater-Ausgabe erschienen, hg. von Martin Hirzel, Zürich, Verlag NZZ, 2002.

11 Johann Hübner: Zweymal zwey und funfftzig auserlesene Biblische Historien..., Zürich: gedruckt in Bürklischer Druckerey, von 1780. Die Ausgabe ist wegen ihrer diversen Hinweise auf andere Bücher besonders interessant. [RK HÜB 5c]

12 Abraham Kyburz: Historien-Kinder- und Bet-Bibel / Oder: Das Geheimnis der Gottseeligkeit und der Bosheit. 6 Bde., 1737-63. [RK KYB 2/1-6]

13 Abraham Kyburz: Catechetische Kinder-Bibel, Oder heilige Kirchen- und Bibel-Historien, In einem ordentlichen Zusammenhang, nebst einfaltigen Rand-Fragen, reichlichen Lehren und Gottseligen Betrachtungen sonderlich zum Dienst und Nutzen der lieben Jugend, 1744-45. 2 Bde. [RK KYB 1/1]

14 Johann Hübner: Zweymal zwey und funfftzig auserlesene Biblische Historien aus dem Alten und Neuen Testamente, Basel 1768. [RK HÜB 3]

15 Johann Bernhard Basedow: Das Basedowische Elementarwerk: ein Vorrath der besten Erkenntnisse zum Lernen, Lehren, Wiederholen und Nachdenken, und Johann Bernhard Basedow: Kupfersammlung zu J. B. Basedows Elementarwerk für die Jugend und ihre Freunde. 53 Tafeln, Berlin und Leipzig 1774.

16 Johann Sigmund Stoy: Bilder-Akademie für die Jugend: Abbildung und Beschreibung der vornehmsten Gegenstände der jugendlichen Aufmerksamkeit - aus der biblischen und Profangeschichte, aus dem gemeinen Leben, dem Natureiche und den Berufsgeschäften, aus der heidnischen Götter- und Alterthums-Lehre, aus den besten Sammlungen guter Fabeln und moralischer Erzählungen. Vorerst in Lieferungen erschienen. Dann 1 Band mit 54 Tafeln [RK STO 2/1], 2 Bände Erklärungen [RK STO 1/1 u. 2], Nürnberg 1780-1784.

17 60 Biblische Geschichten des alten Testamentes, in Kupfer geäzt von Johann Rudolf Schellenberg [Text von Johann Caspar Lavater], Winterthur, 1774. - und: 60 Biblische Geschichten des neuen Testamentes, Winterthur 1779. [RK SCHEL 1]

18 Die hier folgenden Abschnitte entsprechen der Thematik der 10 Ausstellungstafeln der Ausstellung im SJI. Die Themen wurden in der Ausstellung ausführlicher dargestellt, teilweise auch in Vitrinen mit den Originalbüchern. Siehe Katalog «Zwischen Himmel und Erde», SJI 2000.

19 Titelbild von Bible en estampes à l'usage de la jeunesse, avec 74 jolies gravures. Paris 1817. 18 Tafeln mit je 4 Illustrationen, Radierung; Querformat. [RK BIB 13]

20 Christoph Weigel: Die Heilige Schrifft Alt und Neuen Testaments: abgebildet der Christlichen Jugend Zu nützlicher Erbauung, in Kupfer gestochen, Nürnberg, um 1700. Kleinformat (10 x 6 cm). [RK WEI 1]

21 60 Biblische Geschichten des alten Testamentes, in Kupfer geäzt von Johann Rudolf Schellenberg [Text von Johann Caspar Lavater], Winterthur 1774. - und 60 Biblische Geschichten des neuen Testamentes, Winterthur 1779. [RK SCHEL 1]

22 Wilhelm Corrodi: Biblische Erzählungen aus dem Alten und Neuen Testament. Mit Zeichnungen von Heinrich Meyer, Zürich 1842-44. - 2 Teile in 1 Bd. [RK COR 1] und Albert Knapp: Bilder-Bibel für die Jugend oder Geschichte des Alten und Neuen Testaments mit 24 Tafeln, Nürnberg 1844. [RK BIB 3]

23 Will Vesper: Die Jugendbibel: nach der Heiligen Schrift neu erzählt für die deutsche Jugend und das deutsche Volk. Illustrationen: Paula Jordan, Oldenburg i. O. 1927 [RK VES 1] und Jörg Erb: Schild des Glaubens. Geschichten der Bibel Alten und Neuen Testaments. Mit Bildern von Paula Jordan, 1949. 50. Aufl. Karlsruhe 1969. [RK ERB 1]

24 Hierzu etwa die Bibeln von Irmgard Weth/Kees de Kort (Neukirchen 1988), Werner Laubi/Annegert Fuchshuber (Lahr 1992) u. Regine Schindler/Štĕpán Zavřel (Zürich 1996).

25 Eine Kombination verschiedener Gottessymbole findet sich oft in der Darstellung zur Schöpfung, z.B. in der Hübner-Ausgabe, Leipzig (Gleditsch), 1734 [RK HÜB 1] oder in der Catechetischen Kinder-Bibel von Abraham Kyburz, Bern 1744 [RK KYB 1/1] und ist typisch für die Mitte des 18. Jh.

26 Ernst Veit: Gottbüchlein: Erster Unterricht im christlichen Glauben. Mit Bildern von Bruno Goldschmitt, München 1935. [RE VEI 1]

27 Augustin-Maurice Cocagnac: Patmos Bibel. Für die Jugend erzählt von A.-M. Cocagnac und Hans Hoffmann. Bilder von Jacques Le Scanff, Düsseldorf 1967-1968.

28 Anneliese Pokrandt: Elementarbibel, ausgewählt, in acht Teile gegliedert und in einfache Sprache gefasst, gestaltet und illustriert von Reinhard Herrmann, Lahr 1998, S 235.

29 Eine Tafel der Ausstellung befasste sich nur mit den sehr verschiedenartigen symbolischen Gottesdarstellungen. Für einen Vergleich dieser Art, ausgehend von Comenius und Merian, eignen sich die zahlreichen Hübner-Ausgaben immer wieder besonders gut.

30 Dazu Joachim Illies (Hg.): Brudermord. Zum Mythos von Kain und Abel, München 1975. Anna Ulrich: Kain und Abel in der Kunst. Untersuchungen zur Ikonographie und Auslegungsgeschichte, (Dissertation) Bamberg 1981.

31 Siehe Illies (wie Anm. 30), S. 18; Claus Westermann: Genesis-Kommentar, 1. Teilbd., Neukirchen-Vluyn 1974.

32 Johannes Chrysostomos: Über Hoffart und Kindererziehung. Besorgt und ins Deutsche übertragen von Joseph Glagla, Paderborn 1968.

33 Anne de Vries: Die Kinderbibel, 1. Aufl. Konstanz 1955, S. 16.

34 Abrascha Stutschinsky: Die Bibel für Kinder erzählt nach der Heiligen Schrift und der Agada, (2. Aufl. 1978) Köln 1964, S. 25.

35 Luise Tobler-Maler: Die Bibel den Kindern erzählt. Bilder von Moritz Kennel. 3 Bde., Zürich, 1967-68. Band 1, S. 25.

36 Gottfried Fankhauser: Geschichten der Heiligen Schrift, 1. Band: Erschaffung der Welt bis Moses Tod, Basel 1946. Band 1, S. 62. [RK FAN 1/1]

37 Johann Peter Hebel: Biblische Geschichten. Nachwort von Iso Camartin. Manesse Bibliothek der Weltliteratur, Zürich 1992. S. 15. 2. Auflage: Stuttgart / Tübingen 1824. [RK HEB 1]

38 D. A. Cramer-Schaap: Die Bibel erzählt für Kinder, Basel 1969 (Niederländisch 1960), S. 17.

39 Stefan Andres: Die Biblische Geschichte. 102 Illustrationen von Gerhard Oberländer, München / Zürich 1965, S. 17-20.

40 «Meine Bilderbibel». Das große Buch von Gott und den Menschen. Illustriert von Bert Bouman. Deutsch von Eleonore Beck, Konstanz/Kevelaer 1976, S. 15.

41 Werner Laubi: Kaufmann Kinderbibel. Illustriert von Annegert Fuchshuber, Lahr 1992, S. 12.

42 Karel Eykman: Die Bibel erzählt. Illustrationen von Bert Bouman, Freiburg i. Br. 1978, S. 219.

43 Dietrich Steinwede: Kommt und schaut die Taten Gottes. Die Bibel in Auswahl nacherzählt. Mit Bildern aus dem ersten Jahrtausend christlicher Kunst, Göttingen 1982, S. 15-16.

44 Aus Anna Ulrich (wie Anm. 30), Abb. 278.

45 Neukirchener Kinder-Bibel, Neukirchen 1988, S. 19.

46 Kaufmann Kinderbibel, Lahr 1992, S. 12.

47 Dazu Philipp Schmidt: Die Illustration der Lutherbibel 1522-1700. Ein Stück abendländische Kultur- und Kirchengeschichte. Mit Verzeichnissen der Bibeln, Bilder und Künstler. 400 Abbildungen, Basel 1962. Hier der vergleichende Teil 3: «Die Waffe des Brudermordes», S. 416ff.

48 Gertrud Fussenegger: Bibelgeschichten. Mit Bildern von Christine Krais, Wien 1991, S. 38.

49 Die große Ravensburger Kinderbibel. Erzählt von Thomas Erne. Bilder von Ulises Wensell, Ravensburg 1995, S. 47 u. 48.

50 Elementarbibel, aaO., S. 39.

51 Zu Scheuchzer vgl. Anm. 4.

52 Jakob Streit: Lasst uns den Tempel bauen. Der Weg Israels von König Salomo bis zu Johannes dem Täufer. Illustrationen von Herbert Holzing, Stuttgart 1990.

53 Zu dieser Thematik siehe Ruth. B. Bottigheimer, in: dies.: The Bible for Children, 1996, S. i23ff. und dies.: Biblische Thematik in Wort und Bild, in: »Die Bibel als Kinderbuch«, hg. von Roswitha Cordes, Schwerte, Kath. Akademie, Dokumentationen 21, 1991. Hier wird die oben enthüllte Frau des Potiphar auf Merian (1625) zurückgeführt, der sicher den größten Einfluss auf die Kinderbibel-Illustration hatte. Aber auch Tobias Stimmer (1609) hat durchaus entblößte Frauen gemalt.

54 Johann Hübner: Zweymal zwey und funffzig auserlesene Biblische Historien aus dem Alten und Neuen Testamente, Basel 1768.[RK HÜB 3] und Neuchâtel 1817 [RK HÜB 6]

55 Will Vesper, Die Jugendbibel.

56 Die Heiligen Schriften des Alten Testaments in Hundert Biblischen Kupfern dargestellt. Gestochen unter der Leitung von Carl Schuler. [Text von Johann Ludwig Ewald], Freiburg, Herder'sche Kunst- und Buchhandlung (um 1810). [RK SCHUL 3]

57 Johann Peter Hebel (1760-1826) äußerte als Kirchenrat und Prälat der Badischen Landeskirche 1815 Bedenken gegenüber der Bearbeitung von Ewald. 1818 erhielt er den Auftrag zur Abfassung eines neuen Buches. Dazu Peter Katz: Ein Gutachten Hebels, in: Theologische Zeitschrift 15 1959,

58 Vgl. zu J. P. Hebels Biblischen Geschichten Christine Reents in: Handbuch der Kinder- und Jugendliteratur von 1800 bis 1850, Stuttgart 1998, S. 236-54. Siehe auch Niklaus Peter, in: RGG[4] III, Sp. 1491 ff.

59 Zu Johann Ludwig Ewald (1747- 1822) siehe Peter Katz in: RGG[3], Sp. 799.

60 Das Büchlein des Grafen Zinzendorf (1700-1760) befindet sich im Archiv der Brüder-Unität in Herrnhut, wo ich es einsehen und eine Photographie bestellen konnte.

Christine Reents

Das Alte Testament in Kinderbibeln – Eigenständigkeit oder Verchristlichung?

Das Alte Testament in Kinderbibeln – Eigenständigkeit oder Verchristlichung?

Die Bezeichnung «Altes Testament» weist darauf hin, dass die Christenheit von Anfang an ein ambivalentes Verhältnis zur Hebräischen Bibel bzw. zum «Ersten Testament» (Hebr 9,15) hatte und zum Teil noch hat. Als die frühen christlichen Gemeinden die Bibel des Judentums übernahmen, deuteten sie diese neu von ihrem Glauben an Jesus als dem Messias her. In vielen neutestamentlichen Schriften fand Martin Luther christologisch-heilsgeschichtliche Deutungen alttestamentlicher Stellen; von hier aus suchte er nach der Mitte der Schrift, indem er die Bücher des Alten Testaments daran prüfte, «ob sie Christum treyben» (WA 7,384). Die vielfältigen christologischen Interpretationen wurden durch die historisch-kritische Forschung und neuerdings durch den jüdisch-christlichen Dialog problematisiert. Deshalb geht es heute vielen Christinnen und Christen um die theologische Eigenständigkeit der Hebräischen Bibel; diese darf nicht einseitig vom Neuen Testament her gelesen werden.
- Wie spiegelt sich diese Entwicklung in modernen Kinderbibeln?
- Welche leitenden Gesichtspunkte lassen sich in Bearbeitungen alttestamentlicher Texte für Kinder finden?
- Welche Problemanzeigen sollten bei der künftigen Gestaltung von Kinderbibeln bedacht werden?

Problemanzeigen

Boulevardjournalismus auf biblischer Basis für Teens und Twens

Der Autor des Bibelblattes war Journalist des Londoner Boulevard-Blattes «The Sun». Wie bei den Massenmedien üblich, ist er sofort zur Stelle, als Gott «in einem Akt beispielloser Kreativität» die Welt geschaffen hat, als Abrahams Sohn «dem Tod von der Schippe gesprungen» ist, als angeblich ein «Sexsklave» die «Frau eines Hofbeamten belästigt» und als der «König der Herzen» stirbt, der unfähig war, «seine ungebärdigen Kinder an die Kandare zu nehmen», denn «vier seiner Söhne kamen bei Versuchen ums Leben, den Thron zu besteigen». Diese Schlagzeilen wecken Neugier und Anteilnahme. Der Autor geht davon aus, dass Bild-Leser und Bibel-Leser dasselbe suchen. Er findet die den Leserinnen und Lesern vertraute Lebenswelt in der Bibel

Abb. 1: Nick Page: Bibelblatt. Der Weltbestseller in Schlagzeilen, Würzburg 1999 (engl. 1998)

wieder, ohne allzu tief nach theologischer Sinngebung zu fragen. Doch lässt das Alte Testament sich in Form von Kleinanzeigen, Horoskopen, Fernsehprogrammen, Kurzberichten und Schlagzeilen sachgerecht erschließen?

Gutenachtgeschichten für Kinder
Jörg Zink: Der Morgen weiß mehr als der Abend. Bibel für Kinder, Stuttgart 1981 (9. Aufl. 1997).

Zink[1] gestaltete eine freie Bibeldichtung, in der das Allgemein-Menschliche Vorrang hat vor dem Geschichtlich-Spezifischen. Zwei Identifikationsangebote begleiten die Sechs- bis Neunjährigen: der zehnjährige Fischerjunge David (2.Rahmen) und 49 Eselsfiguren (1.Rahmen), die stets dabei sind. Tiere sind schließlich Begleiter der Menschen, wie Zink auf seiner Jugend- und Tierfarm selbst erlebt hat. Jörg Zink liest das Alte Testament vom Neuen her, wenn er in eine frei gestaltete Evangelienharmonie fünf alttestamentliche Erzählblöcke einschiebt.

Zink begründet seine Position heilsgeschichtlich: Nur vom Neuen Testament her sei das Alte für Christen relevant. Im Anschluss an Luther ver-

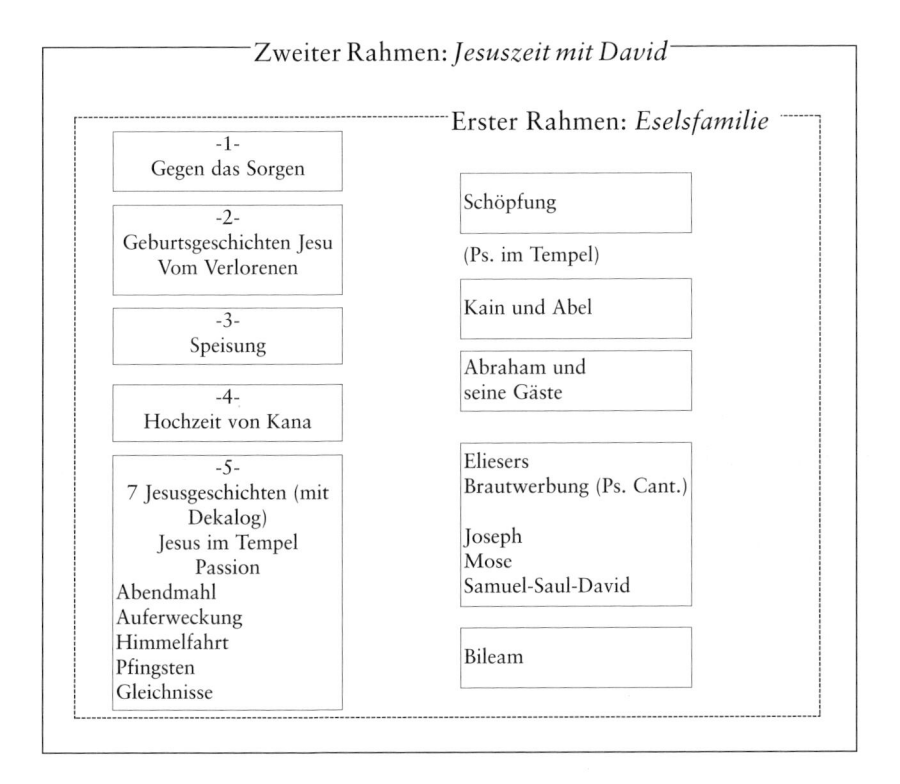

Zweiter Rahmen: *Jesuszeit mit David*

Erster Rahmen: *Eselsfamilie*

-1- Gegen das Sorgen	
	Schöpfung
-2- Geburtsgeschichten Jesu Vom Verlorenen	(Ps. im Tempel)
	Kain und Abel
-3- Speisung	
	Abraham und seine Gäste
-4- Hochzeit von Kana	
	Eliesers Brautwerbung (Ps. Cant.)
-5- 7 Jesusgeschichten (mit Dekalog) Jesus im Tempel Passion Abendmahl Auferweckung Himmelfahrt Pfingsten Gleichnisse	Joseph Mose Samuel-Saul-David
	Bileam

tritt er in seiner Schrift «Neue Zehn Gebote» (1995) die These, die Zehn Gebote seien der «Sachsenspiegel der Juden»; deshalb kommt der Dekalog nicht im Kontext der Exodusgeschichten vor, sondern im Dialog Jesu mit dem reichen jungen Mann unter der Überschrift «Wie man glücklich wird» (S. 130). Es entspricht Zinks heilsgeschichtlicher Position, dass Jesus als «Herzenskönig» (S. 28, 139, 144) nicht wie andere Könige ist. Jesus wird dem König David gegenübergestellt:

«David ist nun schon tausend Jahre tot ... Wir würden heute einen König brauchen, der wie David ist. Aber er müsste mehr können als Kriege führen und Feinde besiegen. Er müsste vor allem Frieden schaffen und die Menschen miteinander versöhnen» (S. 122). Und das kann der «König in einem Futtertrog» (S. 28). Ich frage, ob sich Zinks Biblische Erzählkompositionen für eine angemessene Erstbegegnung mit dem Alten Testament eignen. Bekanntlich werden Erstbegegnungen oft sehr gut erinnert; sind spätere Korrekturen danach nur noch schwer möglich.

Alttestamentliche Texte als Einschub in ein christliches Festbüchlein für Vorschulkinder
Karin Jeromin/Rüdiger Pfeffer: Komm, freu dich mit mir. Die Bibel für Kinder erzählt, Stuttgart 1999.

Pfiffige Illustrationen im Comicstil von Rüdiger Pfeffer charakterisieren die beliebte «Tauferinnerungsbibel» für Drei- bis Fünfjährige. Dieser Zielgruppe entspricht es, wenn 35 farbintensive Bilder von Ehepaaren mit und ohne Kinder zu sehen sind. Das Bilderbuch mit knappen, bibelnahen Texten ist als Festbüchlein nach den Christusfesten geordnet. Deshalb sind nach dem Erntedankfest sieben alttestamentliche Erzählungen eingeschoben:

Abb. 2a+b: Rüdiger Pfeffer: Komm, freu dich mit mir, 1999, S. 111 und 113: Abrahams Familie wird mit der modernen Kleinfamilie parallelisiert.

Schöpfung, Noah, Abraham und Sara, Mose, Exodus und die Gebote, David und Goliath sowie Jona. Danach folgen sieben Jesusgeschichten.

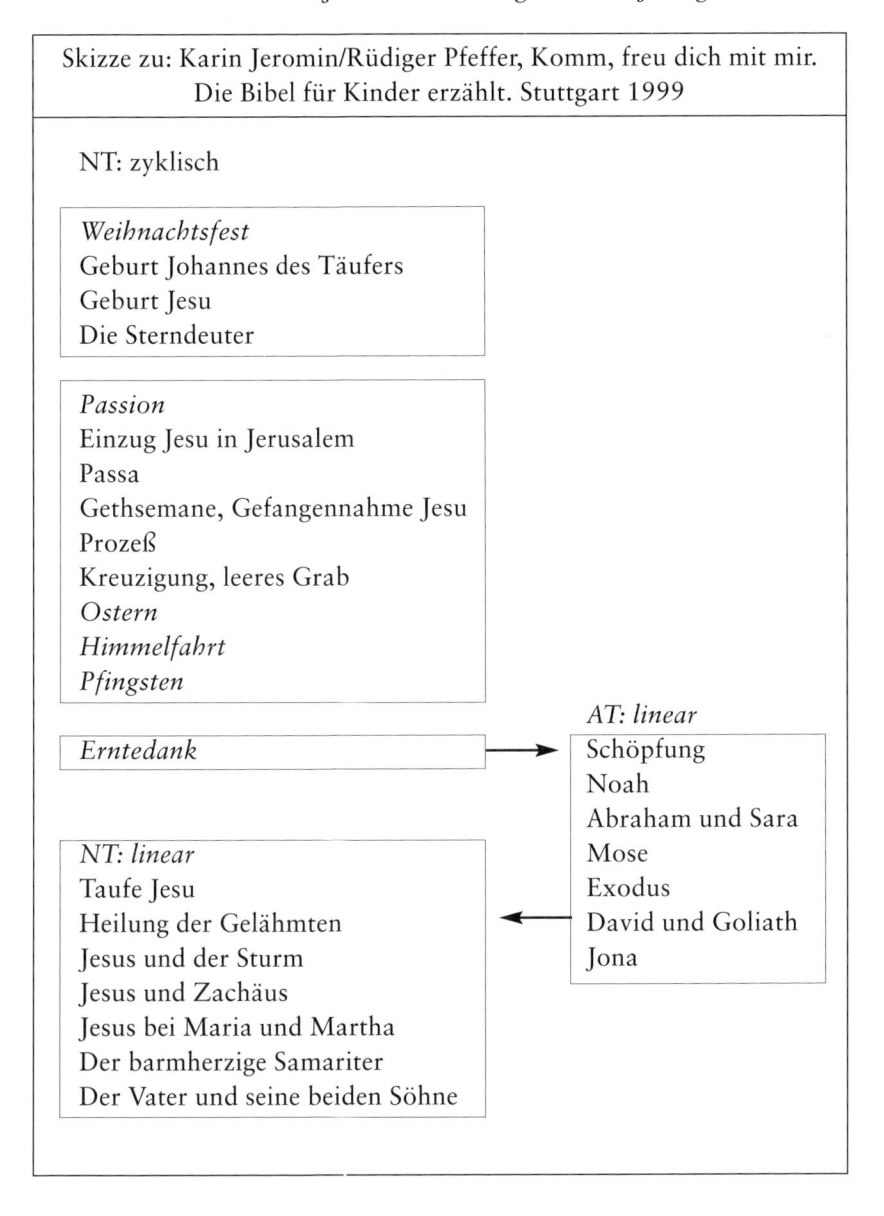

Skizze zu: Karin Jeromin/Rüdiger Pfeffer, Komm, freu dich mit mir. Die Bibel für Kinder erzählt. Stuttgart 1999

NT: zyklisch

Weihnachtsfest
Geburt Johannes des Täufers
Geburt Jesu
Die Sterndeuter

Passion
Einzug Jesu in Jerusalem
Passa
Gethsemane, Gefangennahme Jesu
Prozeß
Kreuzigung, leeres Grab
Ostern
Himmelfahrt
Pfingsten

Erntedank ⟶ AT: *linear*
Schöpfung
Noah
Abraham und Sara
Mose
Exodus
David und Goliath
Jona

NT: *linear*
Taufe Jesu
Heilung der Gelähmten ⟵
Jesus und der Sturm
Jesus und Zachäus
Jesus bei Maria und Martha
Der barmherzige Samariter
Der Vater und seine beiden Söhne

Folgender Brückentext verbindet die Pfingstgeschichte mit dem priesterlichen Schöpfungshymnus: «Die Jünger treffen auch Menschen, die Gott nicht kennen. Sie erzählen ihnen von Gott. Er hat die Welt geschaffen. Alle Menschen sind seine Kinder» (S. 80). Hier werden die Geschichten als Missionsgeschichten charakterisiert, ohne die Herkunft der Erzählungen aus dem alten Israel zu erwähnen. Erst bei «Mose im Binsenkörbchen» (S. 114) wird Israel erwähnt; die jüdische Herkunft Jesu ist nur zu ahnen. Verknüpfungen sind rar; beispielsweise feiert Jesus mit den Seinen das Passafest, doch fehlt die Erzählung vom ersten Passa im Kontext des Exodus. Diese Beobachtungen lassen sich damit begründen, dass die Biblischen Geschichten für noch nicht schulpflichtige Kinder konzipiert sind. Deshalb steht das Nahe, das Allgemein-Menschliche im Zentrum. Doch bleibt zu fragen, ob Verzerrungen wirklich unumgänglich sind. Die Entscheidung für Nähe darf weder auf Kosten des Anbahnens eines geschichtlichen Denkens noch auf Kosten eines ersten Verständnisses für Israel und das Alte Testament gehen. Hinzu kommt, dass zwei Denkformen vorkommen: der Festkreis von Weihnachten bis Erntedank setzt zyklisches Denken voraus, während im zweiten Teil mit den jeweils sieben alt- und neutestamentlichen Geschichten lineares Denken erforderlich ist.

Das Alte Testament als «Vorbereitung», das Neue als «Erfüllung des Heils»
Jörg Erb: Schild des Glaubens, Kassel 1941 (60. Aufl. Lahr 1993).
Der badische Lehrer Jörg Erb (1899 Kürzell bei Lahr-1975 Freiburg i. Br.) schuf 1941 eine vielbenutzte Kinder- und Schulbibel[2], die bis heute lieferbar ist. Entgegen dem Trend der Zeit berücksichtigt er das AT breit; er liest es jedoch vom Neuen her. Diese These soll durch fünf Beobachtungen belegt werden:

(1) Erb gibt dem AT die Überschrift «Die Vorbereitung des Heils»; dem NT «Die Erfüllung des Heils»; beide Zwischentitel wurden durch die Zeich-

nungen von Paula Jordan (1896 Leipzig-1986 Stuttgart) erst 1949 ins Bild gesetzt. Die alttestamentliche Zeichnung zeigt die Hauptgestalten in sehnsüchtiger Erwartungshaltung entsprechend dem Satz des Paulus: «Als aber die Zeit erfüllt ward, sandte Gott seinen Sohn ...» (Gal 4,4; Erb S. 329).

(2) Gelegentlich fügt Erb christologische Deutungen in Prophetentexte ein, z.b. zur Stelle: «Das Volk, das im Finstern wandelt, sieht ein großes Licht ...» (Jes 9,2) ein Hinweis unter dem Stichwort «Weihnachtsjubel» (S. 77) und zum Lied vom leidenden Gottesknecht ein Hinweis auf Jesu Leiden am Kreuz als Erlösung (Jes 53,4, S. 111 seit der 3. Aufl. 1949).

(3) Erst seit der 3. Aufl. 1949 fragt Erb im Zusammenhang der Israel-Kapitel des Paulus (Röm 9–11): «Worin besteht die Verwerfung Israels?» Antwort: «Im Unglauben» (S. 314). In der neuesten Bearbeitung wurde dieser Abschnitt korrigiert: «Ist Gottes Bund mit Israel gekündigt? Antwort: Nein, Gott reut seine Gnadenwahl nicht.» (1993, S. 314). Hier zeigt sich der Einfluss einer neuen Israel-Theologie.

(4) Nach dem Muster Johann Hübners (1714) kommentiert Erb jede Geschichte durch Bibelsprüche und Choralverse. Dadurch erreicht er eine unterschwellige Verchristlichung des AT. So wird etwa David durch die Verse, die ihm in den Mund gelegt werden, stillschweigend zu einem Christen gemacht (EG 233,3; S. 89).[3]

(5) Da es Erb um eine Enkulturation der Bibel in den Kontext deutscher Schulkinder geht, kommen Juden nicht vor; nur gelegentlich ist vom Volk Israel die Rede. Dass Jesus Jude war, ist nicht erkennbar; er ist der «Heiland» und «Erlöser». Jüdische Termini werden ersetzt, z.B. Sabbat durch Feiertag, Synagoge durch Bethaus oder Gotteshaus und Passa durch Osterfest. Der Übergang zwischen dem Mühen um Enkulturation und unbewussten Antijudaismen ist fließend. Bei unsympathischen Figuren verzichten Erb und seine Illustratorin Paula Jordan auf Enkulturationsversuche (z.B. Pharisäer, Schriftgelehrte, Reiche, Hohepriester).

Theologische Grundentscheidungen zum Verständnis des Alten Testaments im Christentum[4]

Wenn Jörg Zink und Karin Jeromin ihre Kinderbibeln mit Jesusgeschichten beginnen lassen, so stellt sich die Frage, welche theologischen Grundentscheidungen für diese Anordnung der Texte maßgeblich gewesen sein könnten.

Vorrangstellung des Neuen Testaments vor dem Alten Testament?

Schon um 1810 findet sich die Auffassung, das Neue Testament sei besser zur Erziehung geeignet als das Alte. Der bayerische Dekan Heinrich Stephani schrieb in seiner Vorrede zu einem biblischen Lesebuch für Schulen: «Die

Bibel enthält theils die heiligen Schriften des Christenthums, theils des Judenthums. In den ersteren ist die vollkommenere Religion zu finden, deren wir uns als Schüler Jesu zu erfreuen haben. In den letztern finden wir die Religion noch im Stande der Kindheit. Wie verkehrt war daher bis jetzt das Verfahren, unsere Kinder durch die Schriften des alten Bundes ihren religiösen Ansichten nach erst zu Juden zu bilden, und sie nach dieser Verbildung erst in die Schule des Christenthums zu führen. Der Gang der Bildung der Menschheit darf nicht der Gang der Bildung unserer Jugend sein. ... Unsere Jugend lerne zuerst Gott den Vater voll ewiger Liebe erkennen, wie Jesus ihn der Welt offenbarte, und nicht als zorniges menschliches Wesen, wie die Menschen im alten Bund sich ihn dachten ... Man verbanne daher aus unseren Schulen die bisherige verkehrte Erziehungsweise aus unserer Jugend zuerst Judenkinder zu bilden ...».[5] Deshalb gestaltete Stephani ein biblisches Lesebuch konsequent im Geiste der Aufklärung, indem er zuerst Jesusgeschichten bot, erst danach «Erzählungen aus den heiligen Schriften des jüdischen Volkes».

Diese Konzeption folgt Lessings religionsphilosophischer Geschichtsdeutung einer fortschreitenden Erziehung zur Sittlichkeit. Da Jesus für Lessing der bessere Erzieher des Menschengeschlechts[6] ist, ordnet Stephani in der Erziehung das Neue Testament vor das Alte.

Wer heute eine ähnliche Umstellung der Testamente in der Erziehung vertritt, muss sich fragen lassen, ob er seine Position als Verlängerung und Modernisierung der Lessingschen Auffassung sehen möchte. Diese Position vergisst, dass die hebräische Bibel die Basis für das Neue Testament ist. Wer kann den Juden Jesus verstehen, wenn er oder sie nicht die Bibel kennt, aus der Jesus lebte? Jesus ging es nicht um Überwindung des Alten Testaments als einer überholten Kulturstufe. Wer Jesus in seinem jüdischen Kontext versteht und weiß, dass er nach dem Zeugnis des Markus in das Bekenntnis Israels einstimmte: «Höre Israel, der Herr, unser Gott, ist einer ...» (5 Mose 6,4; Mk 12,29), dass er Psalmen betete und die jüdischen Feste mitfeierte, der weiß, dass das Alte Testament eine unverzichtbare Voraussetzung des Wirkens Jesu ist. Diese Voraussetzung kommt weder bei Jörg Zink noch bei Karin Jeromin ausreichend in den Blick. Für beide ist das Alte Testament kein selbständiges Dokument.

Außer der heilsgeschichtlichen Lektüre alttestamentlicher Texte (vgl. Apg 8, 32f. mit Bezug auf Jes 53,7), die wir vor allem bei Jörg Erb gefunden haben, und der Lektüre, die von einer Vorrangstellung des Neuen Testaments ausgeht, lassen sich in der Auslegungsgeschichte vier weitere Argumente gegen das Alte Testament in der christlichen Verkündigung ausmachen.

Alt- und neutestamentliches Gottesbild[7]

Es wird ein unversöhnlicher Gegensatz zwischen dem Gottesbild des Alten und dem des Neuen Testaments behauptet. Während Jesus den liebenden, vergebenden Vater ins Zentrum rückte, sei der Stammesgott des Alten Testaments grausam, rachsüchtig (Ex 20,5), zornig, übe Willkür, sei brutal, intolerant, akzeptiere Gewalt und stelle harte Forderungen. Er sei ein Gott, der Menschenopfer wolle (Gen 22; Ri 11,30), der Ungehorsame durch Katastrophen strafe (Gen 6–8; 19; 2 Kön 24,20) und der ständig kontrolliere (Num 6,24–26).

Die These vom unüberwindlichen Gegensatz zwischen dem alttestamentlichen Stammesgott als Patriarch und Tyrann und dem universalen Glauben an den Gott der Liebe im Neuen Testament ist von den biblischen Quellen her nicht haltbar. Die hebräische Bibel kennt eine Vielfalt von Gottesbildern bis hin zum Symbol der tröstenden Mutter (Jes 66,13), die Jesus vor allem in seinen Gleichnissen aufnimmt.

Die Kultkritik Jesu und ihre Folgen für das Verständnis des Alten Testaments

Hier geht es um die Behauptung, der alttestamentliche Kultus sei durch die Kultkritik Jesu (Mt 7,1–23; 11,15–18) überholt. Es gehe um die Anbetung Gottes «in Geist und Wahrheit» (Joh 4,23f), um eine innerliche Herzensfrömmigkeit. Die Kult- und Zeremonialgesetze seien durch Jesus Christus aufgehoben (Hebr 4–10).

Wer diese Position auf die Gestaltung einer Kinderbibel überträgt, verkennt, dass Jesus als innerjüdischer Reformer wirkte.

Werteerziehung durch alttestamentliche Geschichten?

Vielfach wurde behauptet, einige alttestamentliche Figuren seien keine Vorbilder für die christliche Werteerziehung. Viele Geschichten des Alten Testaments eignen sich nicht, um Kinder zu «Sittlichkeit, Tugend, Gemütsruhe und Glückseligkeit» zu erziehen nach dem Ziel des Philanthropen Zerenner vor zweihundert Jahren. Deshalb wurden sexuelle Passagen, Lüge, Betrug, Diebstahl, Gewalt und Grausamkeit vielfach aus Kinderbibeln eliminiert. Ich denke an Abrahams Probleme mit Frauen, an den Lügner und Betrüger Jakob, an Mose als Mörder und an Davids Schuld als Liebhaber und Vater. Viele wünschen sich eine zur Werteerziehung gereinigte Kinderbibel.

Gesetz und Evangelium

Erstaunlich ist, dass die theologische Antithetik von Gesetz und Evangelium[8], die didaktische Schematisierung von Gesetz und Gnade, von Sünde und Erlösung und die allzu vereinfachte Gegenüberstellung des Alten Testaments als Gesetzesreligion und des Neuen Testaments als Liebesreligion sich meiner Kenntnis nach nicht auf Kinderbibeln auswirkte. Alttestamentliche Geschichten gehörten und gehören zum selbstverständlichen Grundbestand von Kinderbibeln. Ein Grund dafür mag sein, dass es sich vielfach um spannende, anschauliche und schöne Erzählungen handelt, die gern gehört und gelesen werden. Was theologisch etwa in der Homiletik vertreten wurde, wirkte sich weniger auf die Gestaltung von Kinderbibeln aus.

Es gilt, moderne Kinderbibeln zu untersuchen unter dem Gesichtspunkt, ob die Vielgestaltigkeit der Hebräischen Bibel ohne Verchristlichungen angemessen zum Ausdruck kommt.

Annäherungen an Problemlösungen

Lassen sich moderne Kinderbibeln finden, die die Eigenständigkeit der Hebräischen Bibel respektieren, ohne ein christliches Verständnis prinzipiell auszublenden?

Vielfalt in Wort und Bild, gestaltet für Jugendliche

Albert Hari/Hildegard Nies/Charles Singer: Das Alte Testament heute neu entdecken, Stuttgart 1994 (frz. Sadifa Media, Strasbourg 1994).

Familie und Gemeinde sind die Zielgruppen dieses Arbeitsbuches, das von einem katholischen Team in der Diözese Straßburg erarbeitet wurde. Das Team will folgende Intentionen realisieren:
- Die Bücher des ersten Bundes geographisch, zeitlich und religionsgeschichtlich einordnen;
- Bibeltexte wiedergeben und Verstehenshilfen durch Fragen anbieten;
- in die Werdeprozesse der Texte vorsichtig einführen;
- Bezüge zu alttestamentlichen Zitaten im Neuen Testament herstellen unter der Rubrik: «Sechs Jahrhunderte später» (oder sinngemäß ähnlich). Damit verzichtet das Team auf das Schema: Weissagung – Erfüllung;
- einzelne Geschichten von einem gegenwärtigen Standpunkt aus befragen. Zum Beispiel beginnt das Schöpfungskapitel mit der Frage: «Woher kommen wir?» und mit der Theorie vom Urknall;
- das Anliegen der Texte heute verdeutlichen unter der Rubrik «Heute beten»;

Diese Intentionen finden sich auch in den unterschiedlichen Illustrationen wieder als:
- Nachzeichnungen historischer Dokumente;

- Historienmalerei;
- Landschaftsfotos;
- Symbolzeichnungen, die Vergangenes in die Gegenwart bringen;
- Illustrationen zu Menschen unserer Zeit, allerdings leider oft klischeehaft.

Die aufs Vergleichen abzielende theologische Grundidee und die phantasievolle Gestaltung dieses Arbeitsbuches überzeugen, auch wenn es nicht in allen Details gelungen ist. Eine Weiterentwicklung dieses Ansatzes erscheint mir lohnend, denn hier bleibt die Eigenständigkeit der Hebräischen Bibel gewahrt, ohne die christliche Interpretation wichtiger alttestamentlicher Stellen zu übergehen.

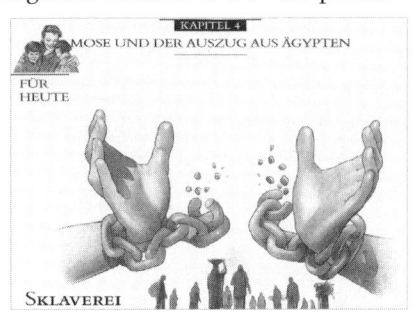

A.Hari / H.Nies / C.Singer, Das Alte Testament, S. 54.

Messianische Hoffnung für biblisch Unerfahrene
Karel Eykman/Bert Bouman: Die Bibel erzählt. Freiburg/Gütersloh 1978. Neuaufl. 1998 in 2 Bänden.

Wie lassen sich Kinder und Jugendliche ohne christliche Sozialisation für Biblische Geschichten interessieren? Dieser Aufgabe stellte sich Mitte der sechziger Jahre eine ökumenische Fernsehanstalt in den Niederlanden. Der Rotterdamer Jugendpfarrer Karel Eykman (geb. 1936) konzipierte 143 freie, Midrasch-ähnliche Erzählungen auf biblischer Basis.

«Messianische Hoffnung» ist das Thema dieser Biblischen Erzählungen. Diese Hoffnung richtet sich auf die neue Stadt, in der Gott wohnt und deshalb alles gut wird (Offb 21, S. 492f.). Die messianische Hoffnung auf den Befreier verbindet beide Testamente in einer vorsichtigen Weise, nicht so direkt wie das alte Schema: Weissagung und Erfüllung. Beispielsweise heißt es als Kritik an dem Nordreich-König Ahab: «Wenn es Könige gibt, die Böses tun, so wird es einst vor Gott einen König geben, der Frieden bringt» (S. 172). Die «Erzählungen zum Alten Testament» enden mit dem Lied vom leidenden Gottesknecht: «Durch ihn werden die Menschen einst in Frieden leben können. Er war eine Art König. Er war viel mehr König als alle Könige zusammen. Ich glaube: Einmal wird einer kommen, der auf diese Art König sein wird. Der wird uns dann befreien.» (S. 267; Abb. 5). Insgesamt wird das Alte Testament angemessen erzählerisch entfaltet. Im Neuen Testament sind die Bezüge zum Judentum klar. Vor allem im Alten Testament werden Einsichten der historisch-kritischen Exegese verarbeitet, wenn die Urgeschichte (Gen 1-11) und der Zweite

Jesaja (Jes 40-55) zeitlich dem babylonischen Exil zugeordnet werden. Eykman rechnet nicht mit dem Memorieren geprägter Grundtexte; deshalb wird der Dekalog ohne das moralisierende «Du sollst» wiedergegeben; z.B. heißt es nicht: «Du sollst nicht ehebrechen!» sondern «Bleibt den Menschen treu, die ihr liebt!» (S. 122f.). Leider entspricht es nicht dieser die beiden Testamente behutsam zusammenbindenden, auf Zukunft hin offenen messianischen Konzeption, wenn das Gütersloher Verlagshaus neuerdings das Werk in zwei Bänden ediert.

Der zweite Jesaja wird geschlagen und ermordet. Trotzdem gilt er als Vorbild für den erhofften Friedenskönig (S. 267).

« ... sehr alt und ganz neu»

Werner Laubi/Annegert Fuchshuber: Kinder Bibel, Lahr 1992. 7. Aufl. 2000 (vgl. unten S. 246).

Knappes, bibelnahes, kind- und sachgerechtes Erzählen, häufig mit Blick auf die Betroffenen und phantasievolle Illustrationen sind die Kennzeichen dieser Kinder- und Grundschulbibel des Schweizer Pfarrers Werner Laubi und der Grafikerin Annegert Fuchshuber (1940-1998)[9]. Das Verhältnis der beiden Testamente ist ausgewogen; sie werden unverbunden nacheinander angeordnet, denn «die Heilsgeschichte der Bibel vollzieht sich geheimnisvoll und im Verborgenen» (Nachwort S. 272). Freilich geht diese Konzeption auf Kosten einer die Testamente übergreifenden Hoffnungsperspektive z.B. bei Prophetentexten. Juden kommen selbstverständlich vor (S. 170). Gewalt soll in Wort und Bild zurücktreten, was nicht ganz gelingen kann. Wer von Elia und den Baalspriestern erzählt, kann eigentlich nicht verschweigen, dass Elia ein Blutbad anrichtete (1 Kön 18,40). Dieses Massaker lassen die meisten Kinderbibeln aus.

Hiob

Die Vielfalt des Alten Testaments wird durch die Findigkeit der Illustratorin unterstrichen. Mit Wasserfarbe und Pinsel gestaltet sie überraschende Bildmotive, vor allem informierende Sachzeichnungen und poetisch-erzählende Symbolbilder, die z.B. Löwe und Lamm im Paradies zeigen oder Hiob als Jude mit Judenstern im Elend. Anachronismen sind nicht verpönt; so gelingt es, das Ferne mit dem Nahen zu verbinden.

Entsprechungen in der Einen Bibel
Irmgard Weth/Kees de Kort: Neukirchener Kinder-Bibel, Neukirchen-Vluyn 1988 (13. Aufl. 2001).
«Die Bibel will als Ein Buch gelesen werden, so dass keiner ihrer Teile in sich beschlossen bleibt, vielmehr jeder auf jeden zu offengehalten wird ...», schrieb Martin Buber[10] zu seiner Verdeutschung der Hebräischen Bibel. Imgard Weth folgte dieser Überzeugung (S. 281), doch bezieht sie die Einheit der Bibel nicht nur – wie Martin Buber – auf die Einheit des Alten Testaments, sondern auf die Einheit beider Testamente. Da das Einmalige im Vielmaligen anklingt, gestaltet sie für Sechs- bis Zehnjährige bewusst Entsprechungen wie Berufungsgeschichten (Mose, Josua, Gideon, Zacharias, Maria), Offenbarungsgeschichten (Mose am Horeb, Elia am Horeb), Weggeschichten (Abraham, Israels Exodus, Jesu Jünger) aber auch Fluchtgeschichten (Kain, Lot und seine Töchter, Jakob und Esau, Mose, Elia, David und Saul, Jesus). Diese und viele weitere Entsprechungen sollen den Hörer in eine Erwartungshaltung bringen, dass Gott selbst sich im Vollzug des Erzählens offenbaren und dem Hörer hier und heute begegnen wird. So werden Erinnerung und Erwartung zusammengehalten im Glauben an den einen Gott, der zu jeder Zeit Menschen begleitet.

Sterbend sieht Mose das Land.

In diese Richtung weist auch das Bild auf dem Umschlag der Kinder-Bibel: es zeigt viele Menschen, Große und Kleine, die gemeinsam zu einem Ziel wandern. Die ausgestreckte Hand Abrahams weist auf das in der Zukunft liegende Ziel hin. Es entspricht dieser Hoffnung über die Grenzen des Alten und Neuen Testaments hinaus, dass der achte alttestamentliche Abschnitt «Gott bringt heim» (S. 165f.) mit der Frage endet:
«Aber wann würde der König und Retter kommen? Niemand wusste es, noch niemand ...» (S. 166). Entsprechend heißt der achte neutestamentliche Abschnitt: «Jesus kommt wieder» (S. 289–293). Erinnerung und Erwartung richten sich auf den, «der da ist und der da war und der da kommt» (Offb 1,8; S. 323).

Ausschmückungen stehen nicht auf dem Programm dieser Kinderbibel-Autorin, wohl aber Auslassungen. Gelegentlich frage ich mich nach der Begründung einzelner Auslassungen. Dazu einige Beispiele: Warum fehlt, dass Elia die Baalspriester tötet (zu 1 Kön 18,40; S. 138)? Dadurch werden Isebels Zorn und Elias' anschließende Flucht unverständlich. Oder: Warum werden nur die Probleme des alternden David mit Absalom (S. 124–126) erzählt, jedoch nicht die Probleme der Thronnachfolge im Zusammenhang? Dadurch entsteht ein zu ideales Davidbild.

Weiterführende Fragen
In den letzten Jahrzehnten wurde das Alte Testament vielfältiger als vorher üblich in Kinderbibeln berücksichtigt. Neben den beliebten Geschichten, den oft allzu realitätsnah erzählten «Biblischen Historien», wurde zum Teil eine neue Auswahl aus den Propheten, aus Hiob, den Psalmen und den Sprüchen neu in Kinderbibeln aufgenommen. Trotz dieser erfreulichen Entwicklung bleiben einige Fragen zu klären.

Warum sollten christliche Kinderbibeln mit dem Alten Testament beginnen?
Beide Teile der Bibel deuten menschliches Leben; sie deuten Erfahrungen auf Gott hin. Ohne die vielfältigen Gotteserfahrungen Israels bleibt das Neue Testament unverständlich. Wegen ihrer Erwartungshaltung sind beide Testamente auf die Zukunft hin offen; sie zielen auf die Hoffnung, alles möge endlich gut werden. Die Visionen vom neuen Exodus, vom neuen David, von der neuen Schöpfung und der neuen Gottesstadt sind bereits im Alten Testament angelegt. Beide Testamente erzählen von dem Gott, der für die Schwachen eintritt; deshalb dürfen sich die Starken nicht selbst zum Maßstab setzen. Beide Testamente setzen auf Menschenwürde ohne Ansehen der Person. Schließlich sind Botschaft und Leben Jesu nicht ohne den alttestamentlich-jüdischen Kontext zu verstehen. So ist der christliche Glaube in vielfältiger Weise im Alten Testament verwurzelt. Von dieser Verwurzelung sollten Kinderbibeln bestimmt sein.

Sollten die dunklen Seiten des Alten Testaments in Kinderbibeln eliminiert werden?
Viele lassen anstößige Stellen aus wie Sodom und Gomorra, Isaaks Nicht-Opferung, Elias' Intoleranz oder sogar die Geschichte von der Vertreibung aus dem Paradies. So entstehen «wellness-Kinderbibeln». Wer dagegen auf die konkrete Lebenswelt Wert legt, freut sich über die Realitätsnähe des Alten Testaments. Hier geht es nicht um idealisierte Vorbilder und Helden, sondern um lebendige Frauen und Männer, die in Schuld verstrickt sind. Es ist gut, dass Israel seine moralisch fragwürdi-

gen Helden nicht aus der Hebräischen Bibel eliminierte, denn dadurch befreien viele alttestamentliche Geschichten zu ehrlichem Menschsein ohne Heuchelei und Vertuschen. Wer das weiß, kann in Verzweiflung betend Trost suchen, im Leiden um Hilfe schreien und in Schuld auf Vergebung hoffen. Deshalb wünsche ich mir keine zur Werteerziehung gereinigte Kinderbibel, sondern eine ehrliche.

Sollte das Bild der Kleinfamilie in das Alte Testament projiziert werden?

Enkulturation ist wichtig. Doch wie weit darf sie gehen? Wer Nähe anstrebt, trägt vielfach unsere Lebensverhältnisse in das Alte Testament ein. Die Kleinfamilie ist dafür ein sprechendes Beispiel: Isaak und Rebekka als Eltern, Jakob und Esau als ihre beiden Kinder. Ich denke, moderne Lebensformen wie die Kleinfamilie sollten nicht in die Sippenstrukturen des Alten Testaments eingetragen werden. Angesichts des Suchens nach neuen Lebens- und Beziehungsformen sollte das problematische Modell der Kleinfamilie nicht biblisch legitimiert werden.

Bert Bouman zeichnet Isaak mit seiner Frau Rebekka und den Zwillingen Jakob und Esau.

Welche Folgen ergeben sich aus der Sicht des Alten Testaments für das Jesusbild?

Wenn beide Teile der Bibel in einer Kinderbibel als gleichwertig behandelt werden, verringert sich die Distanz zum Alten Testament. Deshalb wäre gründlicher zu untersuchen, welche Folgen sich daraus für das Jesusbild ergeben. Zweifellos lebte Jesus als Jude und vertrat doch gleichzeitig Reformabsichten. Er scheute keine Konflikte, sondern führte Streitgespräche. Wer heute von Gegensätzen zwischen Jesus und seinen Gegnern spricht, kann antijudaistischer Tendenzen bezichtigt werden. Bei einem Jesusbild, das Helfen und Heilen in den Vordergrund stellt, treten Jesu Konflikte häufig in den Hintergrund oder werden der Auseinandersetzung der frühen christlichen Gemeinden mit dem Judentum zugeordnet. Ich denke nicht, dass alle Konflikte Jesu nur aus dem Streit zwischen alter und neuer Religion zu erklären sind. Der Kreuzigung Jesu müssen doch schwerwiegende Auseinandersetzungen vorausgegangen sein!

Sollten Kinder innerbiblische Spannungen aushalten lernen?

Einige Geschichten werden im Alten Testament mehrfach erzählt. Ich denke an die beiden Schöpfungsgeschichten und an die Erzählungen vom Exodus. In Kinderbibeln werden Spannungen und Widersprüche zwischen den Geschichten zumeist geglättet. Ich halte dies nicht für sachgerecht. Kinder sollen ja lernen, differenziert zu denken und einen Sachverhalt von mehreren Seiten her zu reflektieren. Deshalb können sie auch lernen, innerbiblische Spannungen und Widersprüche zu bedenken. Wer harmonisiert, gerät in Gefahr, dem Abschied vom Kinderglauben Vorschub zu leisten.

Erschwert die prägende Kraft der Erstbegegnung spätere Revisionen?

Neuerdings lässt sich die Tendenz beobachten, für jedes Alter eine altersstufengemäße Kinderbibel zu gestalten. So wie das Kind wächst, sollen auch die Ausgaben der Kinderbibel mitwachsen. Wegen der prägenden Kraft der Primärsozialisation sollen Kinder schon früh biblische Einzelgeschichten kennen lernen; Bedenken werden kaum diskutiert. So ist es vielleicht u.a. zu erklären, dass das Alte Testament gelegentlich in so defizitärer und problematischer Weise bearbeitet wird, wie wir es bei Jörg Zink und Karin Jeromin festgestellt haben. Nach meiner Erfahrung erschwert eine solche Erstbegegnung spätere Korrekturen, denn nur Neues weckt Neugier, und diese motiviert. Wer viele Geschichten schon kennt, ist schwer zu motivieren, nach einigen Jahren neu und in einem anderen Zusammenhang über sie nachzudenken. Er oder sie hat die erste Kinderbibel mit den Kinderschuhen abgelegt. Außerdem weiß jeder Erfahrene, dass kleine Kinder eine Geschichte sehr gern häufig hören und die Bilder mehrfach anschauen. Deshalb halte ich die biblischen Bilderbücher zu Einzelgeschichten, wie sie Kees de Kort seit 1967 und Regine Schindler rund zehn Jahre später vorgelegt haben, für sachgerechter als die neuen, verkürzten Kinderbibeln. Geschichte für Geschichte einzeln gründlich zu erschließen, lässt Raum für die Chance, später neue, schwierige Zusammenhänge kritisch und ohne Entstellungen zu erschließen.

In diesem Sinne plädiere ich für eine sachgerechte Gestaltung alttestamentlicher Texte in Kinderbibeln. Die Selbstständigkeit, Widerständigkeit und Präsenz des Alten Testaments bleiben unverzichtbar für die christliche Erziehung.

1 Vgl. Christine Reents: Gutenachtgeschichten auf biblischer Grundlage. Jörg Zinks Bibel für Kinder, in: Fabula 39 / 1998, S. 79-89. Gertraud Rosenberger: Das große Buch für kleine Leute. Kriterien und Beurteilung ausgewählter Kinderbibeln (Religionspädagogische Perspektiven 28), Essen 1997, S. 106-109.

2 Vgl. Gottfried Adam: Der «Schild des Glaubens» von Jörg Erb. Eine biblische Geschichte von Rang, in: Gottfried Adam/Rainer Lachmann (Hg.), Kinder- und Schulbibeln, Göttingen 1999, S. 64-89. Zur Diskussion um die Antijudaismen vgl. S. 84ff. Viele Antijudaismen wurden erst in die 3. Aufl. 1949 eingetragen.

3 Weitere Beispiele: zu Jes 40-55 der Weihnachtsvers Luthers «Das ewig Licht geht da herein ...» (EG 23,4) in der 1. Aufl. 1941, S. 81; 3. Aufl. 1949, S. 112 bis 60. Aufl. 1993, S. 133. - Daniels Vision von den Weltreichen (Dan 7) schließt mit einer trinitarischen Formel im Choral: «Preis, Ruhm und Ehr und Herrlichkeit sei Vater, Sohn und Geist bereit, Lob seinem heiligen Namen. Die göttliche Kraft mach uns sieghaft durch Jesum Christum. Amen.» (EG 275,7) seit der 3. Aufl. 1949, S. 130 bis 60. Aufl. 1993, S. 130.

4 Vgl. Grete Schneider / Wolfgang Schulte: Einführung in das Alte Testament. Gott kommt. Ein evangelisches Unterrichtswerk für Gymnasien. Hg. Hans-Joachim Kraus/Grete Schneider, Neukirchen-Vluyn 1966, ⁴1976, S. 16-21. Grundlegende Anregungen stammen aus dem Gespräch mit Desmond Bell und aus seiner Wuppertaler Dissertation: Alttestamentliche Didaktik in schwieriger Zeit. Eine Untersuchung zur Geschichte des evangelischen Religionsunterrichts in Weimarer Republik und Nationalsozialismus unter besonderer Berücksichtigung der Preußischen Rheinprovinz, Wuppertal 1997 (Manuskript). Christian Palmer: Evangelische Katechetik, Stuttgart 1844, ⁹1875, S. 155-162. Zum Problem vgl. schon [Ernst Katzer]: Das Judenchristentum in der religiösen Volkserziehung des Protestantismus, Leipzig 1898, S. 15ff. - Friedrich Wilhelm Bargheer: Fachdidaktische Probleme des AT im Überblick, in: EvErz 37 / 1985, S. 286-300 (mit einem längeren Zitat von Rudolf Augstein). Adolf von Harnack: Marcion. Das Evangelium vom fremden Gott, 1921. 2. Aufl. Leipzig 1924 (Reprint Darmstadt 1960), S. 93ff. und 248f. Im Unterschied dazu vertrat Harnack erst seit Mitte der zwanziger Jahre ein Modell der «Ehrfurcht vor dem Leben», das ähnlich wie Albert Schweitzer auf prinzipielle Toleranz zielt. - Susi Hausammann: Alte Kirche: Zur Geschichte und Theologie in den ersten vier Jahrhunderten. Bd. 1, Neukirchen-Vluyn 2001, S. 79-83.

5 Heinrich Stephani: Die biblische Geschichte oder biblisches Lesebuch für Schulen, Erlangen: Palmsche Verlagsbuchhandlung 1821. (UB Erlangen Thl XVII, 459a). Ich danke Desmond Bell für seinen Hinweis auf diese Quelle.

6 Gotthold Ephraim Lessing: Die Erziehung des Menschengeschlechts (1777), bes. § 53-61, in: Werke Bd. 7, Darmstadt 1976, S. 488-510.

7 Hanna Wolff: Neuer Wein - Alte Schläuche. Das Identitätsproblem des Christentums im Lichte der Tiefenpsychologie, Stuttgart 1981, bes. S. 162ff. - Diese These der Publizistin Hanna Wolff wurde durch Theologen vorbereitet, die das Alte Testament unter der Kategorie der Antithetik sahen, z. B. Friedrich Baumgärtel, Emmanuel Hirsch, Rudolf Bultmann, Franz Hesse und der Religionspädagoge Herbert Ulonska. Der Fernsehjournalist Franz Alt: Jesus - der erste neue Mann, München 1989, S. 120f wiederholte in seinem Bestseller die These von dem ganz neuen Gottesbild Jesu.

8 Vgl. Manfred Oeming: Biblische Theologie - was folgt daraus für die Auslegung des AT?, in: EvErz. 37 / 1985, S. 233-243.

9 Vgl. Hans Gärtner/Annegert Fuchshuber: «Man kann nicht immer nur Heilsgeschichte malen», in: KatBl 118 / 1993, S. 576-583.

10 Martin Buber: Zu einer neuen Verdeutschung der Schrift, Olten 1954, S. 13.

Judith Suliman

Die Bibel und jüdische Kinder

Der Stellenwert der Bibel in der
jüdischen Erziehung

Die Bibel und jüdische Kinder
Der Stellenwert der Bibel in der jüdischen Erziehung

In der traditionellen jüdischen Familie[1] nimmt die Erziehung der Kinder zu bewussten jüdischen Menschen einen zentralen Platz ein. Von frühestem Alter an werden die Kinder mit jüdischen Werten und jüdischer Weltanschauung bekannt gemacht mit dem Ziel, dass sie sich diese zu eigen machen und ihnen bewusst nachleben. Die Vermittlung zentraler jüdischer Werte geschieht zu einem beträchtlichen Teil anhand der biblischen Erzählungen und der biblischen Gebote.

Für ein jüdisches Kind gehören Abraham und Sarah, Isaak und Rebekka, Jakob und Lea nicht einer fernen Vergangenheit an, sie sind keine ‹historischen Figuren›, sondern lebendige Gestalten, mit denen das Kind sich identifiziert, da sie an seiner Seite leben und ihm als Vorbilder dienen.

So heißt es in der populären amerikanischen Kinderbibel «The little Midrash says»:

«We continue to walk in the ways of our wonderful forefathers and we keep on trying to become great Jews like they were.»[2]

Der Bibelunterricht beginnt daher nicht erst mit dem Eintritt in die Schule, sondern bereits zu Hause und im Kindergarten, den Kinder aus orthodoxen Familien meist schon mit drei Jahren besuchen.

Bereits die Rabbinen zur Zeit der Mischna (ca. 2. Jahrhundert u.Z.) haben sich Gedanken darüber gemacht, in welchem Alter das Kind ‹offiziell› mit dem Studium der fünf Bücher Mose beginnen solle, und haben beschlossen: «Ein Fünfjähriger soll die Bibel studieren.»[3] Und so ist es bis heute üblich, den Kindern zwischen drei und fünf das hebräische Alphabet beizubringen, damit sie dann den «Urtext» lesen und lernen können.

Dies ist kein leichtes Unterfangen. Daher wird im Zyklus der Wochenabschnitte (die fünf Bücher Mose sind in 52 Wochenabschnitte eingeteilt, die während eines Kalenderjahres gelesen werden) allwöchentlich in der (Vor-)Schule und am elterlichen Schabbat-Tisch die Paraschat Haschawua, der Wochenabschnitt, erzählt und diskutiert.

Das Studium der Tora, der göttlichen Lehre, ist eine Mizwa, ein besonderes Verdienst, für das sich jeder jüdische Mensch Zeit nehmen sollte. Dies lernen bereits kleine Kinder, indem auch sie aktiv am Bibellernen teilnehmen. Die Beschäftigung mit der Bibel ist nie ‹abgeschlossen›. Sie ist nicht nur eine Angelegenheit der Schule oder des Religionsunterrichts, sondern eine Lebensaufgabe. Dieselben Texte, dieselben Geschichten werden immer wieder gelehrt und gelernt. Das jüdische Kind trifft auch im Festkalender immer wieder mit der Bibel zusammen und erlebt diese als

Teil seiner eigenen Geschichte: an Pessach mit dem Auszug aus Ägypten und dem Hohelied der Liebe, an Schawuot mit der Offenbarung am Sinai und dem Buch Rut, an Sukkot mit der täglichen Vorsehung während der Wüstenwanderung und dem Buch Kohelet und an Purim mit dem Buch Esther. Dabei entdeckt das Kind je nach Alters- und Entwicklungsstufe neue Fragen, neue Probleme, neue Nuancen, neue Aspekte, mit denen es sich allein, im Gruppengespräch oder anhand der reichen jüdischen exegetischen Literatur auseinandersetzen soll.

Dabei geht es nicht nur um eine intellektuelle Auseinandersetzung mit dem Bibeltext. Ebenso wichtig ist es, in den Kindern die Liebe zur Heiligen Schrift und zur Heiligen Sprache, dem Hebräischen, zu wecken. So werden die ersten hebräischen Buchstaben, die ein Kind lernt, mit Honig bestrichen, den das Kind dann lecken darf. Dies soll ihm zu verstehen geben, dass die Beschäftigung mit der Tora eine Freude und eine Erquickung für den Menschen ist.

Der Empfang des ersten Chumasch (des Textes der fünf Bücher Mose) wird meist mit einem kleinen Fest gefeiert, ebenso wenn ein Kapitel oder ein Wochenabschnitt zu Ende gelernt wurden.

Zweimal im jüdischen Festjahr, an Schawuot und an Simchat Tora, steht die Tora im Zentrum. Das jüdische Kind lernt, dass die Dankbarkeit für die Offenbarung am Sinai, d.h. für das Empfangen der göttlichen Lehre, und die Freude am Toralernen integraler Bestandteil jüdischen Lebens sind und dass das emotionale Engagement beim Bibellernen ebenso gefragt ist wie das intellektuelle.

Schriftliche und mündliche Erzähltradition

Biblische Geschichten erzählen, ja selbst, sie vom Hebräischen in eine andere Sprache zu übersetzen, bedeutet, sie zu interpretieren, denn der biblische Text ist nur schwer aus sich selbst heraus zu verstehen, er ist nicht ‹self-evident›.

Nach jüdischem Verständnis besteht der Text der Bibel nicht nur aus dem schriftlich überlieferten Text und seinem Literalsinn allein; der Text selbst und seine tiefere Bedeutung lassen sich erst anhand einer reichen mündlichen Erzähltradition erschliessen, die über mehrere Jahrtausende gewachsen und mit dem biblischen Text verwachsen ist. Die «Sprüche der Väter»[4] weisen auf diese lebendige Tradier- und Auslegungstradition seit Moses hin:

«Moses empfing die Lehre (Tora) von Sinai
und überlieferte sie dem Josua,
Josua den Ältesten,

die Ältesten den Propheten
und die Propheten überlieferten sie
den Männern der Großen Versammlung»
(d.h. den rabbinischen Autoritäten zur Zeit des zweiten Tempels).
Mit Lehre (Tora) sind hier die schriftliche und die mündliche Lehre gemeint, d.h. der biblische Text in gleicher Weise wie seine traditionelle Auslegungspraxis. Jede Generation übernimmt dieses doppelte Erbe und reiht sich so in eine Lern- und Auslegungstradition ein.

Diese Auslegungstradition – wie auch ihre Texte – werden «Aggadah», Erzählung oder auch «Midrasch», Erklärung, Auslegung genannt. Nach Günther Stemberger erfüllt der Midrasch unter anderem die Funktion einer «schöpferischen Geschichtsschreibung»[5]: Er füllt biblische Erzählungen auf (so berichtet er über die Jugendzeit von Abraham und Mose), erzählt Details, identifiziert Personen (die Namen der Eltern Moses) und verbindet Erzählungen miteinander (Rut mit Lot und Boas mit Jehuda). Dies geschieht in der Absicht, Unklarheiten aus dem Weg zu schaffen, Zusammenhänge aufzuzeigen und den Personen mehr Plastizität zu verleihen.

Eine seiner wichtigsten Funktionen ist wohl aber, den ewig gültigen und daher auch aktuellen Gehalt der biblischen Erzählungen aufzuzeigen. Nach jüdischer Auffassung gibt es keine Anachronismen in der Bibel, da der Text seine Gültigkeit für alle Zeiten und alle Generationen behält.

Ziel der Midrasch-Exegese ist daher nicht ein (fiktiver) ursprünglicher Wortsinn des Textes, sondern sein zeitloser Gehalt. Dabei beanspruchen die einzelnen Midraschim keine Ausschließlichkeit für sich: An einen Vers können sich eine ganze Reihe von Midraschim reihen, die miteinander nicht zu vereinbaren sind, sich gar widersprechen, die aber alle mosaikartig Bedeutungsfacetten des Textes aufzeigen.

Biblische Geschichten und jüdische Kinder

Wie aber erzählt oder unterrichtet man die Bibel «kindgerecht»?
«Der Midrasch, der die biblischen Geschichten erweitert und oft bis ins Märchenhafte ausschmückt, ist vorzüglich geeignet, dem Text Lebendigkeit und Attraktivität zu verleihen und die Phantasiewelt des Kindes anzuregen», so rechtfertigt jedenfalls Abrascha Stutschinsky den regen Gebrauch, den er in seiner Kinderbibel «Die Bibel für Kinder erzählt» vom Midrasch macht: «Für Kinder und Jugendliche ist sie (die Aggadah) ein herrlich spannender Stoff, der ihre Phantasie bereichert und an den biblischen Stoff fesselt.»[6]

Doch dies ist sicher nicht das einzige und vorrangige Ziel des Bibelunterrichts. Anhand der biblischen Geschichten sollen die Kinder:
1. Gott und sein Wirken in der Welt kennen lernen (Gott ist der Schöpfer, lenkt die Geschichte, belohnt und straft, verzeiht, kümmert sich um den Menschen, ist unser Vorbild);
2. allgemein verbindliche ethische Werte vermittelt bekommen;
3. in ihrer jüdischen Identität bestärkt werden (Liebe zum Land Israel, Gottes Bund, Erwählung durch die Gebote).

Zu diesen drei Punkten möchte ich nun einige praktische Beispiele geben.

ad 1. Gottesbild: der «liebe» und der «böse» Gott

Gott wird in der Bibel mit zwei Namen bezeichnet: mit dem Tetragramm, das nicht ausgesprochen werden darf, und mit dem Wort Elohim, der Mächtige. Nach jüdischer Tradition bezeichnen die beiden Gottesnamen zwei komplementäre Seiten seines Wesens: den barmherzigen, verzeihenden und den richtenden, strafenden Gott. Kinder sollen Gott nicht nur als den «lieben» Gott, sondern auch als den strengen, fordernden Gott kennen lernen. Ohne die richtende Seite gäbe es nämlich keine Gerechtigkeit in der Welt.

Gerade dort, wo sich die so genannte «dunkle Seite» Gottes manifestiert, geht es darum, sich mit der Existenz des Bösen in der Welt und mit Gottes strafenden Eingriffen in das Weltgeschehen auseinander zu setzen. Auch Kinder sollten sich bereits dieser beiden Aspekte Gottes bewusst sein, denn Gottesliebe und Gottesfurcht bestimmen unser Verhältnis zum Allmächtigen.

Wo immer Gottes Handeln uns aber unverständlich erscheint (Hiob, Kain und Abel), müssen wir uns eingestehen können, dass Gottes Wege nicht die unseren sind und dass der Mensch Gott letztendlich nicht durchschauen kann. Wir dürfen, wie Abraham, mit Gott ringen und seine Gerechtigkeit hinterfragen, ohne dabei aber zu vergessen, wo unser Platz als Menschen ist.

Die jüdische Bibelauslegung ist aber durchweg bemüht, auch aus kontroversen Bibelgeschichten ethische Richtlinien zu gewinnen. Gerade bei Kindern, die mit komplexen ethischen und theologischen Fragen noch überfordert sind und in der Erziehung klare Maßstäbe benötigen, sind Midraschim angebracht, die das Gute vom Bösen (Esau und Jakob) und das Erlaubte vom Unerlaubten (Baum der Erkenntnis) deutlich trennen. In diesem Sinne zieht Hella Taubes folgende Moral aus der Paradiesgeschichte:

Wo immer aber Gottes Handeln uns unverständlich scheint, müssen wir uns eingestehen können, «wenn Gott etwas sagt (d.h. verbietet), weiß er warum,» und «dies lehrt uns, dass wir immer dem lieben Gott gehorchen müssen, ob wir es sofort verstehen, was er uns sagt, ob es uns gefällt oder nicht. Der liebe Gott ist groß, mächtig und weiß vieles, was wir nicht begreifen können. Auch unserem Vater und unserer Mutter müssen wir gehorchen, da sie es gut mit uns meinen und uns lieben und besser wissen, was gut für uns ist.»[7]

Hella Taubes bringt die Paradiesgeschichte so in Bezug zum Alltagsleben der Kinder: Gott fordert auch von dir – man denke an die vielen Gebote und Verbote im Judentum! Gott gehorchen heißt auch: den Eltern gehorchen. Nicht die Sünde des ersten Menschen ist hier zentral, sondern die Lehre, die aus dem Versagen des ersten Menschen zu ziehen ist.

In «The Little Midrash says» lesen wir folgende Interpretation der Paradiesgeschichte:

«Just as the snake came to Chava to persuade her not to listen to Haschem[8], so the Jezer hara[9] comes to each of us many times a day. He persuades us not to listen to Haschem. For example the Jezer hara whispers: ‹Why should you listen to your mother when she says ‹go to sleep›? Listen to me and stay up› (honor father and mother is God's Commandment). Or he says: Don't daven[10] every word, skip half, then you will have extra time. We see from Adam and Chava's example, that a person who listens to Jezer hara suffers in the end.»[11]

ad 2. Abraham: Unser Vorbild für die Menschenliebe

Drei Männer, die sich als göttliche Boten entpuppen, kündigen Abraham und Sarah die Geburt Isaaks an. Was lernt ein jüdisches Kind aus dieser Erzählung? Ohne Zweifel, dass Gott Leben schenkt, dass die göttliche Vorsehung über uns alle waltet und Gott sich unser erbarmungsvoll annimmt – und, dass Isaak ein spezielles Baby sein wird.

Doch der Midrasch verweilt beim Detail: Abraham saß am Eingang des Zeltes, trotz der Hitze des Tages, damit ja kein Wanderer an seinem Zelte vorbeiziehe, ohne sich zu laben. Das Zelt war auf allen vier Seiten geöffnet, als Willkommenszeichen für den Fremden und dies, obwohl Abraham sich, seine Söhne und Hausgenossen eben erst beschnitten hatte und rekonvaleszent war. Gott schickt die drei Männer, um Abraham in seiner Erwartung nicht zu enttäuschen, da niemand bei dieser Hitze unterwegs war.

Die Geschichte lehrt uns also die Wichtigkeit der vorbehaltlosen Gastfreundschaft, selbst unter widrigen Umständen.

Abraham lud die Gäste zu Brot und Wasser ein, servierte ihnen aber ein üppiges Mahl. Welche Verhaltensregel für unser Leben lernen wir daraus: «Sag wenig, tue dafür umso mehr.»

Und wozu, fragt der Midrasch, erscheint Gott Abraham in dem Eichenhain von Mamre, bevor die drei Männer ankamen? Warum spricht er hier nicht, wie sonst, mit Abraham? Und der Midrasch antwortet: Gott kam, den Kranken zu besuchen! Gott dient hier als Vorbild für ein wichtiges Gebot: Wer einen Kranken besucht, sagen unsere Weisen, trägt 1/60 zu seiner Genesung bei.

Doch jetzt stehen wir vor einem neuen Problem: Wie gestattet es sich Abraham, Gott zu verlassen, der bei ihm verweilt, um die drei Männer zu bewirten? Er sagt nämlich: «Herr (= Gott), wenn ich Gnade in deinen Augen gefunden habe, so gehe doch nicht an Deinem Knecht vorbei!», mit anderen Worten: «warte bitte, bis ich die Gäste bedient habe.»

Wieder zieht der Midrasch daraus eine Lehre: Die zwischenmenschlichen Beziehungen haben Vorrang vor unseren Pflichten gegenüber Gott; der Glaube an Gott zeigt sich zuallererst in guten Taten.

Für das jüdische Verständnis ist jedes Wort, ja jeder Buchstabe in der Bibel wichtig und Träger von Botschaften, die es zu entdecken gilt. Kinder sollen lernen, aufmerksame Bibelleser zu werden.

ad 3. jüdische Identität: Die Bindung Isaaks

Die Bibel bietet aber auch Anlass zum Reflektieren über jüdischen Glauben, jüdisches Schicksal und jüdische Identität.

Ein jüdisches Kind wird meist schon in jungen Jahren mit der Frage nach seinem Glauben und seinem Jüdischsein konfrontiert. Es ist daher unumgänglich, auf diese Fragen beim Studium der Bibel einzugehen, z.B. im Zusammenhang mit der Bindung Isaaks.

Warum prüft Gott Abraham, wenn er doch allwissend ist, und warum fordert er gerade seinen einzigen Sohn von ihm und stellt damit seine eigenen Versprechen in Frage?

Im Midrasch finden wir folgenden «Prolog im Himmel» (à la Hiob!), welcher der Prüfung Abrahams vorausgeht:

Eines Tages sprach Gott zu den Engeln: «Schaut, wie fromm mein Diener Abraham ist!» Unter den Engeln war auch der Satan. So heißt der einzige Engel des Bösen, der vor Gott immer nur Böses und Schlechtes über die Menschen spricht und sie verklagt. Er sprach: «Dient dir Abraham etwa umsonst, hast du ihm nicht großen Reichtum gegeben? Ist er denn überhaupt wirklich so fromm, wie du glaubst?» Gott antwortete dem Satan: «Ja, ich weiß, dass niemand so fromm ist wie Abraham. Auch seinen einzigen Sohn würde er mir opfern, wenn ich dies von ihm verlangte.» Satan lachte und sagte: «Das glaube ich nicht! Wenn aber Abraham dies wirklich tun würde, dann wäre er tatsächlich der frömmste Mann auf Erden.»[12]

Gottes Gebot ist also keine Willkür, sondern dient der Erprobung Abrahams. Abrahams Standhaftigkeit im Glauben macht ihn zum Vorbild dafür, was Glauben wirklich bedeutet; er wird auf die Probe gestellt, «damit die Welt wisse, warum ich dich erwählt habe».

Abraham war der erste jüdische Mensch, dessen Treue zu Gott auf's Schwerste geprüft wurde und der bereit war, alles, was ihm lieb war, für seinen Glauben aufzugeben.Isaak ist in der jüdischen Tradition kein passives Opfer. Er war bei seiner «Bindung» 37 Jahre alt und ging seiner «Opferung» bewusst, ja aktiv entgegen. Er wurde so zum Vorbild vieler jüdischer Märtyrer.

Dass Gott sich der Schwere der Prüfung bewusst war, verrät der Text. Sein Mitgefühl und seine Anteilnahme am menschlichen Leiden werden aus einem kleinen Wort ersichtlich: kach-na – nimm bitte deinen Sohn, sagt er zu Abraham. Das Wort: na (doch, bitte) passt nicht zum Befehlston des kach (nimm!) und verrät Gottes Empathie mit Abraham.Da die Bibel Teil jüdischer Geschichte und jüdischer Selbsterfahrung ist, haben biblische Ereignisse das jüdische Brauchtum beeinflusst und geformt.Eine wichtige Aufgabe des Bibelunterrichtes bei Kindern besteht darin, diesen Bezug zwischen Text und jüdischem Alltag, wo immer dieser gegeben ist, aufzuzeigen. So schreibt Hella Taubes im Anschluss an die Opferung des Widders, der Isaak ersetzt: «In das Horn des Widders blies er (Abraham) vor Freude, und noch heute bläst man das Horn als Erinnerung an die Prüfung Abrahams, den Gott prüfte, um ihn dem Menschen als Beispiel darzustellen.»[13]

Am jüdischen Neujahr, wenn in der Synagoge 100 Mal das Schofar ertönt, wird das Kind an die Bindung Isaaks denken und sich vornehmen: ‹Ich will versuchen, Gott im neuen Jahr mit so viel Liebe und Hingabe zu dienen wie Abraham und Isaak.›

Jüdische Identität: Die Mizwa (Gebote und Verbote) als göttlicher Auftrag

Jüdische Kinder werden nicht nur mit den «erzählenden» Teilen der Bibel vertraut gemacht, deren Gehalt vor allem theologisch-philosophisch-ethischer Natur ist, sondern auch mit göttlichen Verboten und Geboten, die dem Ritualgesetz angehören, das bis heute verbindlich ist und dem jüdischen Leben Form und Gehalt gibt. Gottes Volk zu sein heißt in erster Linie, seine Gebote zu befolgen.

Anhand des Midrasch lernen die Kinder Sinn und Bedeutung der Religionspraxis, der Halacha, kennen. Sie erfahren so die Bibel als Grundlage jüdisch-halachischer Lebensführung.

Ein Beispiel: Im Anschluss an die misslungene Mission der zwölf Spione wird das Gebot der Schaufäden, die jeder männliche Jude trägt, erwähnt. Was haben die beiden gemeinsam? Die Bibel erklärt, dass die Schaufäden getragen werden sollen, «damit ihr nicht euren Augen nachreist»: Das gleiche Verb wird hier verwendet wie bei den Spionen! Der Midrasch erklärt: Die Schaufäden sollen verhindern, dass wir von Gottes Geboten abweichen, wie dies die Spione taten, und sie sollen uns daran erinnern, dass wir stets bemüht sein sollen, unser Leben zu einem wahren Gottesdienst zu machen. Sie wurden so gewissermaßen als ein «anti-dote» gegeben, das zukünftige Fehltritte verhindern helfen soll.

Jüdische Kinderbibeln

Bis zum 19. Jahrhundert gab es keine jüdische Kinderbibeln. Im Cheder[14] lernten die Kinder den Bibeltext aus dem Hebräischen ins Jiddische zu übersetzen, und der Melamed (Lehrer) erklärte die Geschichten mündlich anhand von bekannten Midraschim.

Den Müttern, die meist keine Hebräischkenntnisse besaßen, stand ein Kompendium von Midraschim, Auslegungen und erbaulichen Geschichten zum jeweiligen Wochenabschnitt aus nachbiblischen, rabbinischen Quellen zur Verfügung. Dieses in Jiddisch verfasste Werk, eine Art ‹Hausbibel›, war äußerst populär und erlebte bis heute über 200 Auflagen. Sie erschien 1622 und wurde von einem Wanderprediger, Jakov ben Jizchak Aschkenazi aus Janow bei Lublin in Polen verfasst. Sie diente den Müttern (und den Vätern) zur Unterweisung ihrer Kinder und war so ein wichtiger Teil der Erziehung als auch überhaupt der osteuropäischen jüdischen Kultur.[15]

Bedarf an Kinderbibeln kam erst im Laufe des 19. Jahrhunderts durch die jüdische Assimilation auf. Der traditionelle Bibelunterricht wurde im Zuge der Emanzipation, vorab in Deutschland, als rückständig verworfen; statt Jiddisch war jetzt Deutsch die Unterrichtssprache und Moses Mendelssohns Bibelübersetzung mit Kommentar (veröffentlicht 1783) kam in den neu gegründeten Schulen der Haskala[16] zum Einsatz. Das Hebräische wurde kaum mehr erlernt. Da Mendelssohns Werk für Kinder zu umfangreich und sein literarisches Deutsch zu anspruchsvoll war, entstand die innerhalb der jüdischen Pädagogik völlig neue Gattung der «biblischen Geschichten».

Diese Kinderbibeln zeichnen sich durch stark rationalisierende und moralisierende Tendenzen aus. Sie verzichten weitgehend auf den Midrasch und sind zum Teil stark von christlichen Kinderbibeln beeinflusst oder sogar direkte Adaptionen von solchen.

Die 1837 in Breslau erschienene Kinderbibel «Nahar me–Eden oder biblische Erzählungen nach Hübner» von David Samoscz ist eine Bearbeitung der biblischen Geschichten Johann Hübners.[17]

Die sprachliche und kulturelle Assimilation vieler Juden war zu jener Zeit bereits so weit fortgeschritten, dass Samoscz, um seiner Bibel Achtung zu verschaffen, an den Ruhm Hübners – unter Christen wie auch unter Juden – anknüpfen wollte.

Ins Zentrum des Bibelunterrichtes trat jetzt die Vermittlung «biblischer Geschichte» (so heißt denn auch eine dieser Kinderbibeln «Die Geschichte unserer Väter» und präsentiert sich als ein zusammenhängender historischer Text). Die biblischen Erzählungen wurden als Teil jüdischer Geschichte präsentiert und sollten das jüdische National- und Selbstbewusstsein stärken und so der Assimilation entgegenwirken.

Denselben ‹historisch-archäologischen› Zweck verfolgt der Bibelunterricht auch heute an den säkularen Schulen Israels mit dem Unterschied, dass wieder auf das hebräische Original zurückgegriffen wird.

Dass bis zum Zweiten Weltkrieg mehr als 30 jüdische Kinderbibeln auf Deutsch erschienen sind, zeugt von deren großer Popularität. Seit dem Zweiten Weltkrieg sind meines Wissens nur drei neue deutsche Kinderbibeln publiziert worden. «Die Geschichten der Bibel» von Joachim Prinz, erstmals 1934 veröffentlicht, wurden 1988 vom Jüdischen Verlag neu aufgelegt.[18] Prinz schreibt sachlich und textnah und vermeidet es, aus dem Text Lehren zu ziehen. Sein Zielpublikum sind Jugendliche und Erwachsene.

1963 erschien im Ner-Tamid-Verlag, Frankfurt a. M., ein dreibändiges Werk von Hella Taubes: Die Bibel erzählt, das die erzieherische Aufgabe der Bibel betont.[19]

Dr. Abrascha Stutschinsky, der von 1929 bis 1978 als Religionslehrer an der Israelitischen Cultusgemeinde in Zürich tätig war, veröffentlichte 1964 «Die Bibel für Kinder erzählt», in dem wir die traditionelle Verflechtung schriftlicher und mündlicher Lehre finden. Er erklärt im Vorwort:

«In diesem Buch werden die für die Kinder schönsten und populärsten Stellen der Aggadah ausgewählt und in die biblische Erzählung verflochten.»

Das Buch ist aber keine eigentliche Kinderbibel, sondern richtet sich eher an Lehrer und Erzieher, die keinen Zugang zu der weit verzweigten Midrasch-Literatur haben.[20]

Im Morascha-Verlag ist 1996 ein Begleitbuch zu den Wochenabschnitten in Comics-Form erschienen, das sich an 8- bis 12-Jährige wendet.[21] Auch hier sind die Bibelgeschichten stark von der Midrasch-Auslegung geprägt. Interessant sind besonders jene Kapitel, die keine Geschichten enthalten, sondern die Kinder mit jüdischem Ritual und biblischen und rabbinischen Gesetzen für die jüdische Lebensführung bekannt machen.

Dass das Angebot an jüdischen Kinderbibeln in deutscher Sprache so klein ist, liegt zweifelsohne daran, dass das deutschsprachige Judentum dezimiert wurde und bis heute weder seine Zahl noch seine vormalige geistige Vitalität wieder errungen hat.

Will man einen Einblick in den modernen Umgang mit der Bibel in liberalen wie in orthodoxen jüdischen Kreisen gewinnen, so ist man genötigt, auf amerikanische oder israelische Kinderbibeln zurückzugreifen. Dass sich das Judentum aber traditionell immer eher von Überarbeitungen der Bibel distanziert hat, hat einen tieferen Grund: Jede ‹Nacherzählung› kanonisiert den Text. Dabei verfehlt man aber die Essenz des jüdischen Bibelverständnisses: Ein Midrasch eröffnet stets nur eine Leseperspektive, enthält aber nie die Wahrheit über den Text. Der biblische Text – und darin besteht seine ‹Heiligkeit› – soll stets offen bleiben für zusätzliche Interpretationen. Er soll mit dem Bewusstsein seiner Vielschichtigkeit gelesen werden, denn nach unseren Weisen besitzt die Tora «70 Angesichte» und spiegelt damit die Komplexität menschlicher Existenz.

Durch die Begegnung mit dem hebräischen Text und einer Vielzahl von traditionellen, sich oft widersprechenden Bibelkommentaren sollen die Kinder für diese ‹Dynamik der Exegese› sensibilisiert werden. Nur der hebräische Text ist ein ‹offener Text›, der stets neu hinterfragt werden kann.

Im fortgeschrittenen Bibelunterricht sollen die Jugendlichen fähig sein, sich mit der Bibel in ihrer Komplexität auseinander zu setzen und die tieferen Absichten und Anliegen auch widersprüchlicher Auslegungen zu erkennen und schätzen zu lernen, um daraus Schlüsse für ihre eigene Weltanschauung und Lebensführung ziehen zu können. Jede moderne Exegese knüpft an die Auslegungstradition an und sucht neue Sichtweisen, die die Fragen des modernen Menschen spiegeln. Die Bibel gehorcht dabei aber nicht dem ‹Gebot der Stunde›: Es geht nicht darum, sie unserer modernen Welt anzupassen. Nein, sie soll uns Leitlinien geben, nach welchen Werten und Kriterien ein moderner Mensch sein Leben zu gestalten hat, auch wenn diese im Gegensatz zu heute verbreiteten Wertvorstellungen stehen. Das bedeutet, dass die Bibel stets normativen Charakter behält.

Ein wichtiges Ziel des Bibelunterrichtes ist es, den Kindern zu verstehen zu geben, dass das Bibelstudium eine Aufgabe für das ganze Leben ist, wie es in den Sprüchen der Väter (5,26) heißt:

«Wende sie hin und her, denn alles ist in ihr und durch sie wirst Du sehen.
Werde alt und grau und von ihr weiche nicht,
denn es gibt für Dich nichts Besseres als sie.»

1. Auf Grund der verschiedenen Ausprägungen des Judentums von Orthodoxie bis Reform lässt sich nicht mehr von dem jüdischen Kind sprechen. Der Bibelunterricht bei orthodoxen Kindern unterscheidet sich quantitativ wie qualitativ bedeutend von demjenigen bei Kindern aus liberalen Familien; entsprechend sind auch Lehrmethoden, Lehrmaterialien und Lernziele äußerst divergent. Ich möchte hier den traditionellen Zugang zur Bibel beschreiben, der doch weitgehend die Ansätze und Ausrichtungen des Bibelunterrichtes in allen «Lagern» bis heute beeinflusst hat.
2. Rabbi Moshe Weissmann: The little Midrash says, New York: Benei Yakov Publ., 1987, Vorwort.
3. Sprüche der Väter 5,25, in: Die Sprüche der Väter. übersetzt und erklärt von Selig Bamberger, Zürich 1981, S.120.
4. Sprüche der Väter 1,1, in: Die Sprüche der Väter, aaO.
5. Günther Stemberger: Einführung in Talmud und Midrasch, München 1992, S. 236.
6. Abrascha Stutschinsky: Die Bibel für Kinder erzählt nach der Heiligen Schrift und der Agada. (2. Aufl. 1978) Köln 1964, Vorwort.
7. Hella Taubes: Die Bibel erzählt, Frankfurt a. M.: Ner-Tamid-Verlag 1963.
8. Haschem: Gottes Name
9. Jezer hara: der böse Trieb.
10. davenen: beten.
11. R. Moshe Weissmann: aaO.
12. Abrascha Stutschinsky aaO., S. 62f.
13. Hella Taubes: aaO.
14. Cheder: jüdische Grundschule für 3- bis 10-Jährige.
15. Tz'enah Ur'ena, translated from the Yiddish by Miriam Stark Zakon, New York: Mesorah Publ., 1983.
16. Haskala: hebräischer Begriff für die jüdische Aufklärung.
17. Ran HaCohen: Die Bibel kehrt heim: "Biblische Geschichte" für jüdische Kinder, in: Kinder- und Jugendliteraturforschung 3 / 1996-97, S. 9-21.
18. Joachim Prinz: Die Geschichten der Bibel, Berlin: Reiss, 1934; Frankfurt a.M.: Jüdischer Verlag bei Athenäum, 1988.
19. Hella Taubes: aaO.
20. Abrasch Stutschinsky: aaO.
21. Raw Ahron Falk: Meine kleine Tora. Mit Bildern durch den Wochenabschnitt. Zürich: Morasch, 1996.

Ruth B. Bottigheimer

Die Kleine Bibel von Moses Mordechai Büdinger und andere jüdische Kinderbibeln in deutscher Sprache

Die Kleine Bibel von Moses Mordechai Büdinger und andere jüdische Kinderbibeln in deutscher Sprache

Im Deutschland des neunzehnten Jahrhunderts verlor die jüdische Religion zunehmend die Kennzeichen einer osteuropäischen Identität.[1] Sie wurde immer weniger Halacha-zentriert und entwickelte sich zu einer Konfession unter anderen Konfessionen. Deren Rabbiner waren eher Seelsorger oder Prediger, und deren Zeremonien nahmen immer mehr Formen christlicher Praktiken an, vor allem in Zusammenhang mit einer katechetischen Literatur.[2] Konfirmation und Katechese waren nicht die einzigen adaptiven Assimilationspraktiken.[3] Eine weitere wichtige Entwicklung war die Abfassung und Veröffentlichung von deutschsprachigen biblischen Geschichten für jüdische Kinder, ein im 19. Jahrhundert neu auftretendes Phänomen.[4]

Jüdische Mädchen und Frauen hatten schon lange Zugang zu biblischen Geschichten in der jiddischen «Tse'enah Ure'enah». Um 1590 von dem biblischen Wissenschaftler Jacob ben Isaac Aschkenazi verfasst, war der durchgehend bearbeitete biblische Text mit viel legendenhaftem Stoff angereichert. Erst 330 Jahre später erschien eine deutschsprachige, gezielt für Kinder verfasste Sammlung biblischer Geschichten. Sie hieß «Derekh Emunah, Der Weg des Glaubens, oder: Die kleine Bibel»[5] und wurde von Moses Mordechai Büdinger geschrieben. Diese biblischen Geschichten setzten die Tradition der «Tse'enah Ure'enah» fort, indem sie sich an Leser/innen wandten, die in der hebräischen Sprache ungeschult waren. Auf der anderen Seite blieb Büdinger dem masoretischen Text nahe und entfernte jeden folkloristischen Inhalt. Moses Mordechai Büdinger (1784-1841) war wohlbekannt im neunzehnten Jahrhundert, im zwanzigsten ist er aber vergessen. Er ist ein Repräsentant des aufgeklärten Judentums zwischen napoleonischer Reform zu Beginn des neunzehnten Jahrhunderts und der großdeutschen Industrialisierung, Urbanisierung und Assimilation in der zweiten Hälfte des Jahrhunderts.[6]

Büdingers «Kleine Bibel» war Ausdruck der ersten Nach-Mendelssohnschen Phase der jüdischen Anpassung an die deutsche Kultur.[7] Ihr langer entlarvender Titel wollte potenzielle Kritiker beruhigen: «...enthaltend einen vollständigen Auszug aus den Büchern der heiligen Schrift; zunächst für Israelitische Frauen und Mädchen und mit Rücksicht auf den Unterricht in der Religion und Sittenlehre bearbeitet...». Büdingers Text verschmolz Mendelssohnsche Sprache mit dem Stil jüdischer Übersetzer des Alten Testaments, wie Euchel, Friedländer und Wolfsson.[8] Daher könnte man behaupten, dass die Herausgabe dieser Bibel im Jahr 1823 ein logisches, wenn nicht gar unvermeidliches Endresultat der kontrovers aufgenommenen hochdeutschen Übersetzung des Pentateuchs durch Mendelssohn im späten 18. Jahrhundert darstellt.

Büdinger meinte, «dem Israeliten geziemt und liegt ob der Glaube an Gottes Wort» (S.iii). Er bedauerte den «(leider!) gänzlichen Mangel an jüdischen Töchterschulen und also auch an öffentlichem Religions- und Bibelunterricht, ausgenommen allenfalls einige Geschichtskenntnis aus den fünf Büchern Moses, wodurch der israelitischen weiblichen Jugend die Bibel so unbekannt blieb wie die Bücher des Zend-Avesta» (S.iv). Um seine Bearbeitung zu rechtfertigen, fügte er hinzu, dass frühere jiddische Übersetzungen (er nennt die «Tse'enah Ure'enah» nicht, deutet lediglich darauf hin), durch Sebastian Frankels Übertragung des Mendelssohnschen deutschsprachigen (jedoch in hebräischen Buchstaben geschriebenen) Textes ersetzt wurden. Der Dresdner Oberrabiner Frankel machte so die Heilige Schrift den des Hebräischen unkundigen Lesern leichter zugänglich. Dies war deshalb wichtig, weil zu jener Zeit viele jüdische Mädchen und Frauen keine jüdische Schule besucht hatten und wenig oder gar nichts von der Mehrzahl der biblischen Geschichten wussten.[9]

Büdinger war weder Rebell noch Revolutionär. Stillschweigend überging er Gender-Unterschiede und akzeptierte vollständig, dass das Studium des ganzen Pentateuch nur Jünglingen und Männern zugedacht war. Doch beunruhigte ihn die Unkenntnis des biblischen Inhalts unter jüdischen Mädchen und Frauen, eine Unkenntnis, die er dann mit bibeltreueren Texten ersetzen wollte. Seine «Kleine Bibel» verstand er als Betbuch, das fünfzehn Minuten pro Tag – am Sabbat vielleicht ein bisschen länger – zu lesen war. Jüdische Mädchen und Frauen hatten ihre Romane gern, so Büdinger, und er gab zu, er erwartete überhaupt nicht, dass seine biblischen Geschichten ihre gängige Freizeitlektüre ersetzen würden.

Wie die «Tse'enah Ure'enah», die seit eh und je einer weiblichen Leserschaft zugedacht war, war auch «Die kleine Bibel» für «Mädchen und Frauen» bestimmt. Büdinger glaubte, sein kleines Buch wäre auch für jüdische Jünglinge und Männer geeignet, vor allem für diejenigen, die dem Studium des Kaufmannswesens vor dem der hebräischen Sprache den Vorrang geben mussten (S.xi) und die wie Frauen und Mädchen über keine biblischen Kenntnisse verfügten. Das Unternehmen, biblische Inhalte zugänglich zu machen, gewann sofortige Aufmerksamkeit und auch Zustimmung in der damaligen jüdischen Presse.[10]

In der Einführung zur ersten Ausgabe (1823) hat Büdinger den Text, den er seinen Leserinnen anbot, deutlich begrenzt. Doch schon im darauffolgenden Jahr (1824) bearbeitete er den Text ein zweites Mal «mit durchgängigen Verbesserungen und bedeutenden Zusätzen» (Einführung). Seine Zusätze waren Anmerkungen, gereimte Zusammenfassungen, neue Texte aus dem 1., 2., und 4. Buch Mose, aus Samuel und dem Buch der Könige sowie aus Jesaja, Jeremia, Ezechiel, den kleinen Propheten und Psalmen, Prediger Salomo und den Sprüchen Salomos sowie den apokryphen Schriften. Anders gesagt war das neu eingefügte Material genau das, was Büdinger früher als unpassend für die Volkssprache bezeichnet hatte, weil sich das ernste «Studium der Ursprache für den Jüngling und Mann [gehört]» (S.vi). Bis zu seinem Tode im Jahre 1841 erweiterte Büdinger seine Kinderbibel immer wieder mit neuen Texten aus Gen 1, Samuel, Könige, Hiob und den Psalmen.

Analyse einer typischen biblischen Geschichte

Die Fassung der Geschichte von Jaël und Sisera (Ri 4) erlaubt es uns, Büdingers Bearbeitungsweise zu untersuchen. In der kanonischen Bibel liest man, wie die Richterin Debora es unternahm, die Juden von ihrer Unterwerfung unter die Kanaanitern zu befreien, und wie sie versuchte, Barak zu überzeugen, die israelitischen Könige gegen die kanaanitischen Könige zu führen. Weil der mutlose Barak Ausflüchte machte, gab Gott den Ruhm an eine Frau, Jaël, die den schlafenden kanaanitischen General Sisara mit einem Zeltpflug tötete.

Da die heldenhafte Jaël nicht gern gesehene weibliche Charakteristika verkörperte, ist ihre Geschichte eine der problematischsten aller biblischen Geschichten, vor allem für Bibelausleger des 19. und 20. Jahrhunderts. Jaël war unleugbar selbstständig, gewiss eine aktive Frau, deren Mord an Sisera Israels Sieg über die Kanaaniter ermöglichte. Büdinger selbst erkannte die grausamen Bestandteile dieser biblischen Geschichte, rechtfertigte sie aber als «autres temps, autres moeurs»: «eine schreckliche, empörende That, nach unsern Zeiten und unsern Sitten beurtheilt; aber weit weniger schrecklich und empörend, nach den Sitten der damaligen rohen Zeit, und den Umständen eines verzweiflungsvollen Nationalkampfes» (S. 154).[11] Die englische Übersetzung (1848) übernahm diese Anmerkung ungekürzt:

«A barbarous and revolting deed, if judged according to our own times and manners; but, considering the then barbarous age, and the mode of carrying on war, the deed loses much of its horror» (S. 121).

Nach Büdingers Tod (1841) übernahm seine Witwe die Bearbeitung und Veröffentlichung der «Kleinen Bibel». Der Jaël-Text blieb unverändert, obgleich die Anmerkung dazu gründlich umgeschrieben wurde. Jaëls Tat wurde nicht mehr als persönlicher Beitrag zum Kampf um das nationale Leben gewertet; stattdessen habe die Frau sich das Ansehen der Israeliten auf diese Weise verdienen wollen, oder sie habe König Jabin oder Sisera selber persönlich gehasst (1846, S. 142). Frau Büdinger hat damit Jaëls nationalgesinnte, heldenhafte, auf das Gemeinwohl zielende Tat ersetzt durch private und kleinliche Motivationen.

Die Geschichte von Dina, der einzigen namentlich genannten Schwester unter den zwölf Söhnen Jacobs, war ebenso problematisch. Dieses unglückliche Mädchen hatte das Pech, die Aufmerksamkeit Schechems, des Prinzen der Hiwiter, auf sich zu ziehen: Er bewunderte sie, verliebte sich in sie und vergewaltigte sie. Schließlich überzeugten Dinas Brüder Schechem und seine Höflinge, sich beschneiden zu lassen. Am dritten Tag danach, als sie noch an dem operativen Eingriff litten, überfielen und schlachteten sie Schechem und die Seinigen. Eine nette Geschichte ist dies nicht, und Büdinger hatte sie in seiner ersten kleinen Bibel für Mädchen und Frauen ausgelassen. Im Jahre 1846 aber war das Buch an «Knaben und Mädchen» adressiert, und Dinas Entführung konnte als männlich gefärbtes Abenteuer eingeführt werden.

In der Ausgabe, die 1846 erschien, konnte man lesen, Schechem «behielt sie bei sich» und ihre Brüder dachten sich eine «List» aus. Ohne auf die postoperativen Beschwerden der Beschneidung direkt hinzuweisen, erklärt der Haupttext, «am dritten Tage, da sie wussten, dass sie die Stadt überwältigen konnten...» (1846, S. 31); die Aussage des Textes wird in Richtung Misogynie verlagert: «Das waren die schrecklichen Folgen der Gefallsucht und des unsittlichen Benehmens der Dina. Eine ganze Stadt ... Hunderte von Unschuldigen ... Dina war ausgegangen, sich sehen zu lassen, das ist nicht die Weise und der Wandel der frommen sittsamen Jungfrau, welche bei ihren Eltern weilen und im häuslichen Kreise ihrer Pflicht warten, nicht aber der Versuchung zum Bösen Gelegenheit geben soll, durch unruhiges Hinauslaufen und Umhertreiben, um zu sehen und gesehen zu werden. Dinas (sic!) Strafe war bitter und hart. Sie brachte Kummer und Weh über sich und ihre Familie und verursachte die Vergießung unschuldigen Blutes und andere Verbrechen ... ‹Durch eine ungezogene Tochter werden Vater und Mutter verachtet, und wer sie ansieht, hasset sie (Sirach)›.» (1846, S. 32) Diese Auslassung beschuldigt Dina, obgleich der Bibeltext detaillierte Informationen enthält, die die männlichen Protagonisten der Geschichte – sowohl Schechem als auch Dinas Brüder – beschuldigt. In dieser Beurteilung geht der Büdinger-Text mit der Fassung der christlichen Bearbeiter konform, die ebenfalls Dinas Sittlichkeit in Frage gestellt hatten.

1823 verfälschte Büdinger in gleicher Weise König Davids Verführung Batsebas, indem er sämtliche Taten und Motivationen in einige kurze

Sätze zusammendrängte. «David aber versündigte sich, indem er die Bath-Seba, die Frau des Uriah, sich zur Frau nahm, und den Uriah im Kriege umkommen ließ. Und diese That mißfiel sehr in den Augen des Ewigen» (1823, S. 227). Dennoch ließ auch solch verkürzte Chronologie nicht übersehen, dass David sich in Ehebruch und Mord verstrickte, im Gegensatz zu evangelischen Bearbeitungen des 19. Jahrhunderts, die die Chronologie einfach umdrehten. Dort heißt es nämlich, David habe erst Uriah töten, dann Batseba zu sich kommen lassen, eine Darstellung, die David von der Missetat einer sexuellen Verletzung befreit. Protestanten hatten diese Bearbeitung schon im 18. Jahrhundert angewandt. Frau Büdinger muss diese chronologische Umdrehung für passend gehalten haben, denn ab 1846 liest man die Geschichte folgendermaßen: «David aber versündigte sich, indem er es veranstaltete, dass Uria im Kriege umkam – weil Joab, sein Feldherr, aus gewissenloser Gefälligkeit seinen Befehl befolgte – und er sich nachher die Batseba, Urias Frau, zur Frau nahm.» (1846, S. 208) Mit diesen wenigen Worten entgeht David dem Vorwurf des Ehebruchs, nimmt Joab die Schuld am Tod Urias zum größten Teil auf sich. Die Bearbeitungsrichtung in allen hier diskutierten Geschichten – Jaël, Dina und David – ist klar: Weibliche Aktivität, ob im Dienst Israels (Jaël) oder rein persönlich (Dina), wird bestritten und widerlegt. Auf der anderen Seite wurde männliche Tätigkeit, selbst wenn sie zutiefst beschämend ist (David und Batseba), umgeformt, entschuldigt, gar gelobt.

Es scheint, als ob diese knappe Analyse der Bearbeitungsgeschichte der Büdingerschen Kinderbibel zu einem unzweideutigen Schluss führe: Solange die Zielgruppe aus Mädchen und Frauen bestand, konnten aktive Frauengestalten in den Texten auftreten; sobald diese sich aber an eine gemischte Adressatengruppe wandte, hatten die Interessen des männlichen Teils den Vorrang. Dieser Schluss wäre für heutige Gender-Studien und Gender-Erwartungen angemessen. Aber die Auslegungsintentionen der Bearbeiter, egal welchen Geschlechts, bedürfen der Überprüfung durch alternative Erklärungen. Und zwar entwickelt sich eine andere und überzeugendere Erklärung, wenn man Büdinger mit christlich orientierten Bearbeitern biblischer Geschichten vergleicht und wenn man seine «Kleine Bibel» als Buch innerhalb einer langen Veröffentlichungs- und Bearbeitungstradition vom 16. bis zum 20. Jahrhundert betrachtet.

Innerhalb aller Kinderbibel-Bearbeitungstraditionen, egal ob viereinhalb Jahrhunderte lang (unter deutschsprachigen Protestanten) oder viereinhalb Jahrzehnte lang (unter spanischen Katholiken), findet regelmäßig ein deutlich identifizierbarer Prozess statt. Die erstveröffentlichten Kinderbibeln bleiben textlich bibeltreu, wobei ich den kanonischen Text jedweder Konfession meine. Darauf folgende Bearbeiter mildern ‹anstößige› Vorgänge (z.B. David und Batseba) und ändern sie, um solch verwirrenden Tatbestand zu umgehen. Schließlich schleicht sich eine Form der gesellschaftlich fundierten Exegese ein, die ganze Geschichten in einer neuen Sicht erscheinen lässt.

Hams Gelächter bietet ein treffendes Beispiel für diesen Bearbeitungsprozess in christlichen Kinderbibeln. Um 1170 fügte Petrus Comestor das Wort irridens (lachend) in das neunte Kapitel des ersten Buch Mose ein; danach blieb Hams Gelächter als zentraler Bestandteil im eingearbeiteten Kinderbibelkommentar. Ob als Spott, Respektlosigkeit oder Hohn vorgeführt, erklärte Hams Gelächter, warum Noach ihn verflucht hatte. Die kanonische Bibel aber berichtet nur von einer patriarchalischen Wut. Generationen von Eltern, Lehrern und Predigern brauchten ein kindliches Vergehen, um diese väterliche Wut zu erklären. Hams Gelächter wurde zu diesem Zwecke erfunden – ein wahrhaft überzeugender Grund, der bis auf den heutigen Tag überlebt hat.

Wie bei der Wut Noahs, so bietet die kanonische Bibel ihren Leser/innen einen offenen Text an, voller «lacunae» und textlich unmotivierten Taten, einen in vielerlei Hinsicht problematischen Text, vor allem im Kontext der Kindererziehung. Nirgendwo findet man mehr unschuldige Skepsis als unter der – wissentlich oder nicht – noch nicht ehrerbietigen Jugend. Gerade weil Kinder noch keine Kenner biblischer Inhalte sind, bereiten die offenen biblischen Texte selbst den Weg zu einem kinderbiblischen Kommentar, der auf gesellschaftlichen Normen basiert. Im Fall Büdinger wurde das wohlbekannte Bearbeitungsmuster «weg vom kanonischen Text» durch eine weitere Variable beeinflusst: durch den Übergang von einer rein weiblichen Adressatengruppe, Mädchen und ihre Mütter, hin zu einer gemischten Zielgruppe – Jünglinge und Mädchen. Dieser Zielgruppen-Wechsel impliziert auch einen Wechsel der Lesererwartungen. Der zweite Übergang darf als Dynamik gesehen werden, die stark genug war, die eingehenden Änderungen des Textes der hier analysierten Geschichten zu motivieren.

Büdingers Kinderbibel und zeitgenössische christliche Kinderbibeln

Während des 19. Jahrhunderts wurden etliche christliche Kinderbibeln, vor allem der Bestseller «Zweimal Zweiundfünfzig Biblische Historien» von Johann Hübner, für junge jüdische Leser adaptiert. Die Erstausgabe von Büdingers «Kleiner Bibel» lag jedoch vor der für jüdische Kinder gedachten Adaptation der einflussreichen evangelischen Hübner-Kinderbibel. Doch ähnelte sie in vielerlei Hinsicht zeitgenössischen christlichen Kinderbibeln:

(1) Der jüdische und der christliche Kinderbibelkanon enthielten dieselben Geschichten, obgleich Büdinger seine Geschichten anders, mitunter ganz anders, erzählte als seine christlichen Zeitgenossen. Ein Beispiel steht für viele: In christlichen wie in jüdischen Erzählungen führten Schriftsteller das Thema der Arbeitsethik anhand der Austreibung Adams und Evas aus dem Paradiesgarten ein. Bei Büdinger aber wird Arbeit als Adams und Evas Bestimmung geschildert, nicht als Strafe, wie dies in christlichen Bibelerzählungen zum Teil geschieht.

(2) Bei Büdinger war keine Trunkenheit und Nacktheit in der Noach-Geschichte zu finden, genau wie bei christlichen Kinderbibeln seit mehr als einem Jahrhundert. Er beendete seine Noach-Geschichte nicht mit dem Regenbogen, sondern mit der Bebauung des Weingartens, wie einzelne schweizerische reformierte oder deutsche katholische Versionen. Bei ihm las man von keiner Salzsäule, als Lot und seine Familie Sodom verließen, eine höchst dramatische Tatsache, die den Schlusspunkt dieser Geschichte in christlichen Kinderbibeln oft markierte.

(3) Auf der anderen Seite wurde bei Büdinger der gute Josef eines Vergehens an Potiphars Frau beschuldigt, das genauso verkleidet wurde wie in einer beliebigen christlichen Kinderbibel des neunzehnten Jahrhunderts.

(4) Wie in einigen christlichen Nacherzählungen heißen Moses Eltern «Amram» und «Jochebed», Informationen, die im masoretischen Text erst viel später erscheinen.

(5) Der Durchgang durch das Schilfmeer findet sich ganz ähnlich bearbeitet wie bei einer christlichen Kinderbibel.

(6) Der Ehebruch Davids wurde ebenso verkürzt wie der Inzest, dessen Rache Absaloms Brudermord begründete und der zu seinem politischen Verrat, zu seinem sexuellen Vergehen und zu seinem eigenem Tod führte.

(7) Von einer Ausgabe zur anderen änderten sich die Details in jeder dieser Geschichten, als zuerst Büdinger, dann seine Witwe und später sein Sohn sie nacherzählten. Es gab Auslassungen, Hinzufügungen, Tilgungen und Kommentare, wie in der Editionsgeschichte der christlichen Kinderbibeln.[12]

In den oben genannten Geschichten tilgte Büdinger Elemente der «Tse'enah Ure'enah» und folkloristische Züge, wie z.B. die Homosexualität Potiphars und die Orangen seiner Frau; die 600.000 männlichen Kinder, die in derselben Nacht wie Mose gezeugt wurden; Jaëls verführerische Stimme; Batsebas Scheidung von Uria; und das allwöchentliche Haareschneiden Absaloms.[13]

Büdingers biblische Geschichten im deutschen Kontext

Es lohnt sich, über die deutschen Verhältnisse im 19. Jahrhundert nachzudenken oder wenigstens bestimmte Besonderheiten dieser Verhältnisse hervorzuheben. Denn in dieser Welt erschien Büdingers «Kleine Bibel» zum ersten Mal. Deren Charakteristika sind eng mit der ersten Edition dieser Kinderbibel verbunden. Wie mag diese Sammlung biblischer Erzählungen wohlerzogene Mädchen, ihre Mütter, und später ihre nicht hebräisch lesenden Brüder beeinflusst haben?

In den 20er Jahren des 19. Jahrhunderts war es eine Neuentdeckung, dass kurze Erzählungen oder Nacherzählungen als effektive Lehrmaterialien eingesetzt werden konnten. Aus narrativ Dargebotenem, so glaubten viele Lehrer, konnten Kinder Wertvorstellungen besser ableiten als aus bloß normativen Appellen. Tierfabeln, wie diejenigen von Äsop oder La Fontaine, hatte man schon lange benutzt, um christlichen Schuljungen ethische Werte nahe zu bringen. Aber wie Charles Perrault behauptete, waren Ethik und Moral durch Geschichten mit menschlichen Protagonisten effektiver in das kindliche Gemüt einzuprägen. Damit folgte er einem aus dem Humanismus hervorgehenden Konzept. Ein Jahrhundert später sammelten und veröffentlichten Wilhelm und Jacob Grimm Märchen, die sie im Vorwort ein «Erziehungsbuch» nannten, eines, das auch deutschnationale Identitätsgefühle wecken sollte. Büdinger blieb von der Auffassung gewiss nicht unbeeinflusst, dass kurze Erzählungen imstande waren, die jüdische Jugend sowohl gesellschaftlich als auch moralisch zu erziehen und ihre Identität – religiös-jüdisch und politisch-deutsch – zu stärken.[14]

Ein anderer Impuls, der spezifisch jüdisch war, dürfte Büdingers Unternehmen ebenfalls unterstützt haben. 1809, als der Code Napoleon für eine gewisse Zeit das Zivilrecht der Juden im Rheinland liberalisierte, dachten viele daran, bessere Schulen für die deutsch-jüdische Jugend zu gründen, um kulturelle Gleichheit mit anderen badischen Bürgern zu erreichen. Schon 1823 aber, als die infamen «Hep Hep»-Massenversammlungen eskalierten, wurden diese Liberalisierungen wieder aufgehoben. Weiterhin hatten sich unzählige gebildete deutsche Juden zum Christentum bekehrt. (Dies war übrigens später auch der Fall bei Büdingers Sohn Max, der sich zum Protestantismus bekehrte, höchstwahrscheinlich, um eine universitäre Laufbahn einschlagen zu können.) In den 20er Jahren des 19. Jahrhunderts muss die Aussicht auf eine deutsch-jüdische Existenz wohl eher schlecht gewesen sein, als Büdinger es unternahm, jüdischen Mädchen und Frauen Kenntnisse über biblische Geschichten zu vermitteln.

Als die «Kleine Bibel» 1823 zum ersten Mal veröffentlicht wurde, war es noch eine Zeit der Hungerjahre. In den Jahren nach den napoleonischen Kriegen dürfte ein erfolgloses Buch einen unglücklichen Verlag leicht ruiniert haben. So war es zum Beispiel katastrophal, als sich von Jacob Grimms Ausgabe der «Edda» nur knapp 100 Exemplare verkauften. Und als 350 Exemplare des zweiten Bands der Kinder- und Hausmärchen (1815) verstaubt im Berliner Lager lagen, war dies für den Verleger Georg Reimer ebenfalls katastrophal.[15] Büdingers kleines Buch würde wohl auch kein Renner sein: Der jüdische Kinderbibelmarkt war völlig unbekannt, auch wenn Kinderbibeln sich auf dem christlich-europäischen Buchmarkt seit langem ungebrochen gut verkauften.

Unter diesen Umständen konnte ein Verlag die Methode der Vorausbezahlung nutzen: die sogenannte «Subskription». In diesem Fall bezahlten Käufer das zu kaufende Buch bereits vor seiner Veröffentlichung, wofür ihre Namen im Buch ehrenvoll aufgelistet wurden. Diese Strategie eignete sich sehr gut für die damalige süddeutsche jüdische Bevölkerung, denn ein feines soziales, religiöses und kommerzielles Netz verband wohlhabende jüdische Familien in den verstreuten jüdischen Gemeinden Süddeutschlands.

Mit Hilfe eines solchen Netzes konnte man sowohl viele Subskribenten binden als auch effektiv Reklame machen. Sobald sich etwa eine Frankfurter Freifrau Rothschild oder einige bayrische Höflinge eingeschrieben hatten, gesellten sich weitere Subskribenten um so schneller hinzu. Ein paar Familien, deren Mitglieder mehrere Exemplare bestellten, wie die Kaullas in Stuttgart und München, waren mit Büdinger persönlich befreundet. Die Liste der Subskribenten im Einzelnen aufzuführen, verbieten Gründe des Umfangs[16]. Pauschal ergibt sich nach Orten sortiert folgendes Bild: Beverungen: 2, Cassel: 37, Frankfurt a.M.: 15, Hannover: 28, Hechingen: 6, München: 41, Stuttgart: 47, Straßburg: 14, verschiedene Orte: 9.

Die Mehrzahl der Subskribenten lebte also im Süden und Südwesten Deutschlands – München, Stuttgart, Frankfurt und Kassel. De facto lebten um 1810 jedoch die meisten jüdischen Familien noch in Kleinstädten und Dörfern. Erst später im 19. Jahrhundert zogen Juden in Grossstädte wie Leipzig, Breslau, Hamburg, Frankfurt und Berlin.

Büdingers Verleger muss sich diesem Projekt recht zurückhaltend genähert haben, doch verkaufte sich das kleine Buch fünfzig Jahre lang gut. Aus den diversen Nachdrucken und Neuauflagen ergibt sich folgende Veröffentlichungsgeschichte:
1. Stuttgart: Franz Christian Löflund, 1823, 388 S. 10.5x18.5 cm /

2. Stuttgart: Joh. Babt. Metzler, 1824. xv, 476 S. / 3. Stuttgart 1833 / 4. Stuttgart: J. B. Metzler, 1840 / 5. Stuttgart: 1846, 451 S. / 6. Stuttgart: J. B. Metzler, 1852 / 7. Stuttgart 1857 / 8. Stuttgart: J. B. Metzler, 1860 / 9. Stuttgart: 1864. 362 S. / 10. Stuttgart: (ed. Max Büdinger) 1869 / 11. Stuttgart: J. B. Metzler, 1873. xii. 364 S. / 12. Stuttgart: Bonz, 1883 / 13.? 1889.

Innerhalb von 28 Jahren erlebte das Buch sechs Auflagen, und innerhalb der darauffolgenden 21 Jahre erschienen noch weitere fünf Auflagen. Das ist immerhin ein Verlagserfolg, der merklich größer ist als der der Grimmschen «Kinder- und Hausmärchen» in denselben Jahren.

Im Jahre 1848 wurde die Kinderbibel ins Englische übersetzt und in London von Samuel Bagster and Sons veröffentlicht.[17] Mit dem Titel «The Way of Faith; or The abridged Bible: containing sections from all the books of Holy Writ. By Dr. Moses Mordechai Büdinger; tr. from the fifth German edition by David Asher» lag das Buch bei Bagster neben christlichen Familienbibeln, einem Genre, das Bagster seit mehr als einem Jahrhundert veröffentlicht hatte.[18]

Jüdische Kinderliteratur im 18. und im 19. Jahrhundert ist mit biblischem Stoff durchdrungen. Es ist das Verdienst von Moses Modechai Büdinger, dass er die Gattung Kinderbibel aus der Trost- und Frömmigkeitsliteratur herauslösen und eine intentionale biblische Geschichte für jüdische Kinder zu verfassen wusste. Seine «Kleine Bibel» war die erste in einer langen und immer noch lebendigen Tradition jüdischer Kinderbibeln.

Deutsch-jüdische Nachfolger

Nachdem Büdinger die erste deutsch-jüdische Kinderbibel verfasst hatte, erschien eine Reihe jüdischer Kinderbibeln in deutscher Sprache:
- Abraham Jakob Cohn, Erzählungen der heiligen Schrift für Israeliten. Iserlohn: Langewiesche, 1834; Barmen: Langewiesche, 1853, 1864; Leipzig 1880.
- B. H. Flehinger, Erzählungen aus den heiligen Schriften der Jisraeliten. Dargest. f. d. kleinere jisraelit. Jugend. Darmstadt: Pabst, 1836, 1841, 1843; Frankfurt a.M.: Jäger [6]1850, [7]1853, [23]1901.
- Diese sind die Geschichten der Kinder Israel. Stuttgart: Steinkopf, 1837, [3]1875.
- Gotthold Salomon, Deutsche Volks- und Schul-Bibel für Israeliten. Altona: J. F. Hammerich, 1837.
- Emanuel Hecht, 1842 Biblische Geschichte f. Kinder von 6-9 J. Fulda: Müller, 1842.

- H. Drücke, Biblische Geschichten für Kinder. Paderborn, 1840 et seq.

Bei weitem die konsequenteste unter den nachfolgenden jüdischen Kinderbibeln war die «Kleine Schul- und Haus-Bibel. Geschichten und erbauliche Lesestücke aus den heiligen Schriften der Israeliten» von Jakob Auerbach. Zum ersten Mal 1854-58 in Leipzig erschienen, trug sie später den Titel «Biblische Erzählungen für die israelitische Jugend» und wurde Jahr für Jahr bei Brockhaus in Leipzig und bei M. Poppelauer in Berlin in zwei Bänden weiter gedruckt. 1901-34 erschien jährlich eine kleinere Ausgabe.

Zu Beginn des 20. Jahrhunderts lebte ein Drittel der gesamten deutsch-jüdischen Bevölkerung in Berlin, in der Stadt, in der Auerbachs «Biblische Erzählungen» als Schulbuch benutzt wurde. Auerbachs Text war der Höhepunkt einer Veröffentlichungstradition jüdischer Kinderbibeln, die mehr als ein Jahrhundert vorher im südlichen Baden begonnen hatte.

Schlussbemerkungen

Die Analyse der «Kleinen Bibel» von Moses Mordechai Büdinger beleuchtet nur einen kleinen Teil jüdischer Kinderbibeln. Viel bleibt auf diesem Gebiet für die Wissenschaft noch zu tun. Vor allem wären die jüdischen Kinderbibeln der tragischen 30er und 40er Jahre des 20. Jahrhunderts zu untersuchen. Joachim Prinz, ein brillanter Rabbiner, der mutig gegen die Nazis predigte, auch nachdem Adolf Hitler die politische Macht ergriffen hatte, verfasste «Helden und Abenteurer der Bibel» (Berlin: Paul Baumann, 1930), «Die Geschichten der Bibel der jüdischen Jugend neu erzählt» (Berlin: Erich Reiss, 1934), und «Die Reiche Israel und Juda. Der jüdischen Jugend neu erzählt» (Berlin: Erich Reiss, 1936). In diesen drei Kinderbibeln bearbeitete Prinz biblische Erzählungen, um das von den Nationalsozialisten angegriffene Judentum zu verteidigen und zu stärken. Er betonte die Schönheit der jüdischen Kinder in Ägypten und beschrieb Jaëls heldenhaften Mord an Sisera als Resistenz gegen seine brutalen Angriffe auf die Juden.

Ein späteres Zeugnis der bleibenden Bedeutung biblischer Geschichte für jüdische Kinder war «Israel's Historie» von H. de Lieme (s'Hertogenbosch: Uitgave Biblo, Kisleiw 5702/Dezember 1941). Dieses Büchlein steht als maschinenschriftliches Zeugnis der jüdischen Kinder, die in den 40er Jahren vor der von den Nazis geplanten Ausmerzung standen, die aber Vorbilder der heldenhaften Resistenz in einer Kinderbibel fanden. Diese Bücher, die in Europa nur mit größter Schwierigkeit noch zu finden sind, entdeckte ich in den Beständen der Houghton Bibliothek und der

Widener Bibliothek an der Universität Harvard, in deren Bestände sie durch die Großzügigkeit ausgewanderter deutscher Juden gelangt sind. Dieser Artikel versucht, die fast verlorene Geschichte deutsch-jüdischer Kinderbibeln vorzustellen in der Hoffnung, sie führe zur wachsenden Kenntnis der Geschichte der deutschsprachigen Kinderbibeln, die für jüdische Familien und Schulen im 19. und im 20. Jahrhundert bearbeitet wurden.

1 Ich danke Manfred Eisenberg (Arbeitsstelle für Kinder- und Jugendliteraturforschung, Universität Köln) und Annegret Völpel (Institut für Jugendbuchforschung, Universität Frankfurt/M.) für ihre großzügige archivalische Unterstützung, die mir Materialien aus den Archiven in Köln und Frankfurt/M. zugänglich machten. Prof. Dr. Kristin Wardetzky (Hochschule der Künste, Berlin) bin ich für ihre Hilfe bei der Übersetzung dieses Artikels dankbar. Zu einer früheren Version dieses Artikels vgl. Jewish Social Studies N.S. 1.3 (1995), S. 83-98.

2 Vgl. Jakob J. Petuchowski: Manuals and Catechisms of the Jewish Religion in the Early Period of Emancipation, in: Alexander Altmann (Hg.): Studies in Nineteenth-Century Jewish Intellectual History, Cambridge / London, Harvard University Press, 1964, S. 47-64. hier: S. 63.

3 Vgl. Michael Nagel: Emanzipation des Juden im Roman oder Tendenz zur Isolierung? Das deutsch-jüdische Jugendbuch in der Diskussion zwischen Aufklärung, Reform und Orthodoxie (1780-1860), Hildesheim: Olms 1999 (= Haskala. Wissenschaftliche Abhandlungen. Hg. v. Mendelssohn-Zentrum für europäisch-jüdische Studien, Bd. 19). Auch Edward Breuer: The Limits of Enlightenment. Jews, Germans and the Eighteenth-Century Study of the Scripture, Cambridge/London, Harvard University Press, 1996.

4 Christian Wilhelm Dohm, Moses Mendelssohns Freund und auch Fürsprecher der Juden Deutschlands, empfahl in seinem Essay «Über die bürgerliche Verbesserung der Juden» (1781), dass Juden Deutsch lernen, genau wie die pädagogischen Traktate des jüdischen pädagogischen Theoretikers Hartwig Wessely. Zu derselben Zeit hatte Josef II., der aufgeklärte Herrscher Österreichs, das verordnet, was andere früher empfohlen hatten. Eine Magisterarbeit von Ran HaCohen ist 1994 auf hebräisch in Tel Aviv erschienen (Titel auf deutsch: Biblische Erzählungen für jüdische Kinder aus der Haskala in Deutschland. Die Haskala in ihrer Beziehung zur Bibel, zur Geschichte und zu Modellen der deutschen Kinderliteratur). Auf deutsch erschien 1997 Ran HaCohen: Die Bibel kehrt heim: «Biblische Geschichte» für jüdische Kinder, in: Hans-Heino Ewers u.a. (Hg.), Kinder- und Jugendliteraturforschung 1996/97, Stuttgart/Weimar, S. 9-21.

5 Stuttgart: bey dem Herausgeber und in Commission bey Franz Christian Löflund, 1823. [HW 5HOL U Harvard University Depository].

6 In seiner Biografie über Büdinger schreibt Salomon Ludwig Steinheim (1844), dass die Stadt selbst locus und Ursache der weitverbreiteten Bekehrung vieler Juden zum Christentum war. Salomon Ludwig Steinheim: Moses Mordechai Büdinger, Dr. phil. Lebensbeschreibung eines israelitischen Schulmannes, aus dessen hinterlassenem Tagebuche und nach ergänzenden Mittheilungen seiner Gattin abgefasst, Altona 1844, S. 147. Ich danke dem Hebrew Union College, Cincinnati/Ohio, sowie Jean Rothenberg, dass sie mir diese Rarität zugänglich machten.

7 Ein paar Jahre früher hatte ein gewisser Schmidt (Vorname nicht angegeben) erfolglos biblische Geschichten für jüdische Kinder in Mannheim veröffentlicht, und 1821 hatte Moses Samuel Neumann «Sefer ha-yashar w'ha-b'rith; reshith limmudim l'yalde b'ne Israel» herausgegeben. Weder die eine noch die andere Publikation hatte die spezifische Nachfrage nach einer Sammlung biblischer Geschichten für jüdische Kinder befriedigt.

8 Pädagogisch-Philologisches Literaturblatt 1 (1824), S.195. (als Beilage der Allgemeinen Schulzeitung).

9 In der Geschichte von Kinderbibeln ist die Tatsache, dass die erste Leserschaft für die Erstausgabe Büdingers biblischer Geschichte aus Mädchen und Frauen bestand, an und für sich etwas Neues. Andere Texttraditionen in der langen Geschichte von Kinderbibeln hatten sich fast ausschließlich an Jungen oder an eine gender-gemischte Leserschaft (Jungen und Mädchen) gewandt.

10 Eine lobende Rezension erschien fast zeitgleich in: Sulamith 6.2 (1823), S. 273-275.

11 Interessanterweise waren Debora und Jaël die ersten biblischen Namen, die Steinheim in seiner Büdinger-Biografie erwähnte: Steinheim: aa0., S.24f.

12 Diese Behauptung basiert auf einem Vergleich zwischen der Büdinger'schen Bearbeitung und der christlichen Bearbeitungsgeschichte zwischen 1170 und 1994 in Europa und Amerika. Ruth B. Bottigheimer: The Bible for Children, New Haven, Yale University Press 1996.

13 Louis Ginzberg: The Legends of the Jews. übers. von Henrietta Szold.,Philadelphia, Jewish Publication Society, vol. 2, 1946, S. 50f., S. 269, vol. 4, S. 37, S. 103 u. S. 105.

14 Biblische Geschichten sind den Märchen sehr ähnlich, sowohl stilistisch als auch funktional. Beide Gattungen bieten typisch «offene» Texte an, die sich leicht durch ihre Leser/innen imaginativ erweitern lassen. Auch wurden beide Gattungen lange Zeit pädagogisch instrumentalisiert.

15 S. R. Bottigheimer: The Publishing History of Grimms' Tales: Reception at the Cash Register, in: Donald P. Haase (Hg.): The Reception of Grimms' Fairy Tales, Detroit, Wayne State University Press, 1993, S. 78-101, bes. S. 79.

16 In dem in Anm. 1 genannten Artikel ist die Liste enthalten.

17 Die Veröffentlichung wird sowohl auf 1847 als auch auf 1848 datiert.

18 Im Jahre 1878 erschien ein Nachfolger in England, The Children`s Pentateuch. With the Haphtarahs, Arranged by Mrs. H[enry] L[ucas].,London, Trübner and Co. [1.36.92 Cambridge University Library]). Die Tatsache, dass Frau Lucas früher Grimms Märchen herausgab, betont die nahe Verwandtschaft zwischen biblischen Geschichten und Zaubermärchen. Im Vorwort dieser Kinderbibel wird behauptet, ihre Herausgeberin habe die (übersetzte!) Ursprache beibehalten, ausgenommen notwendige Auslassungen. Lucas benutzte nicht Büdingers Text, sondern «Die Schul- und Hausbibel» von «Dr. Auerbach» als Muster: Im dritten Kapitel des ersten Buches Mose wurde erklärt, dass Gott die Sorgen Evas vermehrte, aber Frau Lucas spricht nicht von Evas Untertänigkeit; auch Noachs Trunkenheit und Nacktheit ließ sie unerwähnt; die Geschichte von Lot und seinen Töchtern endete, als seine Frau in eine Salzsäule verwandelt wurde; Abrahams und Isaacs Geschichte aber erschien ungekürzt ohne jeglichen Kommentar; Dinas traurige Geschichte fiel ganz weg; und die Frau Potiphars versuchte, Josef etwas Schlechtes anzutun. Insgesamt nahm Frau Lucas große Änderungen an den Geschichten vor.

Horst Weigelt

Lavater als Bearbeiter alttestamentlicher Erzählungen für Kinder

Lavater als Bearbeiter alttestamentlicher Erzählungen für Kinder

Johann Caspar Lavater war im 18. Jahrhundert zweifelsohne eine europäische Berühmtheit. Stand er doch mit fast allen namhaften Persönlichkeiten des mitteleuropäischen Raums in persönlicher oder brieflicher Verbindung. Zurückzuführen ist das keineswegs nur auf seine ungemeine Kontaktstärke, die ihn immer neue Freundschaftsbande knüpfen ließ. Sein Bekanntheitsgrad rührte vielmehr auch daher, dass er sich auf mehreren Gebieten engagiert hat. Wachen Geistes und publikumswirksam mischte er sich ein in Theologie, Literatur, Psychologie, Pädagogik, Kunst und Politik.

Seine oft hektische und manchmal dilettierende Beschäftigung auf so vielen Gebieten schlug sich in einem facettenreichen literarischen Œuvre nieder. Dazu gehören nicht zuletzt auch Schriften und Beiträge, die sich mit der Pädagogik im weitesten Sinn befassen.

Das pädagogische Interesse Lavaters

Lavaters pädagogische Abhandlungen sowie Kinder- und Jugendschriften sind jedoch weder so zahlreich noch so innovativ wie seine theologischen und poetischen oder gar seine physiognomisch-psychologischen Werke. Dennoch ist seinen pädagogischen, kinder- und jugendliterarischen Arbeiten bislang in der Forschung entschieden zu wenig Aufmerksamkeit geschenkt worden.

Abgesehen von seinen Gedicht- und Liedersammlungen sowie seinen Gebetbüchern für Kinder und Jugendliche umfasst sein pädagogisches Œuvre vier Sparten: Didaktisch-methodische Beiträge, biblische Geschichten des Alten und Neuen Testaments, religiöse Kinder- und Jugendbücher sowie Anstandsschriften für Heranwachsende.[1] Hierbei ist jedoch zu beachten, dass in vielen seiner übrigen theologischen, poetischen, patriotischen und vor allem psychologisch-physiognomischen Schriften auch pädagogische Themen enthalten sind oder anklingen.

In diesem Zusammenhang ist darauf hinzuweisen, dass Lavater, der Rousseau im Herbst 1763 in Môtiers aufgesucht und zumindest in den Jahren 1767 bis 1769 ein recht freundschaftliches Verhältnis zu Pestalozzi gehabt hat, auch pädagogische Projekte anderer unterstützte. Das gilt insbesondere hinsichtlich Johann Bernhard Basedow, von dessen Originalität und Vitalität er – trotz steigender Kritik an der von ihm ausgehenden pädagogischen Bewegung des sogenannten Philanthropismus – fasziniert war. So warb er tatkräftig für die Subskription von dessen «Elementarwerk», indem er 1770 seine Korrespondenz mit dem Basler Ratsschreiber und pädagogischen Schriftsteller Isaak Iselin über Basedows Pädagogik unter dem Titel: «Einige Briefe von I. Iselin und J.C. Lavater über das Basedowsche Elementarwerk»[2] publizierte. Ein anderes Beispiel: Als der Minister Ulysses von Salis 1775 in seinem Schloss Marschlins in Graubünden eine philanthropische Erziehungsanstalt gründete und den Theologen, Pädagogen und Schriftsteller Carl Friedrich Bahrdt zu deren Leiter berief, hielt Lavater bei der Eröffnung die Festpredigt[3] über Sprüche 3, 1–7. Hierbei unterließ er es aber nicht, ostentativ und provozierend zu betonen, dass keine Erziehung ohne den christlichen Glauben glücken könne. Am Schluss seiner Predigt zur Einweihung des «menschenfreundlichen Instituts»[4] flehte er deshalb im Gebet den Geist Christi herab auf Lehrende und Lernende dieser Anstalt sowie insbesondere auf Basedow, den Vater der philanthropischen Bewegung: «Segne vornemlich den um die Verbesserung des Schulwesens und die Erziehung so sehr bekümmerten, unermüdeten, miskannten, aber von dir gekannten Basedow! Umstral ihn mit Licht, und gieb ihm das Gröste, was du ihm geben kannst, den Geist Jesu Christi in vollem Maaß in sein Herz!»

Lavater hat also durchaus auch pädagogische Bewegungen wahrgenommen und teilweise gefördert, die nicht seinem Pädagogikverständnis entsprachen.

Das Alte Testament im pädagogischen Werk Lavaters

Lavaters früheste literarische Arbeiten zu alttestamentlichen Geschichten für Heranwachsende sowie Hinweise zu deren unterrichtlicher Behandlung finden sich in seinem umfangreichen «Christlichen Handbüchlein für Kinder», das 1771 bei David Bürgkli in Zürich herauskam.[5] In diesem Werk, von dem 1779 und 1781 noch weitere Ausgaben erschienen,[6] beschäftigte sich Lavater in der Vorrede[7] zunächst mit einigen Ausführungen zur Didaktik und Methode biblischer Erzählungen, um dann v.a. eine Reihe von paradigmatisch ausgearbeiteten Geschichten aus dem Alten und Neuen Testament sowie fundamentale Glaubenslehren, Gebete und Lieder zu präsentieren. Hinsichtlich des Alten Testamentes handelt es sich um einen «Kurzen Entwurf der biblischen Geschichte»[8], um eine breite Erzählung aus dem Abrahamzyklus mit dem Titel «Abrahams Unterredung mit Gott»[9] sowie um eine neunteilige Folge der «Geschichte Josephs»[10]. Darin versuchte er zu zeigen, wie Joseph zwar mehrmals in tiefe Trübsal und Not gerät, aber durch Gotteserfahrungen in der Immanenz, also innerweltlich, immer wieder gestützt und zuletzt herrlich belohnt wird. Die in diesem «Handbüchlein» enthaltenen alttestamentlichen Erzählungen, gedacht für Kinder und Jugendliche im Alter von 5 bis 12 Jahren, sollten zweifelsohne Paradigmen sein.

Drei Jahre später bot sich für Lavater eine Möglichkeit, seine Vorstellungen über die Darbietung alttestamentlicher Erzählungen in ein größeres Projekt einzubringen. Die Ascetische Gesellschaft, im Frühjahr 1771 in Zürich gegründet, beschloss die Erstellung einer «Biblischen Geschichte», da die in Gebrauch befindlichen aus mehreren Gründen unbefriedigend seien. Man kritisierte, dass die alt- und neutestamentlichen Geschichten einen theologischen heilsgeschichtlichen Zusammenhang – eine innere Einheit – vermissen ließen, inhaltlich zu fragmentarisch seien und hinsichtlich des Sprachlichen zu «märchenähnlich»[11] bearbeitet seien. Ferner würden sie dem Verstehen der Kinder und ihrer Imaginationskraft nicht gerecht. Oder mit den Worten der Verfasser: Sie haben «nicht viel Anzeuhendes für das Herz und nicht viel Lehrreiches für den Verstand». Mit der Abfassung einer neuen «Biblischen Geschichte» beauftragte die Ascetische Gesellschaft vier ihrer Mitglieder, die jungen Theologen Johann Tobler (1732–1808), Johann Konrad Pfenninger (1747–1792), Felix Herder (1741–1810) sowie nicht zuletzt Johann Caspar Lavater, damals Diakon an der Waisenhauskirche in Zürich. Die verantwortliche Herausgeberschaft wurde jedoch dem erst zwanzigjährigen Exspectanten[12] Johann Jakob Heß anvertraut. Dieser hatte damals wegen des Pfarrerüberschusses noch keine Anstellung in der Zürcher Kirche gefunden, konnte aber dank einer reichen väterlichen Erbschaft ungehindert seinen wissenschaftlichen Interessen und literarischen Arbeiten nachgehen.

Obwohl nach dem Vorwort – gemäß dem pragmatisch-heilsgeschichtlichen Ansatz von Heß – die biblischen Geschichten in diesem Werk möglichst zusammenhängend dargeboten werden sollten, wurden diese dann doch in zehn stark personenzentrierte Abschnitte unterteilt.

Die Bearbeitung der Erzählzyklen übernahmen einzelne Mitarbeiter. Diese sind zwar im Druck namentlich nicht gekennzeichnet, dennoch lassen sich zahlreiche Geschichten bestimmten Autoren zuordnen. Nicht zuletzt gilt das für die von Lavater bearbeiteten Erzählungen. So stammt beispielsweise der gesamte neunteilige Erzählzyklus über Joseph[13] aus dessen Feder, wie ein textkritischer Vergleich mit der «Geschichte Josephs» aus seinem «Christlichen Handbüchlein» zeigt.

Für 131 der 141 alttestamentlichen Geschichten in den «Biblischen Erzählungen» verfasste Lavater Reimverse; sie stehen am Schluss der jeweiligen Geschichte. Er hat also keineswegs nur die von ihm erstellten Geschichten mit Reimen versehen, sondern auch solche anderer Bearbeiter.

Im Jahr 1772 erschien dann die Biblische Geschichte im Verlag «Orell, Geßner, Füeßlin und Comp.» im Druck unter dem Titel «Biblische Erzählungen für die Jugend. Altes Testament»[14].

1774 schritt man zu einer zweiten verbesserten Auflage dieser alttestamentlichen Erzählungen,[15] publizierte sie nun aber zusammen mit 102 neutestamentlichen Geschichten, und zwar wiederum im Zürcher Verlag «Orell, Geßner, Füeßlin und Comp.» mit dem Titel «Biblische Erzählungen für die Jugend. Altes und Neues Testament»[16]. Auf die Wiedergabe von Lavaters Reimversen wurde jedoch ohne Begründung gänzlich verzichtet. Von dieser Ausgabe der «Biblischen Erzählungen» erschien 1790 im gleichen Verlag eine Neuauflage, der 1801 eine weitere folgte.[17] 1821 wurde dieses Werk mit dem Untertitel «von einer Gesellschaft Jugendfreunde» letztmals in Druck gegeben, wiederum in Zürich bei «Orell, Füßli und Compagniè» (sic!).

Fast alle Reimsprüche Lavaters zu den alttestamentlichen Erzählungen, die in der zweiten Ausgabe ausgelassen worden waren, kamen 1782 in Zürich im gleichen Verlag separat heraus unter dem Titel «Reimen zu den Biblischen Geschichten des Alten und Neuen Testamentes. Für die Jugend». Im Vorwort des Verlegers wurde dabei lediglich vermerkt, dass man sie in der zweiten Ausgabe der «Biblischen Erzählungen» weggelassen, mit Einverständnis Lavaters es jedoch für «gut gefunden» habe, sie gesondert herauszugeben, in der Hoffnung, «damit Aeltern, Lehrern, Kindern, und besonders Taufpathen, die allenfalls gerne Geschenke an ihre Taufkinder geben mögten, einen nicht unangenehmen Dienst gethan zu haben»[18]. Verlegerisches Interesse war also der Grund für die Herausgabe dieses schmalen Bändchens. Lavater hat dem zustimmen können, da es sich bei seinen Reimen ja um religiöse und moralische Sinnsprüche handelte, die auch losgelöst von den entsprechenden biblischen Geschichten verständlich waren.

Im Jahr 1774 erschienen im Winterthurer Verlag Heinrich Steiner, wiederum auf Initiative der Ascetischen Gesellschaft bzw. der Mitarbeiter an den «Biblischen Erzählungen», «60 Biblische Geschichten des alten Testamentes in Kupfer geätzt von Johann Rudolf Schellenberg». Da der Winterthurer Maler und Radierer Schellenberg viel für Lavater gearbeitet hat, kann wohl mit an Sicherheit grenzender Wahrscheinlichkeit davon ausgegangen werden, dass die Idee zu dieser Publikation von jenem stammte. Der Illustrator Schellenberg gestaltete die Bilder – zumeist aufgrund von Vorlagen[19] – im Stil der biblischen Historienmalerei. Diese Bildillustrationen entsprachen an sich nicht der reformierten Tradition, was wiederum ein Indiz dafür ist, wie wenig Lavater noch darin beheimatet war. Zu allen alttestamentlichen Bildszenen schrieb er jeweils eine knappe erbauliche Erläuterung oder Betrachtung. An deren Schluss setzte er des öfteren wiederum einen Spruch oder gereimte Verse, die ebenfalls erbaulich-moralischen Charakter haben.

Instruktiv für Lavaters Behandlung der alttestamentlichen Erzählungen ist schließlich noch sein 1788 gedrucktes «Christlicher Religionsunterricht für denkende Jünglinge». Diesem Werk lag ein Exposé zugrunde, das Lavater, inzwischen Pfarrer von St. Peter und eine europäische Berühmtheit, 1781 erstellte, als er von Isabella von Wartensleben, die er schwärmerisch verehrte, den Auftrag erhalten hatte, ihrem einzigen Sohn Friedrich Gideon Unterricht zu erteilen, um ihn zu einem «würdigen Gebrauche des heiligen Abendmahls»[20] vorzubereiten. In diesem anspruchsvollen Werk, das für «denkende Jugendliche» bestimmt war, entfaltete Lavater vor allem anhand der Ur- und Vätergeschichten seine Vorstellung eines persönlichen Gottes, der in der Immanenz erfahren werden könne. Oder mit Lavaters eigenen Worten ausgedrückt: Gott ist «ein Gott der Menschheit – Ein Gott, wie Ihn die Menschheit bedarf; Unendlich über die Menschheit erhaben – und dennoch in einer denkbaren Ähnlichkeit mit dem Menschen dargestellt».[21]

Daneben verfasste Lavater, wie schon angemerkt, auch zahlreiche Lieder für Kinder und Jugendliche, da er die bislang vorliegenden Liedsammlungen für defizitär erachtete.[22] Eine erste Durchsicht ergab, dass er in seinen Lieddichtungen selten auf das Alte Testament rekurrierte. Eine Ausnahme bildet seine mehrmalige Bezugnahme auf die Schöpfungsberichte. In seinem schmalen Werk «Gebether und Lieder für Kinder», das 1776 bei David Bürgkli in Zürich selbständig erschien, pries er in seinem «Lied von Gott» die Schöpfermacht und Schöpfergüte Gottes. Die vierte der elf Strophen lautet:

«Wer machte dann die schöne Welt? // Das nahe und das ferne; // Wer hat an Himmel hingestellt // Die Sonne, Mond und Sterne? // Woher der Thiere grosse Zahl? // Wer machte Felder, Berg und Thal? // Und Bäume, Früchte, Blumen?»[23]

Lavaters Bearbeitung alttestamentlicher Texte

Über die Bearbeitung biblischer Texte für Kinder und Jugendliche hat sich Lavater erstmalig in der Vorrede seines «Christlichen Handbüchleins für Kinder» geäußert. Selbstverständlich wusste auch er sich dem reformatorischen Schriftprinzip verpflichtet. Dennoch hat er sich in den von ihm bearbeiteten alttestamentlichen Geschichten keineswegs eng an die vorliegenden Bibeltexte[24] gehalten. Vielmehr ist ein bemerkenswert freier Umgang mit ihnen feststellbar. Dies äußerte sich zunächst darin, dass er die biblischen Texte aus ihrem theologischen und geschichtlichen Kontext oder Traditionszusammenhang löste und aus ihnen mehr oder weniger isolierte Einzelgeschichten machte. In deren Mittelpunkt stellte er jeweils eine alttestamentliche Männer- oder Frauengestalt mit ihren subjektiven Glaubenserfahrungen. Lavater folgte also der pragmatischen Geschichtsschreibung seines Lehrers Johann Jakob Bodmer und durchkreuzte den neu gewonnenen paradigmatisch-heilsgeschichtlichen Ansatz, den Heß in den «Biblischen Erzählungen» eigentlich realisieren wollte.

Neben dieser Individualisierungstendenz begegnen in den von Lavater bearbeiteten biblischen Geschichten einerseits Auslassungen und andererseits Erweiterungen hinsichtlich der biblischen Textvorlagen. Hierbei sind letztere offenkundiger, da Lavater diese Ergänzungen gelegentlich als solche kenntlich gemacht hat. So erweiterte er beispielsweise den knappen Bericht über Josephs Haft im ägyptischen Gefängnis (1 Mose 39), indem er ihn hier über seine ungerechtfertigte Inhaftierung reflektieren ließ. Wie sehr sich Joseph – so Lavater – durch diese Freiheitsberaubung auch gedemütigt fühlen musste, konnte er sie dann doch akzeptieren. Ja, er konnte nach der Wahrheit sagen:

«‹Nun so weiß ich doch, so weiß es doch der Allwissende, mein Schöpfer, der gerechte Richter, der jedem nach seinen Handlungen wieder vergilt, der weiß es doch, daß ich unschuldig bin. Nicht um einer Sünde willen bin ich hier. Ich leide um der Tugend willen. Weil ich Gott gehorchen wollte – trage ich diese Ketten – Gott weiß, daß ich sie trage, und warum ich sie trage. – Sollte ich ihm deßwegen verächtlich seyn, weil ich nun vor den Menschen verachtet werden muß? Sollte er mich nun nicht um so viel mehr lieben, je weniger ich nun vor den Menschen geachtet werde? Sollte er mich nicht wieder aus dieser Grube herauszubringen wissen? – O ja mehr als das: wer ihn ehret, den wird er auch ehren! – und wenn ich auch mein Lebtag hier zubringen müßte, so würde ich bey einem guten Gewissen, und bey den Ueberzeugungen, daß Gott mein Freund ist, und daß ich ihm gefalle, nicht sehr unglücklich seyn können?› – So konnte Joseph bey sich selber denken – und durch diese Gedanken mußte ihm nothwendig sein Unglück sehr erträglich werden».[25]

Lavater hat seiner Bearbeitung der biblischen Texte stets die zwei Kriterien zu Grunde gelegt: Verständlichkeit und Erbauung. Da er auf sachliche Verständlichkeit großen Wert legte, bemühte er sich darum, kulturgeschichtliche oder geografische Begriffe und Phänomene zu erklären. So erläuterte er beispielsweise in den Josephsgeschichten, dass es sich bei einer Zisterne um «ein grosses Wasserbehältniß, das tief in die Erde gegraben»[26] ist, handelt; in eine solche Grube, die «damals von Wasser leer war», sei Joseph von seinen Brüdern gestoßen worden. Oder er erklärte, dass «Pharao» die ägyptische Bezeichnung für König sei. Hinsichtlich der Erläuterung von Naturphänomenen sei auf Lavaters Erklärung von Pharaos Traumvision von den sieben fetten und den sieben mageren Kühen verwiesen (1 Mose 41). Pharao sah in seinem Traum – so Lavater – die sieben schönen, fetten Kühe deshalb aus dem Nilstrom heraussteigen und an Land gehen, «weil die ganze Fruchtbarkeit Egyptens bloß von dem Uebertreten dieses Flusses abhängt»[27].

Allerdings räumte Lavater bereitwillig ein, dass der Verstehbarkeit altersbedingt Grenzen gesetzt sind. In solchen Fällen müsse man auf Erklärungen verzichten, jedoch «den Kindern versprechen, von diesem oder jenem noch mehr zu sagen, wenn sie weiter gekommen seyn werden»[28]. So ließ er es bei der Schilderung der eindeutig sexuellen Wünsche von Potiphars Frau damit bewenden, den Kindern zu erzählen, diese Frau habe Joseph dazu verleiten wollen, die ihm von seinem Dienstherrn, ihrem Ehemann, dem Kämmerer und Obersten der Leibwache Pharaos, übertragenen Aufgaben zu vernachlässigen, um ausgiebig Zeit für sie zu haben. Joseph sollte sich zu «ihr halten, ihr Gesellschaft leisten, und sich bey ihr wohl seyn lassen»[29].

Neben der Verständlichkeit legte Lavater bei seiner Bearbeitung der biblischen Erzählungen Wert auf die Erbaulichkeit. Die von ihm bearbeiteten biblischen Geschichten sollten den Kindern zu Herzen gehen und «ihnen Empfindung und Theilnehmung dafür ein(zu)flößen»[30]. Denn «Erbauung muß doch offenbar der Zweck einer jeden vernünftigen Andachtsübung, oder eines jeden moralischen Unterrichts seyn»[31]. Obgleich also Lavater der Erbauung unbedingte Priorität einräumte, hielt er dennoch die Verständlichkeit für unverzichtbar. Er war nämlich davon überzeugt, dass fromme Empfindungen ohne Verständlichkeit nicht vermittelbar seien. Denn die Kinder hätten «von dem, was sie nicht verstehen ... so wenig Erbauung ... als sie davon hätten, wenn man sie in der griechischen oder hebräischen Sprache bethen lehrte»[32].

Das starke Defizit an Erbaulichkeit in der damaligen christlichen Unterweisung, die weitgehend im Geiste der Aufklärung erteilt wurde, hielt Lavater generell für das wohl «größte Uebel, welches den meisten von uns Erwachsenen, lang genug zu schaffen giebt»[33]. Man hätte während der Jugendzeit die «wichtigsten Wahrheiten ... so viele hundert und hundertmale ohne Empfindung, ohne die mindeste Theilnehmung des Herzens, von andern gehört, selber gelesen und hergesagt, gröstentheils unter Umständen gehört und hergesagt, die uns nothwendig gleichgültig dagegen machen mußten»[34].

Wie entscheidend für Lavater die erbauliche Perspektivierung biblischer Geschichten war, wird nicht zuletzt daran evident, dass er von ihm selbst oder von anderen erarbeitete Erzählungen am Schluss gern mit Reimen versah, was damals groß in Mode war. Erstmals geschah dies bei einer Abrahamserzählung, in der er Abrahams «Feilschen» mit Gott um die Errettung der sündigen Stadt Sodom (1 Mose 18) paradigmatisch für Kinder bearbeitet hatte[35], und bei dem Erzählzyklus «Geschichte Josephs», die sich in seinem 1771 gedruckten «Christlichen Handbüchlein»[36] finden. 131 Reimverse verfasste er dann für die biblischen Geschichten, die in den 1772 von Johann Jakob Heß herausgegebenen «Biblischen Erzählungen des Alten Testamentes» erschienen. Diese Reimverse wurden, wie bereits bemerkt, 1782 in Zürich bei «Orell, Geßner, Füßli und Comp.» separat publiziert mit dem Titel «Reimen zu den Biblischen Geschichten des Alten und Neuen Testamentes». Schließlich ist nochmals daran zu erinnern, dass Lavater 1774 für die «60 Biblischen Geschichten des alten Testamentes» nicht nur die Erklärungen zu den von Schellenberg gestochenen Kupfertafeln schuf, sondern für zehn dieser Erläuterungen zusätzlich Reimverse[37] dichtete.

Mit diesen Reimen wollte er nicht den theologischen Skopus der jeweiligen biblischen Erzählung hervorheben oder zusammenfassen. Vielmehr war es seine Absicht, durch diese Verse einen «frommen Gedanken» festzuhalten, eine sittliche Gesinnung hervorzuheben oder zum praktischen Handeln anzuleiten. So setzte er unter die Erzählung «Joseph in dem Gefängniß» den Reim:

«Ein ruhiges Gewissen macht // Zum Licht die schreckenvollste Nacht; // Macht, daß wir ohne wildes Klagen // Auch schwere Fesseln ruhig tragen. // Der Menschen Urtheil und Gericht // Raubt uns doch GOttes Beyfall nicht.»[38]

Lavaters sämtliche Reime zielen also letztlich immer auf Erbauung, worauf später noch näher einzugehen sein wird. Unter dieser Intention hatte er auch die alttestamentlichen Texte bearbeitet. Aus diesem Grund ist es zu bedauern, dass Lavaters Reime in der zweiten Ausgabe der «Biblischen Erzählungen» weggefallen sind. Hatte er doch durch diese Schlussverse seinen eigenen Zugang zu den alttestamentlichen Texten, sein Verständnis und die Intention seiner Bearbeitung gleichsam nochmals unterstrichen.

Didaktisch-methodische Erwägungen zur Darbietung alttestamentlicher Geschichten
Entsprechende didaktisch-methodische Überlegungen bietet Lavater u.a. in seinem «Handbüchlein». Auf die Adressaten, für die er die alttestamentlichen Geschichten konzipiert hat, ging er dort nur recht allgemein ein.[39] Eingangs merkt er zwar an, dass seine Ausführungen für Kinder «von den ersten Jahren an bis etwa ins zwölfte oder funfzehnte»[40] be-

stimmt seien. Aber aus seinen weiteren Ausführungen geht eindeutig hervor, dass er mit Kindern rechnete, die zur selbständigen Lektüre fähig und sogar in der Lage sind, die biblische Geschichte mit eigenen Worten schriftlich nachzuerzählen. Auch setzte er voraus, «daß sie Unterricht in der Religion genossen, und schon einige Begriffe von Gott haben».[41] Deshalb dürfte es sich bei der Zielgruppe seiner alttestamentlichen Geschichten im Wesentlichen um 8- bis 12-Jährige handeln.

Auf die Altersstufengemäßheit der Sprache ist nach Lavater beim Erzählen der biblischen Geschichten besonders zu achten. Es sei deshalb den Erziehenden, Eltern und Lehrern verwehrt, die in Schul- und Hausbüchern vorliegenden biblischen Geschichten ohne weiteres zu übernehmen. Vielmehr hätten sie sich vorab selber intensiv mit der bearbeiteten biblischen Geschichte auseinander zu setzen und zu fragen, ob man sie in der vorliegenden Fassung verwenden könne oder welche Passagen geändert werden müssten. Auch sei zu überlegen, welche «andre Anmerkungen, die nicht angeführt werden, und doch nützlich sind», noch zu berücksichtigen seien.[42]

Wichtig sei jedoch, dass alles in der Umgangssprache vorgetragen werde.[43] Bei der Benutzung der Alltagssprache sei jedoch zu fragen, ob sich nicht «dieß oder jenes in der familiaren und einfältigen Kindersprache ausdrücken»[44] lasse. Leider ist Lavater in dem Zusammenhang nicht auf die Problematik des Gebrauchs von «Kindersprache» eingegangen, obgleich er diese durchaus wahrgenommen hat. In seinem «Handbüchlein» konstatierte er nämlich im allerletzten Satz, dass es «schwer, ja beynahe unmöglich ist, unmittelbar für Kinder zu schreiben»[45].

Überblickt man die von Lavater erarbeiteten biblischen Geschichten hinsichtlich des Sprachduktus, muss man konstatieren, dass er – wie andere Bearbeiter biblischer Geschichten der damaligen Zeit – zweifelsohne einer Verharmlosung und Moralisierung verfallen ist. Darauf hat ihn kein geringerer als Johann Gottfried Herder im Oktober 1772 nachdrücklich aufmerksam gemacht, nachdem er die «Biblischen Erzählungen des Alten Testamentes» gelesen hatte.

Bereits in seinem «Christlichen Handbüchlein für Kinder» von 1771 hatte Lavater einen «Kurzen Entwurf der biblischen Geschichte» vorgelegt. Darin hatte er den Beginn des jahwistischen Schöpfungsberichts von 1 Mose 2 folgendermaßen zusammengefasst:

«Nachdem der liebe allmächtige GOtt den Himmel und die Erde gemachet hatte, und die Erde noch viel schöner war, als sie izt ist, erschuf er auch einen Menschen aus Erde, oder Staub; dieser Staub wurde zu Fleisch, da es der liebe GOtt so haben wollte, und zu einem schönen Menschen, den GOtt lebendig und verständig machte. GOtt erschuf für diesen ersten Menschen auch eine Frau, und führte sie beyde in einen sehr schönen baumreichen Garten, wo ihnen recht wohl war; der Mann hieß Adam, die Frau Eva».[46]

In den unter der Leitung von Johann Jakob Heß edierten «Biblischen Erzählungen für die Jugend» gestaltete er dann 1772 den Anfang der Schöpfungserzählung folgendermaßen:

«Der liebe GOtt machte vor allem aus den Himmel, und die Erde worauf wir Menschen wohnen. Anfangs war die Erde nicht so schön, so heiter, so voll Wiesen und Bäume, wie izo. Alles war noch wüst. Es war überall Nacht und Dunkel auf der Erde. Da sagte GOtt: Es werde heiter! Und alsbald wurd es überall heiter so wie GOtt es gut und nöthig fand. Und dieß geschah in so viel Zeit, als itzt Ein Tag ausmacht».[47]

Als Johann Gottfried Herder diese «Erzählungen» zu Gesicht bekam, äußerte er sich am 30. Oktober 1772 in einem Brief an Lavater – bei aller Anerkennung – vernichtend über die Schöpfungserzählung und negativ über die wenig eloquente, moralisierende Sprache.[48] Als Superintendent und Inspektor des Sachsen-Weimar'schen Schulwesens wäre er zwar bereit, diese «Alttestamentlichen Erzählungen» als Lehrbücher im Unterricht zuzulassen, falls die Neutestamentlichen ebenso wären. Allerdings müsste er in den Biblischen Geschichten vorab «die Sprache der Bibel oft wiederherstellen».

«Unsere Zeit hat sich auch einem sonderbaren Vorurtheil, als wenn Kind und Mensch das alles nicht verstehe, was es nicht definiren kann, dagegen, als gegen orientalisch Geschwätz, verschworen, und will also alles in laue Umschreibung, kalte Definition, philosophische Moral etc. auflösen, wo meistens so der Geist verfliegt, wie dem Chymiker unter seinem Auflösen».

Als Lavater im Frühjahr 1774 Herders «Älteste Urkunde des Menschengeschlechts» in die Hände bekam, schrieb er an ihn:

«Mit Freud' und Schamröte sah ich, fühlt' ich, daß ich das erste Kapitel des ersten Buches Moses' in meinem Leben noch nie gelesen; begriff nun Dein Urtheil über ... den Anfang der ‹biblischen Erzählungen› (wohl herrlich von mir – dahingefaselt), begriff viel, was ich noch nie begreifen mochte».[49]

Offenkundig infolge der Kritik Herders, den er glühend verehrte, veränderte Lavater daraufhin in der zweiten Ausgabe der Biblischen Erzählungen, die 1774 erschien, die Passage folgendermaßen:

«Anfangs war die Erde ganz öde, ohne Gewächse und lebendige Einwohner: Alles war mit Wassern umflossen, und lag gleichsam in Nacht und Finsterniß vergraben. Da sprach Gott: Es werde Licht! Und es ward Licht. Dieß geschah in so viel Zeit, als itzt ein Tag ausmacht.»[50]

Es wäre reizvoll und geboten, die anderen biblischen Erzählungen Lavaters einmal auf ähnliche sprachliche Revisionen zu untersuchen.

Die unterrichtliche Darbietung und Behandlung der biblischen Geschichten sollte sich nach Lavater in vier Schritten vollziehen. Zunächst sollte sie den Kindern gemäß der Vorlage erzählt werden. Dabei sei es jedoch unbedingt erforderlich, dass Lehrer oder Eltern ihr nicht mit «Gleichgültigkeit» oder mit «Kaltsinn»[51] gegenüber stehen. Beobachte man bei den Lehrenden eine solche distanzierte Haltung und könne nicht vermeiden, dass Kinder ihr in der Unterweisung ausgesetzt seien, dann müsse man den Kindern «vorher mit dem größten Bedauern (zu) eröffnen: ‹Es gebe, daß Gott erbarm›, Leute, die mit gleichgültigem Herzen, ohne Freude, ohne Empfindung, die schönsten Lehren, und die rührendsten Geschichten der Bibel lesen, hersagen, und darüber Gespräche zu führen gewohnt seyn!»[52]

Auf die Erzählung der biblischen Geschichte hat dann nach Lavater deren Wiederholung zu erfolgen. In dieser Phase der Unterweisung – oder vielleicht auch schon während des Erzählens – wollte Lavater «bisweilen»[53] innehalten und die Kinder danach fragen, wie die biblischen Gestalten in der jeweiligen Situation wohl reagiert haben mögen. «Wie meynest du, würde ich bisweilen das Kind fragen, ‹daß sich Abraham, oder Joseph, in diesem oder jenem Fall verhalten, was er gethan oder gesagt haben würde›?» Hier finden sich schon bei Lavater interessante Erwägungen über «Phantasiearbeit», denen gerade auch unter aktuellem Aspekt einmal weiter nachzugehen wäre.[54]

Erst nach diesem kreativen Unterrichtsgespräch sollte die biblische Geschichte von den Kindern selbst gelesen werden. Darauf könnten sie angeregt werden, das Gehörte und Erarbeitete schriftlich nachzuerzählen. Wahrscheinlich dachte Lavater hierbei nicht nur an eine genaue Wiedergabe des Gehörten, sondern auch an eine sensitive, phantasievolle Umsetzung mit eigenen Worten. Seine methodisch-didaktischen Erwägungen wären unvollständig wiedergegeben ohne den Hinweis darauf, dass nach seiner Überzeugung alle christliche Unterweisung stets in einer freien Atmosphäre und ohne Zwang erfolgen müsse. «Alles andre, wenn es seyn muß, können wir das Kind mit einigem Zwang auswendig lernen lassen; – Nur die Lehren der Religion, nur Sprüche der Schrift nicht; nur nicht Gebether und geistliche Lieder! – Sonst setzen wir sie in die unglückliche Nothwendigkeit, zehen und zwanzigmale die erfreulichste Wahrheit, ohne Empfindung, mit Thränen und Widerwillen herzusagen».[55]

In dieser Betonung der Freiheit zeigt sich Lavater bleibend durch die Pädagogik der Philanthropen beeinflusst.

Sensitive Gotteserfahrung als Grundanliegen Lavaters

Wie deutlich wurde, ging es Lavater bei der Bearbeitung und Darbietung der biblischen Geschichten darum, sie den «Herzen» der Kinder «wichtig zu machen; das ist, ihnen Empfindung und Theilnehmung dafür einzuflößen».[56] Sein Ziel war – wie gesagt – die Erbauung, die für ihn letztlich immer in manifester Gotteserfahrung gründete.

Obgleich von Haus aus in reformierter Tradition stehend, griff Lavater bei seiner Interpretation des Alten Testamentes nicht auf die Vorstellung von Bundesschlüssen Gottes mit den Menschen zurück. Auch übernahm er nicht die paradigmatisch-heilsgeschichtliche Konzeption von Johann Jakob Heß, obgleich er ihm in den 70er Jahren noch sehr freundschaftlich zugetan war. Stattdessen intendierte er in den von ihm bearbeiteten biblischen Geschichten – in Frontstellung zu Neologie und Rationalismus – den Aufweis sensitiver Gotteserfahrungen. Anhand von Einzelgeschichten wollte er zeigen, wie Männer und Frauen aus Israel und aus dem Judentum Gotteserfahrungen gemacht haben, und die Heranwachsenden zu ähnlichen Erfahrungen ermutigen.

Dieses Insistieren auf sensitiver Transzendenzerfahrung ist bei Lavater zutiefst biografisch verortet. Wie nachgewiesen werden konnte, lässt sie sich bei ihm seit 1768 beobachten. Bis dahin gehörte Lavater der gemäßigten theologischen Aufklärung an, wie seine frühen Schriften und seine Korrespondenz zeigen.[57] Obgleich nach der 1768 erfolgten religiösen Umorientierung Lavaters, auf deren Ursachen und Verlauf hier nicht näher eingegangen werden kann, das ethische Interesse keineswegs schwand, war es doch nicht mehr in der Weise dominierend. Fortan suchte er zuerst und vor allem sensitive Transzendenzerfahrung nicht nur überall in der Immanenz aufzuspüren, sondern auch in den literarischen Zeugnissen des Alten und Neuen Testamentes nachzuweisen. Dieses Anliegen verfolgte er auch bei seiner Bearbeitung der biblischen Geschichten. Er versuchte aufzuzeigen, wie die alttestamentlichen Frommen ständig Transzendenzerfahrungen gemacht und mit Gott in inniger Kommunikation gestanden hätten. So konnte er in seiner Abrahamsgeschichte (1 Mose 18) schreiben: «Wie ein Freund mit dem andern umgeht, so vertraulich pflegte Gott mit Abraham umzugehen».[58] Und in dem überarbeiteten Konzept, das er Ende August 1781 für die religiöse Unterweisung Friedrich Gideon von Wartenslebens erstellt hatte, bekannte er gegenüber diesem Grafen unter Bezugnahme auf die Urgeschichten:

«Der Gott, den die Bibel uns darstellt – ist nicht der Gott der Philosophen unserer Zeit; – Nicht ein bloß unendliches, unbegreifliches, ungedenkbares – Ich weiß nicht was! – Er ist zugleich, insofern Er sich offenbahret, eine anschaubare, positiv und freyhandelnde Person; Ein menschlicher Gott ... Dieser Gott, mein Lieber, ... Dieser Gott redet mit Abraham gerade so, wie ich mit Ihnen rede».[59]

In Lavaters Umgang mit alttestamentlichen Texten – ihrer Bearbeitung und unterrichtlichen Behandlung – lassen sich also vielfältige Einflüsse von Aufklärung, Pietismus, Sturm und Drang und Empfindsamkeit nachweisen. Dennoch gelang es Lavater, diese Disparatheiten zu einem eigenen, neuen Ganzen zusammenzuführen.

Zugleich wies Lavater aber auch auf neue Fragestellungen hin. So intendierte er mit seiner Bearbeitung der biblischen Geschichten auch eine Einübung in die christliche Sittenlehre. Hierbei thematisierte er besonders das sittliche Verhalten der Kinder und Jugendlichen gegenüber sich selbst, gegenüber den Eltern und Lehrern sowie gegenüber der Obrigkeit. Sich selbst gegenüber trügen die Heranwachsenden besondere Verantwortung für einen sorgsamen Umgang mit ihren geistigen und körperlichen Gaben; hinsichtlich der Eltern und Vorgesetzten sollte ihr Umgang vor allem von verantwortetem Gehorsam bestimmt sein, gegenüber der Obrigkeit vorwiegend von Patriotismus. Überblickt man die von Lavater bearbeiteten biblischen Geschichten hinsichtlich des Ethos im Zusammenhang, dann wollte er – wie es im Vorwort zu den Biblischen Erzählungen heißt – eine «Kindermoral»[60] entwerfen. Dieses ethische Modell – im Kontext anderer Tugendlehren der Aufklärungszeit und des Sturm und Drang – näher zu untersuchen, wäre ein dringendes Desiderat, würde hier aber den thematischen Rahmen sprengen.

1 Siehe Horst Weigelt: Johann Kaspar Lavater. Leben, Werk und Wirkung, KVR 1556, Göttingen 1991, S. 91-95. Vgl. Maria Michels: Bibliographie der Kinder- und Jugendbücher von Johann Kaspar Lavater, in: Die Schiefertafel 3 / 1980, H. 3, S. 122-125.

2 Siehe Horst Weigelt (Hg.) und Niklaus Landolt (Red.): Bibliographie der Werke Lavaters. Verzeichnis der zu seinen Lebzeiten im Druck erschienenen Schriften, Ergänzungsband zu: Johann Caspar Lavater, Ausgewählte Werke, Zürich 2001, S. 80-81, Nr. 125; im Folgenden als »Lavater-Bibliographie« zitiert. Vgl. Weigelt: aaO., S. 93.

3 Geschichte des Einweihungsfestes des Philanthropins zu Marschlins, Frankfurt am Main 1776, S. 5-32: «Predigt des Herrn Pfarrer J. C. Lavaters über Sprichwörter Salom. III.1-7».

4 Geschichte des Einweihungsfestes, S. 27; das folgende Zitat ebd., S. 30.

5 Lavater: Christliches Handbüchlein für Kinder. Zürich 1771. Vgl. Lavater-Bibliographie, S. 69, Nr. 104.2; vgl. Nr. 104.1. Im Folgenden wird immer nach dieser 456 Seiten umfassenden Erstausgabe zitiert. Nach Abschluss dieses Beitrags ist das «Handbüchlein» im Band 3 der Werkausgabe erschienen, hg. v. Martin Ernst Hirzel. Zürich 2002. Leider konnte diese historisch-kritische Ausgabe nicht mehr berücksichtigt werden. Zur Verbindung von Pädagogik und Bibel vgl. auch Alfred und Regine Schindler: «Mit freyem Flug und frohem Blick.» Zu Lavaters «Kinder-Theologie», in: Freiheit verantworten. Festschrift für Wolfgang Huber, hg. v. Hans-Richard Reuter u.a., Gütersloh 2002, S. 407-420. S. auch den Beitrag von Regine Schindler im vorliegenden Band.

6 Über die weiteren Ausgaben siehe Lavater-Bibliographie, S. 69, Nr. 104.3-104.5. Vgl. Theodor Brüggemann/Hans-Heino Ewers: Handbuch zur Kinder- und Jugendbuchliteratur. Von 1750 bis 1800, Stuttgart 1982, Sp. 1417-1418, Nr. 483-486; Michels: Bibliographie, S. 122, Nr. 3 u. 4.

7 Lavater: Handbüchlein, Vorrede («Verständige, Fromme, Rechtschaffne Aeltern und Lehrer geliebter Kinder!»), unpaginiert. Die Vorrede umfasst 21 römisch gezählte Kapitel. Da die Vorrede unpaginiert ist, wird bei Zitaten der Vorrede jeweils das Kapitel angegeben.

8 Lavater: Handbüchlein, S. 19-30.

9 Ebd., S. 63-76.

10 Ebd., S. 77-202.

11 [Johann Jakob Heß/Lavater u.a.:] Biblische Erzählungen für die Jugend. Altes Testament, Zürich 1772, Vorrede, S. IV; das folgende Zitat ebd. Vgl. Lavater-Bibliographie, S. 58, Nr. 79.

12 Zum Begriff Exspectant s. den Beitrag von Regine Schindler in diesem Band.

13 [Heß/Lavater u.a.:] Biblische Erzählungen für die Jugend. Altes Testament, S. 123-185 («Geschichte Josephs»).

14 Im Folgenden wird immer nach dieser Ausgabe zitiert.

15 [Heß/Lavater u.a.:] Biblische Erzählungen für die Jugend. Altes und Neues Testament, Zürich 1790, S. IX: «Bey der zweyten Auflage der Erzählungen alten Testaments, dem nun auch das neue angefügt ist, hat man sich die belehrenden Erinnerungen, in einigen Recensionen, so viel als die Zeit, die man darauf wenden konnte, erlaubt hat, zu nutz gemacht». Vgl. Lavater-Bibliographie, S. 58, Nr. 80.1.

16 Allerdings erschienen 1774 die 102 neutestamentlichen Geschichten im selben Verlag auch gesondert unter dem Titel: «Biblische Erzählungen für die Jugend. Neues Testament». Vgl. Lavater-Bibliographie, S. 58, Nr. 81.

17 Vgl. Lavater-Bibliographie, S. 58, Nr. 80.2-3.

18 Lavater: Reimen zu den Biblischen Geschichten des Alten und Neuen Testamentes. Für die Jugend, Zürich 1782, S. 4. Vgl. Lavater-Bibliographie, S. 200, Nr. 304.

19 Lavater: 60 Biblische Geschichten des alten Testamentes in Kupfer geäzt von Johann Rudolf Schellenberg, [Winterthur] 1774, Vorbericht (unpaginiert): «Vergessen muß ich nicht, anzumerken, daß viele dieser Geschichten aus Sammlungen guter Kupferstichen, die man zu dieser Bestimmung mit Wahl ausgesucht, theils ganz copiert, theils nach denselben abgeändert worden; Verschiedene aber sind von einer neuen Erfindung.» Vgl. Lavater-Bibliographie, S. 211, Nr. 323.

20 Lavater: Christlicher Religionsunterricht für denkende Jünglinge, [Winterthur] 1788, S. 1. Vgl. Lavater-Bibliographie, S. 68-69, Nr. 103.

21 Ebd., S. 82.

22 Einen Überblick über Lavater als Liederdichter für Kinder findet sich bei Anny Angst: Die religions- und moralpädagogische Jugendschrift in der deutschen Schweiz von der Reformation bis zur Mitte des 19. Jahrhunderts, Zürich 1947, S. 49-50.

23 Lavater: Gebether und Lieder für Kinder, Neue Auflage, Zürich 1776, S. 7. Vgl. Lavater-Bibliographie, S. 107, Nr. 174.2.

24 Der Umgang mit den neutestamentlichen Texten soll hier außer Acht bleiben.

25 Lavater: Handbüchlein, S. 102-104.

26 [Heß/Lavater u.a.:] Biblische Erzählungen für die Jugend. Altes Testament, S. 128.

27 Ebd., S. 143.

28 Lavater: Handbüchlein, Vorrede, Kap XI.

29 Ebd., S. 95.

30 Ebd., Vorrede, Kap.XII.

31 Ebd., Vorrede, Kap.X.

32 Ebd., Vorrede, Kap.X.

33 Ebd., Vorrede, Kap.XII.

34 Ebd., Vorrede, Kap.XII.

35 Ebd., S. 75-76.

36 Ebd., S. 200-202. Lavater schloss nicht jede der neun Joseph-Geschichten mit einem Reimvers ab, sondern stellte insgesamt sieben Reimverse an den Schluss der Joseph-Erzählungen.

37 Die Reimverse finden sich unter folgenden Bildern bzw. zu folgenden Erläuterungen: «Adam und Eva vor Gott», «Noahs Opfer», «Abraham und Isaak», «Isaak und Jacob», «Der Untergang Pharaons im Rohrmeer», «Das eherne Schlangenbild», «Ruth», «Der sterbende Saul», «Elisa und die zerrißne Kinder», «Jonas und der Wallfisch». Da das Werk «60 Biblische Geschichten des alten Testaments» nicht paginiert ist, können hier keine Seitenzahlen angegeben werden.

38 [Heß/Lavater u.a.:] Biblische Erzählungen für die Jugend. Altes Testament, S. 139.

39 Das Vorwort zu den von Johann Jakob Heß herausgegebenen «Biblischen Erzählungen» kann hier nur bedingt herangezogen werden. Zwar ist dieses undatierte Vorwort unterzeichnet mit: «Die Verfasser» (S. XV), aber es ist nicht sicher, inwieweit Lavater diese Grundsätze voll akzeptiert hat.

40 Lavater: Handbüchlein, Vorrede, Kap.I.

41 Ebd., Vorrede, Kap.I.

42 Ebd., Vorrede, Kap. IV.

43 Ebd., Vorrede, Kap. IV. Keinesfalls ist damit Dialekt gemeint.

44 Ebd., Vorrede, Kap. VI.

45 Ebd., Vorrede, Kap. I.

46 Ebd., S. 21-22.

47 [Heß/Lavater u.a.:] Biblische Erzählungen für die Jugend. Altes Testament, S. 1.

48 Siehe Heinrich Düntzer (Hg.): Aus Herders Nachlaß, Bd. 2, Frankfurt am Main 1857 (Nachdr. Hildesheim 1976), S. 23f; Johann Gottfried Herder: Briefe. Gesamtausgabe 1763-1803, Bd. 2: Mai 1771 - April 1773, Weimar 1977, S. 258f.

49 Düntzer (Hg.): Aus Herders Nachlaß, Bd. 2, S. 92.

50 [Heß/Lavater u.a.:] Biblische Erzählungen für die Jugend. Altes und Neues Testament, S. 1. Die bei Friedhelm Ackvas: Johann Jakob Heß (1741-1828) und seine Biblische Geschichte, BSHST 63, Bern 1992, S. 104 ohne jegliche Begründung aufgestellte Behauptung, dass es Heß gewesen sei, der Lavaters allzu gefühlvolle und moralisierende Passagen herausgestrichen habe, bedarf also einer Korrektur.

51 Lavater: Handbüchlein, Vorrede, S. XV.

52 Ebd., Vorrede, S. XV.

53 Ebd., Vorrede, Kap. XIX; das folgende Zitat ebd.

54 Vgl. Walter Neidhart: Vom Erzählen biblischer Geschichten, in: Ders./Hans Eggenberger (Hg.): Erzählbuch zur Bibel. Theorie und Beispiele, Zürich[3] 1979, S. 14-113, bes. S. 37-45.

55 Lavater: Handbüchlein, Vorrede, Kap. XIV.

56 Ebd., Vorrede, Kap. XII.

57 Verwiesen sei beispielsweise auf seinen Briefwechsel mit dem Hofprediger Martin Crugot. Dessen heftig umstrittenes Werk «Der Christ in der Einsamkeit», eines der bedeutendsten aufklärerischen Erbauungsbücher, hatte er gegen die Angriffe des damals noch orthodox gesinnten Theologen Carl Friedrich Bahrth verteidigt. In seiner 1764 erschienenen Schrift «Zwey Briefe an Herrn Magister Carl Friedrich Bahrdt» hatte Lavater zwar eingeräumt, dass darin gewisse traditionelle Lehraussagen eine Verkürzung erfahren hätten, dann aber ganz im Sprachduktus der gemäßigten Aufklärung erklärt: Ein Deist, der gemäß dem Ethos der natürlichen Religion lebt, ist einem nur auf die christliche Lehre fixierten Namenchristen bei weitem vorzuziehen. Oder mit den Worten Lavaters: «Denken Sie, daß es tausendmal besser ist, ein rechter Deist zu seyn, und nur den Grundsätzen der natürlichen Religion zu folgen, als ein Christ zu heissen, ohne die Tugend über alles hochzuhalten»; Lavater: Zwey Briefe an Herrn Magister Carl Friedrich Bahrdt, betreffend seinen verbesserten Christen in der Einsamkeit, Breslau u. Leipzig 1764, S. 127. Vgl. Lavater-Bibliographie, S. 249, Nr. 394.

58 Lavater: Handbüchlein, S. 63.

59 Lavater: Religionsunterricht, S. 87-88.

60 [Heß/Lavater u.a.:] Biblische Erzählungen für die Jugend. Altes Testament, Vorrede, S. XIII.

Anneli Baum-Resch

«Rebekka war ein wenig schüchtern» - Frauen des Ersten Testaments in Kinderbibeln

«Rebekka war ein wenig schüchtern» - Frauen des Ersten Testaments in Kinderbibeln

I. «Was nicht in der Sprache ist, ist nicht in der Welt.»
Es ist nicht gleichgültig, wie viele Männer und Frauen – und welche – Kindern in ihrer Lektüre begegnen, auch in den Geschichten der Bibel. Was Kinder lesen, prägt ihr Bild von der Welt, von der Bedeutung der Geschlechter, ihrem Platz im Leben, ihren Eigenschaften und von den bevorzugten Rollen, in denen sie agieren.

Den folgenden Überlegungen liegt die Überzeugung zugrunde, dass junge Leserinnen und Leser von Kinderbibeln Frauen (ebenso wie Männer) in verschiedenen Rollen, Funktionen, Verhaltensweisen kennen lernen sollten. Und das nicht nur aus literaturpädagogischen Gründen, sondern auch, weil es dem «Ursprungsmaterial» entspricht:

Es gibt im Ersten Testament mitreißende Beispiele für ganz unterschiedliche Frauenschicksale und -typen, lebendige Beispiele dafür, was es alles heißen kann, Frau zu sein; es gibt
- *Opfer – und Täterinnen* (Tamar, die Vergewaltigte – Potifars Frau)
- *Königinnen, Herrscherinnen – und Beherrschte, Arme, Benachteiligte* (Ester, Batseba, die Königin von Saba – die arme Witwe bei Elija, viele Ungenannte)
- *Glückliche und unglückliche Frauen* oder solche, deren Schicksal sich wendet (Sara, die Frau Abrahams, aber auch Sara in der Tobit-Geschichte, kinderlose Frauen)
- *Prophetinnen, eigenständige Frauen – und stumme Gefährtinnen* (Debora, Mirjam – Hiobs Frau ...)
- *Kluge, Listige, Durchsetzungsfähige – und passiv Duldende* (Rebekka, Abigajil, die Hebammen Schifra und Pua – Jiftachs Tochter)
- *Gewürdigte, Gepriesene – und Verkannte, Verschwiegene*
- *Konkurrentinnen* (Lea und Rachel, Sara und Hagar)
- *Liebende und Geliebte – und Verschmähte* (die Frau im Hohen Lied – Lea, Tamar).

Dies sind nur einige Kategorien aus der Vielfalt weiblichen Erlebens und Seins, die im Ersten Testament beggnen – ein breites Spektrum von Identifikationsangeboten, aber durchaus auch von Möglichkeiten, sich auseinanderzusetzen oder abzugrenzen. Das ist gleichermaßen wichtig für Jungen und Mädchen, und auch noch für die erwachsenen Vor- oder Mitleser und -leserinnen!

Was geschieht, wenn solche Angebote reduziert oder kaum vorhanden sind, schildert Barbara Rohr sehr anschaulich; sie blickt zurück auf ihre Tätigkeit in Kindergottesdiensten im Bethel der Nachkriegszeit, wo das Erzählen biblischer Geschichten einen großen Platz einnahm:

«All diese Geschichten erzählte ich im Kindergottesdienst aus der Perspektive der Männer, die ich in den Mittelpunkt der Handlungen stellte: Als Machthaber und Besitzende, als Produzenten, Verwalter, Planer, Führer und Kämpfer, als Sieger und Verlierer, als Erbauer und Zerstörer, als Bekenner und Verräter, als Warner und Überlieferer. Diese Männer ließ ich den Verlauf des Geschehens in meinen Erzählungen bestimmen: Männer durchleben dramatische innere und äußere Situationen, sie pflegen Freundschaften und gehen Kumpaneien ein, sie verfügen über Verstandeskräfte, Gelehrsamkeit und Weisheit, sie sind sprachgewaltig, predigen, verhandeln, vermitteln, verurteilen und urteilen. Sie sind gewalttätig, töten und lassen töten, sie lieben, begehren, dichten, singen, schreiben, sie bilden sich Urteile, sie schauen in die Zukunft, entwickeln und verändern sich, durchleben Anfechtungen, Versuchungen, Zweifel und innere Kämpfe. Als das bedeutendere Geschlecht stellte ich sie dar.

Die Frauen der biblischen Geschichte erschienen mir damals blasser und farbloser als die männlichen Gestalten. Ich stellte sie mir als zweitrangig und randständig vor. Als solches sind sie entweder gut oder böse. Die Guten sind vor allem die Mütter. Wichtigste Mutter ist Maria, mit sohnbezogenen Tätigkeiten und Gefühlen: Fürsorge, Pflege, Angst, Furcht, Freude, Schmerz, Glaube, Vertrauen und Innerlichkeit. Der Lebenssinn der biblischen Mütter besteht darin, Mutter zu sein – insbesondere Mütter von Söhnen –, nämlich Leben zu geben, zu erhalten, zu beschützen, zu ihren Söhnen zu halten und an sie zu glauben ... Die guten Frauen sind ferner Gehilfinnen des Mannes, seine Dienerinnen, Gefährtinnen, Zuhörerinnen, Schülerinnen, Jüngerinnen und Nachfolgerinnen ... Die Bösen sind Verführerinnen: Ehebrecherinnen, listige, betörende oder in ihrer Sinneslust unersättliche Wesen, die Verkörperungen von Sexualität und Sünde.

Welche Leitbilder bieten die ‹guten› Frauengestalten der Bibel? (...) Waren die ‹guten› Frauen als Leitbilder brüchig, blieben uns noch die ‹bösen Frauen›. Sie sind symbolisiert in Eva, da sie mehr zu wissen begehrte als Gott für sie vorgesehen hatte. Sie wollte erkennen, nicht glauben! Die bösen Frauen sind ebenfalls symbolisiert in den listigen, lasterhaften Frauen des Alten Testaments und den Ausgestoßenen und Ehebrecherinnen des Neuen Testaments (...) All diese Frauen erschienen mir reizvoll zu sein, eine geheimnisvolle Lebensfreude und eine mir noch unbekannte Aktivität auszustrahlen. Die ‹bösen Frauen› beschäftigten meine Phantasie ... Ausmalen konnte ich mir diese Szenen jedoch nur heimlich, denn solche Geschichten waren für den »Bildungskanon» des Kindergottesdienstes und für den schulischen Religionsunterricht nicht vorgesehen.»

Barbara Rohr resümiert:
«Indem ich dies niederschreibe, begreife ich, daß die Bilderwelt der Bibel Frauen, die Wege in die Befreiung und innere Selbständigkeit suchen, kaum geeignete Leitbilder bietet: In ihrer patriarchalen Bilderwelt herrscht der Vater. Dieser Vater ist Gott, dessen starke Hand ich ergriff und lange Jahre hindurch kindlich festhielt.»[1]
Wenn von den oben genannten Frauen – oder von noch anderen – in Kinderbibeln erzählt wird, können daraus u. U. solche «Leitbilder» werden, wie sie Barbara Rohr vermisst –, und Kinder können merken: die Bibel ist kein langweiliges Buch mit Vorschriften und überflüssigem Gerede, sondern sie ist voller wunderbarer Geschichten, die den Weg Gottes mit den Menschen zeigen.

Anzahl und Art von Frauendarstellungen sind natürlich nur *ein* Indikator für die Qualität einer Kinderbibel, neben dem noch eine Reihe von anderen Qualitätskriterien eine Rolle spielen müssen.

II. Eine interessante Übung für den Leser, die Leserin:
Welche Frauen würde ich persönlich gern im AT-Teil einer Kinderbibel finden – und warum?

III. Einige Anhaltspunkte zur Beurteilung,
wie Kinderbibeln ersttestamentliche Frauen präsentieren:

Aufschlussreich sind schon Inhaltsverzeichnisse und Kapitelüberschriften. Wie oft kommen Männer- bzw. Frauennamen in den Überschriften der einzelnen Geschichten vor?
Ich habe es bei einigen Kinderbibeln ausgezählt; als «Männernamen» rechnete ich dabei auch männliche Bezeichnungen wie König, Prophet u. a. Eine Kinderbibel von 1978 bringt 46 Männer- und drei Frauennamen[2], eine bibeltextnahe Ausgabe von 1994 erwähnt 43 Männernamen, einen Frauennamen, dreimal bilden Männer- und Frauennamen gemeinsam die Überschrift.[3] Eine von zwei Frauen gestaltete Kinderbibel von 1996 hat neben 36 Männern immerhin schon 8 Frauen in den Kapitelüberschriften,[4] und im gleichen Jahr finden wir in einer anderen Bibelbearbeitung 17 Männer, 8 Frauen und dreimal Mann und Frau, also werden insgesamt 20 Männer und 11 Frauen erwähnt[5]! Dass Frauennamen in den Inhalts-

verzeichnissen häufiger werden, ist zwar nicht als unaufhaltsame Aufwärtsbewegung zu verfolgen, aber doch deutlich festzustellen; es hängt sicherlich mit der steigenden Bedeutung der feministischen Theologie zusammen, die ja seit längerem eine stärkere Beachtung der biblischen Frauengestalten fordert.

Einige – mehr oder weniger zufällig ausgewählte – Beispiele dafür, wie Kapitelüberschriften formuliert sind: Es ist von unterschiedlicher Wirkung, ob im Inhaltsverzeichnis nur «Erzväter» auftauchen oder ob es heißt «Geschichten von den Erzvätern und Erzmüttern». Die Geschichten des Ersten Testaments handeln ja, zugegeben, von weit mehr Männern als Frauen, aber es verfälscht den Gehalt wohl kaum, «Abraham und Sara» zu nennen in der Geschichte von der Verheißung und Geburt Isaaks; Chancen, Frauen in den Überschriften zu nennen, werden manchmal bewusst ergriffen, wenn es etwa heißt: «Mirjams Lied» – und manchmal werden solche Chancen geradezu vertan. «Jakob verliebt sich», «Jakob heiratet» – das macht die Frauen zum namenlosen Objekt von Jakobs Aktivitäten, und das sind sie in den Geschichten ja durchaus nicht. Oder es wird eine Geschichte angekündigt unter dem Titel «Abrahams Söhne» – dies ein besonders pikantes Beispiel, denn erzählt wird unter dieser Überschrift zwar von Isaak und Ismael, aber weit ausführlicher von Sara und Hagar.

IV. Von welchen Frauen wird überhaupt erzählt?

Das ist je nach Kinderbibel recht verschieden; von Eva und Sara wird so gut wie immer erzählt, auch die Geschichte von Rebekka ist beliebt, ebenso die von Rut. Rachel und Lea erscheinen nicht ganz so oft, Mirjam manchmal. Seltener, und das ist bemerkenswert, ist die Rede von Abigajil oder Hagar, obwohl sie spannende Geschichten zu bieten haben. Die fünf «Erbtöchter» sind aber gelegentlich erstaunlicherweise zu finden, ebenso Ester, Rahab, Hanna und vereinzelt die Witwe von Sarepta und Sara aus der Tobit-Geschichte (allerdings «entschärft» und verharmlost). Mehr zu spannungshaltigen Geschichten – bis hin zu einer gewissen Blutrünstigkeit – neigenden Bearbeitungen lassen sich auch Potifars Frau oder Iesebel nicht entgehen. Wenn von Batseba erzählt wird, empfiehlt es sich, genau hinzuschauen: Wie wird sie dargestellt, auch in den Illustrationen? Ist sie eher berechnendes, verführerisches Weibchen oder einfach eine schöne junge Frau bzw. selbstbewusste Königin? Wird unterstellt, dass sie eine aktive Rolle gespielt hat, um David zu gefallen bzw. ihn zu verführen?

V. Das führt zur m. E. interessantesten Frage:
Wie werden die biblischen Frauen dargestellt, charakterisiert, welche Akzente werden gesetzt, werden Details bzw. Handlungszüge aus dem Originaltext betont oder weggelassen, in welchem Licht lässt die jeweilige Kinderbibel die Protagonistin einer Geschichte erscheinen (sei es das biblische oder ein spezifisches des Autors/der Autorin)?
Ich möchte das am Beispiel einiger Frauengestalten kurz überprüfen.

EVA
Bei der Geschichte von der Erschaffung der Menschen lohnt es sich, darauf zu achten, welche Schöpfungsgeschichte umgesetzt wird. Daraus geht schon hervor, ob Eva ganz selbstverständlich gleichberechtigt ist oder ob sie als sekundäres Wesen gesehen wird (wenn die Autorin / der Autor der Lust am Ausschmücken des Schöpfungsaktes «aus der Rippe» nicht widerstehen kann ...). Besonders verführerisch ist es offensichtlich für manche Verfasser, so bemerkt die kritische Leserin, beim Sündenfall um der größeren Dramatik willen Evas Schuld zu betonen und hervorzuheben; dies geschieht z. B. durch ausführliche Dialoge, in denen Adam erst widersteht und Eva ihn überredet – oder es wird uns sogar eine Schilderung zugemutet, wie Eva Adam erst suchen geht, um ihm den Apfel anzubieten bzw. aufzudrängen.

Da diese Interpretation der Sündenfallerzählung eine sehr unheilvolle Rezeptionsgeschichte entfaltet hat, ist hier ein genauer Blick besonders vonnöten.

Auch die Illustrationen verdienen – hier wie bei allen Frauen-Geschichten – kritische Aufmerksamkeit. Manchmal begegnet Eva auch in neuen Kinderbibeln noch als verführerischer Vamp ... Zum Glück nimmt die Tendenz zu, Eva ganz deutlich als Partnerin Adams darzustellen, ja, Adam und Eva geradezu als Liebespaar erscheinen zu lassen.
Die Zahl der Kinderbibeln, die Adam und Eva die gleiche Aktivität bzw. Schuld zumessen, wird erfreulicherweise ebenfalls immer größer.

RUT
Bei dieser Geschichte, die sehr beliebt ist in allen Bibelbearbeitungen für Kinder, lässt sich Interessantes beobachten. Offensichtlich fällt es den Autorinnen und Autoren nicht leicht, die Szene zu schildern, in der Rut, Noomis Rat folgend, zu Boas auf die Tenne geht. Dem biblischen Original getreu erzählt kaum jemand; es finden sich die absonderlichsten Varianten: Boas hält Mittagsschlaf (ist das weniger gefährlich als die Nacht?!), Rut soll sich vor die Schlafkammer stellen und auf Boas warten.

Boas hat «einfach so» die Idee, sie zu heiraten ... Zweierlei ist daran problematisch: Einmal die Tendenz, Erotisches zu verschweigen bzw. abzuschwächen – was den Eindruck verstärkt, die Bibel sei ein fades Buch, was ihr ganz und gar nicht entspricht; zum anderen wird der Charakter der beiden Frauen verfälscht: Noomi, die klug ist und eine ungewöhnliche Idee hat, Rut, die Noomis Rat annimmt, die Initiative ergreift, und selbst aktiv wird statt sich heiraten zu lassen. Da Rut eine der Frauen im Stammbaum Jesu ist, verdient sie m. E. außerdem noch ein besonderes Augenmerk: Als Bindeglied zwischen Erstem und Zweitem Testament sollte sie schon gar nicht zu einer blasseren Gestalt verschwimmen, als es ihrem biblischen Vorbild entspricht.

SARA

Sara wird uns in der Bibel sehr lebendig geschildert: eine außergewöhnlich schöne Frau, mit starken, leidenschaftlichen Gefühlen, die offensichtlich viel zu sagen hat und bei ihrem Mann ein offenes Ohr findet mit ihren Wünschen. Sehr menschlich wird sie dargestellt, auch mit negativen Charakterzügen, eifersüchtig und hartherzig ihrer Rivalin Hagar gegenüber.

Es ist interessant, zu vergleichen, was Kinderbibeln aus ihr machen: Wird sie überhaupt als eigener Mensch sichtbar? Ihr Verhalten bei der Geschichte von der Verkündigung eines Sohnes, beim Besuch der drei Männer kann z. B. sehr unterschiedlich dargestellt werden, ihr Lachen, ihre Ungläubigkeit ... Diese Szene wird oft im Bild gezeigt, und dabei kommen sehr unterschiedliche Auffassungen zum Vorschein:
- Zeigen die Illustrationen wirklich eine alte Frau?
- Ist ihre Haltung eher demütig oder selbstbewußt?
- Steht sie im Vordergrund?
- Aus welcher Perspektive wird sie gezeigt?
- In welchem Moment der Geschichte?

Gerade bei dieser Gestalt bedarf es ja im übrigen keiner Verfälschungen, um Sara bei bestimmten Szenen der «Abraham-Geschichte» mit ins Bild zu bringen, sie z. B. beim Auszug ins Gelobte Land mit Abraham zusammen darzustellen, wie es neuere Kinderbibeln auch tun.

Im Zusammenhang mit ihrer Geschichte eröffnet sich auch die Chance, von HAGAR zu erzählen, von der Sklavin, der sich Gott zuwendet – und damit auch von den harten, unbarmherzigen Seiten der Stammmutter. Das beweist Nähe zum biblischen Original, und es zeigt Kindern, dass die biblischen (Frauen-)Gestalten keine lebensfernen Klischees sind; und dass Gott sich nicht nur den makellosen, allzeit «guten» Menschen zuwendet.

REBEKKA

Einige Punkte aus der Geschichte, auf die es sich zu achten lohnt, weil sie das Bild von Rebekka – und damit von biblischen Frauen überhaupt – prägen: Rebekkas Verhalten gegenüber Elieser am Brunnen: wird klar, dass das, was sie tut, nicht selbstverständlich ist, sondern auf eine eigenständige, selbstbewusste junge Frau hinweist? Auch ihre ausdrückliche Zustimmung zu der frühen Reise mit Elieser (und damit zur Heirat) ist erwähnenswert. Wie ihre erste Begegnung mit Isaak verläuft, kann auch ganz unterschiedlich geschildert werden. Von «Rebekka war ein wenig schüchtern» (das Buch Genesis zeichnet ein anderes Bild!) bis hin zu anschaulichen Schilderungen der Freude beim gegenseitigen Anblick von Isaak und Rebekka reicht das Spektrum.

Ein zweiter, vielleicht noch wichtigerer Aspekt: Warum bevorzugt Rebekka Jakob und unterstützt, ja fördert seinen Betrug am Vater? Es ist erstaunlich, was Kinderbibeln hier aus der biblischen Vorlage machen, teils in direkter Beurteilung, teils in indirekter Leserlenkung. Nicht immer wird deutlich, dass Rebekka mit ihrem Verhalten auch Gottes Verheissung erfüllen helfen will, die ihr in ihrer Schwangerschaft zuteil wurde. Gerade bei ihr ist es interessant, welche Charaktereigenschaften ihr implizit oder explizit zugeschrieben werden: ungerechte, überfürsorgliche Mutter? Frau mit zu geringem Glauben, die Gottes Plan «nachhelfen» zu müssen glaubt? Listige Betrügerin? Im Hintergrund wirkende Gegnerin des Vaters und eines Sohnes? Mutter, deren Verhalten zwar fragwürdig, aber nachvollziehbar ist?

HANNA

Sie wird manchmal nur als Mutter Samuels erwähnt, tritt aber in einigen Kinderbibeln auch als Person mit einer eigenen Geschichte auf: als eine Frau, die unter ihrer Kinderlosigkeit leidet. Dabei schildert das Buch Samuel sehr anschaulich die Rivalität zwischen ihr und der auf sie herabsehenden Peninna wie auch die Liebe und die hilflosen Trostversuche ihres Mannes.

Hannas Preislied auf den Gott der Schwachen, der die Starken entmachtet, gehört m. E. zu den schönsten und wichtigsten Stellen der Befreiungstradition des Ersten Testaments, und es weist viele Parallelen zum «Magnifikat» auf; schade, wenn darauf verzichtet wird! Manche Kinderbibeln greifen dieses Lied jedoch auf und dichten es auf unterschiedliche Weise um, je nach ihrer Zielgruppe und ihrer gesamten Anlage – ein Vergleich lohnt sich.

MIRJAM
Eine Frau, deren Geschichte zu den ältesten Texten der Bibel gehört – und der schon in der biblischen Überlieferung selbst nicht viel Gerechtigkeit widerfahren ist. Eine Prophetin, die vom Aussatz befallen wurde, deren Bedeutung verdeckt wird ... Einige neuere Kinderbibeln lassen sie bunt und strahlend vor uns treten (und tanzen), in anderen wird die Tradition des Vergessens und Verschweigens einer starken und widerständigen Frau fortgesetzt.

Diese Überlegungen konnten nur ein Schlaglicht auf einige der bekannteren biblischen Frauen und ihre Darstellung in Kinderbibeln sein; sie wollen dazu einladen,
- genauer hinzusehen, wie die Frauen in den verschiedenen Bibelbearbeitungen für Kinder auftreten,
- den biblischen Text dabei zu Rate zu ziehen,
- auch unterschiedliche Kinderbibeln in ihrer Präsentation von Frauen bzw. einer bestimmten Frau zu vergleichen,
- Frauen darin geradezu zu suchen,
- auf Nuancen zu achten,
- und diese Fragestellung als ein Qualitätskriterium bei der Beurteilung von Kinderbibeln zu beachten.

1 Barbara Rohr, Die allmähliche Schärfung des weiblichen Blicks: eine Bildungsgeschichte zwischen Faschismus und Frauenbewegung, Hamburg / Berlin 1992; vgl. darin bes. das Kapitel «An der Hand Gottvaters...» – Gottesbild und männliche und weibliche Leitbilder der biblischen Geschichten, S. 62 - 82.

2 Karel Eykman/Bert Bouman, Die Bibel erzählt, Freiburg-Basel-Wien 1978.

3 Josef Quadflieg/Rita Frind (Ill.), Die Bibel. Für Kinder ausgewählt und erläutert, Düsseldorf 1994.

4 Baukje Offringe/Lika Tov (Ill.), Auf dem Weg. Bibel für Kinder, Donauwörth 1996.

5 Regine Schindler/Štěpán Zavřel (Ill.), Mit Gott unterwegs. Die Bibel für Kinder und Erwachsene neu erzählt, Zürich 1996.

Josef Braun

Die Arche Noach Geschichte als Erzählung für Kinder?

Eine kritische Sichtung von Kinderbibeln und biblischen Bilderbüchern

Die Arche Noach Geschichte als Erzählung für Kinder?
Eine kritische Sichtung von Kinderbibeln und biblischen Bilderbüchern

Noach und die Sintflut – ein Klassiker des Kinderbibelkanons

Wer Kinderbibeln nach der Erzählung von Noach und der Sintflut (1 Mose 6,1-9,29) durchsucht, stößt nur auf wenige Ausnahmen, in denen diese Geschichte nicht präsent ist.[1] Gleiches gilt für die biblischen Bilderbücher. In ihnen begegnet derzeit die Sintfluterzählung als der meist rezipierte alttestamentliche Text, während Schöpfungserzählungen und Jonabuch auf die nachfolgenden Plätze verwiesen werden. Um diese auffallende Präferenz zu begründen, sind mehrere Gesichtspunkte in Betracht zu ziehen, wie z. B. die nachhaltige Wirkungsgeschichte als bedeutender Text der Weltliteratur und – damit korrespondierend – der hohe Bekanntheitsgrad bei der Zielgruppe sowie die Aktualität angesichts ökologischer Gefährdung.

Einen nicht zu unterschätzenden Faktor stellt die Disposition des Bibeltextes als spannende Rettungsgeschichte dar: Er sensibilisiert mit der heranbrechenden Flut für die menschliche Grunderfahrung des Bedrohtseins und hält am Beispiel Noachs und der Tiere einen guten Ausgang bereit, der neues Leben ermöglicht. Die zugesagte Schöpfungsbewahrung (vgl. 1 Mose 8,21-22; 1 Mose 9,8-17), die Gottes Ja zur gesamten Schöpfung erneuert, eröffnet zudem eine positive Perspektive für die Zukunft, die auch den Rezipienten betrifft. Wir haben es darüber hinaus mit einem archetypischen, bild- und symbolreichen Text zu tun: Zu nennen sind das Wasser mit seinem bedrohlichen Moment und seiner reinigenden Funktion, die Arche als Stätte der Zuflucht, Rettung und Geborgenheit, die Taube, die nach heutigem Verständnis als Symbol des Friedens gilt sowie der Regenbogen als Zeichen der Himmel und Erde verbindenden Versöhnung.

Ein hoher Stellenwert ist den Tieren beizumessen. Sie kommen nicht nur den Vorlieben der Kinder, sondern aufgrund des möglichen Formenreichtums und Figureninventars auch den Illustratoren entgegen.[2] Die Tiere haben Anteil an der Schicksalsgemeinschaft mit den Menschen und sind aktiv in das Geschehen involviert: Sie betreten (1 Mose 7,8-9) und verlassen die Arche (1 Mose 8,19); sie agieren in der Episode der Aussendung der Vögel (1 Mose 8,6-12); sie partizipieren an der Fürsorge Gottes, die an Noach delegiert ist; auch ihnen gilt die Zusage Gottes mit Bundesverheißung und -zeichen (vgl. 1 Mose 8,21-22; 1 Mose 9,8-17).

Noach und die Sintflut - eine vielschichtige und gehaltvolle Erzählung

Jede kritische Auseinandersetzung mit biblischen Nacherzählungen ist zunächst verwiesen auf den Ausgangstext und den exegetischen Befund, von denen her sich das Profil einer Bearbeitung abzeichnet. Ohne dies hier auch nur annähernd mit der erforderlichen Vollständigkeit und Differenzierung referieren zu können, seien wenigstens einige Aspekte genannt, die den Deutungshorizont vorgeben und die Vielschichtigkeit und Tiefe dieses Textes unterstreichen.[3]

Für die Deutung der biblischen Sintfluterzählung ist zunächst nicht unerheblich, dass sie in den größeren Kontext der Urgeschichte eingebettet ist, die nicht über tatsächlich Geschehenes berichtet, sondern auf grundlegende Fragen zum Leben der Menschen mit Gott Antworten zu geben versucht. Dabei erweisen sich die mesopotamischen Sintflutberichte und die biblische Schöpfungserzählung als komplementäre, aufschlussreiche Hintergrundfolien.

In dem vorliegenden Bibeltext sind zwei unterschiedliche Erzähltraditionen miteinander verflochten, die sich als eine vor-priesterschriftliche und eine priesterschriftliche Fluterzählung unterscheiden lassen.[4] Indem der Bibeltext die bedrohliche Dimension menschlichen Lebens zur Sprache bringt und die von Gott zugesagte Schöpfungsbewahrung und gestiftete Lebensgemeinschaft von Mensch, Tier und Erde proklamiert, enthält er eine bleibende Aktualität, die angesichts gegenwärtiger Gewalt und ökologischer Gefährdung an Brisanz gewinnt.

«Light-Version» statt Elementarfassung?

Nacherzählungen, die primär an Kleinkinder adressiert sind, versuchen häufig jede problematische Spannung zwischen einem strafenden «Flutgott-» und einem lieben «Regenbogengott» bereits im Vorfeld zu vermeiden, indem sie den Prolog mit der Schlechtigkeit der Menschen und dem Vernichtungsbeschluss Gottes (vgl. 1 Mose 6,5-7) weitgehend eliminieren und die Gründe für das Kommen der Flut verschleiern:

«Einst kam ein Unwetter über die Erde. Das Wasser stieg immer höher. Da sprach Gott zu Noach: ‹Baue ein Schiff und geh hinein, du und deine Familie und ein Paar von allen Tieren. So werdet ihr nicht ertrinken.›»[5] Die Flut wird hier als Unwetter deklariert und trägt den Anschein eines zufälligen Naturereignisses. Im krassen Widerspruch zur Vorlage (vgl. 1 Mose 6,14.17) beauftragt Gott Noach mit dem Bau der Arche erst, nachdem das Wasser bereits im Ansteigen begriffen ist. Da die Flut nicht mehr von Gott initiiert ist, wird konsequenter Weise der Epilog der Sintfluterzählung mit der Bewahrungs- und Bundesverheißung (vgl. 1 Mose

8,21-22 u. 9,8-17) nicht rezipiert. Dadurch gehen zentrale theologische Aussagen mit ihrem Hoffnungspotenzial für den Rezipienten verloren und der Text changiert zu einer Erzählung über eine zwar schicksalshafte, aber vergangene Episode im Leben Noachs, die den Leser heute nicht mehr betrifft.[6]

«Gott sagte zu Noah: ‹Es ist nicht mehr schön auf der Welt. Ich schicke eine große Überschwemmung. Du wirst eine Arche bauen für die Tiere und dich. Ich werde auf euch aufpassen.› Und der große Regen und die Überschwemmung kamen. Noahs Arche aber kam sicher an Land. ‹Kommt alle heraus›, sagte Gott. Er hatte sein Versprechen gehalten.»[7]

Diese Version nennt Gott ausdrücklich als den Urheber der großen «Überschwemmung». Die Verderbtheit der Welt wird jedoch nur beschönigend angedeutet, so dass es fraglich ist, ob Leser, die mit dem Inhalt des Bibeltextes weniger vertraut sind, einen Bezug zwischen der Bosheit der Menschen und der Sendung der Flut herstellen können. Analog dem vorausgehenden Beispiel bleibt auch diese Erzählung in ihrer Aussage der Vergangenheit behaftet. Beide Textbeispiele stimmen darin überein, die biblische Vorlage zu einem Extrakt zu verkürzen, der zur Grundsatzfrage provoziert, welchen Sinn es macht, die biblische Sintfluterzählung Kindern in einer inhaltlich, theologisch und literarästhetisch derart verflachten Form zu tradieren.

«Gott hat alles erschaffen. Er hat die Blumen gemacht, die Bäume und auch die Tiere. Alles ist schön und gut. Gott hat auch die Menschen erschaffen. Aber die Menschen machen Gott keine Freude. Sie streiten miteinander. Sie schlagen einander tot. Noah und seine Frau sind traurig. Die Menschen sind so böse. Gott sagt zu Noah: Bau dir ein großes Schiff, eine Arche. Auch die Tiere sollen in der Arche Platz haben. Noah baut die Arche. Seine Söhne helfen ihm ...»

[Nach dem Einzug, der Sintflut und dem Dankopfer Noachs:] «Gott sagt: Habt keine Angst. Ich verspreche euch, es kommt keine Sintflut mehr. Seht den Regenbogen am Himmel! Nach dem Regen scheint wieder die Sonne. So soll es immer bleiben.»[8]

Die Bosheit der Menschen wird hier exegetisch treffend thematisiert vor dem Hintergrund der Schöpfungserzählung mit ihrem positiven Urteil über alles Geschaffene.[9] Da jedoch auch in dieser Version der Vernichtungsbeschluss (1 Mose 6,7 u. 6,13.17) fehlt, bleibt es dem Leser überlassen, ob er die Flut als göttliche Maßnahme deutet. Während die fiktive Bemerkung über die Gemütslage von Noach und seiner Frau als verfehlt anzusehen ist, gibt die programmatische Aufforderung, keine Angst zu haben, eine für die Adressaten hilfreiche Sichtweise vor, die dem

Entstehen eines angstbesetzten Gottesbildes vorbeugt. Im Gegensatz zu den vorausgehenden Beispielen bemüht sich diese Nacherzählung um eine elementare Aufbereitung, die behutsam zwischen Text und Leser zu vermitteln sucht.

Die Flut als verdiente Bestrafung der Bösen?

In der biblischen Sintfluterzählung entspringt die Flut sowohl in der vorpriesterschriftlichen als auch in der priesterschriftlichen Fluterzählung nicht göttlicher Willkür, sondern erfolgt als gezielte göttliche Maßnahme, die in der Schlechtigkeit bzw. Gewalttat der Menschen begründet liegt. Insofern besteht die Möglichkeit, die Flut als Strafe Gottes im Sinne des Zusammenhangs von Tun und Ergehen zu deuten. Um das kindliche Gottesbild von negativen Implikationen frei zu halten und die problematische Spannung zwischen einem strafenden und einem bewahrenden Gott aufzulösen, bedienen sich zahlreiche Nacherzählungen einer spezifischen Erzählstrategie. Entgegen der Vorlage malen sie die Schlechtigkeit der Menschen am Beispiel ihrer Einstellung gegenüber Noach und seinem Vorhaben aus. Abweichend vom Bibeltext wird meist geschildert, wie die Menschen Noach wegen seiner Arche verlachen, trotz der Ankündigung der Flut und der Bekehrungsversuche von Seiten Noachs ihre Gesinnung nicht ändern, der Ankündigung der Flut keinen Glauben schenken und das Angebot zur Rettung ausschlagen:[10]

«Das war ... ein Schiff, das Platz genug für an die tausend Menschen hatte. Es hätten ruhig noch mehr mitfahren können, aber die andern wollten nicht ... Sie lachten den alten Noach aus ... ‹Lacht doch nicht!› rief Noach. ‹Hört lieber zu und betet, daß Gott euch euren Ungehorsam vergeben möge! Dann dürft ihr auch in die Arche.› Aber sie riefen: ‹Nein, wir wollen nicht beten! Laß die Strafe nur kommen, wir haben keine Angst davor. Wir wollen gar nicht in deine Arche.› So schlecht waren sie geworden, die Menschen, die jetzt auf der Erde lebten ... Er (=Gott) hatte lange Geduld gehabt mit den schlechten Menschen, aber da sie nicht auf ihn hören wollten, sollten sie bestraft werden.»[11]

In einigen Nacherzählungen wird den Menschen sogar eine lange Zeit zur Umkehr konzediert.[12] Durch diese Erzählweise soll die Flut als gerechtfertigte, von den Menschen allein verschuldete Strafe ausgewiesen werden. Es mag durchaus sinnvoll sein, die Schlechtigkeit der Menschen zu konkretisieren, wenn es sich darauf beschränkt, den Leser für Gewalttätigkeit in unserer Zeit und deren universale Auswirkungen auf das Leben zu sensibilisieren. Diese, zwischen den bösen Menschen, die in der Flut untergehen und Noach, der Gottes Worten glaubt, ihm gehorcht und gerettet wird, polarisierende Darstellung, ist anfällig für eine moralisierende Deutung. Sie kann beim Leser die Anschauung fördern, Gott richtet nach menschlichen Kategorien, die auf der verdienten Bestrafung der Bösen und der Belohnung der Guten basieren. Dadurch können angstmotivierte Religiosität oder eine selbstgerechte Haltung begünstigt werden.

Diese Erzählweise legt die Annahme einer erzieherischen Absicht nahe, die darauf rekurriert, die biblische Erzählung als Exempel für erwünschte und verwerfliche Verhaltensweisen zu instrumentalisieren. Dies gilt umso mehr, wenn die überzogene Ausmalung der Schlechtigkeit der Menschen ergänzt wird mit der abschreckenden Schilderung der mit der Flut untergehenden Menschen.[13] Diese anschauliche Vergegenwärtigung des Untergangs der Menschen kann in ihrer affektiven Wirkung auf der Ebene der Illustration noch verstärkt werden.[14]

Die Flut als Voraussetzung für neues Leben

In einigen Kinderbibeln wird die Sendung der Flut auch dahingehend begründet, eine Voraussetzung für neues Leben zu schaffen.[15]

«Nichts war mehr so schön und gut wie am Anfang. Vor allem die Menschen waren böse und gemein. Nur Noah war anders ... ‹Ich will noch einmal von vorne anfangen›, hatte Gott zu Noah gesagt ... ‹Meine schöne Welt ist völlig verdorben.› ‹Es wird eine schreckliche Flut kommen›, warnte Gott Noah. ‹Ich werde so viel Wasser schicken, dass alles Schlechte weggespült wird. Wenn es soweit ist, dann sollst du geschützt sein.›»[16]

«Gott ... sprach: ‹Noah, so wie jetzt kann es nicht mehr weitergehen. Die Menschen wollen nichts mehr mit mir zu tun haben. Das ist schlimm. Dann wird es hier auf der Erde wieder so furchtbar wie vor der Zeit, als ich alles erschuf ... Ich will nur das Allerwichtigste retten, was noch zu retten ist: dein Leben, das Leben deiner Frau, deiner Kinder und deiner Tiere – nur dies.›»[17]

Die Bosheit der Menschen und der göttliche Vernichtungsbeschluss werden jeweils im Kontext der von Gott gestifteten und als positiv bewerteten Schöpfung thematisiert. Diese Bezugnahme ist durch die Bibelstelle 1 Mose 6,11-12 legitimiert, die komplementär zur Aussage in 1 Mose 1,31 ein hermeneutisches Signal dafür liefert, dass die biblische Schöpfungsgeschichte die Hintergrundfolie für die biblische Flutgeschichte abgibt.[18] Mit diesem Rückbezug wird zu verdeutlichen versucht, dass das Böse das «Sehr-gut-Sein» der Schöpfung gefährdet und das ursprüngliche totale Chaos wieder herbeiführt. Das göttliche Motiv für die vernichtende Flut kulminiert hier nicht mehr in der Vernichtung der Menschen aufgrund deren Schlechtigkeit, sondern verlagert sich auf deren Folgeerscheinungen.

Entsprechend dieser im Einklang mit dem Bibeltext stehenden Deutung erhält die Flut eine reinigende Funktion, die bewirken soll, dass die Schöpfung und das Leben in ihr wieder neu aufleben können.[19]
Problematisch ist, wenn diese reinigende Wirkung der Flut vordergründig-buchstäblich verstanden wird, wie diese sentimentalisierende Zustandsschilderung der Erde nach der Flut im Stil einer Waschmittelwerbung nahe legt: «Alle waren glücklich, wieder die Erde unter ihren Füssen [sic!] zu spüren! Sie war ganz sauber und roch frisch und neu. Die ersten Schritte bereiteten ihnen die größte Freude.»[20]
Die Flut erweist sich unter dieser Deutungsperspektive als konstruktive und präventive Maßnahme Gottes, der zum einen die Auswirkungen der Gewalt erkennt, die das Leben zerstören und der zum anderen als Anwalt des Lebens dieses letztlich bewahren und retten möchte. Der Deutungsschwerpunkt verschiebt sich im Vergleich zu den vorhergehenden Versionen von der Bestrafung hin zur Befreiung, die neues Leben konstituiert. Durch diese Deutung im Kontext des biblischen Grundbescheides «Gott schenkt Leben»[21] wird die strukturelle und gehaltliche Veranlagung des Bibeltextes als Rettungsgeschichte evident, die dem Leben dient. Fraglich bleibt, ob es dazu expansiver, zum Teil psychologisierender Kommentare bedarf, zumal es Lösungen gibt, die durch ihre Schlichtheit und Aussagekraft bestechen: «Nimm von allen Tieren ein Männchen und ein Weibchen mit, denn ich will, daß das Leben erhalten bleibt.»[22]

Gelungene und misslungene Versuche einer Aktualisierung
Ob Nacherzählungen der biblischen Sintflutgeschichte als gelungen oder misslungen zu bewerten sind, wird letztlich davon abhängig zu machen sein, ob die zentrale und trostvolle Botschaft der Schöpfungsbewahrung (vgl. 1 Mose 8,20-22 u. 9,8-17), auf die hin sowohl die vor-priesterschriftliche Fassung als auch die priesterschriftliche Version der Sintfluterzählung komponiert sind, dem Rezipienten als ebenso ihn betreffend und für ihn bedeutsam transparent wird. Vor dem Hintergrund der ökologischen Gefährdung unserer Zeit, die mehr oder weniger manifester Bestandteil der kindlichen Erfahrungswelt ist, gewinnt die biblische Erzählung von Noach und der Arche an zusätzlicher Brisanz. Sie ist für Kinder «eine Schlüsselgeschichte» für eine mitgeschöpfliche Solidarität, auf die alle Menschen zu verpflichten sind. In keiner anderen biblischen Erzählung wird nämlich die Gefährdung des natürlichen Lebens und der Aufruf, «allem, was lebt, das Überleben zu sichern», in einer derart eindrucksvollen Weise explizit.[23] Die umwelt- und friedensethische Aktualität ist aber nur eine, wenn auch gewichtige Komponente, auf die Text und Leser

nicht eingeengt werden dürfen. Hier bietet sich auch die illustrative Ebene an, den Leser für seine ökologische Verantwortung zu sensibilisieren, indem beispielsweise Menschen gezeigt werden, die Wälder roden oder Tiere zur Belustigung zähmen und nicht artgerecht halten.[24] Des Weiteren mag es angebracht sein, das Bewusstsein zu wecken, die göttliche Bestandsgarantie für die Schöpfung nicht als Freibrief zu betrachten, der von der eigenen Verantwortung entbindet.[25]

Bereits in den biblischen Schriften gilt Noach als Beispiel für Gerechtigkeit (Sir 44,17; 2 Pet 2,5), Glauben und frommen Gehorsam (Hebr 11,7; 1 Petr 3,20; Mt 24,37ff. par). In einigen Nacherzählungen erlebt diese Praxis eine problematische Anwendung, indem der Bibeltext für die «Pädagogisierung» Noachs instrumentalisiert wird:

«Noah war Gottes Freund. Er glaubte, was Gott sagte. ... Eines Tages erzählte Gott Noah, daß eine Flut kommen würde. ‹Du sollst ein großes Boot bauen›, sagte Gott. Niemand wußte, was eine Flut war. Aber Noah glaubte Gott. ... Er baute das Boot so, wie Gott es ihm gesagt hatte, denn Noah glaubte alles, was Gott sagte. ... Noah erzählte den Menschen, was Gott gesagt hatte, aber sie glaubten es nicht. ... Das Wasser stieg höher und höher. Aber das große Boot schwamm auf dem Wasser. Noah und die Tiere waren in Sicherheit. ... Noah betrachtete den schönen Regenbogen. Er wußte, daß Gott sein Versprechen halten würde. Und Noah war sehr froh, daß er Gott geglaubt hatte.»[26]

Die biblische Sintfluterzählung wird hier gegen ihre Intention und unter Missachtung ihrer literarischen Verfassung zu einer Exempelgeschichte umgestaltet, die am Beispiel Noachs zu vermitteln sucht, dass sich der Glaube an Gott auszahlt, weil jener «immer die Wahrheit (sagt).»[27]

«Noah liebte Gott. Und er gehorchte ihm. Gott sagte: ‹Bau ein großes Schiff!› Guck mal, was für ein riesiges Schiff Noah baute! ... ‚Bring Tiere in das Schiff›, sagte Gott. Noah führte viele Tiere auf das Schiff. Dann ging Noah mit seiner Familie in das Schiff. Gott hatte es gesagt. Einige Tage später fing es an zu regnen. Es regnete und regnete und regnete. Bald standen die Bäume unter Wasser. Und dann sogar die großen Berge. Aber Noah geschah nichts. In seinem großen Schiff waren alle sicher. ‹Danke, Gott!› sagte Noah. Gott hatte nämlich auf ihn aufgepaßt.»[28]

Im Zentrum dieser Erzählfassung, die den Bibeltext zur Beispielgeschichte verkürzt und für erzieherische Zwecke vereinnahmt, steht der Gehorsam Noachs, wie der zweite Satz signalisiert und durch die Aufeinanderfolge von Befehl und Ausführung unterstrichen wird. Bei näherem Besehen qualifiziert sich die Charaktereigenschaft als blinder und damit pädagogisch bedenklicher Gehorsam, da Noach nicht über die Gründe informiert wird, die den Bau der Arche bedingen.

Am Beispiel Noachs lässt sich ebenso wenig deduzieren, dass es darauf ankomme, Gottes Stimme zu folgen, die man in seinem «Herzen» hört, weil dies «die einzige Rettung sein (kann).»[29] Auch gibt Noach, der sich und seiner Vision beim Archebau treu bleibt, kein Exempel ab für Zivilcourage, die sich von der gegenteiligen Meinung der Mehrheit nicht beirren lässt. Diese pädagogischen Verzweckungen der Gestalt Noachs sind nicht nur hermeneutisch fragwürdig, sondern ebenso wenig als kindgemäß zu erachten, da idealisierte Vorbilder dem Rezipienten erschweren können, eigene Erfahrungen mit der Erfahrungswelt des Textes fruchtbar zu verknüpfen.[30]

Was bedeutet «Gnade finden» für die Autorinnen und Autoren?
Die biblische Erzählung von Noach enthält Begriffe und Wendungen, deren elementarisierende Umschreibung sich nicht selten schwierig gestaltet und zu Fehlformen Anlass gibt, wie sich an den Paraphrasierungen der Aussage, dass «nur Noach Gnade (fand) in den Augen des Herrn» (1 Mose 6,8) beispielhaft verdeutlichen lässt. Während die vor-priesterschriftliche Fluterzählung den Aspekt der unverdienten Rettung akzentuiert, indem sie erwähnt, dass die Gnade Gottes nur Noach zuteil wurde (vgl. 1 Mose 6,8), hebt die priesterschriftliche Fluterzählung die Frömmigkeit Noachs hervor (1 Mose 6,9), so dass jene Haltung als Motiv für seine Bewahrung erscheinen mag. Welche Akzente eine Nacherzählung hinsichtlich der Rettung Noachs setzt, wird wesentlich davon abhängen, ob und wie der theologisch komplexe Begriff der Gnade erschlossen wird, die als Ausdruck der Barmherzigkeit Gottes weder auf eine Vorbedingung angewiesen ist, noch darauf insistiert:

«Noach betet jeden Tag. Gott hat Freude an ihm. Aber die anderen Menschen kümmern sich nicht um Gott ... Sie streiten miteinander und schlagen einander tot. Da sagt Gott zu Noach: ‹Die Menschen sind so böse. Ich will sie nicht mehr auf der Erde haben. Aber dich und deine Familie will ich retten. Bau ein großes Schiff, eine Arche. Auch die Tiere sollen darin Platz haben.›»[31]

Ich halte diese zwischen Noach und den Menschen polarisierende Darstellung für problematisch, weil sie den Aspekt der unverdienten Rettung Noachs nivelliert und einer werkgerechten Einstellung Vorschub leisten kann. Sofern mit der Aussage, dass Gott Freude hat an Noach, das biblische Wort «Gnade» umschrieben werden soll, stellt sich die Frage, ob diese Paraphrasierung theologisch gerechtfertigt ist. Oder sollte sich

Gott nicht einem Menschen als gnädig erweisen können, an dem er keine Freude hat?
«Du hast uns vor der großen Flut bewahrt. Wir haben es nicht verdient. Du bist gnädig und barmherzig mit uns gewesen. Dafür danken wir dir von Herzen!»[32]

Diese Umschreibung ist dem vorausgehenden Beispiel vorzuziehen, da es theologische Aussage und Zugänglichkeit für die Adressaten in ein ausgewogenes Verhältnis überführt.[33] Sie geht konform mit der Aussage des Bibeltextes und ist literarisch geschickt komponiert als Selbsteinschätzung Noachs bei seinem Dankopfer nach der Flut. – Das Beispiel der Elementarbibel zeigt, dass Weglassen durchaus zur elementarisierenden Aufbereitung beitragen kann. Denn ohne zu begründen, warum Noach ausgewählt worden ist oder auf dessen Frömmigkeit zu verweisen, wird vom Vernichtungsbeschluss Gottes und der Bewahrung Noachs erzählt.[34]

Zwischen trivial und genial – exemplarische Bildversionen

Analysiert man die Illustrationen zur Arche Noach in den seit den 70er Jahren erschienenen Kinderbibeln unter dem Aspekt der Anzahl der Abbildungen, der Motivwahl sowie der vorherrschenden Stilrichtung, lassen sich bei aller Divergenz einige Tendenzen ausmachen. Die überwiegende Mehrzahl der Kinderbibeln offeriert entweder nur eine Abbildung oder eine Serie von mehr als drei Darstellungen bis hin zur Gestaltung als Bilderbuchgeschichte, was vor allem durch die in jüngster Zeit forcierte Herausgabe von Kinderbibeln bedingt ist, die sich an Kleinkinder im Alter von zwei bis fünf Jahren wenden. Während Kinderbibeln, die sich mit einer Abbildung begnügen, bevorzugt den guten Ausgang nach Beendigung der Flut fixieren, wird mit zunehmender Bilderzahl das Bildprogramm durch eine Szene zum Archebau ergänzt und damit ein Motiv der Sintfluterzählung herausgegriffen, das im Vergleich zu anderen Motiven als nebensächlich einzustufen ist.[35]

Das bereits in der Wiener Genesis vorfindliche Motiv der in der Flut untergehenden Menschen, das innerhalb der (Kinder-)Bibelillustration eine breite ikonographische Tradition aufweist, ist auch gegenwärtig sowohl in Kinderbibeln als auch in biblischen Bilderbüchern verbreitet.[36] Besonders negativ fällt dabei ins Gewicht, wenn diese Abbildung die einzige Illustration zur biblischen Erzählung darstellt oder der Untergang – zum Teil einschließlich der Tiere – in einer ergreifenden und für das Gottesbild des Kindes bedenklichen Dramatik in Szene gesetzt wird.[37]

Die Illustrierung der Sintfluterzählung in einem durchgehend wirklichkeitsgetreuen historisierenden Stil ist in ihrer anschaulich-narrativen

Ausformung nur auf den ersten Anschein eine kindgemäße Darstellungsweise.³⁸ Sie kann ein dem Verständnis des Bibeltextes abträgliches, historistisches Missverständnis begünstigen, die Phantasie des Lesers durch die stringente Vorgabe kanalisieren und eine für die Erschließung des biblischen Textsinns produktive Auseinandersetzung erschweren.

Die Erzählung von Noach und der Sintflut ist auch im Kinderbibelsektor eine bevorzugte Grundlage für eine humorvolle Ausgestaltung, die sich hier allerdings primär auf die illustrative Ebene beschränkt. Trotz der möglichen ambivalenten Wirkung humoristischer Elemente, Sachverhalte zu verniedlichen oder den Rezipienten abzulenken, können gezielt eingesetzte humorvolle und witzige Darstellungen, mit ihrer Spaß erzeugenden, entlastenden Funktion nicht nur zum Lesevergnügen beitragen, sondern eine wichtige hermeneutische Funktion erfüllen, indem sie nahe legen, die biblische Sintfluterzählung nicht als historischen Tatsachenbericht misszuverstehen.³⁹

Bei Illustrationen für jüngere Altersgruppen begegnet wiederholt die Neigung zur Verniedlichung, die meist triviale Züge aufweist, weil sie begleitet ist von einer stereotypen Gegenstandszeichnung, die handwerkliches Können und künstlerische Ausdruckskraft vermissen lässt.⁴⁰ Ein instruktives Beispiel liefert eine vom Illustrator als kindertümlich intendierte Darstellung der Arche als schwimmender Kahn, an dessen Enden sich jeweils eine Giraffe befindet. Die beiden Giraffen sind einander spiegelbildlich zugewandt und spannen mit ihren Mäulern eine Leine, auf der Wäsche zum Trocknen hängt, während zwei Elefanten auf der linken Bildhälfte mit ihren Rüsseln die Wäsche waschen. Von den sieben abgebildeten Tierpaaren, können wenigstens fünf – Affe, Elefant, Hund, Katze, Maus – den Lieblingstieren von Kindern zugeordnet werden. Dadurch wird in einer sehr vordergründigen, anbiedernden Weise an die Gefühle des kindlichen Betrachters appelliert und der Lektüreprozess durch sentimentale Aufladung positiv zu beeinflussen versucht. Der Gesichtsausdruck von Mensch und Tier vermittelt eine Beschaulichkeit, die sich in den sanften, hellblau gehaltenen Wellen widerspiegelt.⁴¹ Diese verniedlichende Ausgestaltung liefert ein völlig verzerrtes Bild der biblischen Erzählung einschließlich der Arche, die keineswegs ein Ort der Idylle ist.⁴²

Anders verhält es sich bei der Darstellung von Štěpán Zavřel, die einen Blick ins Innere der Arche gewährt.⁴³ Sie versinnbildlicht nicht nur die Atmosphäre der Geborgenheit durch die Farbgebung und die Gruppierung von Kindern, Erwachsenen und Tieren, sondern bringt die ambivalente Situation des Wartens in ihrer bangen und hoffnungsvollen Dimension durch die Mimik der Figuren treffend zum Ausdruck. Diese Darstellung hilft, die

Symbolik der Arche zu erschließen und kann es dem Rezipienten erleichtern, sich in der dargestellten Situation des Wartens wiederzufinden und einen Bezug zur eigenen Lebenserfahrung herzustellen. Nach einer in grauem und schwarzem Farbton gehaltenen Abbildung, die die schwimmende Arche zeigt und die triste und monotone Situation des sintflutlichen Regens unterstreicht, folgt die farbige Abbildung des Regenbogens, die den Umschlag der Situation hin zu einem neu ermöglichten Leben zum Ausdruck bringen soll.[44] Damit liefert Štěpán Zavřel ein überzeugendes Beispiel einer bildlichen Umsetzung, die sowohl mit dem Gehalt des Bibeltextes korrespondiert als auch dem Rezipienten gerecht zu werden sucht, ohne ins Kindertümliche abzugleiten.

Insgesamt betrachtet, werden den Rezipienten jedoch vorwiegend konventionelle Bildlösungen zugemutet, die mehr oder weniger der ikonographischen Tradition verhaftet und lediglich in formaler Hinsicht modernisiert sind.[45] Dabei ist bedenklich, wenn mit der ikonografischen Tradition auch das implizierte Verständnis von Bibel und religiöser Erziehung unkritisch übernommen wird.

Noach und die Sintflut – eine Geschichte für Kinder unter Vorbehalt

Die «Kindgemäßheit» der biblischen Sintfluterzählung wurde in der religionspädagogischen Diskussion etwa im Gegensatz zur Perikope von der Versuchung Abrahams (1 Mose 22) nie grundsätzlich angezweifelt.[46] Dennoch sollte die selbstverständliche Favorisierung dieses Bibeltextes, die sich über den Kinderbibelsektor hinaus in den verschiedenen Lernorten religiöser Erziehung und Bildung insbesondere für Vor- und Grundschulkinder erstreckt, nicht vorschnell als Indiz für leichte Nacherzählbarkeit und elementare Zugänglichkeit gewertet werden. Denn der Bibeltext wird offensichtlich nicht selten, vor allem im Hinblick auf die jüngste Altersgruppe, einer rigiden Bearbeitung unterzogen, die ein «angemessenes» Verständnis gewährleisten soll, letztlich aber nicht selten Gestalt und Aussagegehalt der biblischen Vorlage verzerrt. Wird das Spannungsverhältnis zwischen dem Sintflut- und Regenbogengott einseitig aufgelöst, verkommt die Nacherzählung schnell zu einer abschreckenden Straf- oder zu einer niedlichen Rettungsgeschichte mit transportierten Gottesbildern, die unterschiedlich ausgeprägt, aber gleichermaßen bedenklich sind.

Die Frage, ob die biblische Sintflutgeschichte eine Erzählung für Kinder ist, wird dann zu bejahen sein, wenn sie so erzählt werden kann, dass die Authentizität der Geschichte gewahrt wird, d.h. sie in ihrer Grundstruktur mit den inhärenten zentralen Aussagen erhalten bleibt. Dies verbietet, den göttlichen Beschluss, die Menschen angesichts ihrer Verderbtheit durch die Flut zu vernichten, simplifizierend zu entschärfen oder zu eliminieren. Die dadurch anklingende dunkle Seite Gottes wird am besten aufgehoben sein, wenn die Erzählung im Kontext des Grundbescheides gesehen wird, dass diesem Gott daran gelegen ist, dem Leben zu dienen und es zu erhalten. Die unverdiente, fürsorgliche und vorausschauende Rettung Noachs und der Tiere sowie die abschließende Bewahrungszusage liefern dafür ein anschauliches Beispiel.

Aber auch der Vernichtungsbeschluss erscheint dadurch in einem anderen Licht. Er ist nicht mehr göttliche Strafaktion nach dem Schuld-Strafe-Schema, sondern vielmehr eine präventive Maßnahme, damit die Schöpfung durch die Bosheit der Menschen nicht völlig zugrunde gerichtet und neues Leben wieder möglich wird. Dennoch sollte der immer auch unbegreifliche Rest dieser biblischen Erzählung nicht vorschnell durch rationalisierende Tendenzen aufgelöst und einer Eindeutigkeit zugeführt werden. Erst wenn der Bibeltext von den heutigen Erzähler/innen authentisch erzählt wird[47], indem diese ihre eigene Einstellung dem Text gegenüber behutsam einfließen lassen, wird der Leser ernst genommen und ihm der Freiraum für die eigene Wahrnehmung möglichst weit offen gehalten. Dies kann u.U. bedeuten, offene Fragen einzugestehen und dem Leser als Anfrage zuzumuten:

«Die Menschen im Schiff wissen: Gott hat mit Noach geredet. Gott meint es gut mit uns. ‹Was haben die anderen Menschen getan, daß sie ertrinken müssen? Was können die Tiere dafür und die Pflanzen?› fragen die Kinder. ‹Die Menschen haben Böses getan› ‹sagt der Großvater. ‹Was heißt das? Haben sie geraubt und getötet? Haben sie ihre Freunde allein gelassen? Haben sie Gott vergessen? Sind wir denn besser?› So fragen die Kinder immer wieder. Sie erhalten keine Antwort.»[48]

Dies belässt der Geschichte ihre Farbigkeit, Vieldeutigkeit und etwas Geheimnisvolles, das in literarischer wie theologischer Hinsicht bedeutsam ist. – Ob die biblische Sintfluterzählung eine Kindern erzählbare Geschichte ist, wird darüber hinaus zu befürworten sein, wenn die Leser/innen zu ihr als eine für ihr Leben relevante Erzählung Zugang finden. Anstelle einer bloß vordergründigen und vereinnahmenden Aktualisierung für erzieherische oder einseitig ökologische Zwecke, wird es darauf ankommen, ob die Nacherzählung dem Leser als eine ihn betreffende Hoffnungsgeschichte erfahrbar werden kann, bei der die von Gott zugesagte Schöpfungsbewahrung – trotz der praktizierten (eigenen) menschlichen Bosheit – (auch) ihm selbst gilt.

1   Kinderbibeln ohne Arche Noach Erzählung: Silja Walter/Eleonore Schmid: Eine kleine Bibel. Frauenfeld 1980; Bara van Pelt u.a.: Am Anfang schuf Gott Himmel und Erde. Eine Bibel für Kinder, Hamburg 1998.

2   Zum Verhältnis zwischen Kind und Tier: vgl. Hubertus Halbfas: Religionsunterricht in der Grundschule. Lehrerhandbuch 2. 5. Aufl., Düsseldorf 1992, S. 168-170.

3   Zum exegetischen Befund vgl. die einschlägigen Kommentarbände zum AT sowie Volkmar Fritz: «Solange die Erde steht» - Vom Sinn der jahwistischen Fluterzählung in Gen 6-8, in: ZAW 94 / 1982, S. 599-614; Erich Zenger: Gottes Bogen in den Wolken. Untersuchungen zu Komposition und Theologie der priesterschriftlichen Urgeschichte, Stuttgart 1983 (SBS 112); Hans-Peter Müller: Das Motiv für die Sintflut, in: ZAW 97 / 1985, S. 295-316; Friedrich Diedrich: Art. Noach, in: LThK Bd. 7. 3. Aufl., Freiburg u. a. 1998, Sp. 886-887; Norbert Clemens Baumgart: Art. Sintflut, in: LThK Bd. 9. 3.Aufl., Freiburg u.a. 2000, Sp. 625-627.

4   Zum aktuellen Stand der Forschung vgl. Erich Zenger: Die Entstehung des Pentateuch, in: Ders. u.a.: Einleitung in das Alte Testament. 3. neu bearb. u. erw. Aufl., Stuttgart u.a. 1998, S. 87-122; Ders.: Das priester(schrift)liche Werk («P»), in: Ders. u.a.: a.a.O., S. 142-162; Ders.: Das vor-priester(schrift)liche Werk, in: Ders. u.a.: a.a.O., S. 162-176.

5   Josef Quadflieg/Dörthe Bäumer: Kleine Kinderbibel, Düsseldorf 1992, S. 7.

6   So auch bei Bernhard Meuser/Alfred Neuwald: Meine allererste Kinderbibel, Augsburg 1994, [S. 4-5].

7   Vera Hausmann/Tracey Moroney: Meine Bibel, München 2000, [S. 4]

8   Kees de Kort: Der Regenbogen, Stuttgart 1976 (Was uns die Bibel erzählt).

9   Zur Lektüre der Fluterzählung vor dem Hintergrund der Schöpfungsgeschichte vgl. Claus Westermann: Genesis. I. Teilband Genesis 1-11, Neukirchen-Vluyn 1974, S. 528f.; Erich Zenger: Gottes Bogen in den Wolken, S. 114.

10 Angesichts der Vielzahl der möglichen Beispiele sei exemplarisch verwiesen auf folgende Ausgaben (ohne biblische Bilderbücher): Elmar Gruber (Hg.): Die Bibel in 365 Geschichten erzählt. 5. Aufl., Freiburg u.a. 1990, S. 18; Georgie Adams/Peter Utton: Meine ersten Bibelgeschichten, Gießen 1995, S. 12; Patricia J. Hunt/Giovanni Caselli: Bibelgeschichten, München 1996, S. 15; Baukje Offringa: Auf dem Weg. Bibel für Kinder, Donauwörth 1996, S. 154f.; Kenneth N. Taylor: Hoffnung für Kinder. 2. Aufl., Marburg 1997, S. 14-16; Pat Alexander/Carolyn Cox: Meine kleine Kinderbibel. 7. Aufl., Gießen 1998, S. 9f.; Eckart zur Nieden/Ingrid Schubert/Dieter Schubert: Kinderbibel. 2. erw. Aufl., Wuppertal 2001, S. 26-28; Heinrich Peuckmann; Anne Ebert: Die schönsten Geschichten aus der Bibel, Würzburg 2001, S. 19f.; Ursel Scheffler/Betina Gotzen-Beek: Herders Kinderbibel, Freiburg u.a. 2001, S. 16.

11 Anne de Vries: Die Kinderbibel, Konstanz 1989, S. 16f.

12 Kenneth Nathaniel Taylor: Die Geschichte von der Arche Noah, München 1995, [S. 4]; 120 Jahre Zeit zur Bekehrung vgl. Anne de Vries: Großes Erzählbuch der biblischen Geschichte. Bd. 1, Konstanz 1983, S. 24; Evert Kuijt/Reint de Jonge: Komm und sieh. Stephanus Bibel. 2. Aufl., Uhldingen 1992, S. 17.

13 Vgl. Gertrud Fussenegger/Janusz Grabianski: Bibelgeschichten, Wien u.a. 1972, S. 38; Erna Emhardt/Margrit Haubensak-Tellenbach: Arche Noah, Herrsching 1977, S. 16; Josef Carl Grund/Helga Schuster: Noah und die Arche des Herrn, Augsburg, 1983, S. 15; Gertrud Fussenegger/Christine Krais: Bibelgeschichten, Wien 1991, S. 42.

14 Näheres dazu unter «Zwischen trivial und genial - exemplarische Bildversionen».

15 Hinweis auf Neuanfang: Jennifer Rees-Larcombe: Unsere große Kinderbibel, Gießen u.a. 1992, S. 13; Elmar Gruber (Hg.): Die Bibel in 365 Geschichten erzählt, S. 17-21; Detlev Block/Gisela Röder: Die große bunte Kinderbibel, Bindlach 1993, S. 27-32; Josef Quadflieg/Tomie de Paola: Geschichten aus dem Alten Testament, Düsseldorf 1994, [S. 14-19]; Bob Hartman/Susie Poole: Die Bibel für alle Kinder, München 1995, S. 14-15; Georgie Adams/Peter Utton: Meine ersten Bibelgeschichten, S. 11; Eckart zur Nieden/Ingrid Schubert/Dieter Schubert: Kinderbibel, S. 27.

16 Christiane Heinen/Leon Baxter: Meine allererste Bibel, Freiburg u.a. 1997, S. 29f.; vgl. ebenso Patricia Hunt/Angus McBride: Bibelgeschichten. Nacherzählt für junge Leser, Hamburg 1982, S. 15.

17 Karl Eykman/Bert Bouman: Die Bibel erzählt. 4. Aufl., Freiburg u.a. 1985, S.220; ebenso bei Karl Eykman/Bert Bouman: Die Bibel erzählt. Altes Testament, Gütersloh 1997, S. 220. Die psychologisierende Ausgestaltung der Nacherzählung ist allerdings zu monieren.

18 Vgl. Erich Zenger: Gottes Bogen in den Wolken, S. 108 u. 114.

19 Vgl. Josef Scharbert: Genesis 1-11. 4. Aufl., Würzburg 1997 (Die Neue Echter Bibel), S. 82-83.

20 Elisabeth Gilles-Sebaoun/Charlotte Roederer: Die Bibel für Kinder, Rastatt 1998, S. 23. Vgl. auch Libby Purves/Eric Thomas: Die schönsten Bibelgeschichten für Kinder, Augsburg u.a. 1999, S. 15.

21 Vgl. Horst Klaus Berg: Grundriß der Bibeldidaktik, München/ Stuttgart 1993, S. 79f.

22 Werner Laubi/Annegert Fuchshuber: Kinderbibel, Lahr 1992, S. 13.

23 Vgl. Hubertus Halbfas: Religionsunterricht in der Grundschule, S. 179.

24 Vgl. Jane Ray: Noahs Arche, Freiburg u.a.: Herder 1991, [S. 3].

25 Vgl. Maria-Regina Bottermann-Broj/Margarete Koplin: Die Geschichte von der Arche Noach den Kindern erzählt, Kevelaer 1994, [S. 23]. Der positive Ansatz relativiert sich allerdings durch die vorherrschende belehrende und fabulierende Tendenz.

26 Marilyn Lashbrook/Stephanie McFetridge Britt: «Du sollst eine Arche bauen!» Noah vertraut Gott, Marburg 1988 (Wir-zwei-Bücher).

27 Ebd., [S. 4].

28 V. Gilbert Beers/Carole Boerke: Mein Bibel-Bilderbuch. Für die Allerkleinsten, Aßlar 1993, S. 24-31.

29 Wilfried Pioch: Die neue Kinderbibel. Mit Kindern von Gott reden, Hamburg u.a. 1989, S. 22.

30 Vgl. Horst Klaus Berg: Grundriß der Bibeldidaktik, S. 33

31 Karin Jeromin/Rüdiger Pfeffer: Komm, freu dich mit mir. Die Bibel für Kinder erzählt, Stuttgart 1999, S. 92-93; vgl. Klaus Knoke/Esben Hanefelt Kristensen: Die Bibel für Kinder, Stuttgart 1995, S. 17: «Nur an Noah hatte Gott Freude, der fand Gnade bei Gott.»

32 Detlev Block/Gisela Röder: Die große bunte Kinderbibel, S. 31.

33 Vgl. dazu auch Vera Hausmann/Tracey Moroney: Arche Noah, Augsburg 1999, S. 2. Anstelle der Gnade ist davon die Rede, dass «er Gottes Freund (war).»

34 Vgl. Anneliese Pokrandt/Reinhard Herrmann: Elementarbibel, Lahr 1998, S. 249-250.

35 Zu ersterem vgl. Herbert Ossowski; Anke Bültemeier; Brigitte Smith: Die Bibel für Kinder, Recklinghausen 1984, S. 14-15; zu letzterem vgl. Baukje Offringa: Auf dem Weg,S. 155 u. 157.

36 Zur Rezeption des Motivs in der Kunstgeschichte: Raimund Daut; Redaktion: Art. Noe (Noah), in: Engelbert Kirschbaum (Hg.): Lexikon der christlichen Ikonographie. Bd. 3, Rom u.a. 1972, Sp. 611-620, hier: Sp. 617; Zur Rezeption bei Bibelillustratoren vgl. o. Verf.: Die Bibel. Die farbigen Merian Bilder zur Bibel, Eltville am Rhein: Bechtermünz 1988, S. 22; Julius Schnorr von Carolsfeld: Die Bibel in Bildern. 240 Darstellungen, Neuhausen-Stuttgart 1990, S. 27; Gustave Doré: Bilder zur Bibel. Das Alte Testament in 45 Holzstichen, München/Zürich 1982, S. 13.

Motiv in neueren Kinderbibeln: Jose Maria Rovira Belloso/Hans Hoffmann/Carme Sole Vendrell: Die neue Patmos Bibel, Düsseldorf 1990, S. 166-167; Evert Kuijt/Reint de Jonge: Komm und sieh. Stephanus Bibel. 2. Aufl., Uhldingen 1992, S. 18; Josef Carl Grund: Geschichten aus der Bibel, Fürth 1993, [S. 13]; Selina Hastings/Eric Thomas/Amy Burch: Illustrierte Bibel für Kinder, Augsburg 1994, S. 26; Kenneth Nathaniel Taylor: Die Familien-Bilderbibel, Marburg 1996, S. 14f.; Roberto Brunelli/Michael Fjodorow/Anna Sciandra: Die Heilige Bibel. Geschichten für das ganze Jahr. Milan, 1997, S. 16 u. 17; Claude-Bernard Costecalde/Peter Dennis: Die große illustrierte Kinderbibel, Stuttgart 1998, S. 32; o. Verf.: Die Bibel für Kinder nacherzählt, Offenbach 2001, S. 34f.; Zur Tierdarstellung ohne Menschen: Blandine Marchon/Claude Millet/Denise Millet: Die Bibel. Geschichten des Alten und Neuen Testamentes, Augsburg 1997,S. 20f.

Zum Motiv in neueren biblischen Bilderbüchern: Antje Vogel: Die Arche Noah, Münster 1988, [S. 11]; Gerda Wagener/Norbert Pohl: Noah und die große Flut den Kindern erzählt, Hamburg 1995, [S. 10-11]; Gertrud Fussenegger/Annegert Fuchshuber: Die Arche Noah, Wien u.a. 1982, S. 17; Sabine Herholz/Otti Mitgutsch: Mein kleines Buch von Noah und der Arche, München 1997, [S. 20-21].

37 Zu ersterem vgl. Anne de Vries: Großes Erzählbuch der biblischen Geschichte. Bd. 1, S. 26f.; zu letzterem vgl. Bridget Hadaway/Jean Atcheson: Bibel für Kinder, Köln 1973, S. 16f.

38 Vgl. etwa Geoffrey Marshall-Taylor: Die Bibel. Ein Lese- und Bilderbuch für Kinder. Köln 1990, S. 15-17; David Christie-Murray/Andrew Wheatcroft/Inge Uffelmann: Meine farbige Kinderbibel, Niederhausen 1994, S. 22f.; Selina Hastings/Eric Thomas/Amy Burch: Illustrierte Bibel für Kinder, S.24-27; Claude-Bernard Costecalde/Peter Dennis: Die große illustrierte Kinderbibel, S.30-33; Libby Purves/Eric Thomas: Die schönsten Bibelgeschichten für Kinder, Augsburg u.a. 1999, S. 14-15.

39 Vgl. beispielsweise den ersten Regentropfen, der auf Noachs Kopf fällt und die baldige Flut ankündigt in Georgie Adams/Peter Utton: Meine ersten Bibelgeschichten, S. 15.

40 Vgl. Mary Hollingsworth/Stephanie McFetridge Britt: Die kleine Bibel für mich. Stuttgart-Neuhausen 1993, S. 15; Bernhard Meuser/Alfred Neuwald: Meine allererste Kinderbibel. Augsburg 1994, [S. 4-5]; Barbara Cratzius: Die Baby-Bibel. Augsburg 1996, [S. 4-5].

41 So bei Susan Elisabeth Beck/Gloria Oostema: Gott liebt mich. Bibel für die Kleinsten, Stuttgart 1995, S. 11.

42 Vgl. Hubertus Halbfas: Religionsunterricht in der Grundschule, S. 178.

43 Regine Schindler/Štěpán Zavřel: Mit Gott unterwegs, Zürich 1996, S. 18.

44 Vgl. ebd., S. 20-21 u. 22.

45 Ein signifikantes Beispiel dafür liefert die Aufnahme des Bildmotivs der untergehenden Lebewesen. Vgl. z. B. die Abbildung des von der Flut bedrohten Tieres in Blandine Marchon/Claude Millet/Denise Millet: Die Bibel, S. 20f. mit dem Motiv bei Gustave Doré: Bilder zur Bibel, S. 13.

46 Zu Gen 22 im Kontext der religionspädagogischen Reflexion vgl. Christoph Dohmen: Wenn die Bibel Angst macht. Die «Opferung Isaaks» in Kinderbibeln, in: Bibel und Liturgie 72/1999, H. 4, S. 234-238; Rainer Lachmann: «Und Gott versuchte Abraham» - Gen 22, eine Geschichte für Grundschulkinder?, in: Ulrich Körtner/Robert Schelander (Hg.), GottesVorstellungen. Die Frage nach Gott in religiösen Bildungsprozessen. Gottfried Adam zum 60. Geburtstag, Wien 1999, S. 249-264.

47 Zu dieser doppelten Authentizität gegenüber Text und Erzähler vgl. Ingo Baldermann: Einführung in die Biblische Didaktik, Darmstadt 1996, S. 99ff.

48 Regine Schindler/Štěpán Zavřel: Mit Gott unterwegs, S. 19.

Christoph Th. Scheilke

Abraham in Kinderbibeln

Zum angemessenen Umgang
mit zwei schwierigen
Texten der hebräischen Bibel

Abraham in Kinderbibeln
Zum angemessenen Umgang mit zwei schwierigen Texten der hebräischen Bibel

Zunächst seien mir zwei Vorbemerkungen gestattet. Dann möchte ich zwei Fragen stellen. Anschließend seien zwei Ergebnisse präsentiert.

Die erste Vorbemerkung

Die Debatte über Kinderbibeln ist bislang, wie allgemein festgestellt wird, noch nicht sehr weit vorangeschritten. Noch vor drei Jahren konnte Gertraud Rosenberger nicht anders, als eine grosse Diskrepanz zwischen den etwa 60 Vollbibelausgaben für Kinder und «einem Mangel an umfangreicher Literatur, die sich mit Kinderbibeln auseinandersetzt»[1], festzustellen. Seit dem Band von Reinmar Tschirch[2] sind allerdings eine Reihe von Beiträgen erschienen, die sich historisch, systematisch und kriteriologisch mit Bibelausgaben für Kinder beschäftigen[3]. Zu Recht werden in dieser Diskussion über Kinderbibeln die verschiedenen Kriterien für Text und Illustrationen vor dem Hintergrund der Entwicklungen in Praxis und Wissenschaft neu gewichtet. Dazu gehören eine neue Hermeneutik in der Postmoderne, gewandelte Rezeptionsformen von Kindern und neue bibeldidaktische Überlegungen. Insbesondere das Kriterium der Kindgerechtheit erhält neues Gewicht.

Dahinter steht das Interesse, diesen Mangel und die darin zum Ausdruck kommende Vernachlässigung eines wichtigen und einflussreichen Bereichs, wenn man etwa an Auflagenhöhe und nachhaltige Wirkungen (älterer wie neuerer Ausgaben) denkt, durch Theologie und Religionspädagogik[4], also aus fachlicher Verantwortung, zu beseitigen. Fachliches Interesse kann auch durch neue Fragestellungen der Bibeldidaktik stimuliert werden.[5]

Dass dieser Mangel so offensichtlich und unübersehbar wurde, dürfte aber nicht zuletzt am wachsenden Interesse an und der gestiegenen Nachfrage von Kinderbibeln bei Eltern und Lehrkräften, und deshalb auch bei Buchhändlern, liegen. Diese hat mehrere Ursachen:

(1) Kinderbücher sind «in», insbesondere wenn sie ästhetisch reizvoll gestaltet sind; man verschenkt sie gerne. Und es gibt ja auch schöne, ansprechende Kinderbibeln. So darf man ihr Vorhandensein auch aus ästhetischen Gründen bei Familien vermuten, denen man ein religiöses Interesse vielleicht weniger zurechnen würde. Kinderbibeln als schönes Geschenk.

(2) Sodann hat die Kenntnis biblischer Geschichten bei jüngeren Eltern vielfach so abgenommen, dass sie wenigstens durch Vorlesen aus der – natürlich altersgerechten – Kinderbibel die anderweitig in der Familie fehlende religiöse Ansprache zumindest teilweise zu kompensieren versuchen. Sie möchten ihre Kinder wenigstens etwas einführen in diesen kulturellen und religiösen Schatz. Kinderbibeln als Lernbuch für Eltern und Kinder.

(3) Eltern greifen aber nicht nur deshalb zu Kinderbibeln, um von sich aus ihre Kinder in religiöse Geschichten einzuführen. Sie müssen ja auch auf die Fragen der Kinder, die irgendetwas im Fernsehen, im Kindergarten oder in der Grundschule aufgeschnappt haben, eine passende Antwort finden. Nicht jedes Elternteil hat – wie in einer DDR-Anekdote – den Mut und die Ignoranz, auf die Frage des Kindes auf dem Weihnachtsmarkt nach dem Namen «der Puppe da», eloquent zu antworten, das sei die «Jahresendflügelfigur». Kinderbibeln als kindgemäßes Nachschlagewerk für Erwachsene.

(4) Großeltern sind ebenfalls eine wichtige Käufergruppe von Kinderbibeln, die sich trauen, ihrem (manchmal geheimgehaltenen) Wunsch nach religiöser Erziehung der Enkelkinder durch das Geschenk einer Kinderbibel Ausdruck zu verleihen. Paten entledigen sich ihrer diesbezüglichen Pflichten in gleicher Weise. Kinderbibeln als Mittel der Fernbetreuung.

(5) Erzieher und Kindergärtner/innen sowie Lehrer/innen, insbesondere Religionslehrkräfte und Pfarrer/innen müssen sich Kinderbibeln anschaffen, einmal um die Fragen und den möglichen Hintergrund «ihrer» Kindergarten- bzw. Schul- oder Kindergottesdienstkinder zu verstehen, zum andern, um Rat suchenden Eltern etc. kompetent Auskunft geben zu können. Kinderbibeln als professionelle Arbeitsmittel.

Bei den verschiedenen Kinderbibeln auf dem Buchmarkt wird den Interessenten die Kaufentscheidung nicht einfach gemacht. Die vorhandene Vielfalt dürfte zu einem verstärkten Interesse an Überblick und durchdachten Kriterien – und mit beidem endlich zu einer entsprechenden Debatte über Kinderbibeln geführt haben. Spätestens bei den professionellen Pädagog/innen kommen ja auch wie selbstverständlich ästhetische, pädagogische und theologische Überlegungen explizit mit ins Spiel. Diese sind aber im Blick auf alle Nutzer wichtig, da es langfristige, manchmal lebenslange Folgen hat, mit welcher Kinderbibel die eigene Geschichte mit dem Buch der Bücher beginnt. «Denn damit könnte zu tun haben, dass viele als Heranwachsende sie ‹in den Winkel der Kinderstube geworfen haben, um sie zeitlebens nicht mehr aufzuheben›, wie Stefan Zweig davon gesagt hat.»[6] R. Tschirch belegt dies mit dem eindrucksvollen Beispiel eines Jungen, der durch eine bestimmte Art der Wundererzählung von der Rettung der Tochter des Jairus völlig verwirrt wird und sich deshalb gegen die Beerdigung seines Großvaters zur Wehr setzt.[7]

Festzuhalten bleibt als Ertrag: Kinderbibeln sind Volksausgaben der Bibel (mit langer Tradition übrigens), aber zuallererst Bibelausgaben für Kinder.

Die zweite Vorbemerkung

Mit den folgenden Überlegungen greife ich einen kleinen Ausschnitt in der Diskussion um Kinderbibeln auf. Ich halte ihn aber für gewichtig genug angesichts der Tatsache, dass eine wachsende Zahl von christlichen Kindern zusammen mit muslimischen Kindern aufwächst, zumindest gemeinsam mit ihnen die Grundschule besucht und dass nach wie vor vielerlei Vorurteile auf beiden Seiten bestehen.

Es ist zu bedenken, dass es grundsätzlich keinen Frieden auf Erden ohne Religionsfrieden gibt (H. Küng), dass also Religionen einen Beitrag zu gegenseitiger Verständigung und wachsender Friedensfähigkeit leisten können, den die Religionsgemeinschaften auch leisten sollten, ja müssen. Von daher ergibt sich die Aufgabe, Kinderbibeln als eines der wichtigen Medien und zentrales Mittel für religiöse Erziehung ab der frühen Kindheit daraufhin anzuschauen, inwieweit sie zur (späteren) Verständigungsfähigkeit zwischen Angehörigen verschiedener Religionen beitragen. Dies gilt insbesondere für Religionen mit gleichen oder ähnlichen Traditionselementen. Dabei geht es im konkreten Fall um die Verhinderung von Missverständnissen zwischen Christen und Muslimen wie um einen Beitrag zum Verstehen der jeweils anderen Religion.

Es ist zu Recht darauf hingewiesen worden, dass man Kinder nicht mit religiösen Dialog-Erwartungen überfordern darf. Aber man sollte doch wenigstens darauf achten, dass nicht in früher Kindheit schon Stolperfallen für ein gegenseitiges Verstehen und Hindernisse für spätere, dann explizite Verständigungsversuche aufgestellt werden. Ich denke, auch von Kinderbibeln kann man einen Beitrag zu dieser Aufgabenstellung erwarten. Zu diesen Überlegungen ermutigt übrigens, dass seit einiger Zeit unter den Auswahl- und Redaktionskriterien für Kinderbibeln auch der jüdisch-christliche Dialog als Bezugspunkt genannt und der Versuch gemacht wird, «die gemeinsame Wurzel jüdischen und christlichen Glaubens kenntlich zu machen.»[8]

Mit dieser Perspektive möchte ich im Folgenden auf einen Erzählzusammenhang der hebräischen Bibel eingehen, der übrigens für alle drei monotheistischen Weltreligionen zentral ist. Ich meine Teile der Abrahamgeschichte.[9] Am Ende mögen die Argumente zeigen, ob nicht der islamisch-christliche Dialog ebenso als Kriterium beachtet werden müsste. In Analogie zu einem Satz von R. Tschirch könnte man dann formulieren: «Ein Kinderbibelautor hat auch eine Verantwortung dafür, dass sich die unselige Linie von vorurteilshafter Einstellung [zum Islam] nicht endlos fortsetzt.»[10]

Die beiden Fragen

Noch lebhaft habe ich eine Auseinandersetzung in einem Kreis von Kindergottesdiensthelferinnen im Ohr - ich glaube, es war im Jahre 1989. Es ging um die Vorbereitung der Kinderbibelwoche zum Thema Abraham. Nein, die Geschichte von der (verhinderten) Opferung Isaaks könne sie nicht erzählen, meinte eine junge Mutter, das sei zu grausam und würde die Kinder zu sehr ängstigen. Und die Älteren, so ergänzte ein anderes Mitglied der Runde, würden energisch gegen jegliches Tieropfer Einspruch erheben. Man solle also besser auf die Geschichte verzichten. Alle meine exegetischen Erläuterungen und theologischen Interpretationen vom Ende des Menschenopfers und von der «Versuchung» des Abraham halfen nichts. Nein, sie könnten die Geschichte nicht erzählen.

Nachdem ich mich in den letzten Jahren stärker mit Fragen des interreligiösen Lernens und einer entsprechenden Ausbildung von Grundschullehrer/innen beschäftigt habe, bin ich erneut auf die Geschichte von Isaaks Opferung (1 Mose 22) aufmerksam geworden, denn Abraham spielt als Ibrahim im Koran eine wichtige Rolle. Es gibt bemerkenswerte Parallelen zum Text der hebräischen Bibel.[11] Auch im Koran findet sich die Verheißung «des Sohnes Abrahams» und die Erzählung von dessen Opferung (Sure 37, 99-113). Dabei nehmen die meisten muslimischen Ausleger an, dass nicht Isaak, sondern Abrahams ältester Sohn Ismael geopfert werden sollte.[12] Die Geschichte von der Opferung Ismaels ist nun aber keineswegs ein randständiger, übergehbarer, sondern ein für Muslime sehr zentraler Text. Er liegt dem «Opferfest» zugrunde, einem der hohen Feste des Islam.

«Das muslimische Jahr kennt zwei kanonische Feste: Das Opferfest (id al-adha), das am 10. Dhu l-Hidjdja gefeiert wird, und das Fest des Fastenbrechens (id al-fitr), das am 1. Shawwal beginnt. Beide Feste dauern drei bis vier Tage. Am Opferfest, das als ranghöher angesehen wird, gedenken die Muslime des Opfers Abrahams, der auf den Befehl Gottes hin bereit war, seinen Sohn Ismael zu opfern. An dessen Stelle trat auf Gottes Geheiss hin ein Lamm. In Erinnerung an diesen Vorgang schlachtet jede muslimische Familie, die dazu finanziell in der Lage ist, an diesem Tag ein

Lamm oder eine Ziege. Da diese Schlachtungen auch Teil des Wallfahrtsrituals sind, sind dadurch alle Muslime der Welt mit den Pilgern in der Umgebung von Mekka verbunden. Teile des Opfertieres werden bei einem gemeinsamen Mahl verzehrt, das Übrige wird an die Armen verschenkt.» [13]

Dieser Erzählzusammenhang begegnet auch schon Kindern, wie das folgende Beispiel aus einer muslimischen Kinderzeitung (übrigens per Internet verbreitet) eines Hamburger Moscheevereins mit liberalem Hintergrund zeigt.

«Liebe Kinder, in wenigen Wochen ist es soweit. Millionen Muslime aus aller Welt begeben sich auf die Pilgerfahrt. Hadsch – die Pilgerfahrt ist eine der fünf Säulen unseres Glaubens. Im Jahre 1632 n. Chr. pilgerte unser Prophet Muhammad (s.a.s.) nach Mekka und zeigte den Gläubigen, wie die Pilgerfahrt nach dem Willen Gottes ablaufen muss. Wie beim Gebet sind auch bei der Hadsch die Rituale genau festgelegt. Wer die Rituale (= Handlungen) mit Leben füllt, wird als geläuterter Mensch nach Hause zurückkehren. Das Ziel der Pilgerfahrt ist in erster Linie die Kaaba, die von Abraham und seinem Ismail als Haus Gottes und der Menschen erbaut wurde ... Auf der Hadsch wird der Pilger besonders an Abraham und Hajar erinnert. Es war der Prophet Abraham, der die Götzen zerschlug und dafür ins Feuer geworfen wurde, und es war seine Frau Hajar, die er auf den Befehl Gottes mit ihrem Baby Ismael ganz allein in der trockenen Wüste zurückließ – im Vertrauen, Gott würde ihr Bemühen um Wasser für den Kleinen belohnen. Schliesslich bewies Abraham wahre Gottesliebe, als er bereit war, seinen kleinen geliebten Sohn Gott zuliebe zu opfern. Ihr kennt sicherlich alle die Geschichte. Natürlich erlaubt Gott keine Menschenopfer. Er wollte Abraham lediglich auf die Probe stellen. Nun schlüpfen die Pilger in die Rolle von Abraham und Hajar und Ismael. Wie einst diese frommen Gottesdiener müssen sie den Verlockungen des Teufels widerstehen und sich einzig und allein für Ihn und Seine Werte entscheiden.»

Zu den Stationen der Pilgerfahrt nach Mekka, wenn sie ihr Opferfest (id al-adha) feiern, wird erklärt:

«Wenn der Gläubige die Götzen besiegt hat, schlachtet er aus Liebe zu Gott ein Schaf wie damals der Prophet Abraham. Gott hatte ihm zunächst aufgetragen, seinen geliebten Sohn zu schlachten. Sowohl Abraham als auch Ismael waren bereit, Gottes Befehl zu folgen. Aber Gott wollte sie nur prüfen. Er schickte ihnen ein Schaf zur Opferung. Auch die Pilger sollen sich in der Liebe zu Gott üben und auf Gott vertrauen, dass Er ihnen – wenn sie Seinen Weg befolgen – nur Gutes zukommen lassen wird, auch wenn ihnen so manches unverständlich erscheint. Danach steinigen die Pilger noch einmal die Götzen – weil das Böse immer noch lauert – und begeben sich dann wieder nach Mekka, um zum Abschied die Kaba zu umschreiten.»[14]

Aus diesen beiden Erfahrungen ergeben sich für mich nun zwei Fragen:
Erstens: Wird 1. Mos. 22 in Kinderbibeln überhaupt wiedergegeben?
Zweitens: Wird die Ismael-Tradition aufgenommen?
Dem ist nun nachzugehen.

Der Befund: 1 Mose 16 und 1 Mose 21/22 in Kinderbibeln

(1) In der Elementarbibel von Anneliese Pokrandt und Reinhard Herrmann (Gesamtausgabe 1998) werden 1 Mose 16 und 21,9-21 nicht erwähnt. Statt dessen heißt es, typisch für einige Kinderbibeln: «Sarah bekam einen Sohn zu der Zeit, die Gott genannt hatte. Abraham gab seinem Sohn den Namen Isaak. Nach einigen Jahren stellte Gott Abraham auf die Probe und sprach zu ihm ...» (1 Mose 21,2-3; 22,1-19).

(2) Die Kinderbibel von Werner Laubi und Annegert Fuchshuber (1997) verzichtet sogar gänzlich auf die Geschichte von Abrahams Opferung. Auch Ismael wird nicht erwähnt.

(3) Die dritte, schon ältere, Kinderbibel aus dem Kaufmann-Verlag, die «Bilderbibel» mit Texten von Friedrich Hoffmann und Bildern von Frère Eric de Saussure) unterschlägt ebenfalls 1 Mose 16, enthält aber 1 Mose 22.

(4) Eine ältere Sammlung biblischer Geschichten hingegen («Kommt und seht.» Biblische Geschichten für Kinder erzählt von Emma Wittmann, illustriert von Reinhard Herrmann, Gütersloh 1957) erwähnt wenigstens Isaaks Opferung.

(5) «Meine Bilderbibel» (1990) mit Bildern von Kees de Kort verzichtet sowohl auf Ismael wie auf die Opferung Isaaks. Nur das «Nachwort zu: Abraham» erwähnt pauschal Abrahams «Zweifel, Versuchungen und Irrungen».

(6) Die Neukirchener Kinder-Bibel von Irmgard Weth (Bilder von Kees de Kort) erwähnt wenigstens Ismael, allerdings nur im Sinne von 1 Mose 17, 18ff.: «Ismael ist nicht der Sohn, den ich dir versprach. Nicht Hagars Sohn, Sarahs Sohn wird es sein.» Ausführlich wird die Vertreibung Hagars und Ismaels aufgenommen (1 Mose 21). Ebenso wird auch die Opferung Isaaks ausführlich dargestellt. Zum weiteren Vergleich ist auf zwei ausführlichere Fassungen der Ismael-Geschichten hinzuweisen:

(7) Die Geschichte von Ismael und Hagar sowie Isaaks Opferung werden in der «Bibel für junge Leute» (Die Nacht leuchtet wie der Tag, Frankfurt a.M. 1992, ³1999) noch etwas ausführlicher dargestellt. Ich verweise

auf diese Ausgabe, weil sie «eine Übertragung für Kinder und Jugendliche auf der Basis der Übersetzung Martin Luthers unter Hinzuziehung des Urtextes» (S. IV) sein möchte.

(8) Am ausführlichsten finden sich die Berichte über Ismael, seine Vertreibung und Isaaks Opferung in der neuen Nacherzählung biblischer Texte von Nico ter Linden. (Es wird erzählt, Gütersloh 1998).

Wenn ich mir diese zufällige Stichprobe genauer anschaue, dann scheinen weder Verlagspräferenzen noch zeitliche Entwicklungen den Ausschlag zu geben, denn auch neuere Kinderbibeln haben durchaus ihre Probleme mit den beiden Erzählungen: mit Ismael wie mit Isaaks (verhinderter) Opferung. Es müssen also pädagogische und/oder theologische Gründe sein, falls man nicht Geschmacksurteile annehmen wollte.

Mögliche Gründe für den Verzicht

Es gibt gewiss gute Gründe für einen Verzicht. Kinderbibeln müssen nun einmal elementarisieren und auswählen. Das aber heißt dann eben auch, etwas wegzulassen. Und warum dann nicht so anstößige und schwierige Geschichten, die den Kindern Angst machen?

R. Tschirch setzt sich ausführlich mit den Argumenten um 1 Mose 22 auseinander.[15] Er und zitiert dabei die eindrucksvollen Erinnerungen von Ruth Rehmann und Helmut Jedliczka, die von lebenslangen Traumatisierungen berichten. Tschirch findet aber mit Hinweis auf eine «Interpretation von unten» und mit Hinweis auf Baldermanns Umgang mit dem Text eine sinnvolle Möglichkeit auch der pädagogischen Begründung: «Von einem unmenschlichen, blinden Irrglauben bekehrt zum Glauben: Es gibt nichts im Himmel und auf Erden, was das Opfer eines Menschen wert wäre. Eine Lektion, wie sie die menschenmordende Menschheit weiter nötig hat, die in ihrer Geschichte bis heute ja immer noch auf dem gegenteiligen ‹Glauben› beharrt, es gäbe doch Werte, für die das Opfer von Menschen von Staats wegen gerechtfertigt wäre.»[16]

Auch der Katholik Konrad Hilpert, der die Geschichte von der Prüfung Abrahams für «äußerst problematisch» hält, kann ihr dennoch etwas abgewinnen. Hilpert möchte besonders auf das achten, «was Kinder vermutlich bei der Geschichte heraushören und nicht in erster Linie (auf) das, worauf es der biblische Autor oder ein späterer Redaktor des Textes abgesehen hatte und was kluge Experten heute wieder herauspräparieren können»[17], geht also vom «Perspektivwechsel» aus, argumentiert somit vom Standpunkt der heute möglichen Einsichten in kindliche Entwicklungsprozesse aus. Hilpert überlegt, ob nicht «gerade die (sc.: zuvor berichtete) Entschiedenheit ... kindlichen Widerspruchs ... der Ausgangspunkt sein (könnte), in dieser Geschichte oder jedenfalls im Ausgang von ihr ... fruchtbare und äußerst interessante moralische Erörterungen zu beginnen.»[18]

Abraham und Sara, das sind ja in der Tat wichtige Ausgangspunkte. Es sind Geschichten, die einen Menschen – gerade im Widerspruch – bis ins hohe Alter begleiten können. Wer Kinder als «produktiv realitätsverarbeitende Subjekte» (Hurrelmann), als Co-Konstrukteure ihrer Wirklichkeit (Honig) ernst nehmen möchte, der darf ihnen auch etwas zumuten und Sprachhilfen für Unaussprechliches anbieten.

Während zu 1 Mose 22 in der Literatur eine Reihe von Überlegungen ausgebreitet werden, habe ich nichts dergleichen zum Erzählzusammenhang über Ismael gefunden. Die Erzählung liegt so ausserhalb der Reichweite von Kinderbibelautoren und Interpretinnen, dass eine Argumentation um die Vertreibung von Hagar und Ismael in die Wüste gar nicht notwendig erscheint.

Bei den theologischen Argumenten gilt das der Texttreue. Ich beziehe mich nochmals auf Reinmar Tschirch: «Texttreue beim biblischen Erzählen bedeutet ... den Reichtum der biblischen Überlieferung darzubieten, der eben auch gerade in seiner Vielfalt besteht.»[19] Es gibt aber auch theologische Argumente, die einen Verzicht auf beide Erzählzusammenhänge plausibel machten. Die Verfasser/innen der Kinderbibeln, in denen auf die Geschichten von Ismael und von der Opferung Isaaks verzichtet wird, konnten, nach ihren Gründen befragt, früher durchaus exegetisch argumentieren. 1 Mose 16 ist eine später hinzugefügte Einzelerzählung, der Zusammenhang von 1 Mose 20-23,19 wurde dem «Elohisten» zugerechnet und stellt einen eigenen Erzählzusammenhang dar. Wo gekürzt werden muss, konnte man mit einigem Recht diese beiden besonderen Traditionen in Kinderbibeln auslassen. Jedenfalls war das bislang so.

Neuere exegetische Forschungen[20] machen jedoch darauf aufmerksam, dass die exilische Vätergeschichte, wie wir sie in 1 Mose 12,1-50,22a vorfinden, eine durchdachte theologische Konzeption darstellt: Die ursprüngliche Bindung Israels an das Land (Abraham-Lot-Komposition) wird aus gegebenem Anlass ergänzt um die Konzeption der Judenheit in der Diaspora. Sie macht sich durch zwei andere Merkmale erkennbar: Geburt durch eine jüdische Mutter und Beschneidung der männlichen Nachkommenschaft. Im Sinne dieser theologischen Zusammenordnung zweier ganz unterschiedlicher Ätiologien im Urtext erscheint allerdings ein Verzicht auf die eine von beiden heute theologisch nicht mehr ganz so legitim wie zu der Zeit, in der Claus Westermann die «Erz-Eltern-Geschichten» (Irmtraud Fischer) vor allen Dingen als Familiengeschichten verstand.

Geht es aber um Herkunftsgeschichten von Stämmen und insbesondere des Volkes Israel, also um Deutungen seiner Herkunft wie seiner Zukunft, sind beide Traditionsstränge zu beachten. Dabei ist die genealogische Ätiologie nicht nur damals für die Perspektive von Diasporajuden wichtig gewesen. Angesichts der politischen Auseinandersetzung um das Staatsgebiet von Israel und die lauten Stimmen jüdischer Traditionalisten, die sich für ein Groß-Israel mit Verweis auf die Verheißung des Landes an Abraham einsetzen, ist es gerade heute bedeutsam, die andere, nicht Land-bezogene Definition des wahren Jude-Seins weiterzugeben.

Plädoyer für die ungekürzte Rezeption von 1 Mose 16 und 21/22

Die Mehrzahl der von mir geprüften Kinderbibeln verzichtet sowohl auf die Wiedergabe der Ismael-Tradition als auch auf die Geschichte von Isaaks Opferung. Auch wenn bislang textkritische Überlegungen ins Feld geführt werden konnten, halten diese Auslassungen heutigen exegetischen Einsichten nicht stand. Es bleiben also nur pädagogische Gründe als Ausschlusskriterium. Im Blick auf einzelne Kinder und die Gefahr, sie zu ängstigen oder ihre Abscheu hervorzurufen, haben entsprechende Überlegungen nach wie vor Gewicht. Wie aber soll man pädagogisch begründen, dass der Stammvater der Muslime, der ja in der hebräischen Bibel ausdrücklich erwähnt wird und der auch Gottes Segen hat (1 Mose 21,18), der zudem muslimischen Kindern, soweit sie religiös erzogen werden, im Zusammenhang des Opferfestes begegnet, christlichen Kindern vorenthalten wird?

Und: Ist es pädagogisch legitim, eine bestimmte, erst spät kanonisierte Sichtweise von Abraham als dem Erzvater des Glaubens als die einzig richtige zu präsentieren? Müssen nicht auch seine Anfechtungen und Versuchungen, sein Hören auf irgendwelche Stimmen, sein Misstrauen gegenüber Gottes Verheißung von zahlreicher Nachkommenschaft, ein verständliches Misstrauen angesichts des hohen Alters von Sarah und Abraham, erwähnt werden? Ist Abraham nicht gerade deshalb ein Vater im Glauben, weil er zweifelte? Sind das nicht heute notwendige Grunderfahrungen, die weitererzählt werden sollten? Muss man das nicht heutzutage stärker herausarbeiten, zumindest den Textbestand präsentieren, der dies ermöglicht?

Im Blick auf Israel kann man die Isaak-Tradition schwerlich komplett weglassen, übrigens auch nicht im Blick auf die Entwicklung des Gottesbildes: ‹Der Gott Abrahams und Isaaks ...› Was aber für die Judenheit recht ist, sollte für die Muslime billig sein. Deshalb muss m.E. im Blick auf islamische Traditionen auch die Ismael-Tradition aufgenommen werden. Denn es ist einfach falsch davon zu sprechen: ‹Und Sarah bekam einen Sohn›.

Und kann man auf die Erzählung von der (verhinderten) Opferung Isaaks und/oder der Vertreibung Ismaels verzichten, wenn man den Gott-Sucher Abraham entsprechend der theologischen Konzeption der Genesis-Komposition darstellen will? Ist es nicht heutzutage sogar wichtig, bei Abraham auch alle Züge des Zweifels und Ungehorsams zu betonen?

Aus der Perspektive des gemeinsamen Aufwachsens von Christen und Muslimen plädiere ich also für die Wiedergabe beider Erzählzusammenhänge. Aber vielleicht braucht man für die Eltern, Paten und Großeltern, aber auch die Kindergottesdiensthelfer/innen, Erzieher/innen und Religionslehrkräfte in der Grundschule – und zwar für beide Erzählzusammenhänge – Kommentare à la Anneliese Pokrandt bzw. Anhänge à la Johann Hübner oder Johann Caspar Lavater, vielleicht sogar Begleitmaterial, in dem theologische und pädagogische Interpretations- wie Argumentationshilfen angeboten werden. Denn es gilt uneingeschränkt: Was man nicht aus vollem Herzen erzählen kann, darüber sollte man besser schweigen. Deshalb brauchen die Erzählenden eine eigene tragfähige theologische und pädagogische Position für sich selbst.

Differenz – und damit einen angemessenen Umgang mit Pluralität – lernt man nicht durch Rückzug vor Schwierigkeiten auf den kleinsten gemeinsamen Nenner, sondern durch die Präsentation von differenzierten Positionen und Traditionen. Deshalb möchte ich vorschlagen, als ein weiteres Hintergrundkriterium für die Auswahl und die Darstellung von biblischen Texten in Kinderbibeln die «Befähigung zum (späteren) Dialog mit jüdischen und islamischen Kindern» ernst zu nehmen.

---

1 Gertraud Rosenberger: Das große Buch für kleine Leute. Kriterien und Beurteilung ausgewählter Kinderbibeln, Essen 1997, S. 11.

2 Reinmar Tschirch: Bibeln für Kinder. Die Kinderbibel in Kirche, Gemeinde, Schule und Familie, Stuttgart u.a. 1995.

3 Z. B. Gottfried Adam/Rainer Lachmann (Hg.): Kinder- und Schulbibeln. Probleme ihrer Erforschung, Göttingen 1999.

4 Ebd., S. 7.

5 Godwin Lämmermann u.a. (Hg.): Bibeldidaktik in der Postmoderne. FS Klaus Wegenast, Stuttgart u.a. 1999.

6 Zitiert nach Reinmar Tschirch: aaO., S. 11.

7 Ebd., S. 182f.

8 Anneliese Pokrandt: Elementarbibel. Registerheft, Lahr 1994, S. 2 (Einführung).

9 Vgl. Karl-Josef Kuschel: Streit um Abraham. Was Juden, Christen und Muslime trennt - und was sie eint, München u.a. 1994.

10 Tschirch: aaO., S. 165.

11 Vgl. Johann-Dietrich Thyen (Hg.): Bibel und Koran. Eine Synopse gemeinsamer Überlieferungen, 3. Aufl. Köln u.a. 2000.

12 VELKD/EKD (Hg.): Was jeder vom Islam wissen muss, Gütersloh 1990, S. 129f.

13 Adel Theodor Khoury/Ludwig Hagemann/Peter Heine, Islam-Lexikon. Geschichten - Ideen - Gestalten. Bd. 1, Freiburg u.a. 1991, S. 284f.

14 In: Salam Kinder. XVI, Nr. 91. 1999, Ramadan/Sawwal 1419. Hg. vom Islamischen Zentrum Hamburg (http://islamik-centre-hamburg.de/ salam-kinder/salam 91. htm)

15 Tschirch: aaO., S. 178-182.

16 Ebd., S. 180.

17 Konrad Hilpert: Experimentieren mit (un)moralischen Geschichten. Modelle des Handelns in Kinderbibeln, in: Katechetisches Institut des Bistums Trier/Katholische Akademie Trier (Hg.): Moral in Kinderbibeln, Trier 1998, S. 5-38, bes. S. 11.

18 Ebd.

19 Tschirch: aaO., S. 145.

20 Siehe dazu insbesondere Erhard Blum: Die Komposition der Vätergeschichte, Neukirchen 1984.- Ich danke Rainer Albertz für seine hilfreichen Hinweise!

Reinmar Tschirch

Die Schöpfungserzählungen in Kinderbibeln

Eine kritisch-theologische Analyse neuerer Kinderbibelausgaben

Die Schöpfungserzählungen in Kinderbibeln
Eine kritisch-theologische Analyse neuerer Kinderbibelausgaben

Dieser Beitrag will an Beispielen in Kinderbibeln deutlich machen, welche erzählerischen Deformationen bei den Schöpfungsgeschichten die Folge sind, wenn man wichtige exegetische Einsichten bei der Gestaltung von Kinderbibeln außen vor lässt, und umgekehrt, welchen Nutzen es bringt, wenn man sich dabei in angemessener Weise der Hilfe von Bibelwissenschaft bedient. Wie gehen Kinderbibeln mit den biblischen Erzählungen von der Schöpfung um:
- mit der Mann-Frau-Thematik,
- mit der auf den Sabbat hin zielenden Sieben-Tage-Struktur,
- mit der Tatsache, dass es sich hierbei um zwei im Ursprung eigenständige unterschiedliche Erzählungen handelt, also drei gewichtigen Kernpunkten in 1 Mose 1 und 2?

Zum bibelwissenschaftlichen Befund

Auf den ersten Seiten der Bibel in 1 Mose 1 und 2 finden wir zwei fundamentale biblische Texte zum Thema «Schöpfung» – in der Lutherbibel bzw. in der Einheitsübersetzung mit der Überschrift versehen: «Die Schöpfung/Die Erschaffung der Welt» und «Das Paradies». Dass es sich hier um zwei aus unterschiedlichen Situationen der Glaubensgeschichte Israels stammende Erzählungen handelt, die jeweils ihre eigenen Intentionen und ihre eigenen Bilder und Begriffe haben, ist eine lange bereitliegende bibelwissenschaftliche Erkenntnis, die auch der nicht theologisch ausgebildete Leser leicht nachvollziehen kann, wenn er aufmerksam die beiden ersten Kapitel der Bibel liest.

1 Mose 2 (und die Fortsetzung in 1 Mose 3: Vertreibung aus dem Paradies) ist vermutlich die ältere Erzählung von beiden. Sie stammt von einem Verfasser, den man z.B. daran erkennen kann, dass er als Gottesnamen durchgängig das Wort «Jahwe» gebraucht. In ihr spiegelt sich noch die Erinnerung an den Übergang Israels von der früheren Wandernomaden-Existenz (wasserlose Wüste) zur bäuerlich-bürgerlichen Kultur (Garten, bewässertes Kulturland). Man setzt die schriftliche Fixierung des Erzählwerks dieses «Jahwe»-Verfassers in die frühe Königszeit (Salomo: ca. 925 v. Chr.), die auch eine erste Blütezeit der Schriftstellerei in Israel war. Diese Schöpfungserzählung ist nicht an Geschehnissen in grauer Vorzeit interessiert. Sie will vielmehr verstehen lassen, was jetzt ist: Warum fühlen sich Mann und Frau so stark zueinander hingezogen? Wie kamen die Tiere zu ihren Namen? Woher die Abneigung vor Schlangen und die Angst

vor ihnen? Wie ist der Zwiespalt zu verstehen, in dem der Mensch sich befindet? Warum trägt er – im Unterschied zu den Tieren – Kleidung? Warum wird er, wenn er stirbt, wieder zu Erde? Wozu ist der Mensch in der Welt?

1 Mose 1-2,4 (Sieben-Tage-Schöpfung) hingegen gehört in eine ganz andere Zeit: Israel ist besiegt, Jerusalem erobert, die Großmacht Babylonien ist Sieger (587 v. Chr.). Ein großer Teil der Bevölkerung ist deportiert und lebt im Land des Siegers. Hat uns nicht unser Gott verlassen? Hat der Gott des Siegers, Marduk, der Gott der Königstadt Babylon, sich nicht als mächtiger erwiesen? Ist er nicht der wahre Herr der Welt und der Völker? – so fragen sich die Besiegten. Dagegen aber setzt der uns vom Namen her nicht bekannte Autor der Schöpfungserzählung 1 Mose 1 sein ausdrückliches Gegenbekenntnis: Nicht Marduk, sondern unser Gott schuf am Anfang Himmel und Erde; Ihm gehören die Welt und die Zeit. Alles zielt auf den Sabbat hin, den Ruhetag, der auch für die Vertriebenen fern der Gottesstadt Jerusalem Zeichen von Gottes Gegenwart sein soll. Diese Erzählung trägt einen ganz anderen Charakter als die von 1 Mose 2: sie ist systematischer. Sie bringt in der Art damaliger «Wissenschaft» Listen und Einteilungen von Pflanzen und Tieren. Nach dem Zusammenhang, in dem diese Geschichte in den Mosebüchern erscheint, nennt man sie die «Priesterschrift».

Heutige Exegese, die die biblischen Texte wieder stärker auch in ihrem kanonischen Zusammenhang verstehen möchte, liest auch die Genesis – unabhängig von vorgängigen Entstehungsverhältnissen – als einen in ihrer jetzigen Fassung aufeinander bezogenen Text, dessen Elemente sich gegenseitig interpretieren, miteinander gleichsam eine Diskussion führen. So gesehen widersprechen sich 1 Mose 1 und 1 Mose 2 zwar, dies geschieht aber eben nicht versehentlich, sondern mit voller Absicht. Der biblische «Autor» könnte die beiden Schöpfungserzählungen, weit entfernt davon, deren Verschiedenheiten zu übersehen, gerade in dieser Unterschiedenheit nebeneinander gesetzt haben, um z.B. damit deutlich zu machen, dass 1 Mose 2,22f. unter der Interpretationsvorgabe von 1 Mose 1,27f. verstanden werden müsse. Wer 1 Mose 2,22f. liest, soll das also nicht, wie in der Wirkungsgeschichte oftmals geschehen, als Beleg für eine Abwertung der Frau nehmen, sondern muss sich an das «Zugleich» der Erschaffung von Mann und Frau in 1 Mose 1,27f. erinnern.

Weiterhin ist von Bedeutung, dass die biblische Tradition nicht mit solchen Schöpfungserzählungen angefangen hat. Der Glaube des Volkes Israel war vielmehr um einen anderen Schwerpunkt zentriert: um den Exodus, die Befreiung aus der Sklaverei in Ägypten.[1] Das Schöpfungsthema unterstützte dann nachträglich und zusätzlich die Glaubensgewissheit Israels, in Gottes befreiendem und bewahrendem Bund zu stehen. Schließlich erscheint das Schöpfungsthema in der Hebräischen Bibel nicht nur in 1 Mose 1 und 2, sondern an vielen anderen Stellen: die Schöpfungspsalmen 104 und 148, Hiob 38, Jes 40,12-28 u.a.m. So finden Schöpfungsglaube und Schöpfungsfreude in der biblischen Überlieferung einen reichhaltigen und vielfarbigen Ausdruck als Erzählung, als Poesie und Lied, als systematische Lehre und als Bekenntnis des Glaubens. Daran gemessen wirkt die traditionelle Fixierung auf 1 Mose 1 und 2 wie eine Blickverengung, die uns kein Auge haben lässt für die reiche Fülle, in der sich in der Bibel der Glaube an Gott den Schöpfer ausspricht.

Nur eine biblische Schöpfungsgeschichte?

Wie sehen nun Kinderbibeln aus, wenn man sie mit Hilfe dieser bibelwissenschaftlichen Grundeinsichten kritisch unter die Lupe nimmt? Weithin bieten Kinderbibeln nur eine Schöpfungserzählung, nämlich die nach 1 Mose 1. Sie muss damit dem jungen Leser fälschlicherweise als *die* Schöpfungsgeschichte der Bibel erscheinen. Hierbei gibt es folgende Varianten:
- Ein Kinderbibelautor beschränkt sich auf die Nacherzählung von 1 Mose 1 (so Jörg Zink[2]).
- Die Paradieseserzählung 1 Mose 2 wird angefügt. Dabei werden alle Schöpfungsmotive ausgeschieden, so dass sie nicht mehr als eine Erzählung erkennbar ist, die ebenfalls die Schöpfung zum Thema hat. Sie wirkt nur noch als eine Hinführung zur Sündenfallgeschichte (so Detlev Block, die Sieger Köder-Kinderbibel, Werner Laubi, Wilfried Pioch).
- Die Paradieseserzählung 1 Mose 2 wird geradezu als eine Art Fortsetzung von 1 Mose 1 dargeboten: Dort ist dann die Erschaffung der Menschen, mindestens aber die der Frau, ausgelassen – jetzt wird dies mit den Motiven von 1 Mose 2 (aus Erde bzw. aus der Rippe des Mannes geschaffen) gewissermaßen nachgeholt (so die verbreitete Anne de Vries-Kinderbibel, aber auch Irmgard Weth (1. Aufl.) und Eckart zur Nieden).

Man muss vermuten, dass hinter all diesen Versuchen, die beiden Schöpfungserzählungen miteinander auszugleichen, ein ganz bestimmtes Denken über das Kind verborgen ist: Es sei für den kleinen Leser irritierend, Verschiedenheiten in der Bibel – so etwa zwischen den beiden Schöpfungserzählungen von 1 Mose 1f. – zu entdecken, denn diese Entdeckung könne ihn an der Glaubwürdigkeit dieses Buches zweifeln lassen. Hinter solchen Harmonisierungsversuchen verbirgt sich also eine Art ‹theologischen Kinder- und Jugendschutzes›. Oder aber ein unaufgearbeiteter Rest von christlichem Bibelfundamentalismus, der Verschiedenheiten in der Bibel nicht als Ausdruck von Reichtum und Fülle annehmen kann, sondern darin Widersprüchlichkeit und Unvollkommenheit der biblischen Überlieferung befürchtet.

Im Interesse eines reifen Bibelverständnisses, auf das hin sich Kinder auch mit ihrer Kinderbibel entwickeln mögen, erscheint es jedoch als sinnvoll und geboten, mit den biblischen Erzählungen auch ein Maß biblischer Bildung zu vermitteln, das ein realistisches Bild vom Charakter der biblischen Schriften erschließt. Und dazu gehört, dass man dem kindlichen Leser nicht krampfhaft verbirgt, was in der Bibel wie ‹Widerspruch› aussieht, sondern die Verschiedenheiten darin als Ausdruck ihrer Reichhaltigkeit und Mannigfaltigkeit zu verstehen gibt.[3]

Wo bleibt Eva?

Nun werfen wir einen Blick in die Neukirchener Kinderbibel von Irmgard Weth. Sie leitet die Schöpfungsgeschichte mit folgenden Worten ein:

«Dies ist die Geschichte, die uns die Bibel erzählt ... Sie begann schon vor langer Zeit, lange bevor wir geboren wurden, ... vor vielen hundert [sic!] Jahren, als noch kein Mensch auf der Erde lebte, ... da war Gott schon da, ganz am Anfang. Mit ihm beginnt unsere Geschichte: Am Anfang schuf Gott Himmel und Erde ...»

Es folgt dann die Schöpfungserzählung nach 1 Mose 1. Daran schließt Weth die Paradies-Erzählung nach 1 Mose 2 in einer Weise an, dass sie als eine Art weiterführender Ergänzung von 1 Mose 1 erscheinen muss. Diese Ergänzung ist auch nötig, denn die Autorin hatte in ihrer Wiedergabe von 1 Mose 1 unterschlagen, dass auch dort schon von der Erschaffung von Mann und Frau die Rede war.[4] «Zuletzt aber schuf Gott das Wunderbarste: den Menschen», heißt es bei ihr. Freilich entpuppt sich dieses Abstraktum «Mensch» dann als Mann, als Adam: «Und Gott schuf Adam,[5] den Menschen.» Logisch konsequent muss dann im Schöpfungssegen auch der Auftrag: «Seid fruchtbar und mehrt euch» entfallen. An einen einsamen Mann Adam gerichtet wäre er ja recht widersinnig. Als weitere Folge daraus muss dann mit 1 Mose 2 unter der Überschrift «Adam und Eva» die Erschaffung der Frau «nachgeholt» werden. Doch wer 1 Mose 1,27 in dieser Weise wiedergibt, unterschlägt damit einen für die priesterschriftliche Schöpfungserzählung wesentlichen Punkt: Die legt ja gerade Wert darauf, dass von Anbeginn an, sozusagen aus Prinzip, von Mann und Frau das Gleiche gilt: Sie beide sind (gleichzeitig! nicht nacheinander, wie in der Paradies-Erzählung des «Jahwe»-Verfassers von

1 Mose 2) von Gott zu seinem Bilde geschaffen, von ihm mit dem gleichen Segen beschenkt. Damit enthielt 1 Mose 1 schon immer einen kritischen Impuls, der sich gegen den gesellschaftlichen Patriarchalismus richtete, wie er sich in den orientalischen und abendländischen Gesellschaften geschichtlich entwickelt hat.

Der Vergleich verschiedener Auflagen der Wethschen Kinderbibel zeigt, dass die Autorin immer wieder an ihren Texten gearbeitet hat. Die als individueller Personenname misszuverstehende Benennung «Adam», im biblischen Original erst in Kap. 3 gebraucht, wird in 1 Mose 1 und 2 gestrichen ([5]1991), dann wird wieder die Frau eingefügt, der Schöpfungssegen in seinen beiden Teilen vollständig zitiert und die Anrede, bis dahin im Singular, wieder in den Plural gesetzt ([11]2000).

Jetzt, in der 11. Auflage, wird auch formuliert, dass die Menschheit aus Mann und Frau besteht: «‹Endlich!›, rief er froh. ‹Das ist sie, meine Frau, der Mensch, der mir fehlte.› Nun war der Mensch nicht mehr allein. Nun gehörten sie für immer zusammen: Mann und Frau. Gott hatte sie füreinander geschaffen.»

Wo bleiben die sieben Tage?

In der Kinderbibel von Wilfried Pioch erzählt eine Mutter ihren Kindern die Schöpfungsgeschichte nach 1 Mose 1 auf folgende Weise:

«Irgendwann vor langer Zeit [!] wollte Gott, dass unsere Welt entsteht. Es gab all das noch nicht, was wir heute sehen ... [Es folgt 1 Mose 1,1-25] ... Gott sah, wie schön alles war, was er geschaffen hatte, und er wusste, dass nun die Menschen alles haben würden, was sie zum Leben brauchten. Nun liess Gott die ersten Menschen entstehen, einen Mann und eine Frau.»

Dem Leser und der Leserin fällt an dieser Nacherzählung besonders auf: Das biblische «Im Anfang», das eben nicht zwingt, eng als Zeitbestimmung verstanden zu werden (im Lateinischen heißt es: in principio – im Prinzip!), ist hier relativiert zu: «Irgendwann vor langer Zeit». Das mag ganz unnötigerweise zu Fragen provozieren wie: ‹Wann denn?› und: ‹Was war denn vorher?›, was einem angemessenen Schöpfungsverständnis im Wege steht. Gott steht nicht am zeitlichen Anfang der Welt, sondern er ist deren «Prinzip», ihr tiefster Grund und das nicht «irgendwann vor langer Zeit», vor Jahrtausenden oder Jahrmilliarden etwa, sondern heute. Denn so ist die Botschaft der priesterschriftlichen Schöpfungserzählung: Gott schafft auch die Zeit. Sie aber, eine der existenziellsten Lebensbedingungen des Menschen, fehlt in der Nacherzählung von Pioch völlig: Die Woche in ihrer Abfolge der sieben Tage mit Tag und Nacht,

Morgen und Abend, die auf den Sabbat hinzielt, ist aus der Erzählung herausoperiert. Und erst im folgenden Gespräch mit ihren Kindern erklärt die Mutter, die Menschen hätten sich früher erzählt, es habe mit der Schöpfung nur sechs Tage gedauert und am siebenten Tag habe sich Gott ausgeruht.[6]

Damit aber ist diese Schöpfungserzählung ihrer eigentlichen Farbe beraubt, die sie im Zusammenhang der priesterschriftlichen Überlieferung hat: Gott, dessen Tempel in Jerusalem zerstört ist, hat ein anderes Heiligtum, das mit seinem Volk ins Exil mitgeht: den heiligen Sabbattag, das Gottesgeschenk dieses wöchentlichen Ruhetages, der dem Leben die notwendigen Konturen und Atempausen verleiht. Ob nicht diese Botschaft gerade in einer Zeit wichtig ist, die Gefahr läuft, die Wochentage mit gleitender Arbeitszeit zu nivellieren?

In der Erklärung der Mutter wurde das Motiv des Sieben-Tage-Werks der Erzählung von Menschen zugeschrieben. Wer aber soll dann als Autor der übrigen Schöpfungsgeschichte gelten? Muss der Leser sie sich als von Gott direkt stammend denken? Hier wird das lesende Kind über den Charakter der biblischen Schriften leichtfertig irregeführt: Ist nicht die Schöpfungsgeschichte als Ganze (wie alles in der Bibel) Erzählung von Menschen, die freilich – was dieser Tatsache nicht widerspricht – «inspiriert» sind vom Glauben? Oder soll der Leser wirklich denken, die Bibel sei gewissermaßen zweigeteilt: ein Teil, dem höhere Autorität – sozusagen die eigentliche biblische Qualität – zukommt, und ein Teil, der (bloß) Erzählung von Menschen ist. Was werden die kindlichen Leser der Pioch'schen Kinderbibel sagen, wenn sie später einmal die Bibel selbst zur Hand nehmen und beides in einer Geschichte vereint finden? In welche Schwierigkeiten werden sie da geraten?[7]

Der Schöpfungsglaube hat viele Ausdrucksformen

Zum Glück findet sich heute manche Kinderbibelausgabe, die die bibelwissenschaftlichen Grundeinsichten in hinreichendem Maße berücksichtigt und so den intendierten Sinn der Schöpfungserzählungen zugänglich macht. Hierher gehören z.B. die Kinderbibeln von Josef Quadflieg, Anneliese Pokrandt und Regine Schindler. Die letzterwähnte beginnt mit dem Schöpfungspsalm 104; danach wird 1 Mose 2 neben 1 Mose 1 deutlich als «eine andere Geschichte vom Anfang der Welt» eingeführt. Allein ein solch dreifaches, unterschiedliches Angebot in einer Kinderbibel macht dem Leser ohne umständliche Sacherklärungen deutlich, dass sich der Schöpfungsglaube von Juden und Christen in den biblischen Schriften in sehr verschiedener Form ausspricht und dass über das Schöpfungsthema sehr verschieden gedacht werden konnte. Diese Tatsache sollte nicht ängstlich vor den kindlichen Lesern verborgen gehalten werden, gibt sie uns doch die Freiheit, heute unseren Glauben an Gott den Schöpfer auch in eigenen Begriffen und Vorstellungen auszudrücken.

Die Elementarbibel von Anneliese Pokrandt stellt die Schöpfungserzählungen nicht an den Anfang, sondern ordnet sie in ihre geschichtlichen Ursprungssituationen ein: in die Königszeit bzw. in die Zeit der babylonischen Gefangenschaft.[8] Die den Schöpfungserzählungen vorangesetzte Einleitung will dem Leser deutlich machen, dass diese Erzählungen nicht aus dem Leeren kommen, sondern einen konkreten «Sitz im Leben» haben. So erzählt Pokrandt von der Eroberung Jerusalems durch den babylonischen König Nebukadnezar und von der Deportierung der jüdischen Bevölkerung und leitet dann zur priesterschriftlichen Schöpfungserzählung so über:

«In der Gefangenschaft in der Stadt Babylon fragten die Menschen nach ihrem Gott. Sie sahen, dass es viele Götzen gab, zu denen die anderen Leute beteten. Ein Priester verkündete den Frommen aus Juda, wie Gott Himmel und Erde erschaffen hat. Er wollte den Menschen zeigen: Unser Gott ist Herr über alles! Diese Predigt wurde nach 538 v.Chr. aufgeschrieben. Die anderen Erzählungen vom Anfang mit Gott und den Menschen sind viel älter.»

Josef Quadflieg schliesslich schickt seiner Nacherzählung folgende Information voraus:

«Auf den ersten Seiten der Bibel stehen zwei Schöpfungs-Erzählungen. Die eine ist wie ein Lied, das in sieben Strophen von den «Sieben Tagen» spricht... In der anderen Erzählung steht der Mensch, Gottes liebstes Geschöpf, im Mittelpunkt.»

Creatio continua: Die Schöpfung geht weiter

Hinzuweisen ist auch auf den Beitrag, den Illustrationen in Kinderbibeln zum Verständnis biblischer Geschichten und damit der Schöpfungserzählungen leisten können. Hier sei das beispielhafte Bilderbuch «Deine Schöpfung – meine Welt» von Regine Schindler erwähnt, das besonders von den elementaren, aussagekräftigen künstlerischen Bildern der bekannten Bilderbuch-Illustratorin Hilde Heyduck-Huth lebt. Schon der Titel sagt, dass die Autorin das Thema «Schöpfung» in unsere Welt von heute hineinsetzen und so von vornherein dem Missverständnis vorbeugen möchte, als sollte hier nur eine Geschichte aus ferner Vorzeit erzählt werden. Als «Adam» und «Eva» erscheinen unter dem Paradiesbaum Junge und Mädchen von heute: «Ich glaube, dass mich Gott geschaffen hat samt allen Kreaturen, mir Leib und Seele, Augen, Ohren und alle Glieder, Vernunft und alle Sinne gegeben hat und noch erhält ...» (Martin Luther) – so ist die Botschaft: Die Schöpfung geht weiter.

Noch deutlicher formuliert dies Detlev Block in seiner «Grossen bunten Kinderbibel»:

«So sind Himmel und Erde entstanden. Gott schuf sie nicht fertig, er baute immer weiter an ihnen. Auch heute ist der Schöpfer am Werk. Wir merken es, wenn ein kleines Kind geboren wird oder ein neuer Stern entsteht.»

Die theologische Verantwortung des Erzählers

Es zeigt sich, dass die Autor/innen von Kinderbibeln eine eigene erzählerische Verantwortung tragen, die genaue theologische Vorarbeit nötig macht. Auch wer meint, dass er nur «schlicht» und «kindgemäß» nacherzählt, vermittelt – wenn auch oft unbewusst und ungeklärt – dem Leser (seine eigenen oder fremde, aber von ihm gebilligte) Vorstellungen über die Bibel und die biblischen Geschichten, und bestimmt damit, welche Geschichte ein Kind mit diesem Buch positiv oder negativ haben wird.

Die Frage ist also schlussendlich nicht, ob bibelwissenschaftliche Erkenntnisse bei der Ausarbeitung einer Kinderbibelausgabe zu berücksichtigen sind, sondern wie. Der Autor von Kinderbibeln muss sich in seiner Vorarbeit mit bibelwissenschaftlichen Erkenntnissen auseinander setzen, die ihn entscheiden lassen, ob und wie die in seiner Nacherzählung enthaltenen Aussagen innerhalb der Aussagedimensionen des biblischen Textes liegen bzw. deren Aussagedimensionen authentisch in unsere Zeit und im Hinblick auf die lesenden Kinder fortschreiben

Auch der Kontext, in dem biblische Erzählungen stehen, ist für deren Verständnis und Wiedergabe in Kinderbibeln wichtig. Die exegetische Wissenschaft wendet – wie wir oben gesehen haben – ihr Interesse heute stärker auch dem bestehenden Textzusammenhang zu und bemüht sich um den Sinn eines Textes innerhalb seines überlieferten Kontextes. Kinderbibeln haben dagegen mit ihrer Auswahl an biblischen Texten, darunter überwiegend Erzählstoffen, die leider zumeist isoliert von ihrem biblischen Zusammenhang dargeboten werden, eine Tendenz, diese Erzählstoffe als in sich geschlossene und sinnvolle Einheiten erscheinen zu lassen.[9]

Wie kann man den Kontextbezug der Texte in Kinderbibeln gegen diese Isolierungstendenz angemessen berücksichtigen? Sicher nicht in der akribischen Weise, wie es in der exegetischen Wissenschaft der Fall sein muss. Zunächst einmal hat der Kinderbibelautor selbst bei seiner Bibellektüre Texte in ihrem Zusammenhang zu lesen und zu verstehen. Ob und wie er diesen Zusammenhang dann in der Nacherzählung seiner Kinderbibel ins Spiel bringt, ist eine Sache der Entscheidung.

So ist z.B. für das Verständnis der Bartimäus-Erzählung bei Markus (Mk 10,46-52) auch der Zusammenhang unbedingt wichtig: Sie ist nach rückwärts mit der Szene vom Rangstreit der Jünger verklammert. Die Klammer bildet die Jesusfrage: Was ist es, was ich euch (bzw. dir) tun soll? Diese Frage findet sich in beiden Geschichten (Mk 10,36 bzw. 10,51). Diese Frage ist einmal an die um ihren Rang streitenden sehenden, aber «blinden» Jünger gerichtet, dann aber an den blinden, jedoch zum Sehen kommenden Bartimäus. Und auch nach vorne gibt es eine Verklammerung in dem Hinweis, dass der Blinde Jesus auf dem Weg folgte, nämlich dem Weg nach Jerusalem, dem Weg ans Kreuz (Mk 10,52).

Wer diesen Zusammenhang erzählerisch berücksichtigt, wird daran gehindert sein, den Sinn dieser Geschichte für sich selbst und dann auch für seine Zuhörer und Leser allein und vornehmlich in der Tatsache eines physischen Wunders zu verstehen. Was ist es, wofür wir blind sind und das uns der Glaube an Jesus neu zu sehen gibt? Auf diese Frage wird eine Nacherzählung der Bartimäus-Geschichte hinführen, wenn sie den Kontext angemessen mit ins Spiel bringen will.

Auch die Geburts-Erzählungen des Lukas (Lk 1 und 2) stehen in einem bestimmten, sehr bedeutungsvollen Zusammenhang. Sie werden vom Evangelien-«Autor» in überbietender Verschränkung mit den Geburtsgeschichten des Johannes dargeboten. Doch ist hier die Frage, ob dieser Kontext, den Lukas herstellt, für den heutigen Leser, Kind oder Erwachsenen, überhaupt noch von Relevanz sein kann.

So sollte ein Kinderbibelautor auch im Hinblick auf die Schöpfungserzählungen überlegen, wieweit er in seiner Nacherzählung den Kontext einfließen lassen muss. Deutlich ist, dass die Fixierung auf eine isoliert gesehene Schöpfungserzählung problematisch ist. Ich könnte mir hier gut vorstellen, dass der oben dargestellte Sachverhalt, 1 Mose 2,22f. sei nach der Vorgabe von 1 Mose 1,27f. zu interpretieren, in einer Kinderbibel angemessen aufgenommen werden kann. Etwa dadurch, dass der Kinderbibelautor selbst sich nach 1 Mose 2,22f. zu Wort meldet und fragt:

«Wie? Ist hier vergessen, dass in der Bibel vorher erzählt wird: Gott hat den Menschen, Mann und Frau zusammen (und nicht nacheinander) erschaffen? Soll das etwa heißen, dass die Frau zweiter Aufguss ist, von geringerem Wert als der Mann? Ich denke: nein. Es bleibt bestehen, was die eine Erzählung von der Schöpfung sagt: Mann und Frau haben gleichen Segen, gleichen Auftrag, gleichen Wert. Hier in dieser Erzählung vom

Paradies geht es um eine ganz andere Frage: Wie kommt es, dass Mann und Frau einander so anziehen, dass sie ein ganzes Leben beieinander leben wollen? Wie kommt es, dass sie einander mit grösserer Liebe lieben, als es die Liebe von Vater und Mutter ist? Natürlich, sagt uns diese Geschichte, das kann gar nicht anders sein. Sie sind ja aus dem gleichen Stoff. Und was getrennt ist, will wieder zusammenkommen.»

So schliesst die Elementarbibel von Anneliese Pokrandt in sorgfältiger (Um-)Formulierung von 1 Mose 2,22f.:

«Da sprach der Mensch: Sie ist ja ein Mensch wie ich. Sie passt zu mir. Darum hat der Mann seine Frau lieber als Vater und Mutter. Mann und Frau gehören fest zusammen.» [10]

Kinder mit den Schöpfungstexten der Bibel vertraut zu machen, ist nicht nur aus dem Grunde unerlässlich, dass die Bilder dieser Geschichten zu unserem verbreiteten Kulturgut gehören. Ein viel wichtigerer Grund scheint mir zu sein, dass die Motive und Bilder der Schöpfungstexte Kinder (und Erwachsene) zu inspirieren vermögen bei ihren existenziellen Fragen:
- Wer bin ich?
- Was war vor mir?
- Woher hat alles seinen Namen?
- Wer ist Gott?
- Wo kommt alles her?
- Wo geht alles hin?

Die Schöpfungstexte vermitteln den Kindern eine Sprache, in der sie über sich selbst, über Gott und die Welt nachdenken können, bevor das dann auch in einer begrifflich-abstrakten Sprache geschieht.

Die benutzten Kinderbibelausgaben

José Maria Rovira Belloso: Die Neue Patmos Kinderbibel. Mit Bildern von Carme Solé Vendrell. Aus dem Spanischen von H. Hoffmann, Düsseldorf: Patmos Verlag 1990.

Wilhelm Beneker: Gott und sein Volk. Das Alte Testament für Kinder. Bilder von Jenny Dalenoord, Hamburg: Agentur des Rauhen Hauses 1976.

Detlev Block: Die große bunte Kinderbibel. Ill. von Gisela Röder, Bindlach: Loewe Verlag 1993.

Sieger Köder (Ill.): Kinder-Bibel. Mit Bildern von S. Köder, Stuttgart: Katholisches Bibelwerk 1995.

Werner Laubi: Kinderbibel. Ill. von Annegert Fuchshube, Lahr: Verlag E. Kaufmann 1992.

Eckart zur Nieden: Was der Regenbogen verspricht. Kinderbibel. Altes Testament. Ill. von Ingrid und Dieter Schubert, Wuppertal: R. Brockhaus Verlag 1994.

Wilfried Pioch: Die Neue Kinderbibel. Mit Kindern von Gott reden. Ill. von Eva Bruchmann, Hamburg: Agentur des Rauhen Hauses 1989.

Anneliese Pokrandt: Elementarbibel. Ausgewählt, in acht Teile gegliedert und in einfache Sprache gefasst von A. Pokrandt, Ill. von Reinhard Herrmann (Überarbeitete Gesamtausgabe), Lahr: Verlag E. Kaufmann 1998.

Josef Quadflieg: Die Bibel für Kinder ausgewählt und erläutert. Ill. von Rita Frind, Düsseldorf: Patmos Verlag 1994.

Regine Schindler: Mit Gott unterwegs. Die Bibel für Kinder und Erwachsene neu erzählt. Ill. von Štěpán Zavřel, Zürich: bohem press 1996.

Dies.: Deine Schöpfung – meine Welt. Bilder von Hilde Heyduck-Huth, Lahr: Verlag E. Kaufmann Verlag 1982.

Anne de Vries: Die Kinderbibel. Durchgesehene Neuausgabe. Ill. von H. F. Schäfer. Deutsch von Grete Schneider, Konstanz: Friedrich Bahn Verlag 1992.

Irmgard Weth: Neukirchener Kinder-Bibel. Ill. von Kees de Kort, Neukirchen-Vluyn: Kalenderverlag des Erziehungsvereins 1991.

Jörg Zink: Der Morgen weiß mehr als der Abend. Bibel für Kinder. Ill. von Hans Deininger, Stuttgart: Kreuz Verlag 1981.

1 Diese Einsicht nimmt etwa die Neue Patmosbibel auf und beginnt deshalb mit den Mose-Geschichten.

2 Vgl. die Liste der benutzten Kinderbibelausgaben (mit allen bibliografischen Angaben).

3 Dies gilt z.B. auch im Hinblick auf die Kreuzigungserzählungen in den vier Evangelien, deren Verschiedenheiten in Kinderbibeln gern glatt gebügelt werden, indem die Evangelientexte harmonisierend miteinander vermischt werden (entsprechend der Tradition der sieben Kreuzesworte).

4 In der 1. Aufl. 1988 heißt es: «Zuletzt aber schuf Gott das Wunderbarste: den Menschen. Gott sprach: ‚Ich will Menschen machen, die mir gleichen und über allen Tieren stehen.' Und Gott schuf Adam, den Menschen. Und Gott sprach zu Adam ...» Ab der 5. Aufl. 1991 wird der Text verändert: «Zuletzt aber schuf Gott das Wunderbarste: den Menschen. (Mittelteil unverändert.) Und Gott schuf den Menschen nach seinem Bild. Und Gott segnete ihn und sprach ...» In der 11. Aufl. 2000 wird erneut umformuliert: «Zuletzt aber schuf Gott die Menschen. (Mittelteil unverändert bis auf: Über alle Tiere will ich sie stellen.) Und Gott schuf den Menschen nach seinem Bild: Mann und Frau. Und Gott segnete sie und sprach ...»

5 In späteren Auflagen (1991) hat die Autorin den «Namen» Adam an dieser Stelle gestrichen. Doch bringt sie ihn wieder in der zu Beginn der Paradies-Erzählung hinzugefügten Erklärung: «Adam hieß der Mensch, den Gott geschaffen hatte» – also wieder nur einen und dann einen männlichen Menschen? So muss der Eindruck auf den Leser und die Leserin weiterhin zweideutig bleiben: War der von Gott geschaffene Mensch ein abstrakt-geschlechtloses Wesen (Irmgard Weth in ihrer Wiedergabe von 1 Mose 1) oder war er ein männlicher Adam, dem dann erst ergänzend eine Frau namens Eva erschaffen werden muss? Diese textlichen Veränderungen bewirkten leider noch keine grundsätzliche Verbesserung in der theologischen Sache.

6 Hat Pioch die Sieben-Tage-Struktur weggelassen, um möglichen Konflikten mit der Evolutionstheorie beim Kind vorzubeugen? Dies aber wäre m.E. ein falscher Weg dafür.

7 Die Schöpfungserzählung 1. Mos. 2 wird bei Pioch dann unter der Überschrift: «Wie die Menschen das Böse kennen lernten» zurechtgestutzt zu einem bloßen Vorwort für die Sündenfallgeschichte. Die Passagen, die sie als Schöpfungserzählung erkennen lassen, fehlen.

8 Ähnlich die Neue Patmosbibel.

9 Dass Kinderbibeln sich überwiegend auf die Wiedergabe von erzählerischen Passagen der Bibel beschränken, also prophetische, poetische, weisheitliche Stoffe weithin fehlen, ist in sich ein zu problematisierender Tatbestand. Auf diese Weise erhalten Kinder ein sehr «einseitiges» Bild von der Bibel.

10 Anneliese Pokrandt: Elementarbibel, S. 239.

Irmgard Weth

Die dunklen Seiten des Alten Testaments – Zumutung nicht nur für Kinder

Die dunklen Seiten des Alten Testaments – Zumutung nicht nur für Kinder

«Abgeschafft werden muss ein für allemal das sog. Alte Testament als Religionsbuch. Damit entfällt der misslungene Versuch der letzten anderthalb Jahrtausende, uns geistig zu Juden zu machen... Nicht der Traum von Hass und mordendem Messianismus, sondern der Traum von Ehre und Freiheit ist es, der durch nordische germanische Sagen angefacht werden muss.»[1]

Mit diesen bekannten Sätzen aus Alfred Rosenbergs «Mythos des 20. Jahrhunderts» ist der traurige Höhepunkt einer fast zweitausendjährigen wechselvollen Auslegungsgeschichte des Alten Testaments markiert. Seit Marcions Zeiten bis ins 20. Jahrhundert hinein ist in der christlichen Kirche über das Alte Testament und seine Bedeutung für den christlichen Glauben gestritten worden. Als stichhaltiges Argument gegen das Alte Testament wurde in diesem Streit vor allem die Grausamkeit des Alten Testaments und seines Gottes angeführt. Schon im Humanismus, vor allem aber in der Aufklärung zog man gegen jenen vermeintlich barbarischen und despotischen Gott des Alten Testaments zu Felde, jenen «dieu tyran», der die Menschen in Angst und Unmündigkeit hält.[2] Nicht nur rassistische Ideologen haben im 20. Jahrhundert daraus ihre Konsequenzen gezogen, sondern auch namhafte Theologen jener Zeit – allen voran Adolf von Harnack – haben sich bewusst von dem «gewalttätigen Gott des Alten Testaments» abgekehrt, um sich ganz dem Gott des Neuen Testaments, dem liebenden Vater Jesu Christi zuzuwenden.[3]

Wenn wir heute unter Theologen eine neue Hinwendung zum Alten Testament und Judentum beobachten können, wenn wir uns auch auf Tagungen in besonderer Weise mit dem Alten Testament befassen, so ist dies als hoffnungsvolles Zeichen zu werten. Es ist wohl vor allem das neu erwachte Interesse am jüdisch-christlichen Dialog, das uns veranlasst, unsere Haltung gegenüber dem Alten Testament neu zu überprüfen und nach den gemeinsamen Wurzeln unseres Glaubens im Alten Testament zu fragen. Damit sind aber die traditionellen Vorbehalte gegenüber diesem Buch noch nicht aus dem Weg geräumt, höchstens verlagert. In der religionspädagogischen Praxis werden wir immer noch mit handfesten Vorurteilen gegenüber dem Alten Testament konfrontiert. Diese Vorurteile richten sich allerdings weniger gegen das Alte Testament an sich, sondern vorrangig gegen die so genannten «dunklen Seiten» des Alten Testaments, die man nicht selten als Instrument einer «schwarzen Pädagogik» verdächtigt. Gemeint sind jene Texte und Themen des Alten Testaments, die aus gegenwärtiger Sicht als inhuman erscheinen und den Kindern das Bild eines furchterregenden und strafenden Gottes vermitteln könnten. Bereits 25 Jahre sind vergangen, seitdem sich Tilman Moser in seinem vielbeachteten Buch «Gottesvergiftung» von diesem Gott, dem verhassten Gott seiner unglücklichen Kindheit, definitiv verabschiedet hat.[4] Doch seine Argumente wirken bis heute nach. Eltern wie auch Erzieherinnen und Erzieher fragen sich, wenn auch nicht so polemisch wie Moser, so doch tief verunsichert, welche Texte des Alten Testaments sie ihren Kindern gegenüber noch vertreten können.

«Diese grausame Geschichte kann ich doch meinem Kind nicht zumuten», meinte eine Mutter entsetzt, als ich in einer Elterngruppe die Geschichte von Pharaos Kindermord und von der Geburt Moses (2 Mose 1f.) aus der Neukirchener Kinder-Bibel vorstellte. Ganz ähnlich reagierte eine Gruppe von Erzieherinnen und Erziehern, als sie in derselben Bibel die Erzählung von der so genannten «Opferung Isaaks» (1 Mose 22) entdeckte. Für sie war diese Geschichte Ausdruck göttlicher Willkür und Gewalt, eine «unzumutbare Zumutung», nicht nur für Kinder.

So verständlich solche Reaktionen sind, stehen sie doch im Widerspruch zu Äußerungen vieler Kinder und Jugendlicher selbst: «Warum wird in dieser Bibel nicht die Geschichte von Hiob erzählt und die Geschichte, als Jesus in der Wüste versucht wurde?» So fragte eine Zwölfjährige, nachdem sie die ganze Kinderbibel gelesen hatte. Und eine andere rief überrascht, als sie zum ersten Mal die Geschichte von Josef und seinen Brüdern las und von dem Unrecht, das ihm widerfuhr: «Das ist ja meine Geschichte!» Und dann packte sie aus und erzählte, was sie selbst in ihrer Familie an unsagbarem Leid erfahren hatte.

Solche und ähnliche Reaktionen von Kindern und Jugendlichen, insbesondere von jenen, die nicht in einem beschützten Rahmen aufwachsen, sind keine Seltenheit. Sie machen uns deutlich: Was wir Erwachsenen häufig als Zumutung empfinden, sehen Kinder und Jugendliche möglicherweise als eine wichtige Erfahrung, die ihr eigenes Leben unmittelbar tangiert. Allein schon deshalb sollten wir vorsichtig sein, im Namen einer selbst proklamierten Humanität solche Texte von vornherein auszublenden. Wir haben uns vielmehr ihren «Zumutungen» mit vermehrter Aufmerksamkeit und Sorgfalt zu stellen. Dies war jedenfalls die Lehre, die mir die Kinder und Jugendlichen erteilt haben. Sie hat u.a. dazu geführt, dass neben der «Neukirchener Kinder-Bibel» noch eine weitere «Erzählbibel» entstand, die sich vorrangig mit Texten des Alten Testaments befasst, vor allem mit solchen Texten, die uns nur schwer zugänglich erscheinen, die aber eine intensive Auseinandersetzung mit dem Alten Testament aus neuer Perspektive ermöglichen.

Die «dunklen Seiten» des Alten Testaments stellen demnach eine Herausforderung an uns als Religionspädagoginnen und -pädagogen dar. Wir sind gefragt, ob und wie wir in der Praxis mit den «unbequemen» Texten des Alten Testaments umgehen wollen. Entweder wir grenzen sie von vornherein als «unzumutbar» aus. Oder aber wir wagen den Versuch und stellen uns ihrem Anspruch, in der Erwartung, dass wir durch sie einen neuen Zugang zum Alten Testament und seiner Botschaft finden können. Im Folgenden möchte ich in fünf Schritten diese dunklen Seiten des Alten Testaments genauer betrachten, nach ihrer jeweiligen theologischen Intention fragen und daraus Folgerungen für die religionspädagogische Praxis, insbesondere für die Praxis biblischen Erzählens, ziehen.

Das Alte Testament – Buch der Hoffnung oder des Grauens?

Was tue ich, wenn ich heute Kindern und Jugendlichen Geschichten aus dem Alten Testament erzähle? Welche Intention leitet mich dabei? Sicher nicht die Absicht, junge Menschen durch eventuelle Helden- oder Vorbildgeschichten zu unterhalten oder, schlimmer noch, zu pädagogisieren. Vielmehr möchte ich sie an den vielfältigen Erfahrungen teilhaben lassen, die die Menschen des Alten Testaments mit Gott gemacht haben: Erfahrungen in Notzeiten wie auch im Alltag, Erfahrungen von Freud und Leid, Krieg und Frieden, Schuld und Vergebung, Leben und Tod. Die ganze Bandbreite menschlicher Erfahrungen kommt in diesem Buch mit seinen verschiedenartigen Dokumenten zur Sprache. Doch sind diese alle miteinander verbunden durch ihr gemeinsames Zeugnis der Hoffnung auf ihren Gott, «der nicht preisgibt das Werk seiner Hände», der «Zukunft und Hoffnung» verheißt und der Neuanfänge schafft, wo Menschen selbst keinen Ausweg mehr sehen.[5]

> Von solch ausweglosen Situationen weiß die Hebräische Bibel viel zu erzählen, und oft malt sie die Situation so hoffnungslos, dass uns bei genauerem Betrachten angst und bange werden kann. Auch wenn wir versucht sind, das Grauen solcher Erzählungen zu entschärfen – es wird uns nur schwer gelingen. Dies wird am Beispiel der Sintfluterzählung (1 Mose 6-9), der wohl bekanntesten alttestamentlichen Geschichte, besonders deutlich: Die Vorstellung, was bei solcher Sintflut geschehen sein könnte, ist grauenhaft und weckt nicht nur bei Kindern viele Ängste. Trotzdem können wir die Erzählung von der Sintflut und von der Arche Noah nicht einfach in eine harmlose Kindergeschichte umschreiben, wie das immer wieder versucht worden ist.[6] Wir würden ihren Sinn sonst verfehlen. Wir können sie nur so annehmen, wie sie uns auch in der Bibel zugemutet wird: in der Spannung zwischen dem dunklen Anfang und dem befreienden Ende der Geschichte, dem Neuanfang, den Gott durch sein Wort setzt. Dass dieses Ende sogar in zwei Varianten erzählt wird (1 Mose 8 und 9), unterstreicht die Bedeutung, die diesem hoffnungsvollen Neuanfang beigemessen wird.

Von anderen ausweglosen Situationen wird uns im Verlauf der Geschichte Israels immer wieder erzählt, wobei diese Erzählungen häufig den Auftakt zu einer neuen Hoffnungsgeschichte bilden. So wird uns z.b. am Anfang der Geschichte Israels eine wahrhaft hoffnungslose Situation zugemutet: Israels Unterdrückung in Ägypten (2 Mose 1). Aber aus dieser trostlosen Geschichte wächst heimlich eine neue Hoffnungsgeschichte hervor: die Geschichte von Moses Geburt und Rettung und von seiner Berufung zum Retter Israels (2 Mose 2f.)

Doch wenig später tut sich ein neues Bild des Grauens auf: die Schilderung der Plagen Ägyptens und die Verzweiflung Israels, die am Schilfmeer ihren Höhepunkt erreicht (2 Mose 14,10ff.). Aber genau dort setzt die größte aller Hoffnungsgeschichten des Alten Testaments ein: Israels Rettung am Schilfmeer.

Auch nach der Landnahme Kanaans wird uns von neuem Grauen und von anarchischen Zuständen berichtet: Israel kämpft um sein Überleben. Jeder kämpft gegen jeden oder, wie es das Buch der Richter ausdrückt:«Jeder tat was ihn recht dünkte» (Ri 21,25) Am schlimmsten aber sind die Missstände am Haus Gottes, die in 1 Sam 2,12f. so drastisch geschildert werden, dass es scheint, als habe sich Gott endgültig von diesem Volk zurückgezogen.[7] Doch mitten in diesem Chaos lässt Gott ein Kind zur Welt kommen, Samuel, mit dem Gott eine neue Geschichte beginnt.

Die Schilderungen des Grauens gehören demnach unmittelbar in die Hoffnungsgeschichte des Alten Testaments hinein. Sie zeigen an, wie es in Wahrheit unter Menschen zugeht, wie, menschlich gesprochen, keine Aussicht auf begründete Hoffnung besteht. Allein in der Hoffnung auf Gottes schöpferische Neuanfänge hat Israels Hoffnung seinen Grund. Davon soll es weitererzählen,«damit es die Nachkommen lernten, dass sie setzten auf Gott ihre Hoffnung und nicht vergäßen die Taten Gottes...» (Ps 78,6f.)

Von dieser Hoffnung auch heute jungen Menschen zu erzählen, ist unser Auftrag und unsere Chance zugleich, zumal in einer Zeit, die geprägt ist durch zunehmenden Verlust an Hoffnung. Viele junge Menschen sind heute nicht mehr bereit, sich billig vertrösten zu lassen. Wonach sie fragen, ist eine Botschaft, die auch widersprüchlicher und bedrängender Wirklichkeitserfahrung standhält. In diesem Zusammenhang wird es eine lohnende Aufgabe sein, sich neu mit den Hoffnungsgeschichten des Alten Testaments zu befassen, und zwar bewusst unter Einbeziehung ihrer dunklen Folie. Denn was Menschen heute mehr denn je brauchen, so formuliert es zum Beispiel der bekannte Medienwissenschaftler Neil Postman, ist «eine glaubwürdige Erzählung, ... die der Vergangenheit Bedeutung zuschreibt, die Gegenwart erklärt und für die Zukunft Orientierung liefert.»[8] Daher sind jene Hoffnungsgeschichten des Alten Testaments für uns heute unverzichtbar. Sie sind, um mit Ingo Baldermann zu sprechen, «notwendig, um mich in dieser Welt, die mich täglich mit einer chaotischen Vielfalt von Eindrücken ... konfrontiert, doch ... zu Hause fühlen zu können. Wenn wir in einer Welt, in der die Möglichkeit der Geborgenheit täglich weiter erodiert, nichts anderes haben als Märchen und ihre Verheißung, sind wir mit unseren Kindern arm dran ... Nur in authentischen Geschichten wird (sie) auch als verlässlich erscheinen, als eine Hoffnung, die das Engagement lohnt»[9].

«Texte des Terrors» - «Ausdruck der Gewalt»?

Dies kann allerdings nicht über das hinwegtäuschen, was Menschen heute am Alten Testament am meisten abstößt. Zahllose alttestamentliche Texte sind gezeichnet von Gewalt, Brutalität und namenlosem Leid. Damit erscheinen sie vielen als Ausdruck einer archaischen Kultur und überholten Religion, die uns aufgrund ihrer Unmenschlichkeit heute nicht mehr zugänglich ist. Und in der Tat: An mehr als 6000 Stellen lesen wir von Vernichtung und Ausrottung ganzer Völker. Fast 1000 Mal wird in diesem Buch Gott als der Gott des Zorns, der Rache und des Gerichts vorgestellt[10].

Aber es wäre voreilig daraus schließen zu wollen, das Alte Testament verherrliche und rechtfertige die Gewalt, oder, noch zugespitzter, der Gott des Alten Testaments stünde auf der Seite der Mächtigen und Gewalttätigen. Bei näherem Betrachten stellen wir vielmehr das Gegenteil fest: Das Alte Testament zeigt uns Gott ausdrücklich auf der Seite der Armen und Unterdrückten, eine Aussage, die bis in das Neue Testament hinein nachhallt: «Er stößt die Mächtigen vom Thron und erhebt die Niedrigen» (Lk 1,52). Israel hat sich selbst immer auf der Seite der Schwachen und Bedrohten erlebt. Die meisten Texte des Alten Testaments, die von Gewalt berichten, sind daher gerade nicht als Demonstrationen des Terrors zu verstehen, sondern umgekehrt als Zeugnisse eigenen Unvermögens und Versagens. Sie beschreiben Grenzerfahrungen, die Israel im Lauf seiner Geschichte immer wieder erlebt hat und zu denen es sich ausdrücklich bekennt.

1. Die Erfahrung von Ohnmacht und Leid

Israels Weg durch die Geschichte ist geprägt durch eine Vielzahl von Feinden und durch immer neue Kriege. Sein Leidensweg beginnt bereits in Ägypten. Als Sklavenvolk ist es der Willkür des ägyptischen Herrschers ausgesetzt. Auch auf seinem Weg durch die Wüste geht es durch schwere Gefahren.[11] Selbst nach der Einnahme des Landes bleibt es von allen Seiten bedroht und wird schließlich zum Spielball der assyrischen, babylonischen und persischen Weltmacht.

Was sich auf den ersten Blick als kriegslüsterne Erzählung liest, erweist sich bei genauerem Betrachten jedoch als fortgesetzte Leidensgeschichte eines ohnmächtige Volkes, des «Würmleins Jakob»(Jes 41,14), dessen Existenz immer neu bedroht ist. Wundert es uns da, dass in den Texten des Alten Testaments so viel von Kriegen berichtet wird? Durch derartige Berichte sollen ja nicht etwa Krieg oder Hass verklärt werden.[12] Vielmehr soll über solch realen Angsterfahrungen Gott gepriesen werden, der sein Volk aus Todesangst und Todesnot heraus gerettet hat. Das ist der Grundton, der jene Kriegsgeschichten des Alten Testaments durchzieht.[13] Sie erlauben keinen Triumphalismus. Sie fordern vielmehr Israel zu demütiger Selbsterkenntnis auf: Erkenne, wer du in Wahrheit bist, ein verlorener und verlassener Haufe, ein Volk ohne Zukunft, wenn sich Gott nicht über dich erbarmt hätte.[14]

2. Die Erfahrung eigener Schuld und ihrer Folgen

Das Alte Testament zeigt uns aber nicht nur die Opfer von Willkür und Gewalt, sondern auch die Täter, die sich selbst und andere ins Unglück reißen. Bereits in den ersten Kapiteln des Genesisbuches stoßen wir auf das Drama des Menschen, der durch eigenes Verschulden eine Lawine von Unheil und entfesselter Gewalt auslöst. In unerbittlicher Konsequenz und in Form eines gnadenlosen Tun-Ergehen-Zusammenhangs erzählt die Urgeschichte, wozu der Mensch imstande ist, der sich wissentlich von Gott gelöst und zum Herrn über Gottes Schöpfung gemacht hat (1 Mose 3-11).

Von einer ebenso düsteren Erfahrung erzählt die Königsgeschichte. Sie nimmt ihren unheilvollen Anfang mit Davids Ehebruch. Die Folge dieser Schuld ist nach Darstellung des 2. Samuelbuchs eine endlose Kette von Schuld und Leid unter den Thronfolgern Davids. In diesen Strudel von Gewalt werden auch unschuldige Menschen hineingerissen, wie zum Beispiel Tamar, die Schwester Absaloms (2 Sam 13). Mit Schrecken erkennen wir an den Geschichten der Samuelbücher, zu welchen Gewalttaten Menschen fähig sind, wenn sie ihre Macht missbrauchen.

Noch radikaler und konsequenter führen die beiden Königsbücher den Untergang Israels und Judas auf die Schuld ihrer Könige zurück. Furchtbare Gräueltaten von Königen werden uns dort berichtet, angefangen bei Salomo (1 Kön 2) bis hin zu Manasse, der seinen Sohn durchs Feuer gehen ließ (2 Kön 21,6). Auch Frauen sind davon nicht ausgenommen, wie etwa die Berichte über Isebel (1 Kön 18,4 und 19,1) und Athalja (2 Kön 11) zeigen.

Warum jedoch wird in den genannten Texten so gnadenlos mit Israels Geschichte abgerechnet? Warum wird uns diese düstere Geschichte überhaupt zugemutet? Die Intention dieser Geschichtsschreibung liegt auf der Hand: Israel stellt seine Geschichte mit all ihren dunklen Flecken unter Gott. Vor ihm bekennt es sein Versagen und seine Schuld am Untergang der Königreiche. Als erzähltes Schuldbekenntnis und als Bekenntnis zu Gott, dem Herrn der Geschichte, weiß sich diese Geschichtsschreibung der vollen Wahrheit ohne Einschränkung verpflichtet.

3. Die Erfahrung Gottes als Feind

Am meisten aber machen uns diejenigen Zeugnisse des Alten Testaments zu schaffen, in denen Gott selbst als Feind erfahren und bezeugt wird. Dass Gott Abraham «versucht» (1 Mose 22,1), dass er mit Jakob «kämpft» (1 Mose 32,25. 29), dass er Pharao «verstockt» (2 Mose 5-12), dass er sein Volk sogar zu Krieg und Racheakten anstiftet (z.B.1. Sam 15,2 f.), das verträgt sich nicht mit unserem Bild eines liebenden, väterlichen und mütterlichen Gottes.[15] Erschrocken fragen wir uns: Was ist das nur für ein Gott, der von Abraham das Liebste fordert, der Jakob wie ein Feind entgegentritt, der Mose auf dem Weg nach Ägypten zu vernichten droht (2 Mose 4,24), der Aarons Söhne beim Opfern dahinrafft (3 Mose 16,1) und der um seiner Heiligkeit willen einen Menschen tötet, weil er in guter Absicht die Lade Gottes angefasst hat (2 Sam 7,7)? All diese Beispiele deuten eine Grenzerfahrung an, die beim Lesen Widerspruch provozieren muss. Warum, so fragen wir uns, warum begegnet Gott seinem Volk und seinen auserwählten Dienern so hart, als sei er ihr Feind? Warum hüllt er sich in Schweigen und mutet den Seinen so dunkle Erfahrungen zu?

Israel hat diese Erfahrungen weder zu erklären noch zu verdrängen versucht, im Gegenteil: Es hat sie bewusst als Teil seiner Erfahrungen mit Gott gehütet und, ohne ihre provokante Aussage zu mildern, der Nachwelt überliefert. In diesen für uns fremdartigen Überlieferungen manifestiert sich Israels Ehrfurcht gegenüber dem heiligen Gott, dem kein Mensch nahen kann, es sei denn, Gott selbst nimmt sich seiner an.[16] Dass solche Grenzerfahrungen vorwiegend von Menschen bezeugt sind, die in einem besonders engen Verhältnis zu Gott stehen, verleiht der Überlieferung zusätzliches Gewicht.

Wie können wir heute solche Texte begreifen? Wie können und sollen wir mit ihnen umgehen? Bei allem Widerspruch, der sich gegen sie regen mag: Wir haben kein Recht, sie einfach auszublenden oder so zurechtzulegen, dass sie ihre ursprüngliche Schärfe verlieren. An ihnen erweist sich, dass die Bibel, im Bild gesprochen, «kein Park zum erbaulichen Promenieren» ist, sondern eher «eine Eiger-Nordwand, die sich in Eis und Nebel vor uns verhüllen kann».[17] Unsere Aufgabe kann es daher nur sein, den dunklen Erfahrungen Israels Raum zu geben, sie ausreden zu lassen und sie als Zeugnisse radikaler Selbstinfragestellung zu begreifen, zugleich aber auch als Zeugnisse eines Glaubens, der selbst in äußerster Angefochtenheit nicht aufhört, nach Gott zu fragen.

Zeugnisse der Anfechtung – Anfrage an Gott

Das ist das Besondere an den Leiderfahrungen Israels: Sie provozieren die Frage nach Gott. Warum lässt Gott das Leid zu? Warum greift er nicht ein? Warum verbirgt er sein Angesicht? Durch solche Fragen wird das Leiden nicht gelindert, sondern sogar noch verschärft. Es spitzt sich zu im Leiden an Gott selbst, der sich gegenüber dem Leidenden in Schweigen hüllt. Nicht selten wird Gott sogar selbst für das Leid verantwortlich gemacht. «Warum tust du so übel an diesem Volk?» klagt Mose vor Gott, als er sein Volk in Ägypten leiden sieht (2 Mose 5,22). Er klagt so, als trüge Gott selbst Schuld am Elend seines Volkes. Noch verzweifelter klagt der Beter in den Klageliedern Jeremias: (Klgl 3,9ff.): «Er hat meinen Weg vermauert, ... er hat auf mich gelauert wie ein Bär, ... wie ein Löwe im Verborgenen. Er ... hat mich zerfleischt und zunichte gemacht ... Er hat mir seine Pfeile in die Nieren geschossen.» Diese Erfahrung – Gott selbst als Urheber des Elends – bringt den Beter fast um den Verstand. Aber zugleich hat dadurch sein Leiden ein Gesicht bekommen, das Gesicht Gottes, vor dem er nun seine Fragen ausschütten darf. Und sein Leiden hat eine Form bekommen, in der er sich artikulieren kann: die Form der Klage. Sie eröffnet dem Angefochtenen einen Weg, der ihm ermöglicht, nicht in stummer Verzweiflung zu erstarren, sondern seine Fragen vor Gott auszubreiten und so lange auszuharren, bis Gott selbst die Wende herbeiführen wird.

Drei Fragen sind es vor allem, die in den alttestamentlichen Klagen – analog zu den genannten Leiderfahrungen – zur Sprache kommen:

1. Die Frage nach Gottes Macht

Warum lässt Gott Menschen leiden? Warum sieht er dem Treiben der Gottlosen tatenlos zu? Warum greift er nicht ein? Will er es nicht? Oder kann er es nicht? Aber das würde ja bedeuten, Gott wäre nicht allmächtig? Das ist die Frage, mit der sich die Menschheit seit Urzeiten auseinandergesetzt hat. Sie zeigt ein Dilemma an, das der griechische Philosoph Epikur in den berühmten Satz gefasst hat: «Entweder will Gott die Übel beseitigen und kann es nicht, oder er kann es und will es nicht, oder er kann es und will es. Wenn er nun will und nicht kann, so ist er schwach, was auf Gott nicht zutrifft. Wenn er kann und nicht will, so ist er missgünstig, was ebenfalls Gott fremd ist.»[18]

Ganz anders dagegen formulieren die Menschen des Alten Testaments ihre Frage nach Gottes Macht. In ihren Klagen ist kein Raum für philosophische Spekulation. Ihre Klage ist vielmehr ein existentieller Aufschrei, aus der Tiefe der Anfechtung geboren. Im Gottesdienst, vor Gottes Angesicht, das sich verdunkelt hat, klagen die Angefochtenen Gottes Macht ein: «Herr, warum stehst du so ferne, verbirgst dich zur Zeit der Not?» (Ps 10,1) «Wie lange willst du mich so ganz vergessen? Wie lange verbirgst du dein Angesicht vor mir?» (Ps 13,2) «Mein Gott, mein Gott, warum hast du mich verlassen?» (Ps 22,2). Hier, im Heiligtum Gottes hat die Klage ihren «Sitz im Leben». Hier harrt der Mensch, bis er von Gott eine Antwort erhält.

2. Die Frage nach Gottes Gerechtigkeit

Warum erwählt Gott die einen, und die anderen lässt er fallen? Warum sieht er Abels Opfer «gnädig an», aber Kains Opfer findet bei ihm keinen Gefallen (1 Mose 4,4f.)? Warum erwählt er Jakob vor seinem Bruder Esau, obwohl dieser seinen Bruder doch schäbig betrügen wird (1 Mose 25,24)? Warum wird Saul verworfen, David aber erwählt (1 Sam 13,13f.)? Warum erwählt Gott sein Volk vor anderen Völkern? Und warum kehrt er sich trotzdem am Ende von ihm ab und überlässt es den Händen seiner Feinde? Handelt Gott gerecht oder handelt er willkürlich? Tut er nur, was ihm gefällt? Aber woran soll sich dann der Mensch noch halten, wenn er Gottes Absicht nicht mehr begreift? Woran soll sich Gottes Volk orientieren, wenn es Gottes Wege nicht mehr versteht?

Von dieser Anfechtung Israels zeugen nicht nur die Klagelieder des Einzelnen, sondern vor allem die großen Volksklagen (z.B. Ps 44.74.79.80; Jes 63,7ff. u.ö.). Sie fragen nach dem Grund ihres Leidens und bekennen vor Gott ihre Schuld. Aber auch sie können letztlich Gottes Willen nicht ergründen. Sie können nur an Gottes Barmherzigkeit appellieren und in der Bitte verharren, dass Gott sich ihrer erbarme und sich wieder zu ihnen kehre: «Bist du doch unser Vater … Unser Erlöser, das ist von alters her dein Name. Warum lässt du uns, Herr, abirren von deinen Wegen? … Kehr zurück um deiner Knechte willen, um der Stämme willen, die dein Erbe sind … Ach dass du den Himmel zerrissest und führest herab!» (Jes 63,16ff.).

3. Die Frage nach Gottes Liebe

Ist Gott mein Freund oder Feind? Lässt er mich fallen? Oder steht er noch zu seinen Verheißungen? Das ist die Frage, die sich im Alten Testament an vielen Stellen aufdrängt, vor allem im Buch Hiob. In seiner großen Not klagt Hiob vor Gott: «Warum hast du mich aus meiner Mutter Leib kommen lassen? ... Höre auf und lass von mir ab!» (Hiob 10,18f). Wie mit einem Feind, so ringt er mit Gott, der sich offenbar gegen ihn gekehrt hat: «Warum blickst du nicht einmal von mir weg und lässt mir keinen Atemzug Ruhe?» (Hiob 7,19). So schleudert Hiob Gott entgegen, ja, er klagt Gott an: «Du hast dich mir verwandelt in einen Grausamen und streitest gegen mich mit der Stärke deiner Hand ...» (Hiob 30,21). Das ist der Schrei eines Ertrinkenden, der sich in Todesangst windet. Es ist der Schrei nach Gott, dessen gnädiges Angesicht sich ihm verwandelt hat in die Fratze eines Dämons. In diesem Schrei Hiobs findet die Frage nach Gott ihre schärfste Zuspitzung. Aber selbst jetzt noch hält Hiob gegen Gott an Gott fest. Mitten aus der Verzweiflung heraus bricht es aus ihm hervor: «Aber ich weiß, dass mein Erlöser lebt» (Hiob 19,25). In dieser trotzigen Zuversicht harrt Hiob vor Gott aus, bis Gott endlich sein Schweigen brechen wird.

Ähnliches wird uns auch vom Propheten Jeremia berichtet: Von Menschen verhöhnt und verfolgt, ja sogar von seinen Freunden verlassen, wird ihm das Leben zur Qual. Er klagt sein Leid vor Gott, ja er klagt Gott an: «Warum währt mein Leiden so lange? ... Du bist mir geworden wie ein trügerischer Born, der nicht mehr quellen will» (Jer 15,18). In seinen «Konfessionen» gibt er ein erschütterndes Zeugnis für sein verzweifeltes Ringen mit Gott, das schließlich in der Anklage gipfelt: «Herr, du hast mich überredet (wörtl.: verführt) und ich habe mich überreden lassen. Du bist mir zu stark gewesen und hast gewonnen.» (Jer 20,7). Aber noch mitten im Klagen stößt Jeremia plötzlich zu der Gewissheit vor: «Aber der Herr ist bei mir wie ein starker Held ...» (Jer 20,11). Seine Klage verwandelt sich unversehens in ein Zeugnis der Hoffnung, allen gegenteiligen Erfahrungen zum Trotz.

Diese Klagen und Anfragen an Gott wirken auf uns heute wie eine Zumutung für unseren Glauben. Aber in Wahrheit decken sie eine neue, noch tiefere Dimension des Glaubens auf. Sie offenbaren einen Glauben, der auch in schweren Krisen standhält, der selbst in der Verzweiflung über Gott dennoch beharrlich an ihm festhält und nicht von ihm lässt, bis er sich ihm offenbart. Es ist der Glaube, der in «getroster Verzweiflung»[19] ausharren und der bitteren Erfahrung der Verborgenheit Gottes sein trotziges Glaubensbekenntnis entgegen halten kann: «Dennoch bleibe ich stets bei dir, denn du hältst mich» (Ps 73,23).

Als Glaubenszeugnisse, hervorgegangen aus der Tiefe der Anfechtung, muten diese Texte uns zu, unsere eigene Praxis der Glaubensvermittlung kritisch zu überprüfen. Könnte es sein, dass wir in vielen Bereichen religiöser Unterweisung immer noch einem Glaubensverständnis huldigen, das, frei von allen Schatten und dunklen Erfahrungen, unbeschwert bleiben möchte? Was aber tun wir der jungen Generation an, wenn wir ihr in ihrem Reifungsprozess alle dunklen Erfahrungen ersparen wollen, wenn wir ihnen nicht helfen, angesichts ihrer widersprüchlichen Erfahrung von Wirklichkeit, mit ihnen gemeinsam die Frage nach Gott zu artikulieren? Viele junge Menschen haben einen sicheren Instinkt dafür, ob wir ihnen nur einen heilen, wirklichkeitsfremden Glauben vermitteln wollen, oder ob dieser Glaube auch ihre existenziellen Fragen tangiert. Die Klagespsalmen sind uns dabei eine unverzichtbare Hilfe und Orientierung. Was Ingo Baldermann für den Religionsunterricht gefordert und selbst eindrücklich praktiziert hat, sollte unbedingt auch in anderen Bereichen religionspädagogischer Praxis Beachtung und Anwendung finden: «... dass wir mit den Kindern mehr Klarheit darüber gewinnen, was und in welchem Sinn wir eigentlich von und mit Gott reden ... Es hat wenig Sinn, mit theologischen Argumenten den Kindern zu sagen, wie man von Gott nicht denken dürfe und wie man dagegen von ihm reden müsse. ...Geht es um einen selbständigen Zugang zur Bibel und zu der von ihr gemeinten Wirklichkeit Gottes, dann muss dieser Zugang auf eine ganz elementare Weise gefunden werden. Es gibt dabei in der Bibel kein anderes Buch, in dem so elementar von und mit Gott geredet wird wie in den Psalmen.»[20]

Der unbekannte Gott des Alten Testaments

Aber, so ist abschließend zu fragen: Wie redet denn das Alte Testament von Gott? Was bezeugt es von ihm in seinen vielen verschiedenartigen Überlieferungen und Zeugnissen? Offenbart sich Gott in ihnen tatsächlich als der grausame, tyrannische und zornige Gott, von dem wir uns doch verabschieden wollten?

Wenn wir auf die Zeugnisse des Alten Testaments hören, dann müssen wir allerdings von ganz anderen Gottesbildern Abschied nehmen. Wir müssen riskieren, dass unser selbst erstelltes und vertrautes Bild Gottes als eines allgütigen, unwandelbaren und unverletzbaren Wesens Risse bekommt.[21] Denn Gott, wie wir feststellen konnten, begegnet uns in den Texten des Alten Testaments ganz anders als wir erwartet haben. Wir erfahren Gott als persönlichen Gott, als «eifernden» Gott, der um sein Volk leidenschaftlich ringt (5 Mose 4,24; Jer 2,31f.; Hos 5,12 u.ö.), der mit ihm und an ihm leidet (Jer 8,21; 32,20), der «Reue» zeigt und den es «bekümmert in seinem Herzen», wenn er auf das Treiben der Menschen sieht (1 Mose 6,6), ein Gott, der für die Armen Partei ergreift und der seinen Zorn über die ausschüttet, die sich selbst wie Gott aufspielen (Ps 10,12 ff.; 73,18ff. u.ö.), ein

Gott mit menschlichen Zügen und menschlichen Affekten, ein Gott, der sich nicht definieren lässt, der aber in der Geschichte Israels immer neu erfahren und in den Zeugnissen des Alten Testaments bezeugt wird. Das ist die entscheidende Zumutung, der wir uns im Alten Testament zu stellen haben. Wir möchten uns gern von diesem Gottesbild befreien, das uns so wenig fassbar und zeitgemäß erscheint. Aber vielleicht ist es genau umgekehrt: Nur ein Gott, der sich selbst das Äußerste an Entfremdung, Schmerz und Betroffenheit zumutet, ist imstande, einer Welt Hoffnung zu geben, die an solchen Zumutungen leidet. Das gilt, wie wir sahen, in besonderer Weise von dem Gott des Alten Testaments. «Dieser Gott steht nicht hoch und unbewegt über den Dingen dieser Erde, nein, er begibt sich mitten hinein, fast möchte man sagen: mit Haut und Haaren. Er liebt leidenschaftlich, er bemüht sich zärtlich um die ... Menschen, er hütet sie wie einen Augapfel, er fällt denen in den Arm, die gegen sie vorgehen wollen, er begleitet sie durch alle Tiefen und Untiefen ihrer Geschichte ..., er kann sich sogar hinreißen lassen, dass für eine Zeit Zorn seine Liebe überdeckt. So emotional ist der Gott der Bibel, so menschlich wagt sein Volk von ihm zu reden!»[22]

Das ist die Botschaft, die uns das Alte Testament zumutet. Wir können sie nur vernehmen, wenn wir unsere festgelegten Vorstellungen von Gott preisgeben und bereit sind, Gott in den Texten des Alten Testaments von einer neuen Seite kennen zu lernen. Und führt nicht von jenen dunklen Erfahrungen im Alten Testament eine direkte Linie ins Neue Testament hinein, in das Dunkel von Golgatha, in dem Gott dem Menschen so unbegreiflich fern ist und zugleich ganz nahe kommt? Und ist es ein Zufall, dass die Erzählung von der Kreuzigung Jesu nach Markus 15 ganz ähnlich gestaltet und aufgebaut ist wie die Erzählung von Isaaks Opferung? (1 Mose 22)? In beiden Erzählungen scheint es, als habe sich Gott verborgen, als nähme das Unheil seinen unaufhaltsamen Lauf, als führte es immer tiefer in die Nacht, dem sicheren Ende entgegen. Aber am Ende steht nicht der Tod, sondern Gottes Sieg über den Tod. An dieser dunkelsten aller Geschichten wird offenbar, wer Gott in Wahrheit ist: der «Gott-für-uns», der «lebendig macht die Toten und ruft dem, was nicht ist, dass es sei.» (Röm 4,17).

Welch eine Zumutung für unser ästhetisches und moralisches Empfinden![23] Nicht von ungefähr redet Paulus vom «Ärgernis» des Kreuzes (1 Kor 1,23). Aber dürfen wir unseren Kindern dieses «Ärgernis» zumuten? Wir dürfen und sollen es, ebenso wie die Zeugen des Alten Testaments ihre Erfahrungen mit dem unbekannten Gott an ihre Kinder weitergegeben haben. Und dabei kann es geschehen, dass unsere Kinder selbst zu unseren Lehrmeistern werden, wie jene Konfirmandin, deren Leben von Leid und Verlust geprägt war. Als wir im Konfirmandenunterricht Geschichten aus dem Alten Testament behandelten, wünschte sie sich die Geschichte von «Isaaks Opferung».«Das», rief sie, «das ist meine Lieblingsgeschichte!» «Aber wieso denn?», fragte ich überrascht und ein wenig erschrocken. «Weil sie so gut ausgeht!» war ihre Antwort.

Diese Konfirmandin hat mir eine wichtige Lektion erteilt: Vom Ende her, vom Ziel der Wege Gottes wollen diese Texte erschlossen werden. Von dort aus fällt Licht auch auf die dunklen Wegstrecken, an denen uns Gott so fern und unverständlich erscheint.[24]

Die Zumutung an uns

Fassen wir abschließend unsere Beobachtungen zusammen, so ist festzuhalten: Viele Texte bedeuten für Religionspädagoginnen und -pädagogen in der Tat eine Zumutung. Sie muten uns zu, dass wir die dunklen Seiten des Alten Testaments, insbesondere die dunklen Seiten Gottes nicht verschweigen, sondern dass wir sie in der uns aufgetragenen Verantwortung an jene weitergeben, die selbst nach Gott fragen.

Aber wie können wir sie angemessen weitersagen? Wie dürfen wir von jenen Erfahrungen heute, in einer veränderten Zeit, reden? Die Gefahr, dass wir Texte zerreden, dass wir ihnen besserwisserisch ins Wort fallen, ist, wie wir sahen, groß. Wir können sie aber nur so weitererzählen, wie sie uns das Alte Testament selbst vorgibt.

Dabei machen wir eine interessante Beobachtung: Je schwerer die Aussagen zu begreifen sind, desto ausgefeilter und geschliffener ist die literarische Form, in die sie gegossen wurden. Dies gilt insbesondere für die dunklen Texte des Alten Testaments. Ihre strenge Form schafft eine heilsame Distanz zu ihren Lesenden. So verweigern sie sich einem schnellen Zugriff und verhindern, dass man sich ihrer nach Belieben bedient. Das zeigt sich nicht nur bei den Texten alttestamentlicher Klage, die nach strengen Formgesetzen aufgebaut sind. Es lässt sich ebenso auch an der Textgestaltung von Kriegserzählungen aufzeigen. Auch sie folgen einem bestimmten Schema, das die Ohnmacht der Menschen und die Stärke Gottes unterstreicht. Dies gilt aber insbesondere für jene dunklen Erfahrungen, die uns mit dem verborgenen Gott konfrontieren. Unter ihnen ist vor allem die Geschichte von der sogenannten «Opferung Isaaks» zu nennen, die wohl anstößigste und umstrittenste Geschichte des Alten Testaments. An dieser Geschichte haben sich offenbar viele Generationen wund gerieben und immer wieder gegen sie revoltiert, aber sie dennoch nie aus ihrem Gedächtnis getilgt. Das Ergebnis dieses spannenden Prozesses ist eine meisterhafte, geschliffene Erzählung. In ausgefeiltem epischen Erzählstil meidet diese Erzählung jedes überflüssige Wort. Keine deutenden Kommentare unterbrechen den Lauf der Erzählung. In schlichten Hauptsätzen reiht sich Aussage an Aussage, streng auf die Handlung konzentriert. So schreitet die Erzählung vorwärts, unerbittlich und ohne Aufhalten, einem unbekannten Ziel entgegen. Ein unheimliches Schweigen liegt über dieser Geschichte. Wortlos führt Abraham aus, was Gott ihm befiehlt, Zug um Zug: «Da stand Abraham früh auf, sattelte seinen Esel, nahm mit sich zwei Knechte und seinen Sohn Isaak und spaltete Holz zum Brandopfer, machte sich auf und ging mit ihm an den Ort, von dem ihm Gott gesagt hatte» (1 Mose 22,3). Dabei wird streng die Außenseite gewahrt: Nichts von dem, was Abraham vielleicht dachte oder fühlte, wird ausgesprochen. Aber gerade dadurch baut sich beim Lesen eine immer größere Spannung auf. Man möchte das Geschehen aufhalten, möchte dem Erzähler ins Wort fallen, ihm verbieten, so von Gott und von Abraham zu reden, wie er es tut. Aber genau das ist uns verwehrt: Wir können der Erzählung nur von fern, gleichsam in ehrfürchtiger Distanz, folgen. Und voll Staunen entdecken wir am Ende, wie das Unbegreifliche geschieht: Gott greift ein. Er gibt Abraham seinen Sohn Isaak zurück. Sein Versprechen schafft, mitten im Dunkel dieser Geschichte, einen Neuanfang, der in ferne Zukunft weist.[25]

Aber können wir solch außergewöhnlichen Erzählungen mit eigenen Worten nacherzählen? Versagen uns nicht die Worte angesichts der Schwere ihrer Botschaft? Und werden uns die Menschen verstehen, wenn wir sie ihnen zumuten? Werden Sie die Botschaft hören, die in ihnen verborgen ist? Sicher nicht. Aber wir können sie an das Geheimnis dieser Geschichten heranführen. Wir können die Erzählungen mit jener Behutsamkeit und Achtung weitergeben, wie es uns die Erzähler des Alten Testaments vorgeben, sie «lauschend lesen», möglichst sogar laut lesen[26], ihrem Sprachduktus und Rhythmus folgen, ihre Fremdheit aushalten, die unausgesprochenen Aussagen mitschwingen lassen und ihrer Botschaft auf der Spur bleiben. Nicht immer ist Raum und Zeit vorhanden, um solchen Texten angemessen zu begegnen. Und nur wenige werden sich mit ihnen wirklich auseinander setzen wollen. Aber ihretwegen dürfen wir sie nicht verschweigen, im Namen Gottes, der sich im Neuen wie auch im Alten Testament als «Gott-für-uns» erweist.

Weiterführende Literatur

Ingo Baldermann: Wer hört mein Weinen? Kinder entdecken sich in den Psalmen (Wege des Lernens 4), Neukirchen-Vluyn 1986, ³1992.
Ebd.: Ich werde nicht sterben, sondern leben. Psalmen als Gebrauchstexte (Wege des Lernens 7), Neukirchen-Vluyn 1990, ³1999.
Jürgen Ebach: Das Erbe der Gewalt. Eine biblische Realität und ihre Wirkungsgeschichte, Gütersloh 1980.
Norbert Lohfink: Unsere neuen Fragen und das Alte Testament, (Herder TB 1594), Freiburg 1989.
Raymund Schwager: Brauchen wir einen Sündenbock? Gewalt und Erlösung in den biblischen Schriften, München ²1986.
Irmgard Weth: Wenn euch Kinder fragen. Biblisches Erzählen heute, Neukirchen-Vluyn 1992, ³1998.

---

1 Alfred Rosenberg: Mythos des 20 Jahrhunderts, 1929, S. 603f.

2 Zu den Anfängen dieser Entwicklung vgl. Emanuel Hirsch, Geschichte der neueren evangelischen Theologie, Bd 1, Gütersloh 3. Aufl.1964, S.192ff., S.204ff.

3 Vgl. dazu Walter Dietrich/Christian Link: Die dunklen Seiten Gottes. Bd I: Willkür und Gewalt, Neukirchen-Vluyn 1995, S. 80.

4 Tilman Moser: Gottesvergiftung, Frankfurt 1976. Dort schreibt Moser u.a., an Gott selbst gerichtet: „Es ist ungeheuerlich, wenn Eltern zum Zweck der Erziehung mit dir paktieren, dich zu Hilfe nehmen bei der Einschüchterung wie bei der Vermittlung fiktiver Geborgenheit. Es ist genauso ungeheuerlich wie genauso wenn dich Herrschende zu Hilfe nehmen bei der Knechtung ihrer Völker. Aber deine Geschichte ist ja nichts anderes als die Geschichte deines Mißbrauchs. Du bist ein Geschöpf des Mißbrauchs menschlicher Gefühle. Ich weiß, das haben dir inzwischen viele gesagt, ich will es trotzdem noch einmal vor dich hinschleudern, weil ich weiß, wie viele gleich mir immer noch an dir leiden...»

5 Jer 29,11; vgl. Röm 4,17.

6 Aus der Fülle von verharmlosenden Bearbeitungen dieses Themas seien exemplarisch nur einige wenige genannt: Sigrid Heuck: Geschichten aus Noahs Bordbuch. Stuttgart 1990; S. Meryl Doney: In der Arche, Marburg 1991; Colin and Sheila Smithson: Noah und das Schiff der Tiere, Gießen 1992. Vgl. dazu auch den bekannten Zeichentrickfilm von Wolfgang Urchs:«In der Arche ist der Wurm drin.» Eine bemerkenswerte Ausnahme in Bild und Text bildet das Bilderbuch von Willi Fährmann und Claude Jammer: Wie Noah gerettet wurde. Würzburg 1994.

7 Die Sorge, dass Gott sich von seinem Volk zurückgezogen habe, drückt sich besonders drastisch in dem Namen IKABOD aus, den die Frau des Priesters Pinhas ihrem neugeborenen Sohn gibt, nachdem sie vom Tod ihres Mannes und vom Raub der Bundeslade durch die Philister erfahren hat (1 Sam 4,19f.). IKABOD bedeutet: Gottes Herrlichkeit (KABOD) ist (von Israel) gewichen.

8 Neil Postman: Wir informieren uns zu Tode. Vortrag, abgedruckt in der Wochenzeitung DIE ZEIT vom 2.10.1992.

9 Ingo Baldermann: Gottes Reich - Hoffnung für Kinder. Entdeckungen mit Kindern in den Evangelien. (Wege des Lernens 8), Neukirchen-Vluyn ²1993.

10 Vgl. Raymund Schwager: Brauchen wir einen Sündenbock? Gewalt und Erlösung in den biblischen Schriften, München 2. Aufl. 1986. S. 58,65f.,70.

11 2 Mose 17,18f.; 4 Mose 21f.; 31f.; 5 Mose 2-3,11 u.ö.

12 Vgl. dazu auch Dietrich/Link, aaO., S. 187f. («Der militante Gott»).

13 So auch in den sogen. «Siegesliedern», z.B. im Lied der Mirjam (2 Mose 15.20 f.) und im Lied der Debora (Rich 5).

14 Vgl. dazu die Warnung vor Selbstüberschätzung im Deuteronomium (5 Mose 7.6f.; 8.14. 24,18 u.ö.); ebenso das Bekenntnis eigener Ohnmacht in den Psalmen, insbesondere in den berichtenden Lobpsalmen (z.B. Ps 66.11f.; 124), aber auch in den Geschichtsdarstellungen der Prophetenbücher, etwa in Hes 16.3f. einer drastischen Darstellung und Deutung der Geschichte Israels in Form einer Allegorie.

15 In diesem Zusammenhang sei besonders auf die Texte verwiesen, die auf eine göttliche Anordnung zur Bannung schließen lassen. z.B.: Jos. 6,17f. 1. Sam 15,3ff. Auch an die Tötung der Baalspropheten durch Elia (1 Kön 18,40) sei erinnert. Vgl. hierzu Walter Dietrich/Christian Link: Die dunklen Seiten Gottes. Bd II: Allmacht und Ohnmacht, Neukirchen-Vluyn 2000, S. 64 («Schreckensbilder des biblischen Gottes»).

16 Besonders eindrücklich kommt dies in den Ladeerzählungen 1 Sam 4-6, aber auch in 2 Sam 6 zur Sprache. Dort heißt es von König David, als er vom plötzlichen gewaltsamen Tod Ussas überrascht wird:«David fürchtete sich vor dem Herrn an diesem Tag und sprach: Wie kann die Lade des Herrn zu mir kommen?» David begreift also, dass er nicht einfach über die Lade Gottes verfügen kann.

17 Paul Schütz: Evangelium. Sprache und Wirklichkeit der Bibel in der Gegenwart, Moers 1984, S. 71.

18 Epikur: Von der Überwindung der Furcht (aus: Fragmente über die Götter). Eingeleitet und übersetzt von Olof Gigon, Zürich 1949, S. 80.

19 Vgl. Martin Luther: «Ich selbst habe – nicht nur einmal – Ärgernis genommen bis hinein in die Tiefe und in den Abgrund der Verzweiflung, daß ich wünschte, ich wäre nie erschaffen worden. Das war, bevor ich erkannte, wie heilvoll jene Verzweiflung sei und wie nahe die Gnade», De servo arbitrio, 1525. WA 18, S. 719ff.

20 Ingo Baldermann: Wer hört mein Weinen? Kinder entdecken sich selbst in den Psalmen (Wege des Lernens 4), Neukirchen-Vluyn 1986, ³1992, S. 10.

21 Vgl. Dietrich/Link: aaO., Bd II, S. 9ff: «Die Krise der Gottesbilder». Vgl. dazu auch Gerhard von Rad: Das Opfer des Abraham (Kaiser-Traktate 6), München 1971, S. 39 im Blick auf heilsame Zerstörung unserer Gottesbilder: «Die Menschen reagieren also ganz richtig, wenn sie ihr Gottesbild von ihr (sc.: der Erzählung von Isaaks Bindung) infrage gestellt sehen. Aber liegen nicht am Rande des ganzen Weges, den Israel mit seinem Gott gegangen ist, die Trümmer so mancher Gottesbilder, die ihm zerschlagen wurden? Auch der Gott, von dem unsere Erzählung spricht, ... kann nie zum Götzen gemacht werden.»

22 Dietrich/Link: aaO., Bd. I, S. 16 und 86.

23 Vgl. dazu Dietrich/Link: aaO., Bd. I, S.187f. («JHWH und der Krieg») und S. 195f. («JHWH und der Bann»). Vgl. ferner Gerhard von Rad: Der heilige Krieg im alten Israel, Zürich 1951.

24 So auch in der Erzählung von Josef und seinen Brüdern (1 Mose 37-50), die ihre Auflösung in dem Wort Josefs findet:«Ihr gedachtet es böse mit mir zu machen, aber Gott gedachte es gut zu machen» (1 Mose 50,20). Ähnlich ist auch die Erzählung von Rut aufgebaut, die ebenfalls vom Ende her (Rut 4,14-22) zu erschließen ist. Vgl. dazu auch die Hioberzählung, insbesondere Hiob 42.

25 Zu der Erzählung von Isaaks Bindung vgl. Gerhard von Rad: Das Opfer des Abraham. Mit Texten von Luther, Kierkegaard, Kolakowski und Bildern von Rembrandt, München 1971; vgl. auch Willem Zuidema: Isaak wird wieder geopfert. Die Bindung Isaaks als Symbol des Leidens Israels, Neukirchen-Vluyn 1987; vgl. ferner Dietrich/Link: aaO., Bd. II, S. 75f.

26 Vgl. hierzu Martin Buber: Zu einer neuen Verdeutschung der Schrift. Beilage zum ersten Band «Die fünf Bücher der Weisung», verdeutscht von Martin Buber gemeinsam mit Franz Rosenzweig, Heidelberg ¹¹1987.

Winfried Bader

Kinderbibeln digital

Interaktiver Umgang mit
alttestamentlichen Texten durch
neue Medien

Kinderbibeln digital
Interaktiver Umgang mit alttestamentlichen Texten durch neue Medien

Die Entwicklung digitaler Medien

Die Entwicklung der digitalen Medien und ihrer vielfältigen Angebote und Produkte ist zunächst einmal vom Medium selbst, d. h. von den technischen Gegebenheiten abhängig. Besonders wichtig für die Entwicklung der heutigen Computerspiele ist dabei stets die Hardwareentwicklung. Dies ist darin begründet, dass bis heute die Spiele immer an der vordersten technologischen Front sind, was den Anspruch auf schnelle Hardware und Speicherressourcen betrifft. Die wichtigsten Etappen dieser rasanten Entwicklung waren folgende:

> 1951: Der Bildschirm ist erstmals ein Ausgabegerät
> 1972: Das erste Computerspiel «Pong» erscheint
> Es wird vor allem in Spielhallen angewendet und eingesetzt
> 1980er Jahre: Die Homecomputer etablieren sich vor allem als Sache einer Freakszene
> 1990er Jahre: Die Personalcomputer mit Multimediafähigkeit verbreiten sich
> 1990er Jahre: Verschiedene Kleincomputer («handholds») mit spezifischen (Spiel-)Aufgaben erscheinen auf dem Markt

Für die beiden zuletzt genannten Gruppen muss man, um eine de facto-Beurteilung des Spielverhaltens und der Spielmöglichkeiten von Kindern geben zu können, die Größenordnung der Verbreitung[1] kennen. Dazu einige Zahlen: Im Jahr 1998 hatten 16,2 Millionen Privathaushalte in Deutschland einen PC. Davon waren 7,7 Millionen «Spiele-tauglich», was damals hieß (und noch nicht selbstverständlich war): Sie verfügten über ein CD-Laufwerk, eine Soundkarte und mindestens 16 MB RAM Speicherkapazität. Ein Blick in die Hardware-Angebote für Privathaushalte heute zeigt, dass alle neu angebotenen PCs durchgängig Spiele-tauglich sind.

Laut Umfrage nutzten 1997 rund 77 Prozent der Haushalte den Computer auch zum Spielen. Ähnlich hoch liegen die Zahlen für die speziellen Spiele-Computer, die man in der Hand halten kann. Von den Spielkonsolen mit 16 Bit-Technik (gegenüber der früheren 8 Bit-Technik bereits ein Fortschritt an Komplexität sowie an Bild- und Tonqualität) wurden bis 1996 in Deutschland 4,8 Millionen Geräte verkauft. Das bekannteste dieser Spiele ist das Produkt Nintendo, das einen Marktanteil von 75 Prozent hält. Diese Geräte werden an den Fernseher angeschlossen und nutzen austauschbare Speichermodule für verschiedene Spiele. Ein weiterer Fortschritt waren die Spielkonsolen mit Spielen auf CD-ROM mit 32 Bit-Technik (Play-Station). Bis 1999 waren davon in Deutschland 3 Millionen verkauft. Von den neu aufkommenden 64 Bit-Spielkonsolen sind in den ersten Monaten bereits 1 Million Exemplare verkauft worden. Von den beliebten Handspielcomputern ohne TV-Anschluss, die über einen einfachen Monitor verfügen (GameBoy), wurden bis 1998 8 Millionen verkauft, die Verkaufszahlen des Nachfolgers mit Farbbildschirm belaufen sich in 4 Monaten bis April 1999 auf 350.000 Stück.

Diese Zahlen sind wohl nicht falsch gedeutet, wenn man an ihnen abliest, dass Computerspiele, egal ob am großen PC oder mit dem kleinen Handhold, eine Massenverbreitung erfahren haben, und dass sie daher die Welt darstellen, mit der sehr viele Kinder täglich umgehen. Will man mit der biblischen Botschaft zu den Kindern vordringen, so sind diese Gewohnheiten zu berücksichtigen. Man muss sich zudem den Eigenheiten und Charakteristiken dieses Marktes stellen.

Kurz erwähnt werden sollen noch die anderen digitalen Medien, die allerdings nicht auf Interaktivität angelegt sind: Audio, Video und Television. Man sollte stets, wenn man den Begriff «digitale Medien» verwendet, etwas genauer hinsehen, ob damit interaktive oder nicht interaktive Medien gemeint sind. Nachdem die Möglichkeiten und der Markt mit einigen Daten in den Blick genommen sind, wird in einer Zwischenbemerkung das ganze Feld der elektronischen Bibeln, der Hilfsmittel und Spiele betrachtet.

Welches Paradigma trifft auf Bibeln zu?

Sind Kinderbibeln Kinderbücher? Sind Computerbibeln Software? Sind digitale Kinderbibeln Computerspiele? Sind multimediale Bibeln Wissens-CDs? Ist eine Kinderbibel-CD Lernsoftware? Betrachtet man die Anordnung dieser Produkte in den meisten Buchhandlungen, so fühlt man sich in dem fundamentaltheologischen Urteil bestätigt, die Bibel sei etwas ganz Besonderes, nicht vergleichbar mit säkularen Schriften. Denn letztere sind sauber verteilt in die Sparten: Kunst, Literatur, Kinder, Software, Wissen, Spiele. Lediglich für die Bibeln gilt, dass die verschiedenen Typen: Kunstbibeln, Textbibeln, Kinderbibeln, Computerbibeln, Spielbibeln, ja sogar Lexikonbibeln und Hilfsmittel zusammen stehen, aber abseits der

Produkte gleichen Typs mit säkularem Inhalt. Dafür mag es einige gute und auch manche schlechte Gründe geben. Was Kinderbibeln – und das gilt für Produkte für Jugendliche noch in verstärktem Maße – im interaktiven digitalen Medium betrifft, möchte ich die These wagen, dass sich die Präsentation biblischer Stoffe an den Lese-, Seh- und Spielgewohnheiten des Zielpublikums orientieren sollte, wenn diese nicht elitär nur an Insider gerichtet sind. Aber selbst für Insider sollte die Darstellung des biblischen Stoffes nicht gegenüber derjenigen säkularer Bücher abfallen. Die Herausforderung liegt für mich in der Präsentation biblischer Stoffe im interaktiven digitalen Medium, die den alltäglichen Spielgewohnheiten der Kinder und Jugendlichen nahe kommt. Sie darf gegenüber diesen nicht abfallen, sondern sollte sich an den Standards dieser Spielkultur orientieren, damit die spezifische Botschaft der Bibel wirkungsvoll zur Geltung gebracht werden kann.

Der Ist-Zustand der Nutzung von Computerspielen

Der oben formulierten These wird oft mit Hinweis auf die typischen Negativseiten von Computerspielen widersprochen. Diese werden generell negativ beurteilt, ebenso der Wunsch, die Bibel ausgerechnet in diesem Medium präsentieren zu wollen. Die typischen Vorurteile lauten: Computerspiele führen zu einer Verdrängung der Wirklichkeit, sie führen in die soziale Isolation und zerstören die Kreativität; sie verursachen einen Bewegungsstau, beeinträchtigten die Lesefähigkeit und sie bauen Aggressionen auf. Manche dieser Vorurteile lassen sich durch eine Spiele-theoretische Betrachtung schlicht widerlegen: Bei Computerspielen gilt es zu berücksichtigen, dass hier nicht nur konsumiert wird wie bei anderen Medien, etwa beim Video- oder TV-Gebrauch, sondern dass durch die Interaktion eine spielerische Auseinandersetzung in Gang kommt. Der Blick muss also weiter gefasst werden. Eine Beschreibung des Ist-Zustands hinsichtlich der Spielgewohnheiten von Kindern und Jugendlichen am Computer kann andere Vorurteile entkräften. Dass derartige Spiele in die soziale Isolation führen, ist nicht zutreffend. Fromme/Meder/Nikolaus führten 1996 eine Befragung von 1.111 Jungen und Mädchen im Alter von 7-14 in Nordrhein-Westfalen durch, bei der sie dem Gebrauch und den Auswirkungen von Computerspielen bei Kindern und Jugendlichen ausführlich nachgingen. Die wichtigsten Ergebnisse seien hier kurz zusammengefasst.

Spielhäufigkeit nach Geschlechtern

Zunächst fällt ein Unterschied zwischen den Geschlechtern auf: Während bei Jungen der Anteil der häufigen Spieler bei ca. 40 Prozent liegt (15 Prozent spielen mehrmals am Tag, 24 Prozent einmal am Tag), sind es bei den Mädchen nur 6 Prozent, die mehrmals und 7 Prozent, die einmal am Tag spielen. Einmal pro Woche spielen beide Geschlechter in gleichen Teilen, je 17 Prozent; bei den unregelmäßigen Spieler/innen ist der Anteil der Mädchen höher: 51 Prozent Mädchen, 38 Prozent Jungen, während die Gruppe der Nichtspieler bei den Mädchen deutlich stärker ist: 20 Prozent bei den Mädchen und nur 6 Prozent bei den Jungen.

Spielhäufigkeit nach Alter

Betrachtet man die Spielhäufigkeit hinsichtlich des Alters, so lässt sich feststellen, dass bei Jungen die Spielhäufigkeit mit zunehmendem Alter abnimmt. Spielen bei den 7- bis 8-Jährigen 63 Prozent und bei den 9- bis 10-Jährigen 70 Prozent der Jungen regelmäßig, so geht es bei den 11- bis 14-Jährigen auf unter 50 Prozent zurück, gleichzeitig steigt auch die Zahl der Nichtspieler von 5,9 Prozent auf 7,3 Prozent.

Bei den Mädchen sieht es etwas anders aus. Während die Zahl der regelmäßig Spielenden ziemlich konstant bleibt, 34 Prozent, 32 Prozent, 35 Prozent, 29 Prozent in den vier 2-Jahres-Altersgruppen von 7-14, schwindet der große Anteil der Nichtspielerinnen zu Gunsten der unregelmäßig Spielenden von 33 Prozent, 15 Prozent auf 13 Prozent, die Anzahl unregelmäßig Spielender nimmt zu von 32 Prozent, 52 Prozent auf 61 Prozent, um dann bei den 13- bis 14-jährigen Mädchen wieder zurückzugehen: 25 Prozent Nichtspielerinnen, 46 Prozent unregelmäßig und 29 Prozent regelmäßig Spielende. Mädchen scheinen nach diesem Befund, der allerdings durch wirkliche Langzeituntersuchungen untermauert werden müsste (dieselben Personen über mehrere Jahre befragt), eine Evaluierungsphase und eher kritische Auseinandersetzung mit diesem Medium zu haben, während Jungen sich intensiv beschäftigen, und dann das Interesse verlieren.

Spielhäufigkeit und sozialer Status

Die Aufgliederung der Spielhäufigkeit nach dem «sozialen Status des Vaters» – andere sozialökologische Daten liegen leider nicht vor – bringt keinen Unterschied zu Tage. Die Betrachtung der Schularten zeigt den Anteil der Nichtspielenden in allen Schularten gleich, lediglich die häufig Spielenden sind zu Gunsten der unregelmäßig Spielenden im Gymnasium deutlich größer als bei den andern. Gymnasiast/innen spielen also nach dieser Untersuchung weniger häufig. Ein Zusammenhang von Bildungsgrad und Spielhäufigkeit lässt sich aber nicht herstellen, da ein Zusammenhang mit dem sozialen Status nicht verifiziert werden kann.

Spielanlässe

Eine wichtige Frage ist, welchen Anteil Computerspiele insgesamt im Zeitbudget von Kindern und Jugendlichen haben. Gefragt wurde nach den Spielanlässen, und das Ergebnis zeigt, dass der individuelle und der gesellige Zeitvertreib als Hauptanlass zum Griff nach Computerspielen gelten. Sie unterscheiden sich darin nicht von anderen Spielen. Jungen und Mädchen liegen hier übrigens ziemlich gleich: 83 Prozent nennen als Anlass zum Spielen Langeweile, 80 Prozent schlechtes Wetter, 75 Prozent wenn keiner da ist. Das Computerspiel ist hier also nur Ersatz für andere, nicht vorhandene Möglichkeiten des Spielens. Sie sind also kein besonders bedeutsames Element in der Freizeitgestaltung.

Der zweite wichtige Spielanlass ist das Zusammensein mit anderen: Fast 70 Prozent spielen mit Freunden und Freundinnen. Das Computerspiel hat hier also eine stark soziale Komponente: Man kann zeigen, was man kann, seine Fortschritte demonstrieren, man hilft sich gegenseitig bei Schwierigkeiten, man tritt gegeneinander an im Wettkampf über highscores (erreichte Punkte und Bestzeiten) und hat einen Gegenstand, um sich mit anderen zu unterhalten. Das Vorurteil der sozialen Isolation trifft also nicht zu. Die nähere Aufstellung zeigt hier, dass zu den Spielpartnern bevorzugt Freunde und mit Abstand Geschwister gehören, aber immerhin zu 10 Prozent auch noch die Väter genannt werden, mit denen gemeinsam gespielt wird. Die Frage, woher denn das Wissen und die Beratung über gute Spiele bezogen wird, zeigt eine gewisse Szenebildung: Computerspiele sind Gesprächsthemen. Man ist damit sozial dabei. Informationen werden hauptsächlich von Freunden, Geschwistern und Mitschülern bezogen, der Anteil der Eltern dabei beträgt nur 10 Prozent. Computerspiele also über die Eltern an die Kinder zu bringen, ist sehr schwierig. Die Spiele müssen für sich selbst sprechen, um in der «Szene» publik zu werden. Es gibt allerdings auch noch eine weitere Gruppe von Spielanlässen: 30 Prozent spielen statt der Schulaufgaben, knapp 25 Prozent so oft wie möglich.

Genres

Man sollte Computerspiele also nicht undifferenziert betrachten. Es gibt sehr verschiedene Genres, deren Nutzung sich zum großen Teil von der vorhandenen Hardware, aber auch stark nach Alter und Geschlecht unterscheiden. Für die Frage nach Kinderbibeln für den PC wird genau diese Frage interessant sein: Welches Genre wird wie – und wo wird es verwendet?
- Kampfspiele: Ballerspiele *(z.B. Doom)*, Prügelspiele *(z.B. Streetfighter)*, Weltraumkampfspiele *(z.B. Wing Commander)*:

Bei diesen Spielen geht es darum, Gegner zu bekämpfen, ihnen auszuweichen oder sie unschädlich zu machen. Sie erfordern schnelles Reaktionsvermögen und Geschicklichkeit (Auge-Hand-Koordination), sind also sensomotorisch anspruchsvoll, inhaltlich aber dürftig. Sie bieten starke Motive im Sinne von Kampfes- und Siegeswillen.
- Jump&Run-Spiele *(z.B. Mario, Lara Croft)*:
Bei diesen Spielen kommt es darauf an, in einer comic-haft gestalteten Phantasiewelt auf geschickte Weise zu rennen und auf Geländeteile oder Gegner aufzuspringen. Außerdem können Punkte gesammelt werden. Auch diese Spiele sind sensomotorisch anspruchsvoll.
- Adventure-Spiele: Action-Adventures *(z.B. Indiana Jones)*, Rätsel-Adventure *(z.B. Monkey Island)*, Rollenspiele *(z.B. Das schwarze Auge)*:
Im Zentrum dieser Spiele steht – neben Kampf- und Action-Elementen, die es auch hier manchmal gibt – eine Spielgeschichte mit oft märchenhaften Zügen. Der/die Spieler/in steuert einen Helden ohne Zeitdruck durch meist komplexe virtuelle Welten, um eine Hauptaufgabe zu erfüllen, z.B. einen Schatz zu finden oder einen Gefangenen zu befreien. Man braucht für diese Spiele Ausdauer und Einfallsreichtum. Neben Logik ist auch Intuition oder Versuch-und-Irrtum-Verfahren gefragt.
- Simulationsspiele/Systemsimulationen: Wirtschaftssimulationen *(z.B. Theme Park)*, Schlachtensimulation *(z.B. Command&Conquer)*, Aufbau- und Systemsimulation *(z.B. Sim City, Die Siedler)*:
Simulationsspiele stellen vor allem kognitive Anforderungen an Spieler/innen. Der/die Spieler/in muss planen und entscheiden können, muss Zusammenhänge erfassen und vorausschauend weiterentwickeln, kann aber auch ausprobieren und aus Fehlern lernen.
- Sportspiele *(z.B. Fußball, Basketball, Tennis)*:
In diesen Spielen ist schnelles Reaktionsvermögen und Geschicklichkeit gefordert. Für die Taktikelemente werden kognitive Fähigkeiten und ein Grundwissen über die jeweilige Sportart gebraucht. Diese Spiele sind als Gruppe besonders wichtig, da eine enge Kopplung an die eigenen Aktivitäten und Interessen der Spieler/innen besteht.
- Renn- und Flugspiele: Einfache Rennspiele *(z.B. Mario Kart)*, Rennsimulation *(z.B. Formel I)*, Flugsimulation oder -spiele *(z.B. Pilot Wings)*:
Bei diesem Genre ist zu unterscheiden zwischen echten Simulationen von Autorennen oder Flügen, die Vorbereitungsarbeiten wie Boxenstop, Wahl der Motoren und Autoabstimmung, Vorfluginformationen wie Wetter und Route beinhalten, und anspruchsvollen Simulationen, die sogar zu Ausbildung und Training verwendet werden können. Für die betrachtete Altersgruppe ist diese Sorte weniger relevant. Sie spie-

len viel eher einfache, comic-haft gestaltete Rennspiele, bei denen es nur gilt, mit (geringer) sensomotorischer Geschicklichkeit Gegenstände oder Fahrzeuge durch einen Parcours zu steuern.
- Denk- und Geschicklichkeitsspiele: Abstrakte Spiele *(z.B. Tetris)*, traditionelle Spiele *(z.B. Solitär, Reversi)*, szenische Spiele *(z.B. Lemmings)*: Diese Spiele, die in einer abstrakten Umgebung ohne realitätsnahe oder Comic-hafte Ausschmückung stattfinden, erfordern Konzentrationsfähigkeit, Merkfähigkeit, Kombinationsvermögen, logisches Denken und Reaktionsschnelligkeit.

Hardwareanforderung der verschiedenen Genres

Die Verteilung der Genres auf die verschiedenen Geräte – Handgeräte, Konsolen (die am TV angeschlossen sind) und echte Computer – ist wie folgt (Zahlen nach Fromme/Meder/Vollmer[1], untersucht wurden 881 Spiele, Angaben in Prozent):

	Handgeräte	Konsolen	Computer
Jump&Run	35,0	48,4	16,5
Kampfspiele	13,3	50,8	35,9
Sportspiele	7,9	54,0	38,1
Denk- und Geschicklichkeitsspiele	38,8	17,5	43,7
Adventure Games	14,6	29,2	56,2
Renn- und Flugspiele	13,0	37,7	49,4
Systemsimulationen	0,0	8,0	92,0

Auf den knapp 10 Millionen in Deutschland verbreiteten Handspielcomputern sind vor allem die Jump&Run-Spiele sowie die abstrakten Denk- und Geschicklichkeitsspiele sehr verbreitet, wogegen es Systemsimulationen auf diesen einfachen Geräten überhaupt nicht gibt. Auf den Konsolen, auch hiervon gibt es ca. 10 Millionen in Deutschland, sind es vor allem die Jump&Run, Kampf- und Sportspiele. Die Systemsimulationen gibt es vor allem auf den richtigen Computern (1998 waren davon knapp 8 Millionen spieltauglich) und auch die Adventure Games sind hauptsächlich auf den PCs vorhanden.

Die Lieblingsgenres geschlechterspezifisch

Bei den Jungen sind die Kampfspiele Favorit (30 Prozent), gefolgt von den Sportspielen (21 Prozent), bei den Mädchen die Jump&Run-Spiele (48 Prozent), gefolgt von den Denk- und Geschicklichkeitsspielen (20 Prozent). Adventure- (10 Prozent) und Simulationsspiele (3 Prozent) sind bei beiden Geschlechtern ungefähr gleich schwach vertreten.

Bewertungsdimensionen

Nachdem wir im Ist-Zustand die weite Verbreitung der Computerspiele mit ihren spezifischen Schwerpunkten gesehen haben, betrachten wir nun verschiedene Bewertungsdimensionen für Computerspiele, zunächst wiederum mit einer Beschreibung des Ist-Zustands nach den Angaben der durch Fromme/Meder/Vollmer befragten Personen, um dann jeweils zu überlegen, wie man diese Kriterien auf biblische Computerspiele anwenden kann. Der klassischen Perspektivierung von Lehr-Lern-Sequenzen in mediale, soziale und sachlogische Formen folgend, bieten sich für die Bewertung der Computerspiele die Merkmale: mediale Präsentation, Dramaturgie (und Rollen) und Kompetenzanforderungen an. Zu jeder dieser Dimensionen gehören bestimmte Merkmale, die man bei einem Spiel entweder objektiv (vorhanden/nicht vorhanden, technische Parameter) oder subjektiv (wichtig/unwichtig, gerne/nicht gerne, gut/schlecht) abfragen und beurteilen kann. Fromme/Meder/Vollmer haben diese Merkmale im Einzelnen aufgeführt (S. 76, 84, 88), so dass wir uns hier mit der Präsentation der Ergebnisse begnügen können. Die Beurteilung der Merkmale durch die Befragten erfolgte in den drei Kategorien: wichtig, egal oder störend. Daraus ergibt sich ein Ranking der zehn wichtigsten Merkmale, wobei an erster Stelle das Merkmal «Handbuch auf deutsch» steht, gefolgt von «scharfes Bild ohne Zacken» und der Speichermöglichkeit, also drei Merkmale, die sich auf die mediale Dimension beziehen.

Erst an vierter Stelle folgt ein nicht-mediales Merkmal, die dramaturgische Forderung, dass man ein Ziel erreichen muss. Ein gutes Spiel, also eines, das den genannten Merkmalen entspricht, ist eines, das technisch auf dem Stand der Zeit ist; und es trägt durch eine klare und spannende Zielvorgabe genug Motivation in sich, dass es auch durchgespielt wird. Wichtig ist dann – als an siebenter Stelle genanntes Merkmal – dass man viel in das Spiel eingreifen kann. Dies spricht gegen Gestaltungen – die man bei biblischen Spielen teils findet – mit langen erklärenden Audio- oder Video-Sequenzen, bei denen man nur warten muss, bis sie abgelaufen sind.

Unwichtig sind den Befragten hauptsächlich dramaturgische Merkmale wie Rollen aus der Wirklichkeit, etwa die der Königin, des Managers, des Kaufmanns etc. sowie traurige Szenen. Die Kompetenzanforderung, gleichzeitig mehrere Dinge machen zu müssen, ist ebenfalls unbeliebt. Da nur eine Kompetenzanforderung unter den wichtigsten und unwichtigsten Kriterien genannt wurde, also allesamt einen Mittelplatz belegen, seien sie hier nur einfach genannt: logisch denken, Phantasie haben, sich zurechtfinden, planen, rätseln, sowie kognitive Kompetenzanforderungen wie geschickt steuern und schnell reagieren, wo Spielende sensomotorisch und emotional gefordert sind: Man muss Geduld zeigen und cool bleiben.

Nicht nur für die Evaluierung von vorhandener Software lassen sich diese Kriterien anwenden, sondern – wie oben schon angedeutet – kann man daraus ein Pflichtenheft für ein ideales und gut akzeptiertes Spiel erstellen. Das ideale Computerspiel wäre eines, das bei den wichtigen Merkmalen alle Erwartungen erfüllt, alle unwichtigen und störenden vermeidet. Für die Entwicklung von biblischen Computerspielen muss aber noch ein Schritt dazwischengeschaltet werden: Welche dieser angegebenen Merkmale sind denn überhaupt geeignet, das spezifisch Biblische zu vermitteln? Ist die sensomotorische Geschicklichkeit eine Fähigkeit, die man auf spezifisch biblischem Hintergrund fördern möchte? Wie gehen wir damit um, dass gerade die religionspädagogisch so ‹wertvollen› Dinge, wie die Übernahme einer bestimmten Rolle oder eines Vorbilds, von den Befragten (vor allem Jungen) als nicht wichtig erachtet werden? Das an erster Stelle genannte dramaturgische Merkmal, eine klare Zielvorgabe zu haben, ist dagegen gut in einen biblischen Kontext einzubinden.

Es gilt, über das banale Ziel ‹Das Medium ist die Botschaft› hinauszugehen. Die aufgeführten wichtigen Merkmale stammen alle aus dem Bereich der medialen Dimension. Sie zeigen damit, dass den Spieler/innen dies wirklich wichtig ist. Übertragen auf die biblischen Spiele wäre das die Aussage: ‹Wenn die Bibel im modernen Medium erscheint, dann kann ja ihr Inhalt nicht so alt sein›. Geht man also in dieser Weise vor, dann muss sehr sorgfältig geprüft werden, welche spezifisch religionspädagogischen Inhalte man wie umsetzen will. Am ehesten ginge dies von der Sache her mit Mitteln der Dramaturgie, doch ist man damit genau an der Dimension, deren Merkmale von den Jugendlichen nicht oft gewählt wurden. Sehr gut angebracht ist für biblische Stoffe auch das Genre des Adventure-Games; dann muss man aber wissen, dass ja nur 10 Prozent hier ihr Lieblingsspiel wählen. Will man also z.B. aus missionarischen Gründen die Masse erreichen, dann wären Jump&Run- oder Kampfspiele angebracht, die dann auch noch den Vorteil der Kompatibilität mit Handgeräten und Spielkonsolen haben, und damit richtig in der Szene platziert sind. Hinter der Frage nach dem optimalen Spiel stehen viele Parameter, für die man sich entscheiden muss.

Evaluierung von Kinderbibeln auf CDs

Gute und umfassende Tests zu aktueller Software findet man bei Thomas Feibel.[2] Im folgenden seien einige Produkte kurz vorgestellt, die ich selbst getestet habe. Sie haben ganz unterschiedliche Ziel- und Altersgruppen vor Augen und können damit exemplarisch die Typen aufzeigen.

Die Multimedia Bibel

Der Spiele-Anteil bei dieser CD[3] ist gering und besteht nur in Form eines Multiple Choice Quizes, bei dem jeweils Lösungshinweise durch Sprung in den Bibeltext gegeben werden. Der Rest der CD ist eine Wissensbibliothek (Bibel, Lexikon, Bilder, Landkarten, Videos). Der CD fehlt jegliche Zielgerichtetheit oder Benutzer/innenführung; sie gibt nur Antworten auf Fragen und Probleme, die man selbst stellt. Zum Schmökern ist sie nur bedingt geeignet.

A Father and Two Sons

Die amerikanische Bibelgesellschaft[4] machte eine kleine Serie von multimedialen CDs zu jeweils einer Perikope, die sie bewusst «Übersetzung» nannten. Der biblische Stoff sollte nicht nur in ein neues Medium, sondern in die moderne Welt übersetzt werden, indem an der heutigen Erfahrungswelt angeknüpft wird (wie z.B. Start des Programms in einer Einkaufspassage).

Arche Noah

Dieser Typ lässt sich als Erzählbuch mit Bildern beschreiben.[5] Die Geschichte wird in einem netten Stil erzählt, der Bildstil ist ein Kindercomic. Jedoch ist nichts interaktiv und der Ablauf lässt sich kaum beeinflussen. Damit ist ein sehr wichtiges der oben aufgestellten Kriterien nicht erreicht.

Die Bibel. Geschichten aus dem Alten Testament erzählt von Elmar Gunsch

Die Texte dieser Erzähl-CD[6] sind in einer altertümlichen und komplizierten Übersetzung und zudem inhaltlich sehr eigenwillig gekürzt. Die Probleme, wie sie für Textauswahl und Übersetzung bei gedruckten Kinderbibeln gelten, tauchen auch hier auf, nur dass sich hier offensichtlich niemand darum Gedanken gemacht hat. Bei aller Eigenheit des neuen Mediums gilt es zu beachten, dass in den Teilen, bei denen man sich stark an das traditionelle Buch anlehnt, selbstverständlich das Know How der bewährten Kinderbibelproduktion zu übernehmen ist. Der Bildstil ist sehr bunt und karikaturhaft. Hier gilt dasselbe: Es sollten die gleichen künstlerischen Maßstäbe wie für die gedruckten Bücher gelten. Zwischen die sehr langen und nicht interaktiven Erzählpassagen – womit eigentlich das Medium des PC falsch verwendet ist – treten unvermittelt kleine Spiele. Diese Auflockerungen tragen nichts zur Vertiefung und zum Verständnis des Gehörten bei. Das einzig Positive könnte sein, dass den Kindern dadurch ein Wohlfühlgefühl beim Benutzen einer Bibel vermittelt wird. Es werden keinerlei Verstehenshilfen für den Text geboten, einige Formulierungen der Bibeltexte sind zudem unpräzise.

Mose
Das Stichwort für diese Produktion[7] ist «Medienvielfalt». Die Mose-Erzählungen werden in Bildergeschichten und Spielfilmsequenzen dargestellt, es gibt ein Lexikon und Spiele. Was der CD fehlt, ist die Zielgerichtetheit (immerhin das für die Befragten wichtigste dramaturgische Merkmal) und ein Bezug der einzelnen Medien zueinander. Nutzer/innen haben einen freien nicht-sequenziellen Zugang zu den Einzelszenen, so dass etwa der Exodus vor dem Fund des Binsenkörbchens angeschaut und gehört werden kann.

König David
Diese in vielem mit der Mose-CD gleiche Produktion[8] des Typs Edutainment hat den Vorteil, dass den Nutzer/innen ein linearer Zugang angeboten wird, so dass die Szenen der Erzählung in der richtigen Reihenfolge kommen und die Spiele dazwischen gleichmäßig verteilt sind. Die Spiele haben einen lockeren Textbezug und es gibt eine spielerische Wissenskontrolle in Form eines Quiz. Was fehlt, ist das Gesamtziel, die Herausforderung für Nutzer/innen, Schritt für Schritt durchzugehen, statt sich einfach die Bonbons der netten Spiele heraus zu picken.

David und Goliath. Ein interaktives Bibelabenteuer
Hier handelt es sich um ein zwar sehr einfaches, mit wenig Verzweigungs- und Entscheidungsmerkmalen, aber dennoch vollwertiges Adventure-Game[9] für Kinder um die 6 Jahre. Der User spielt die Rolle von David, bewegt ihn durch eine (einfach und leicht comic-haft, aber dennoch ansprechende) Landschaft. Dabei werden in dieser Spielumgebung Kernpunkte der Davidserzählungen vermittelt. Das Spiel geht jeweils nur weiter, wenn David kleine Aufgaben gelöst hat. Diese CD entspricht dem Kriterium der Zielgerichtetheit. Es macht Spaß und ist eine Herausforderung, mit David bis zum Ende durchzugehen.

Noah Series
Diese australische Produktion[10] könnte man mit dem Typ «Interaktive

Cartoons» überschreiben. Es gibt sie zu den Texten Jonah and the Whale, Joey and his Coat, Noah's Ark. Die Texte sind übertragen in moderne, teils sehr verfremdete Cartoons, die den jugendlichen Stil aufnehmen, untermalt mit schriller Musik. Allerdings gibt es wenige Aktivitäten, die der User selbst steuern und vollbringen kann. Die überraschenden Effekte bringen Nutzer/innen aber doch dazu, sich mit dem Produkt zu beschäftigen.

Der Soll-Zustand: Arbeitsfelder zur Entwicklung digitaler Kinderbibeln
Wie schon oben angedeutet, ist es wichtig vor allem im Rahmen des vorliegenden Bandes, sich Gedanken über das Soll zu machen: Welche Arbeitsschritte könnten zu einer guten digitalen und interaktiven Umsetzung von biblischen Stoffen führen?

Die «traditionellen» Felder
Bei der Entwicklung von digitalen Kinderbibeln stehen zunächst einmal die gleichen Arbeitsfelder an, wie bei der Entwicklung einer gedruckten Kinderbibel. Textauswahl und Erzählsprache stehen an erster Stelle. Welche Perikope, welche Texte sollen verwendet werden und, falls notwendig, in welcher Sprache präsentiert?

Die viel diskutierte Frage der Bildästhetik gilt hier im Wesentlichen genauso wie für Druckausgaben. Ein Unterschied macht vielleicht, dass man sich zunächst noch entscheiden muss zwischen dreidimensionaler Programmiertechnik, die leider dann immer noch sehr viel Vereinfachungen im Bild erfordert und meist noch leicht monsterhaft wirkt, und zweidimensionaler, die man im Wesentlichen behandeln kann wie Bilder auf Papier. Eine Implikation, falls die Bilder animiert werden sollen, gibt es noch: Animationen sind leichter möglich, wenn Figuren schwarz umrandet sind (wie in Comics).

Nicht zu vergessen ist die theologische Ausrichtung des Produkts. Wie oben schon angedeutet, kann das die Entscheidung zwischen missionarischer Masse oder binnengerichteter Qualität sein.

Dramaturgie
Anders als bei einer gedruckten Kinderbibel, die sich ja oftmals auf eine Nacherzählung beschränken kann, ist für eine spielerische Umsetzung sehr sorgfältig zu planen. Die pädagogischen Ziele sollten wie eine Überschrift über dem Projekt stehen bei seiner Entwicklung, bei seiner Nutzung dann aber kaum sichtbar sein. Für die Umsetzung braucht es meist eine Rahmenhandlung, zu dem ein storyboard benötigt wird. Wichtig ist

dann die Entscheidung für das Genre, um, sobald die Entscheidung einmal gefallen ist, auch konsequent im Stil des Genres zu bleiben. Problemlösungen, Aufgabenstellungen, Frage und Antwort-Verhalten, Entdeckerverhalten oder ein Wettkampf sind dann entsprechend zu entwickeln. Hier gilt es natürlich auch die oben geschilderten geschlechtsspezifischen Unterschiede zu berücksichtigen, dass Mädchen eher die strategischen Spiele bevorzugen, eher das Angebot einer Rolle annehmen, wobei die Untersuchungen keine spezifischen Mädchenrollen herausfanden. Für Jungen sind dagegen Rollenangebot insgesamt weniger interessant.

Kompetenzanforderungen

Hier ist zu klären, welche Kompetenzen vermittelt werden sollen: Sachwissen? Theologie? Textkenntnis? Motorische Kompetenz? Emotionale Kompetenz? Eine Entscheidungsrichtung könnte z. B. sein, ein Spiel zu entwickeln, das den Inhalt eines bestimmten Bibeltextes zur Kenntnis bringt und dabei Spaß vermittelt.

Mediale Kompetenz

Was den Bildstil betrifft, so wurden bereits einige Implikationen angesprochen. Wichtig ist die Frage, welcher Aufwand für Grafik und Animation getrieben werden soll. Die säkularen Spiele setzen dabei natürlich enorme Maßstäbe. Fragen der Programmiertechnik und der Menügestaltung sind zu klären. Auch ist die Hardware im Blick zu behalten hinsichtlich des Marktes und der Akzeptanz, dann aber natürlich auch, um die spezifischen Möglichkeiten jeweils optimal zu nutzen.

Teamwork

Die Entwicklung einer digitalen und interaktiven Kinderbibel kann daher nur in einem Team von unterschiedlichen Fachleuten geschehen. Die traditionellen Fähigkeiten von Theolog/innen, Pädagog/innen, Übersetzer/innen und Erzähler/innen müssen gepaart werden mit den neuen Fähigkeiten eines/r Stoyboardschreiber/in, von Künstler/innen und Screendesigner/innen; ferner braucht es jemanden, der den ganz anders denkenden Programmierer/innen Idee und Ablauf erläutert. Nicht zuletzt sind die Verlage gefordert. Die Konkurrenz des säkularen Angebots an Spielen ist riesig. Es ist kaum zu erwarten, dass ein biblisches Computerspiel vom Kind oder Jugendlichen selbst gekauft oder auch nur gewünscht wird. Also muss das Spiel so traditionell sein, das es die Großmutter für ihren Enkel kauft, dabei aber so modern, so ähnlich den säkularen, so interessant, dass der oder die Beschenkte sich zumindest für ein Weilchen von diesem Inhalt ansprechen lässt.

Fazit

Die eingangs gestellte Frage, ob eine Bibel etwas Besonderes ist, gilt es nochmals aufzugreifen. Wenn es unsere theologische Überzeugung ist, dass der biblische Stoff ein besonderer ist, seine speziellen Eigenheiten und Werte hat und eine spezifische Botschaft in sich trägt, so müssen wir dennoch, um die Akzeptanz zu erreichen, an den Seh- und Spielgewohnheiten der Kinder und Jugendlichen ansetzen, um dann in diesem Umfeld die uns wichtige Botschaft zu vermitteln. Ohne diesen richtigen ‹Kanal› zu den Kindern werden die Bibeln und Spiele keinen Erfolg haben. Ist man den anderen Produkten allerdings zu ähnlich, wird das Spezifikum des Eigenen nicht wahrgenommen. Das Ziel muss sein: *Inhaltlich eigene und neue Akzente setzen und dabei die gewohnte Sprache der technischen Standards sprechen.*

1 Zahlen nach Johannes Fromme/Norbert Meder/Nikolaus Vollmer: Computerspiele in der Kinderkultur. Virtuelle Welten. Band 1, Opladen 2000.

2 Thomas Feibel: Der Kinder-Software Ratgeber 2000, Markt & Technik, 2000, oder im Internet http//:www.feibel.de.

3 Deutsche Bibelgesellschaft, Hänssler 1997.

4 American Bible Society 1995.

5 Edition B. I. M. 1996.

6 WG-Verlag 1999.

7 Bibellesebund 1996.

8 Bibellesebund 1996.

9 infoMedia 1996.

10 David Ellsworth 1996.

Reinhard Herrmann

Illustration alttestamentlicher Geschichten in Kinderbibeln

Erfahrungsbericht eines Illustrators

Illustration alttestamentlicher Geschichten in Kinderbibeln
Erfahrungsbericht eines Illustrators

Als Regine Schindler uns in Münster besuchte, haben wir auch über meinen Beitrag zu dieser Thematik gesprochen. Ich erzählte ihr, dass mich schon in früher Kindheit Bilderbücher und Illustrationen sehr beeindruckt haben, so dass ich mir insgeheim wünschte, später selber so etwas als Beruf machen zu können. Regine Schindler hat mich sehr bestärkt, hiervon etwas zu erzählen. Ich bin 1923 geboren, diese Erinnerungen reichen also zurück bis in die Zeit um 1930.

Als Namen von Illustrator/innen haben sich mir eingeprägt, natürlich neben Wilhelm Busch: Gertrud Caspari[1] und, mehr noch geschätzt, Else Wenz-Viëtor.[2] Sehr geliebt habe ich die Bilder von Ernst Kutzer,[3] sein «Hans Wundersam» war mein Lieblingsbilderbuch. Sehr beliebt war bei uns Brüdern «Alfred Hahns Kinder- und Märchenkalender», den uns eine Tante regelmäßig zu Weihnachten schenkte. Die Kalender waren schwarzweiß illustriert, und den Namen eines der Illustratoren weiß ich noch: Kurt Mühlmeister. Wahrscheinlich erhielt ich schon früh Anregungen für meine spätere Tätigkeit als Illustrator durch meinen Vater. Er war Professor für alttestamentliche Theologie an der Universität Münster und hatte viele Interessen. Vor allem war er ein großer Liebhaber von alten Büchern – Frühdrucken, Erstausgaben – und alter Grafik, oft mit biblischen Themen. Von seinem Antiquar, mit dem er gerne feilschte und zu dem ich ihn oft begleitete, brachte er bisweilen vollkommen zerfledderte Buchreste mit. Daraus schnitt er dann Initialen, kleine Illustrationen, Kopf- und Fußstücke, auch wohl einzelne Buchstaben aus und fügte sie in seine Sammlung ein. An Sonntagen zeigte er meinem älteren Bruder und mir gern seine neuen Schätze. Dabei durften wir uns schon mal ein kleines Blatt aussuchen, das hieß dann «die sonntägliche Schenkung». (Abb. 1).

In Erinnerung an meinen Vater hier als erstes Bild ein Kupferstich aus Johann Jakob Scheuchzers «physica

Abb. 1: Scheuchzer: Der brennende Busch

sacra» von 1731, ein Werk, aus dem ich manche Anregung gewonnen habe – hier Mose vor dem brennenden Dornbusch.[4]

Meine umfangreichste Arbeit im Bereich der Illustration biblischer Inhalte ist die Gestaltung und Illustration der «Elementarbibel» von Anneliese Pokrandt, wofür ich, hauptsächlich wegen meiner Verpflichtungen an der Fachhochschule Münster, zwanzig Jahre aufwenden musste. Die «Elementarbibel» ist in den Verlagen Ernst Kaufmann und Kösel in acht Teilbänden erschienen (sechs Bände Altes, zwei Bände Neues Testament) und enthielt mehr als 740 Illustrationen.

Voraus gegangen waren viele Illustrationsarbeiten biblischen Inhalts, zum Beispiel zehn biblische Bilderbücher für das Gütersloher Verlagshaus (Abb. 2)[5].

So sah eine Doppelseite meiner «Weihnachtsgeschichte» von 1962 aus.[6] Zweifarbig – schwarz mit einer Buntfarbe, hier blau – habe ich schon damals gern gearbeitet. (Abb. 3 und Abb. 4).

Abb. 2: Herrmann: Weihnachtsgeschichte 1962

Von 1962 bis 1969 habe ich acht Kindergottesdienst-Jahreshefte für den Verlag Ernst Kaufmann illustriert.[7] Die rot-schwarzen Bilder konnten ausgeschnitten und auf grüne Flächen im Heft eingeklebt werden. Im Lauf der Zeit hatten sich viele Motive angesammelt, die wegen der jährlich wechselnden Themen nur einmal verwendet werden konnten. Stark vergrößert, so überlegten die Verlegerin Rosemarie Kaufmann und ich, könnte man sie als Grundstock für Flanelltafelbilder brauchen. Flanelltafelbilder bestehen aus Papierfiguren, die, auf der Rückseite haftbeschichtet, auf grüne Flanelltafeln angeheftet werden. Die kleinen Kindergottesdienstbilder erwiesen sich als sehr geeignet für die starke (8fache) Vergrößerung. Sie gewannen dadurch einen neuen Charakter, so dass ich alle folgenden Bildfiguren auch in diesem kleinen Format ausgeführt habe. Von 1969 bis 1971 sind 41 Mappen mit Flanellbildern zur Bibel erschienen.[8]

Abb. 3: Herrmann: Kindergottesdienst-Jahresheft 1969, Titel: Foto + Farbausdruck

Anneliese Pokrandt, damals Rektorin an einer Sonderschule für Lernbehinderte, hatte in Ermangelung geeigneter Lehrbücher selbst biblische Geschichten für

Abb. 4: Herrmann: Kindergottesdienst-Jahresheft 1969, Innenseite: Foto + Farbausdruck

ihren Unterricht in einfache Sprache gebracht. Ihre Texte hatten bei den Kindern und Jugendlichen guten Erfolg, zumal in Verbindung mit der Vorführung von Flanellbildern. Als sie viele Texte gesammelt hatte, wandte sie sich an den Verlag, in dem die Flanellbilder erschienen waren. Sie wünschte sich im Falle einer Veröffentlichung durch den Verlag Ernst Kaufmann, dass der Illustrator der Flanellbilder die Illustration übernehmen würde. So lernten wir uns kennen; einige Zeit später konnte ich mit der Arbeit beginnen. Frau Pokrandt und ich waren ständig in engem Kontakt.

Grundlage für die Gestaltung der «Elementarbibel» war das Bestreben, sie allein aus den Gegebenheiten des biblischen Inhalts und der didaktischen Zweckbestimmung zu entwickeln, in sinnvollem Zusammenspiel von Schrift und Illustration. Um das Lesen und Verstehen zu erleichtern, wurden die Texte in kurze Zeilen gegliedert, deren jede möglichst einen Satz oder eine Sinneinheit enthalten sollte (Abb. 5).

Abb. 5: Elementarbibel, Doppelseite, S. 254f.

Für jeden der acht Teile habe ich zuerst sämtliche Seiten entworfen, immer als Doppelseiten, und die Texte so verteilt, dass ich an den geeigneten Stellen Freiräume für die Bilder erhielt, die ich sofort skizziert habe. Jede Doppelseite enthält mindestens ein Bild, und keine Seite ist ohne Text. Ich habe alle Illustrationen den entsprechenden Textstellen zugeordnet, möglichst genau über oder unter der zugehörigen Zeile. Ein Beispiel dafür ist eine Doppelseite aus der Noah-Geschichte: die Aussendung des Raben, dann der ersten Taube, die bald zurückkam, dann der zweiten Taube, die mit dem Ölblatt im Schnabel zurückkam.[9]

Wie die Textgestaltung sind die Bilder einfach strukturiert. Sie sollen sichtbar bestätigen, was der Text sagt. Unbedingte und genaue Texttreue war für die Bildgestaltung Voraussetzung. Ausgeführt habe ich alle Bilder in der Originalgröße, wie sie im Druck wiedergegeben sind, also in einem kleinen Format.

Die «Elementarbibel» beginnt mit den Geschichten von Abraham, Isaak und Jakob; die Personen werden hier vorgestellt: Abraham mit den drei Männern, die

Abb. 6: Elementarbibel, S. 7: Foto

ihm seinen Sohn verhießen, Isaak mit dem Schafbock, der an seiner Statt geopfert wurde, und Jakob mit seinen zwölf Söhnen. Das zweite Bild der «Elementarbibel» ist eines meiner ersten Bilder (Abb. 6).

Für alle Bilder habe ich nur die Farben Rot und Schwarz verwendet, allerdings in vielfachen Mischungen und Abstufungen, so dass eine gewisse farbige Wirkung erreicht werden konnte. Die vielfache symbolische Bedeutung von Rot und Schwarz habe ich gern benutzt. Rot ist für mich göttliche Farbe; die Engel z.B. tragen bei mir rote Kleidung, aber Rot kann auch Opfer bedeuten.

Ein besonderer Reiz beim Illustrieren liegt darin, Personen, die ja nur Wörter sind, zu sichtbaren Gestalten zu machen. In den alttestamentlichen Geschichten gibt es viele Personen, mit und ohne Namen; alle haben Anspruch auf ein eigenes Erscheinungsbild. Damit man sie wiedererkennen kann, wenn sie in mehreren Bildern erscheinen, haben sie immer die gleichen Merkmale in Aussehen und Kleidung. Veränderungen deuten auf veränderte Lebensumstände hin. Für Aussehen und Kleidung in der altorientalischen Welt habe ich mir Anregungen aus Othmar Keels Arbeit[10] geholt.

Abraham unter dem Sternenhimmel (Abb. 7).[11] Auch dies ist ein Bild ganz aus dem Anfang. Ich habe 100 Sterne gezeichnet, für einfache Leser, dachte ich, eine riesige Zahl. Beim Zeichnen und Malen habe ich eigentlich immer Musik gehört; meistens Cembalomusik von Bach, in der klaren, unsentimentalen und schlichten Interpretation von Helmut Walcha.

Abrahams Knecht trifft Rebekka am Brunnen (Abb. 8).[12] Das Bild der Frau, die mit dem Krug aus dem spiralig gebauten Brunnen kommt, ist mir ein Inbegriff für Weiblichkeit.

Öfters habe ich Schreiber dargestellt (Abb. 9). Auch Frau Pokrandt erwähnt sie gern, etwa hier: «Ein Schreiber[13] hat die Erzählungen vom Auszug aus Ägypten später gesammelt, sie miteinander verbunden und aufgeschrieben.» Ich fühle mich diesem Schreiber nahe, schon durch den Hund, der mir vertraut ist.

Das Bild von Mose am Sinai (Abb. 10) geht über

Abb. 7: Elementarbibel, S. 13: Abraham unter dem Sternenhimmel

Abb. 8: Elementarbibel, S. 27: Rebekka am Brunnen

Abb. 9: Elementarbibel, S. 83: Schreiber

Abb. 10: Elementarbibel, S. 90/91: Mose am Sinai

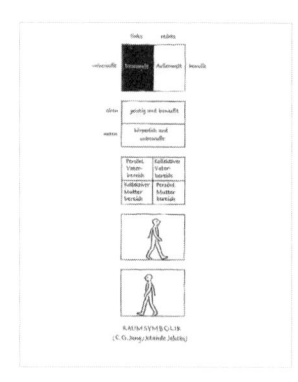

Abb. 11: Elementarbibel, S. 90/91: Raumsymbolik

Abb. 12: Elementarbibel 4 (1978), S. 8/9: Debora

Abb. 13: Elementarbibel 4 (1978), S. 16/17: Gideon

Abb. 14: Elementarbibel 4 (1978), S. 32/33: Jiftach

beide Seiten. Die linke Seite, die «profane», gehört Mose und den Schafen, die allerdings hinter Moses Stab stehen bleiben. Die rechte Seite, die «sakrale», ist für den brennenden Busch und den von Wolken umgebenen Sinai bestimmt. Die symbolische Bedeutung von links und rechts war mir eine wichtige Hilfe bei der Darstellung solcher Themen. Links und rechts sind für mich, wie im Kirchenbau, gleichbedeutend mit Westen und Osten, wie Dunkel und Hell, wie Yin und Yang.

Hier eine Darstellung zur symbolischen Bedeutung von links und rechts, von oben und unten nach C. G. Jung und Jolande Jacobi (Abb. 11).[15] Wie bei der Leserichtung gehen Blick und Bewegung im Bild von links nach rechts. Eine Figur, die nach rechts geht, scheint eher fort oder weiter zu gehen, eine Figur, die nach links geht, scheint eher zurückzukommen. Das muss nicht immer zutreffen, zumal ja links und rechts im Bild auch umgekehrt sein kann, wenn man dabei nicht vom Betrachter ausgeht, sondern vom Bild, das dem Betrachter gegenübersteht.

Die «Elementarbibel» ist von 1973 bis 1993 in acht Teilbänden erschienen, sechs Bände Altes und zwei Bände Neues Testament, also in einem Verhältnis, das der Vollbibel näher kam – im Gegensatz zu anderen Kinderbibeln. Für die 1998 erschienene Gesamtausgabe in einem Band mussten Kürzungen vorgenommen werden, von etwa 680 Seiten auf 592. Diese Kürzungen betrafen hauptsächlich die alttestamentlichen Texte und Bilder. Immerhin ist das Verhältnis der Texte und Bilder AT zu NT auch in der Gesamtausgabe noch 70% zu 30%. 140 Bilder sind weggefallen. Der Kürzung zum Opfer gefallen sind die Richtergeschichten von Debora, Gideon, Jiftach und Simson, sowie das Buch Tobit. Das sind alles Themen, die gute Illustrationsmotive boten. Grundsätzlich sind mir die alttestamentlichen Geschichten bilderreicher erschienen als die neutestamentlichen.

Von den Bildern zu diesen Geschichten, die um 1977 entstanden sind, zeige ich je ein Beispiel. Hier hält Debora Gericht unter der Deborapalme (Abb. 12).[16] Gideon drischt heimlich Weizen, um ihn vor den Midianitern zu verstecken (Abb. 13).[17] Da sitzt plötzlich ein Bote Gottes unter der heiligen Eiche in Ofra, der spricht ihn an: «Gott ist mit dir, du starker Kämpfer.». Jiftach kehrt als Sieger heim; seine Tochter kommt ihm tanzend entgegen (Abb. 14).[18]

Simson stemmt sich mit aller Kraft gegen die Säulen, auf denen das Haus der Philister steht, so dass es einstürzt (Abb. 15).[19]

Abb. 15: Elementarbibel 4 (1978), S. 49: Simson

Zum Buch Tobit: Tobias fängt einen besonderen Fisch, unter Anleitung seines Reisebegleiters: Engel Raphael, was Tobias aber nicht weiß (Abb. 16).[20]

Nach diesen Stichproben zu Geschichten, die in der «Elementarbibel» fehlen, soll nun die vollständige Reihe der Bilder zu den Schöpfungsgeschichten gezeigt werden. In der «Elementarbibel» sind die beiden Schöpfungsberichte getrennt. In Teil 4 steht der ältere Bericht des «Jahwisten» unter der Überschrift: «Die Menschen erzählten sich, warum Mann und Frau zusammengehören». Die Erzählung 1 Mose 2 wird durch einführende Kursivtexte und zwei Illustrationen vorbereitet. Unter Abb. 17 liest man: «Der Mensch fragt. Er fragt nach sich selber: Wer bin ich? Woher komme ich? Wer kennt mich? Wer liebt mich? Wohin gehe ich?»[21] Der erwachende Mensch im Spannungsfeld zwischen Nacht und Tag: Links, im Westen, der Mond mit sieben siebenstrahligen Sternen, Hinweis auf die 7 Wochentage, die nach ihm eingeteilt werden; rechts, im Osten, die Sonne mit zwölf Strahlen, was auf ihre Jahr und Tag gliedernde Funktion hinweist. Die vier Berge stehen für die Vier als materielle Ordnungszahl: Himmelsrichtungen, Jahreszeiten, die alten Elemente.

Abb. 16: Elementarbibel 6 (1993), S. 41: Tobias

Abb. 17: Elementarbibel, S. 233: Der Mensch fragt

Kinder fragen: Wie sieht Gott aus (Abb. 18)?[22] Das Bild zeigt auf der linken Seite verschiedene Erscheinungsformen Gottes, die z.T. im Text beschrieben werden: Im Westen das Wasser (wie im Kirchenraum das Taufwasser), der Berg Horeb, Wolkensturm. In der Mitte das Feuer, hier als Moses brennender Dornbusch, rechts davon ein Bote Gottes in altorientalischer Kleidung, wie ich die Engel in der «Elementarbibel» fast

Abb. 18: Elementarbibel, S. 234/35: Kinder fragen

immer dargestellt habe, mit dem Botenstab. Oben rechts findet sich das Gottessymbol, ein Zeichen mit heller Mitte und nach außen dunkler abgestuften Ringen, das wie ein Lichtzeichen, aber auch wie ein Gang ins Helle gesehen werden kann. Ich habe dieses Zeichen öfters eingesetzt, wenn ich die unmittelbare Wirkung oder Gegenwart Gottes ins Bild bringen wollte. Auf der rechten Seite ist die Erschaffung des Menschen und der Mensch im Garten Eden dargestellt.

«Gott formte den Menschen aus Lehm und blies ihm den Hauch des Lebens in seine Nase. Da war der Mensch lebendig.» (Abb. 19)[23] Anneliese Pokrandts einführender Text in Kursivschrift beginnt: «Kinder fragen: wie sieht Gott aus? Sieht er aus wie ein Mensch? Auch die Menschen der Bibel haben so gefragt ...». Durch diese Einführung gerechtfertigt, habe ich gewagt, den Schöpfer völlig textgetreu wie einen Bildhauer darzustellen, der den Menschen als stehende Figur geformt hat und ihm nun den Hauch des Lebens in die Nase bläst. Das Leben breitet sich nach unten in den noch grauen Körper aus. Hier sieht man, wie das Lichtzeichen gemeint ist: Der Kopf der Gottesfigur füllt die Mitte. Denn in der Mitte, wie im still stehenden Zentrum des Rades, ist eine Leere, außerhalb von Bewegung und Zeit. Dieses Zentrum, das unsichtbar und doch da ist, ist Ausgangspunkt und Ziel zugleich. Für mich ist es das Zeichen für Ewigkeit. Der Schöpfer und sein Werk, sein Geschöpf, sind wie Brüder. Urbild und Ebenbild: Wer ist wem gleich?

Abb. 19: Elementarbibel, S. 235: Gott formte den Menschen

Gott ließ schöne Bäume aus dem Boden wachsen, die gute Früchte trugen (Abb. 20).[24] Zur Pflege und Bewachung des Gartens Eden bestellte er den Menschen und erlaubte ihm, von allen Früchten zu essen, nur nicht vom Baum der Erkenntnis des Guten und Bösen: «Wenn du davon isst, musst du sterben.» Mensch und Schöpfer stehen sich spiegelbildlich gegenüber. Der Mensch wirkt selbstbewusst und zeigt keine Neigung zur Anbetung.

Abb. 20: Elementarbibel, S. 236/7: Im Garten Eden

Damit der Mensch nicht so allein sei, formte der Schöpfer aus Erde alle Tiere des Feldes und alle Vögel, brachte sie dem Menschen, um zu sehen, wie er sie nennen würde, und der gab den Tieren Namen.[25] Aber keines war für ihn als Partnerin geeignet (Abb. 21).

Nun versetzte Gott den Menschen in Tiefschlaf, entnahm ihm eine Rippe und formte daraus eine Frau, das einzige Geschöpf, das nicht aus Ton gebildet ist.[26] Der zunehmende Mond und der achtstrahlige Abendstern, die Venus, sind weibliche Symbole. Drei Sterne weisen auf den Schöpfer und nun seine beiden Geschöpfe hin. Der Schlaf scheint eigens aus diesem Anlass eingeführt und dann als segensreiche Einrichtung allen Geschöpfen geschenkt worden zu sein. Neben dem Kopf des Mannes wächst Baldrian. Das Menschenpaar und namentlich die Frau ist Krönung und Erfüllung des Schöpfungswerks (Abb. 22).

Die Frau ist der Versuchung durch die Schlange gefolgt. Sie reicht die Frucht, von der sie abgebissen hat, ihrem Mann, der danach begierig greift.[27] Nun erkennen sie, dass sie nackt sind. Sie machen sich Schurze von Feigenblättern und verstecken sich vor Gott, der, als es kühl geworden war, durch den Garten geht (Abb. 23).

Gott straft Adam und Eva.[28] Er ruft den Menschen: «Adam, wo bist du?» Zum ersten Mal wird der Name Adam genannt. Dieser schiebt die Schuld auf die Frau, und diese beschuldigt die Schlange, die daraufhin verflucht wird. Die Dunkelheit und der Boden ohne Blumen sind schon Hinweise auf die Vertreibung. Adam nennt seine Frau Eva (Abb. 24).

Adam und Eva müssen Eden verlassen.[29] Zwei Engel mit Flammenschwertern bewachen das verriegelte Tor. Das Paradies mit seiner runden Mauer bleibt zurück wie ein schöner Kindertraum im Abendrot. Adam und Eva tragen Fellkleidung, die ihnen Gott gegeben hat. Sie gehen in eine dunkle Zukunft, aber sie halten einander in den Armen und gehen, erwachsen geworden, gemeinsam voran. Die eigentliche Geschichte der Menschheit beginnt (Abb. 25).

Hier ist der Anfang des Priesterberichts (1 Mose 1-2,4) dargestellt, der die Schöpfung in Tagwerke einteilt.[30] Dieser Schöpfungsbericht steht ursprünglich in

Band 5 der «Elementarbibel»; das Bändchen trägt den Titel «Von Priestern und Propheten». Anneliese Pokrandt setzt als Titel darüber: «Ein Priester berichtet, wie Gott Himmel und Erde geschaffen hat». Hier schafft Gott nur durch das Wort. Als bildliche Einleitung steht über diesem Bericht ein verkündigender Priester. Nun folgt Gottes Geist über dem Wasser, dann Licht und Finsternis, das erste Tagwerk, dann die Errichtung der Himmelsfeste, das zweite Tagwerk (Abb. 26).

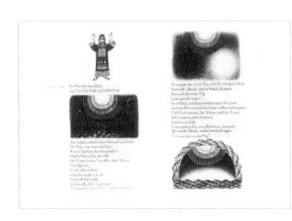

Abb. 26: Elementarbibel, S. 318/319: Schöpfung in Tagwerken

Gottes Geist über dem Wasser:[31] Das göttliche Zeichen hat klare Form im Gegensatz zu dem brodelnden Wasser. Schöpfung heißt klärende Gestaltung (Abb. 27).

Licht und Finsternis.[32] Als erstes wird das Licht geschaffen, das Licht an sich, das die Grundvoraussetzung ist für alle Gestirne, Lampen und Leuchten. Licht ist die Voraussetzung zum Sehen. Es ist Ausdruck des Geistigen, Immateriellen. «Gott sah, dass das Licht gut war.» Dann trennte er das Licht von der Finsternis.

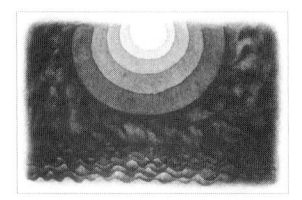

Abb. 27: Elementarbibel, S. 318: Gottes Geist über dem Wasser

Licht wird erst Licht im Kontrast zur Dunkelheit und umgekehrt. Ich habe beide gleichrangig dargestellt. Ich denke daran, dass einige große Ereignisse in der Bibel nachts stattfanden, z.B. Weihnachten und Ostern. Licht und Dunkel, die Polarität der Welt. In der Mitte über beiden steht das Gottessymbol, das auch beides, Licht und Dunkel, enthält, allerdings in gegliederter Ordnung. «Er nannte das Licht Tag und das Dunkel Nacht. Es wurde Abend, es wurde Morgen: erster Tag.» Am Anfang, heißt es, herrschte das Dunkel, aber am Ende ist alles Licht (Abb. 28).

Abb. 28: Elementarbibel, S. 319: Licht und Finsternis

Der dritte Tag: Das Wasser fließt zusammen, die Erde tritt hervor, die Berge und die Kristalle.[33] Nun soll die Erde Gras, Kräuter und Bäume wachsen lassen, die Samen tragen. Die Bäume und Pflanzen sind erkennbar, von Birne und Apfel bis Ölbaum und Dattelpalme (Abb. 29). Erst am folgenden, dem vierten Tag werden die Gestirne geschaffen. Die Anordnung des Textes und der Bilder ermöglicht es, dass Sonne und Mond über den Bäumen erscheinen. Die Lichter sollen Zeichen sein zwischen Tag und Nacht, für Tage und Jahre.

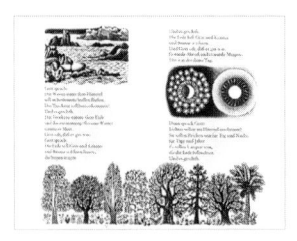

Abb. 29: Elementarbibel, S. 320/1: Das Wasser fließt zusammen

Deshalb hat die Sonne zweimal 12 Strahlen.[34] Der

zunehmende Mond ist umgeben von 35 (= 5 x 7) siebenstrahligen Sternen. Das geschah am vierten Tag (Abb. 30).

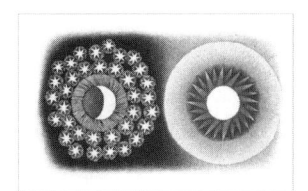

Jetzt entstehen die Tiere im Wasser und die geflügelten Tiere.[35] Das Bild zeigt Fische, Krebse, Muscheln und andere. Die Säuger unter ihnen schwimmen in entgegengesetzter Richtung. Das Wasser hat sieben Wellen. Zu den geflügelten Tieren gehören auch Insekten! «Es wurde Abend, es wurde Morgen, fünfter Tag». Gott sprach: «Die Erde soll voll werden von Tieren aller Art, die auf der Erde leben.» Hier, auf der rechten Seite, sind sie alle versammelt, wie zu einem Gruppenbild, und alle friedlich vereint (Abb. 31).

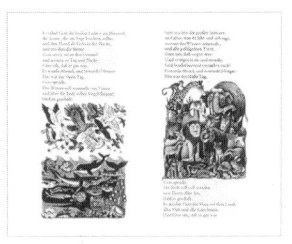

Abb. 30: Elementarbibel, S. 321: Sonne und Mond

Die Schöpfung ist vollendet.[36] Gott gibt den Menschen die Erde, darauf zu wohnen und sie zu verwalten. Der Schöpfer wird eins mit dem Lichtzeichen: sechs Ringe für die sechs Tagwerke. Es steht verbindend zwischen der rechten Tagseite und der linken Nachtseite. Das Menschenpaar steht seinem Schöpfer partnerschaftlich gegenüber, im Buch aber durch den Bund getrennt. Viele Einzelheiten in diesem Bild lassen sich symbolisch deuten. Links, auf der Yin-Seite, der Mond, der fruchttragende Baum, die Nachtigall. Der Adler, König der Vögel, ist Sinnbild für Gottes Allmacht, auch für Himmelfahrt. Der Löwe, König der Tiere, ist Sinnbild für Kraft, Macht, Gerechtigkeit. Der Pfau, sonnenhaft wegen seines Rades, ist Sinnbild der Unsterblichkeit (erst in neuerer Zeit für Eitelkeit). Der Widder, Opfertier, Hinweis auf Christi Opfertod. Hahn und Huhn stehen für fruchtbare Vereinigung, der Hase, mondhaft, steht für Fruchtbarkeit, der Schwan für Reinheit und Schönheit. Die Blumen und Kräuter sind alle benennbar (Abb. 32).

Abb. 31: Elementarbibel, S. 322/23: Tiere

Der Schöpfungsbericht wird beschlossen mit dem Bild eines Priesters.[37] Auch er hat sein Werk beendet. Die Bilder zum Priesterbericht sind 1980 entstanden (Abb. 33).

Zum Abschluss dieser Auswahl von Illustrationen alttestamentlicher Texte in der «Elementarbibel» stehe hier ein Bild zu Psalm 139.[38] Es zeigt den Menschen auf

Abb. 32: Elementarbibel, S. 324/25: Schöpfung vollendet

Abb. 33: Elementarbibel, S. 324/25: Priester

Abb. 34: Elementarbibel S. 388: Psalm 139

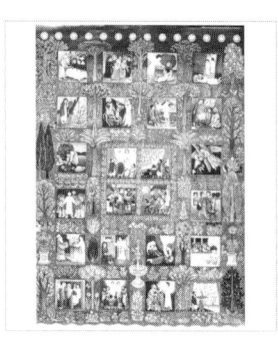

Abb. 35: Poster Engel sind nahe

Abb. 36: Poster Engel sind nahe, Bild 1

Abb. 37: Poster Engel sind nahe, Bild 2

dem Wege, der da endet, wo der rote Sternenhimmel beginnt. Der Vogel, Symbol der Seele, fliegt ihm voraus und nähert sich dem großen Hauptstern. Rechts vom Wege befinden sich Steine, Gestrüpp, ein dürrer Baum, Zeichen für Verlassenheit und unfruchtbare Verwirrung. Die Hütte, links zwischen den Bäumen, bedeutet irdische Geborgenheit. Der Weg führt an beidem vorbei. Der große Stern kann als Fluchtpunkt gelten, in den alles einmündet, ein Punkt unendlich fern und zugleich ganz nah. Im Text heißt es: «Deine Gedanken, o Herr, sind zu schwer für mich. Unendlich ist ihre Zahl. Wollte ich sie zählen und käme an ein Ende, so bin ich immer noch bei dir. Sieh doch, ob mein Weg falsch ist und führe mich auf ewigem Wege.» (Abb. 34).

Mit Regine Schindler als Autorin habe ich 1997 den Adventskalender «Engel sind nahe» gemacht. Er enthält 24 biblische Engelgeschichten, davon 12 aus dem Alten Testament. Für ein Rahmenbild, in dem alle Bilder von Engelerscheinungen vereinigt werden könnten, hatten wir die Idee eines paradiesischen Gartens, gewissermaßen als Ursprung oder Heimat der Engel. Die Bilder zu den einzelnen Geschichten werden auf das Garten-Poster geklebt. Hier gab es, anders als bei der «Elementarbibel», keine Beschränkung der Farbigkeit (Abb. 35).[39]

Dies hat sich auf die Gestaltung der Bilder ausgewirkt. Auch Regine Schindler lässt die Geschichten farbig werden dadurch, wie sie sie erzählt. Sie bringt uns die Personen nahe, indem sie sich in ihr Denken und Tun einfühlt, ihnen auch wohl ihre eigenen Empfindungen eingibt, so dass wir teilnehmen an dem, was geschieht. Dazu eine Leseprobe: «Abraham, der alte Mann, sitzt am Eingang seines Zelts, sein Kopf ist nach vorn geneigt. Alle Menschen, auch alle Tiere im Zelt schlafen. Abraham schläft nicht. Er denkt nach: Warum hat Sara, seine Frau, kein Kind? Gott hat ihnen einen Sohn versprochen, Doch jetzt ist Sara alt ... .»[40] Meine Illustrationen sind dem entsprechend Erzählbilder, mehr noch als in der «Elementarbibel». Die Autorin schreibt: «So wie die Geschichten mit Worten erzählen, so erzählen die Bilder mit Linien und Farben.» Einige Bildthemen wiederholen sich. Anders als in der «Elementarbibel» habe ich hier die Engel in verschiedener Gestalt dargestellt, um auf den unterschiedlichen Charakter der Engelbegegnungen hinzuweisen und um anzudeuten, dass Engel auf ganz verschiedene Weise zu allen Zeiten und überall Menschen begegnen können, wie es der Titel sagt: «Engel sind nahe». Dass sich Abrahams drei Gäste gleichen, kann hier auffallen (Abb. 36).

Abb. 38: Poster Engel sind nahe, Bild 3

Die beiden Engel, die als Gäste zu Lot kommen und ihn, seine Frau und seine beiden Töchter zuerst vor den bösen Männern von Sodom und dann vor der Zerstörung der ganzen Stadt retten, sehen genau so aus wie die Besucher bei Abraham.[41] Der rote Himmel deutet die kommende Katastrophe an (Abb. 37).

Hier ist es ein geflügelter Engel, der der verzweifelten Hagar in der Wüste erscheint.[42] Sie musste mit ihrem Sohn Ismael Abrahams Zelte verlassen; Wasser und Brot sind aufgebraucht; die beiden sind dem Verdursten nahe. Der Engel verheißt ihr, dass aus Ismael ein großes Volk werden wird, wie aus Isaak. Dann entdeckt Hagar einen Brunnen mit frischem Wasser (Abb. 38).

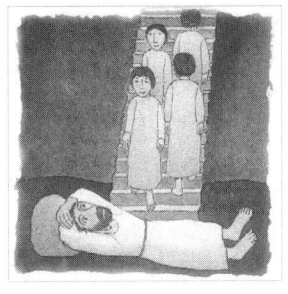

Abb. 39: Poster Engel sind nahe, Bild 4

Die Engel auf der Himmelstreppe in Jakobs Traum brauchen keine Flügel, weil sie ja zu Fuß die Stufen auf- und abwärts steigen.[43] Die Farbe ihrer Kleidung ist mit jener der Treppe und des Himmels verwandt (Abb. 39).

In der leuchtenden Flamme des brennenden Dornbuschs erscheint der Engel des Herrn.[44] Mose bedeckt sein Gesicht (Abb. 40).

Eine Eselin sieht den Engel.[45] Der Seher Bileam soll auf Befehl des Königs von Moab das in seiner Nähe wohnende Volk Israel verfluchen. Nach zweimaliger Weigerung macht er sich, auf seiner Eselin reitend, auf den Weg nach Moab. Ein Engel mit einem Schwert stellt sich ihm in den Weg, aber nur die Eselin sieht ihn. Sie bricht in die Knie und kann plötzlich reden. Erst jetzt erkennt auch Bileam den Engel. Er erhält die Weisung, Israel nicht zu verfluchen, sondern zu segnen; Bileam singt ein Loblied auf Israel (Abb. 41).

Abb. 40: Poster Engel sind nahe, Bild 5

Gideon drischt heimlich Weizen, in Angst vor den

Abb. 41: Poster Engel sind nahe, Bild 6 Bileam

Abb. 42: Poster Engel sind nahe, Bild 7: Gideon

Abb. 43: Poster Engel sind nahe, Bild 8: Simsons Mutter

Abb. 44: Poster Engel sind nahe, Bild 9: Elia

Abb. 45: Poster Engel sind nahe, Bild 10: Jesajas Mund

Midianitern. Hinter ihm, unter der Eiche, sitzt plötzlich ein Mann mit einem Wanderstab.[46] Er sagt zu Gideon: «Der Herr ist mit dir, du starker Kriegsmann.» Gideon ist überhaupt kein starker Kriegsmann; doch wird er mit Gottes Hilfe die Midianiter besiegen (Abb. 42).

«Simsons Mutter»[47] heißt diese Geschichte. Für mich war es reizvoll, auch weniger bekannte Texte zu illustrieren. Zu einer namenlosen Frau, so erzählt sie es ihrem Mann Manoah, ist ein Gottesmann gekommen, der ihr einen Sohn verheißen hat. Ein besonderes Kind, dem niemals die Haare geschnitten werden dürfen. Es soll nahe zu Gott gehören. Auch Manoah trifft den fremden Gottesmann und möchte ihn zu einem gebratenen Ziegenböcklein einladen. Dieser lehnt ab; doch auf seinen Rat opfert Manoah seinem Gott. Da sieht er in der Flamme den Fremden hinauf gegen den Himmel steigen. Manoah fürchtet zu sterben, weil er Gott gesehen hat; seine Frau aber fürchtet sich nicht: «Nein, Gott will, dass wir leben für unser Kind.» (Abb. 43).

Elia schläft in der Wüste.[48] Der zu Tode ermattete Elia wird von einem Engel geweckt und mit Brot und Wasser gestärkt. Ich habe die Szene ähnlich in der «Elementarbibel» dargestellt. Doch hier ist der Engel in einer Farbe gekleidet, die aus den Farben des Hintergrunds gemischt ist. Vielleicht ist er von weit über das Feld gekommen. In der «Elementarbibel» ist der Engel rot gekleidet – Zeichen der Göttlichkeit. (Abb. 44).

Jesaja kniet im Tempel. Er sieht wunderbare Engel. Jeder dieser Engel hat sechs Flügel.[49] Einer von ihnen holt mit einer Zange ein glühendes Stück Kohle vom Altar und berührt damit Jesajas Mund. Jesaja weiß: «Jetzt kann ich singen, die glühende Kohle hat meinen Mund gut und schön gemacht.» Er erzählt den Menschen, was er von Gottes Stimme hört: «Eine junge Frau wird ein Kind bekommen – sie wird ihm den Namen Immanuel geben.» (Abb. 45).

König Darius von Babylon musste gegen seinen

Willen seinen Freund, den Propheten Daniel, in die Löwengrube werfen.[50] Aber die Löwen verschonten Daniel: «Gott hat mich gerettet. Er hat seinen Engel geschickt. Gottes Engel hat seine Hand auf das Maul der Löwen gelegt, da waren sie still.» – Genau wie die Autorin versetze ich mich immer in die Figuren, die ich darstelle und stelle mir vor, wie ich an ihrer Stelle empfinden und mich bewegen würde. Dies gilt nicht nur für die Menschen und die Engel, sondern genauso für die Tiere, wie man es hier den Löwen vielleicht ansieht (Abb. 46).

Abb. 45: Poster Engel sind nahe, Bild 11: Daniel in der Löwengrube

Zu meiner Freude ist die Geschichte von Tobit und Tobias in diese Auswahl aufgenommen worden.[51] Ich kenne kein schöneres Beispiel für hilfreiches, ja rettendes Weggeleit durch einen unerkannten Engel. Ich denke, so etwas kann jedem von uns begegnen, nicht nur dem Tobias. Das Bild zeigt die beiden Wanderer, den zutraulichen Tobias und den fürsorglichen Begleiter, dem nichts Engelhaftes anzumerken ist. Wie mag er sich fühlen, zumal in dieser Rolle als Mensch? Eine Frage, die ich mir bei der Darstellung von Engeln oft gestellt habe (Abb. 47).

Abb. 47: Poster Engel sind nahe, Bild 12: Der Begleiter des Tobias

Ein Adventskalender muss mit Weihnachten enden. Die vier Bilder in der Mitte des Posters stehen für die letzten vier Tage vor Weihnachten. Sie sind von Rosen umkränzt und unterscheiden sich von den anderen Bildern durch roten Untergrund. Die Themen sind: 21. Dezember – Der Verkündigungsengel und die Hirten; 22. Dezember – Die himmlischen Heerscharen; 23. Dezember – Die drei Weisen unterwegs; 24. Dezember – Die Anbetung der Hirten. Ich habe auch in die letzten beiden Bilder je einen Engel eingefügt, obwohl sie im Bibeltext nicht erwähnt werden; denn ich fand, keines der 24 Bilder sollte ohne Engel sein.

Ein kurzer Nachtrag zur Illustration religiöser Themen für Kinder

Illustrieren heißt ans Licht bringen, anschaulich machen, erklären. Bei der Illustration für Kinder kommt der Veranschaulichung von Texten große Bedeutung zu: Der Text beschreibt, die Bilder können bestätigen, was er sagt, und so das Vertrauen in die Worte stärken. (So sollen bei den Bildern zu Schneewittchen sieben Zwerge sichtbar und auch zählbar sein, nicht etwa acht.) Die Bilder sollen Lust zum Lesen machen, damit verständlich wird, was sie bedeuten, also zum Text hinführen und auf ihre Weise die Worte ergänzen.

Ob Illustrationen allein religiöse Botschaften vermitteln können, scheint mir sehr fraglich. Nein, Bilder religiösen Inhalts bedürfen des Textes, mindestens eines Titels, der erst den Sinn erschließen kann. Bilder und Texte sind aufeinander angewiesen und deuten, erhellen sich gegenseitig. Darum kann sich der/die Illustrator/in einfach an die Darstellung des äußeren Geschehens halten, ohne Scheu oder Befangenheit, und den religiösen Inhalt dem Text überlassen. Es mag aber sein, dass sich eine starke innere Bewegung beim Zeichnen und Malen unwillkürlich in den Bildern auswirkt. Illustrationen vermitteln ja nicht nur das Dargestellte, sondern sie zeigen auch viel von der Persönlichkeit des/der Illustrator/in, ja man könnte sagen, dass sie eigentlich verschlüsselte Selbstdarstellungen sind. Sie können über die vordergründige Inszenierung des beschriebenen Vorgangs hinaus durchaus eigenständigen Symbolcharakter erhalten und beim Betrachter innere Bewegung auslösen, vorausgesetzt, das Dargestellte wird verstanden.

1 Gertrud Caspari (1873-1948) gilt als Schöpferin eines prägenden Kleinkinder-Stils, der deutlich umrissene, auf Perspektive weitgehend verzichtende Figuren zeigt, die für das kleinste Kind gut lesbar sind, aber etwas schablonenhaft wirken (siehe Lexikon der KJL, Bd. 1, S. 246 f. und Doderer/Müller, Das Bilderbuch, S. 291 f.).

2 Else Wenz-Viëtor (1882-1973), produktivste Kinderbuchillustratorin der zwanziger und dreißiger Jahre in Deutschland. Besonders erfolgreich «Der kleine Häwelmann» zu Storm (1926). Umrisszeichnungen mit starken Konturen (wie G. Caspari), unter weitgehendem Verzicht auf Hintergrund und Details. Mit der Zeit anschaulicher und humoristischer; viele Natur-Motive, die das Kind zur Identifikation mit Tieren und Pflanzen anregen (siehe Lexikon der KJL, Bd. 3, S. 788f.).

3 Ernst Kutzer (1880-1950), österreichischer Maler. Illustrierte zwischen 1913 und 1945 mehr als 50 Kinderbücher. Einerseits Spielszenen aus der kindlichen Umwelt, andererseits phantastische Märchenlandschaften. Wiederkehrendes Hauptmotiv: Wichtelmänner. Texte oft von Adolf Holst (siehe Lexikon der KJL, Bd. 2, S. 293 f.; Ernst Kutzer: Hans Wundersam. Ein Wintermärchen, Verse von Adolf Holst. 5. Aufl., Leipzig 1925. Vgl. «Bilderwelt im Kinderbuch», Katalog zur Ausstellung, Köln 1988.

4 Zu Scheuchzer vgl. den Beitrag von Regine Schindler in diesem Band.

5 Biblische Bilderbücher von Reinhard Herrmann: 1959 «Die Arche Noah». Jahresbestliste zum deutschen Jugendbuchpreis; 9 Auslandsausgaben. 1960 «Jona und der große Fisch». Jahresbestliste zum deutschen Jugendbuchpreis, auf der Liste der schönsten Buchumschläge des Jahres 1960; 5 Auslandsausgaben. 1960 «Der verlorene Sohn». Jahresbestliste zum deutschen Jugendbuchpreis; 7 Auslandsausgaben. 1961 «Die Schöpfung»; 4 Auslandsausgaben. 1962 «Kommet her zu mir alle»; 3 Auslandsausgaben. 1962 «Die Weihnachtsgeschichte»; Lizenzausgabe DDR und 4 Auslandsausgaben. 1963 «Joseph in Ägypten»; 3 Auslandsausgaben. 1964 «Joseph und seine Brüder»; 3 Auslandsausgaben. 1965 «Die Weisen aus dem Morgenland»; 3 Auslandsausgaben. 1969 «Der Auszug aus Ägypten»; 2 Auslandsausgaben.

6 «Weihnachtsgeschichte». Gütersloh 1962.

7 «Was wir gesehen und gehört haben». Kindergottesdienst-Jahresheft 1962, 1963, 1964, 1965, 1966, 1967, 1968, 1969; hier Titelblatt und Innenseite 1969.

8 Hafttafelbilder für den evangelischen und katholischen Religionsunterricht (Mappengröße 28 x 48 cm), gemeinschaftlich herausgebracht vom Verlag Ernst Kaufmann, Lahr und Christophorus-Verlag, Freiburg.

9 Elementarbibel. Ausgewählt, in acht Teile gegliedert und in einfache Sprache gefasst von Anneliese Pokrandt, gestaltet und illustriert von Reinhard Herrmann (im folgenden zitiert als «Elementarbibel»), Lahr 1998, S. 254/55.

10 Othmar Keel: Die Welt der altorientalischen Bildsymbolik und das Alte Testament – am Beispiel der Psalmen, Köln u.a. 1972.

11 Elementarbibel, S. 13.

12 Ebd., S. 27.

13 Ebd., S. 83.

14 Ebd., S. 90/91.

15 Raumsymbolik. Anregungen aus Dieter Boßmann, Gert Sauer, Klaus Deßecker: Wann wird der Teufel in Ketten gelegt?, Lahr u.a. 1984. Anregung auch aus Jolande Jacobi: Vom Bilderreich der Seele, Olten 1981.

16 Die Richterin Debora unter der Deborapalme. Elementarbibel, Teil 4: Geschichten von den Anfängen, ausgewählt und in einfache Sprache gefasst von Anneliese Pokrandt, gestaltet und illustriert von Reinhard Herrmann (im folgenden zitiert als «Elementarbibel, Teil 4»), Lahr u.a. 1978, S. 8/9.

17 Gideon erhält einen Auftrag. Elementarbibel, Teil 4, S. 16/17.

18 Ebd., Teil 4, S. 32/33.

19 Simson zerbricht das Haus der Philister, ebd., Teil 4, S. 49.

20 Ebd., Teil 6: Erfahrungen mit Gott, ausgewählt und in einfache Sprache gefasst von Anneliese Pokrandt, gestaltet und illustriert von Reinhard Herrmann, Lahr u.a. 1993, S. 41.

21 Elementarbibel, S. 233.

22 Ebd., S. 234/35.

23 Ebd., S. 235.

24 Im Garten Eden, ebd., S. 236/37.

25 Die Erschaffung der Tiere, ebd., S. 238/39.

26 Die Erschaffung der Frau, ebd., S. 238.

27 Adam und Eva gehorchen Gott nicht, ebd., S. 240/41.

28 Ebd., S. 242.

29 Ebd., S. 244.

30 Ebd., S. 318/19.

31 Ebd., S. 318.

32 Ebd., S. 319.

33 Dritter und vierter Schöpfungstag, ebd., S. 320/21.

34 Die Gestirne, ebd., S. 321.

35 Die Tiere im Wasser, die geflügelten Tiere und die Tiere, die auf der Erde leben, ebd., S. 322/23.

36 Ebd., S. 324/25.

37 Ebd., S. 324/25.

38 Ebd., S. 388; entstanden 1992, davor lag die Entstehungszeit der beiden neutestamentlichen Teile.

39 Regine Schindler/Reinhard Herrmann: Engel sind nahe. Ein Adventskalender mit biblischen Engelgeschichten und einem Poster (im folgenden zitiert als «Engel sind nahe»), Lahr 1997, Poster.

40 Abraham und Sara haben Besuch. Engel sind nahe, S. 1.

41 Besucher in Sodom, ebd., S. 2.

42 Hagar in der Wüste, ebd., S. 3.

43 Der wunderbare Traum, ebd., S. 4.

44 Eine Feuerflamme, ebd., S. 5.

45 Ebd., S. 6.

46 Ebd., S. 7.

47 Ebd., S. 8.

48 Ebd., S. 9.

49 Ebd., S. 10.

50 Daniel bei den Löwen, ebd., S. 11.

51 Der Begleiter des Tobias, ebd., S. 12.

Dietrich Steinwede

Erzählen alttestamentlicher Geschichten für Kinder

Erfahrungen eines Erzählers

Erzählen alttestamentlicher Geschichten für Kinder
Erfahrungen eines Erzählers

Wie nimmt sich heute das Erzählen generell aus angesichts der totalen Technisierung unserer Welt, angesichts von Computer und Internet, den neuen Göttern, angesichts einer Digitalisierung, die den Alltag zu überwuchern beginnt?

Meine Antwort: Das urtümlich Menschliche, das den homo sapiens auszeichnet, seit es ihn gibt, die Sprache, die gesprochene Sprache, und mit dieser Sprache die Möglichkeit, von und zu den Gottheiten zu sprechen, anders gesagt: die Erzählungen von Göttern, weiblich oder männlich, seit Urzeiten geraunt (vieles ist in den Märchen und Mythen der Völker bewahrt), all das kann und darf nicht verloren gehen. Der Mensch verliert sonst sich selbst.

In allen Völkern und Kulturen hatte das Erzählen seinen unverrückbaren Sitz im Leben. Wenn wir hineinlauschen in die Überlieferungen der Völker, dann wissen wir, dass überall, wo Religion war (zumal bei den Schrift-unkundigen Völkern), auch erzählt wurde, bei Indianern und Indios Amerikas ebenso wie im alten Ägypten; in Schwarzafrika ebenso wie in Polynesien.

Letztlich geht es um die Frage: Vermag das, was hinausgeht über das wissenschaftlich Erfassbare, zu überdauern? Bleibt die sensitive Transzendenzerfahrung in der Immanenz, das, was an Überschuss aufgehoben ist in Dichtung, Musik und bildender Kunst? Bleiben Bach, Kafka, Chagall mit ihren religiösen Botschaften? Oder verlieren wir sie?

Meine These: Welche Kommunikationssysteme auch immer in der Zukunft entwickelt werden (ob z. B. sprechende, denkende Roboter sich breit machen – eine Horrorvision, dass derartige Roboter dann auch noch beginnen, biblische Geschichten zu erzählen), das Erzählen im Alltag wie auch das Erzählen im religiösen Bereich (für uns speziell im Bereich religiöser Überlieferung an Kinder) wird seine Gültigkeit behalten. Der Mensch, der nicht mehr erzählen kann, der nicht mehr Erzähltem zuhören kann, ist einer wesentlichen Dimension seines Menschseins beraubt. So lässt sich resümieren

- mit Henning Schröer: «Erzählen ist ein fundamentales anthropologisches Phänomen.»
- mit Walter Benjamin: «Erzählen spielt eine elementare Rolle im Haushalt der Menschheit.»
- mit Wilhelm Willms: «Narrare humanum est.»

Generelle Gedanken

1. Ich bin um einen subjektiven Beitrag gebeten, um die Autorensicht, muss also immer «ich» sagen. *Meine* Erfahrungen mit dem alttestamentlichen Erzählen für Kinder, so verstehe ich es, sind gefragt, *meine* Erfahrungen mit den Versuchen, andere zum entsprechenden Erzählen anzuleiten, *meine* Versuche, entsprechende Nach-Erzählungen niederzuschreiben.

Also eine ganz individuell ausgerichtete Sache, die sich der Diskussion stellt, die nicht den Anspruch erhebt, Lehre zu sein. Es wäre absurd, als Lehre verkünden zu wollen, das einzig Wahre sei das bibeltreue Erzählen. Das ist mein Ding, ja, lebenslang habe ich mich daran versucht (37 Jahre mit Kindern, vor allem in der Grundschule, parallel dazu 32 Jahre + 7, nach meiner Pensionierung 1993) in Erzählseminaren mit Lehrerinnen und Lehrern, Vikarinnen und Vikaren, sowie Kindergottesdiensthelferinnen. Das ist mein Ding, aber es ist nicht allgemeingültig. Ich wollte Anstöße geben, in Auseinandersetzungen über sachgemäßes Nacherzählen verwickeln. Unumstößlicher Grundsatz war stets: Eine jede Erzählerin finde und kultiviere ihren eigenen Erzählstil! Ich war niemals der Auffassung, dass man meine Erzählweise kopieren solle. Vielfältige Versuche über Jahre hinweg haben gezeigt: In der Entdeckung der ihr eigenen Erzählfähigkeiten gewinnt die Erzählerin Zutrauen zu sich selbst. Ihr Selbstbewusstsein wächst. So genannte Experten-Erzählungen (als Vorbilderzählungen) verlieren an Gewicht.

2. Auf Erzähltagungen gehe ich in der Regel mit neutestamentlichen Beispielen. Das NT ist unsere, der Christen, Ur-Kunde. Und diese haben wir uns und den Kindern zu erschließen. Das AT ist die Ur-Kunde der Juden. Der Jude Jesus hatte diese Ur-Kunde seiner Religion, die hebräische Bibel, im Kopf. Er lehrte jüdische Theo-Logie. Andere machten ihn zum Christus. Er selbst hat das Wort Christus nie gehört. Er ist als Jude gestorben.

Aber er ist das große Bindeglied. Wer sich mit Christus, dem Jesus, befasst, kann an der Biblia Hebraica nicht vorbei. Was ihn antrieb, das AT und dessen Auslegung in seine Zeit hinein, das geht uns darum ebenso an, wie es ihn anging. Und: Mag Paulus die christliche Religion begründet haben – im Juden Jesus liegt der Ursprung.

3. Das gibt es erst seit dem 18. Jahrhundert, das gibt es sonst überhaupt nicht (für die meisten Muslime undenkbar etwa gegenüber dem Koran; undenkbar auch gegenüber einer Erzählung von Heinrich von Kleist), dass klassische Texte, die sich an wissende, gebildete Erwachsene wenden, aus didaktischen Gründen – also um Kinder zu lehren – abwandelnd

nacherzählt werden. Alle früheren Bemühungen richteten sich auf Auswahl, nicht auf Veränderung des jeweiligen Textbestandes. So ist die erste evangelische Kinderbibel, eine Bilderbibel mit 50 Holzschnitten von Lukas Cranach, Martin Luthers Passionsbüchlein von 1529, eine Auswahlbibel, die Texte von der Schöpfung bis zur Auferstehung Jesu heilsgeschichtlich anordnet. Auf Altersstufen und Verstehensmöglichkeiten hin bedachte Auswahl hat die Didaktik der religiösen Unterweisung seit dem 18. Jahrhundert (hat alle Verfasser/innen von Religionsbüchern und Kinderbibeln) beschäftigt und wird sie auch in Zukunft beschäftigen. Es kann nicht darum gehen, Bibel um der Bibel willen zu vermitteln, vielmehr muss nach den von der Sache her gebotenen Lernnotwendigkeiten gefragt werden. Im AT, dieser «erzählten Gotteslehre» (Martin Buber), kann es nur um Texte und Textfolgen gehen, die – mit Johann Baptist Metz gesprochen – als «unableitbare Erfahrungen des Glaubens Kindern das Heil zusprechen, das von Gott kommt, um Geschichten, die auch dem Kinde Rat wissen, Geschichten, die einen Freiheitssinn bergen».[1]

4. Martin Buber sagt im Hinblick auf die mögliche Wirkung des Wortes der Schrift auf den Erwachsenen: «Der heutige Mensch weiß nicht, welcher Spruch, welches Bild ihn von dort (von der Schrift) aus angreifen und umschmelzen, woher der Geist brausen und in ihn fahren wird, um sich in seinem Leben neu zu verleiben. Aber er ist aufgetan. Er glaubt nichts von vornherein. Er glaubt nichts von vornherein nicht. Er liest laut, was dasteht; er hört das Wort, das er spricht, und es kommt zu ihm. Nichts ist präjudiziert. Der Strom der Zeiten strömt; und dieses Menschen Heutigkeit wird selber zum auffangenden Gefäß.»[2]

Das, was hier für Erwachsene gesagt ist, lässt sich für Kinder abwandeln, gilt prinzipiell gleichermaßen: Auch das meiner biblischen Nacherzählung lauschende Kind weiß nicht, wodurch es betroffen gemacht wird, wo es «verstrickt» wird. Aber es ist aufgetan. Es glaubt nichts von vornherein. Es glaubt nichts von vornherein nicht. Es hört das Wort. Und das Wort kommt zu ihm. Und dieses Kindes Heutigkeit wird selber zum auffangenden Gefäß.

Damit ist ein Wort zur Wirkmächtigkeit des Erzählten gesagt: Wenn ich als Lehrerin, Mutter, Pfarrerin, Kindergottesdiensthelferin dem Kinde Gott so weitererzähle, wie es der Rabbi Jesus gegenüber Erwachsenen tat – diesem Rabbi bin ich im Erzählen ganz nahe –, dann muss offen bleiben, ob das Kind wirklich getroffen wird. Das ist nicht in meine Hand, in meinen Mund gegeben. Und das war auch nicht in den Mund des großen Erzählers Jesus von Nazaret gegeben, wenn das NT auch nicht müde wird, die Wirkmächtigkeit, die «Vollmacht» seiner Rede zu rühmen. Es gab auch solche, deren Reaktion war: «Der ist mit dem Teufel im Bunde!» Und in seiner Heimatstadt Nazaret hatte er – ich halte das für historisch – kaum eine Chance, wirklich gehört zu werden.

Es ist in unseren Mund gelegt – und das ist die zentrale Aufgabe aller Erzählenden –, Gott den Kindern, den Schülern weiterzusagen. Noch einmal: Ob Gott sich dabei als wirkmächtig erweist, bleibt unverfügbar. Und doch setzen wir alles daran – und unser Herz schlägt dabei –, es so gut, als es uns gerade möglich ist, zu tun; zu tun in der nie versiegenden Hoffnung, dass Gott im Erzählen geschehe. Je und je neu. Es gibt nur zwei Möglichkeiten: Entweder mit Gott zu reden wie mit einem Freund, zu beten, oder von ihm zu reden, indem wir dem kommenden Geschlecht den Ruhm des Herrn verkünden, seine Macht und seine Wunder, die er getan hat (Ps 78). Gott ist als Wirkmöglichkeit in unseren Mund gelegt; welche Verantwortung das für die Erzählenden bedeutet, das liegt auf der Hand.

Erzählend hat Jesus von Gott gesprochen. Erzählend haben die Evangelisten von Jesus, Gott und den Menschen gesprochen. Erzählend hat der Jahwist vom Gott des AT gesprochen. Erzählend lehren wir unsere Kinder Gott kennen und erkennen, wenn Gott es denn so will.

Und dies alles nun im Geschriebenen zu versuchen, ist Aufgabe von Erzählbüchern und Kinderbibeln, an denen ich zeitlebens gearbeitet habe.[3] Meine Erfahrungen mit den eigenen Büchern: Ich habe sie, wenn überhaupt, als ‹Partituren› verwandt, in die jeweilige Erzählsituation hinein jeweils neu interpretiert, paraphrasiert, entfaltet, reduziert, je wie es mir die Kindergruppe in ihrer spezifischen Situation eingab. Indes die Partituren blieben mir Leitfaden im Rhythmus des Erzählens, in der theologischen Intention, in der Strenge der Sprache, in bestimmten vorformulierten sprachlichen Wendungen.[4]

In der Regel war ich damit befasst, vom handschriftlichen Konzept her einen Erzählentwurf auszuprobieren, zu fragen: Wo gibt das Wiedererzählen der Kinder oder das nachfolgende Gespräch mir Hinweise, noch besser zu formulieren, vor allem mir die oft so konkreten, überraschend bildhaften Ausdrücke, die Kinder auch für theologisch Schwieriges zu finden wissen, für die nächste Fassung, die noch lange nicht die Buchfassung sein musste, zu merken. Ich habe manchmal bis zu zwölf Fassungen angefertigt, ehe eine Sache ins Buch oder in den Aufsatz oder als Beispiel ins nächste Erzählseminar kam; und nach zwei Jahren habe ich's, neuen Einsichten folgend, dann wieder verändert.[5]

Eine Erzählung aus dem Buch vorlesen, das machte ich, so wie hier, nur in Seminaren. Erwachsene als Hörer setzen längst nicht so viel an momentanen Veränderungsideen frei wie Kinder. Wie es auch andere Elementarerfahrungen mit Kindern gibt; beten z. B. kann ich wohl am glaubwürdigsten mit Kindern zusammen. Nicht von ungefähr hat Jesus in besonderer Weise (wir sind es alle) in den Kindern «Kinder Gottes» gesehen.

Nicht nur unterhaltsame Einzelaspekte

1. Marcel Reich-Ranicki, der Kritiker, der mit seiner Selbstbiografie zum Schriftsteller wurde (das Buch stand 40 Wochen auf Platz 1 der Bestsellerliste des SPIEGEL), Ende Mai 2000 im SPIEGEL-Interview auf die Frage, wie denn seine neuen Schriftstellerkollegen auf diesen sensationellen Erfolg reagiert hätten: «Keiner hat mir auch nur eine Postkarte geschrieben, nur mein Freund Siegfried Lenz hat reagiert mit dem Satz: ‹Du bist ein Erzähler›!» Kommentar Reich-Ranicki: «Das war wie ein Ritterschlag!»[6]

2. Christian Gotthilf Salzmann, der aufgeklärte Philanthrop, 1780: «Wollt ihr Kindern die Religion anschaulich machen, so bringt sie ihnen in Erzählungen bei. Da nun Gottes Sohn selbst durch Erzählung unterrichtet hat, so kann ich nicht anders als glauben, daß Erzählung das wirksamste Mittel ist, jungen Herzen Religion einzuprägen. Wohlan, so setze dich in deinen Stuhl, gib deinen Kindern einen Wink, daß du erzählen willst, und du wirst sehen, wie sie sich um dich drängen» (gekürzt).[7] In einer Grundschulklasse fand ich einen wundervoll gestalteten Erzählstuhl. Und er wurde auch benutzt.

3. Ein Autor deutscher Zunge, der wie kaum ein anderer herauszufinden suchte, was denn diese christlichen Lehrer («Religionspädagogen») eigentlich meinten und wollten, Wolf-Dietrich Schnurre (u.a. Verfasser meisterhafter Kurzgeschichten, Mitbegründer der Gruppe 47, gest. 1989, häufiger Teilnehmer an Erzähltagungen in Evangelischen Akademien und Religionspädagogischen Instituten) 1976 auf einer Loccumer Tagung «Erzählen und Gestalten» (als freier Autor immer im Vergleich mit den Anliegen der biblischen Erzählerinnen) mündlich:
- ‹Ich will spannende Geschichten erzählen.›
- Eine Geschichte muss eine Pointe haben.
- Ich möchte mit meinen Geschichten einen Denkanstoß geben. Ich möchte betroffen, unruhig machen.
- Ich habe immer die Erfahrung gemacht, dass der Identifikationsprozess für die Verständigung die allerbeste Möglichkeit ist.

- Ich muss, wenn ich meine Geschichte (Kindern) erzählt oder vorgelesen habe, zur Verfügung stehen (gemeint ist für Gespräche).
- Unerhörte Geschichten stehen für mich im AT.
- Ich verstehe das AT so, dass es für mich das beste Buch ist. Nirgendwo bekomme ich das Leben, was dahintersteht oder dahinterstehen kann, so mit wie aus dem AT. Es scheint ja auch kein Zweifel zu sein, dass viele große Schriftsteller aus dem AT Anleihen gemacht und dadurch durchaus Akzeptables zustandegebracht haben. Für mich ist das AT ein Kompendium von allerbester, höchster Literatur.›

Das alles sehe ich genau so.

4. *Tanja Blixen*, die dänische Meistererzählerin (der autobiografische Film «Jenseits von Afrika» erhält seine besondere Qualität durch die darin gebotenen frei vorgetragenen einfach losfabulierenden Erzählungen): «Es ist ein großes Glück, Dinge, die einem geschehen sind, in Geschichten verwandeln zu können. Das ist wirklich das einzige vollkommene Glück!»[8] Bemerkungen dazu: «Dinge, die einem geschehen sind»: Wenn wir biblische Geschichten erzählen oder aufschreiben, sollten wir sie so erzählen, als ob sie uns selbst geschehen sind. Es gibt nur ein engagiertes Erzählen. Der Mensch in seiner Ganzheit ist beteiligt. Das Wort geht durch mich hindurch. Ich bin ein tönend Rohr. Augustinus: «Keine Sprache dringt zu den Ohren Gottes als die eines innerlich ergriffenen Herzens.» Ich wandle ab: «Keine Sprache dringt zu den Ohren (und ins Herz) des Kindes als die einer von ihrer Sache erfüllten Erzählerin.» Man sieht ja in dem Film «Jenseits von Afrika» die hier erwachsenen Zuhörer, wie sie der Erzählerin lauschen, hingegeben, leuchtenden Auges, der unmittelbaren Gegenwart enthoben.

Das alles hat nichts mit Gefühligkeit zu tun: «Ich meine es doch so gut. Es quillt mir alles aus dem Herzen!» «Gut gemeint» ist das Gegenteil von gut, sagt eine Volksweisheit. Nein: Erzählen heißt Kontrolle! Gefühlsüberschwang? Nein und nochmals nein! Geisterfüllt erzählen ist etwas ganz anderes. Gewiss: Jede Erzählung ist subjektiv, denn sie spiegelt immer auch das erzählende Subjekt in seiner spezifischen menschlichen Besonderheit.[9] Sie ist die persönlichste Form der Übermittlung von Überlieferung. So hat auch Jesus erzählt. Aber hat er unkontrolliert erzählt? Nein! Er hat sich genau überlegt, was er sagte. Dabei hat er für sich in Anspruch genommen, seine Lehre von Gott verkündend zu erzählen. Und so ist es auch jeder christlichen Erzählerin (Predigerin) erlaubt, *ihre* Theologie – und sei sie evangelikal/fundamentalistisch – zu erzählen, denn sie kann nur dann überzeugen, wenn sie in dem, was sie engagiert weitergibt, wahrhaftig ist. Und so dürfte sie – natürlich würde ich mit ihr diskutieren – aber dennoch, wenn sie es verantwortlich tut, aus ihrer Sicht eine Kinderbibel verfassen. Und sei es – ich könnte es nie –, dass sie darin (Gott möge es ihr verzeihen!) Genesis 1 wörtlich nimmt.

Darum noch einmal: Jede finde die eigene Sprache, den eigenen Stil ihres Erzählens gemäß ihrer verantwortlich reflektierten Theologie, gemäß den Verstehensmöglichkeiten ihrer Hörergruppe in einer angemessen kontrollierten Erzählsprache.

5. Das für mich großartigste Wort liefert die Bibel selbst, und zwar in Ps 78: Nach Luther: «Ich will meinen Mund auftun und Geschichten verkünden aus alter Zeit. Was wir gehört haben und wissen und unsere Väter uns erzählt haben, das wollen wir nicht verschweigen den Kindern. Wir verkündigen dem kommenden Geschlecht den Ruhm des Herrn und seine Macht und seine Wunder, die er getan hat.»

Der Psalmdichter wusste
- um den Sog des Erzählens durch die Zeiten hindurch, vom Vater zum Sohn (von der Mutter zur Tochter), von Generation zu Generation,
- um den verkündenden Charakter des Erzählens, so wie es dann Jesus übte und nach ihm wieder die, die von ihm erzählten,
- um die zentralen Inhalte des religiösen Erzählens im Judentum: Es sind der Ruhm des Herrn, seine Macht und seine Wunder, die er getan hat! (Ps 78,2 ff.)

6. Für den Muslim ist Gott-Allah als alles durchdringende, alles durchwirkende transzendentale Macht zentral. Für den Juden ist es die Schechina, die einwohnende Gegenwart Gottes («Gott wohnt, wo man ihn einlässt»). Du vermagst die Schechina zu erkennen, sagt Martin Buber, «dazu brauchst du kein Lehrkundiger, kein Weiser zu sein: nichts ist not als eine in sich einige, ungeteilt auf ihr göttliches Ziel gerichtete Menschenseele. Und deine eigene Beschaffenheit, dies eben wie du bist, ist dein besonderer Zugang zu Gott, deine besondere Möglichkeit für ihn. Lass dich deiner Lust an Wesen und Dingen nicht verdrießen, lass sie sich nur in den Wesen und Dingen nicht verkapseln, sondern durch sie zu Gott vordringen. Empöre dich nicht wider deine Begierden, sondern fasse sie und binde sie an Gott.»[10] Das ist Geist des AT. Und dies alles wünsche ich vom AT her den Christen. Und in diesem Geist, mit dieser Zielrichtung möchte ich das AT erzählen.[11]

Beispiele

Kinderbibel AT heißt ja, in der Auswahl eine bestimmte Kontinuität herzustellen, und zwar mit Geschichten, die Kinder nicht unbedingt vor große Probleme stellen. Andererseits gibt es wie im NT unverzichtbare Geschichten (im NT ohne Zweifel die großen Festlegenden zu Ostern, Pfingsten, Weihnachten), im AT gewiss die Schöpfungstexte oder die anderen Ur-Geschichten. Und dies sind meist besonders schwierige, weil theologisch anspruchsvolle Geschichten.

Diese Geschichten bilden nicht Sichtbares ab, vielmehr machen sie Erfahrenes im Bilde sichtbar, so wie Paul Klee es von der expressionistischen Kunst sagte: «Sie macht sichtbar – von innen her». Diese Geschichten sind mit Worten gemalte expressionistische Bilder! Sie wollen mit anderen Augen gesehen werden, mit dem inneren, dem dritten Auge, wie Hubertus Halbfas sagt, mit den «leuchtenden Augen des Herzens», wie der Epheserbrief es sagt, mit den Augen des Glaubens. Solche Geschichten wären niemals fotografierbar gewesen – das leuchtet Kindern immer ein, weder die großen Christus-Ostergeschichten, noch die großen Christus-Wundergeschichten oder etwa die Geschichte, wie Gott den Menschen erschuf. Solche Geschichten kann man malen, aber dann sind sie Bekenntnis, Zeugnis, Kerygma, so wie die kraftvollen Bilder des Expressionismus Zeugnis sind.

Manchmal fällt es einem wie Schuppen von den Augen. Mir ging es so, als ich begriff, der historische Jesus hat all diese Geschichten gar nicht gekannt, weder die vom Seesturm, noch die von der Speisung der 5000, noch die von der Auferweckung des Lazarus. Es sind Christus-Geschichten der Christus-Gemeinde, bildhafte Verdichtungen, später, lange nach seinem Tod entstanden; Glaubensdichtungen, narrative Predigten mit unterschiedlichen Zielsetzungen. Es ist christliche Erzählliteratur, in der Regel verdichtet, wie ein geistliches Gedicht von Andreas Gryphius, Paul Gerhardt oder Novalis.

Was mir aufging, ist, dass es im AT auch diesen Typ der Glaubensdichtung in Erzählform gibt (in Liedform haben wir sie in den Psalmen), die höchst behutsam angegangen werden will, wenn es um Nacherzählung für Kinder geht. Ganz ohne Zweifel gehören die so genannten Ur-Geschichten dazu, besser Ur-Sagen, denn sie haften am Geschichtlichen, bewahren Erinnerungen der Völker des vorderen Orients an große Flutkatastrophen oder den Blick auf die verfallende Zikkurat in der Wüste. Rückschaugeschichten, Ätiologien, Ursprungssagen erzählt der Jahwist: Wie war es mit dem Anfang der Welt? (anders der reflektierende Schöpfungshymnus der Priester in Babylon). Warum gibt es Mann und Frau und

die Scham zwischen ihnen? Warum erschlägt der Bruder den Bruder? Warum lehnen sich Menschen auf gegen Gott?
Und solche Ver-Dichtungen auf das Geheimnis Gottes hin gibt es auch in den Väter- sowie in den Mosegeschichten.
Hier ist auch der Ort der Kinderbibeln. Sie wählen aus nach unterschiedlichen Gesichtspunkten der Kindgemäßheit in Sache und Sprache. Sie haben ihre Funktion in Familie, Kindergarten, Kindergottesdienst, auch in der Schule (hier meist als Schul- oder Grundschulbibel).
Theologische Problematik überspielen sie oft. Ich versuche, das zu vermeiden, in «Kommt und schaut» durch Anordnung (etwa 1 Mose erst nach den Exilserzählungen[12]), durch theologische Einleitungen (etwa die Vorstellung des Jahwisten in Erzählform vor seiner Schöpfungserzählung 1 Mose 2/3), durch Benennen der biblischen Erzähler, vor allem aber durch Bilder, die nicht Illustrationen, sondern von gleicher Dignität wie die Nacherzählungen als Glaubensbilder andere Spiegelungen der biblischen Vorlagen sind, mit Bildern, die mit den Erzählungen korrespondieren, die Gespräche provozieren sollen.[13]
Wie weit Gespräch prinzipiell (für die Schule ist es unabdingbar) von den Kinderbibelverfassern gewollt ist, lässt sich nur vermuten. Sollen die Kinder nur «hören» oder sollen sie auch antworten im Gespräch, im Wiedererzählen, in kreativer Gestaltung (Zeichnen/Malen/Spielen); sollen sie antworten in Gebet und Lobgesang?

Beispiel: Genesis 18, 1-15 (17, 15-17; 21, 1-7) - Gott in Mamre

Ich gehöre nicht zu denen, die sich selbst zu profilieren suchen, indem sie andere diffamieren. Aber hier, da presste es mir das Herz. Da war es wie ein Schlag vor den Kopf. Als ich das in Holland hochgerühmte, in großer Auflage verkaufte, in der deutschen Übersetzung vom Gütersloher Verlagshaus herausgebrachte, zwar für Erwachsene gedachte Erzählbuch Nico ter Linden «Es wird erzählt» aufschlug – ich wollte nur sehen, wie macht der Autor das mit der Mamre-Geschichte? –, da habe ich wirklich nur dieses Stück gelesen und mir geschworen, ich lese nicht mehr weiter, denn dieses Stück, das verschlug mir die Sprache!

Originalton ter Linden:
«Dort sitzt er, der alte Abraham, bei den Eichen von Mamre unter der Plane im Eingang seines Zeltes, und döst vor sich hin. Und er hob seine Augen auf und sah, siehe, da standen drei Männer. Abraham erschrak, eilte ihnen entgegen. ‹Verzeiht! Ich habe euch nicht kommen sehen. Ihr seid wohl aus heiterem Himmel gekommen.› Abraham ist so sehr damit

beschäftigt, diese Fremdlinge nach des Landes Sitte gastfreundlich zu empfangen, dass er nicht sieht, wie die drei einander zuzwinkern. Denn sie kamen tatsächlich aus heiterem Himmel: In Begleitung zweier Engel ist es kein geringerer als Gott selbst, der bei Abraham vorbeischaut. Inkognito in Mamre auf Geschäftsbesuch, will sich Gott unter Abrahams Eichen erquicken. Gerade als dieser vor sich hindöste. Gott gibt es seinen Geliebten im Schlaf. Wo auf der Welt wird in solch kühnen Bildern von Gottes Erscheinen berichtet?»[14]

Hat denn Nico ter Linden wirklich nichts erfasst von der Verhaltenheit, der Sparsamkeit im Wort, von dem Geheimnis, der bildhaften Transparenz dieses Textes auf Gott hin? Drei in einem, einer in dreien? «Der, wie er ist drei in eins, uns in ihm lässt eines sein», singt das Lied «Sonne der Gerechtigkeit». Die Ägypter wussten von der Verborgenheit des einen in den dreien: «Drei sind alle Götter», heißt es in einem Amun-Hymnus: «Amun, Re und Ptah: Und ihresgleichen haben sie nicht. Drei sind eins: Verborgen ist sein Name als Amun, als Re wird er wahrgenommen, sein Leib ist Ptah.»

Die frühen christlichen Jahrhunderte haben spätestens seit dem Trinitätskonzil von Konstantinopel 381 darin eine alttestamentliche Präfiguration der Trinität gesehen, wie nicht zuletzt Mosaiken aus Rom (Santa Maria Maggiore) und Ravenna (San Vitale) beweisen: Drei voneinander geschiedene Personen, obwohl alle Wirklichkeit Gottes einfach bleibt. Hat Nico ter Linden nichts davon begriffen? «Abraham döste vor sich hin»: Dies angesichts der Nähe Gottes?

Man höre Buber, fettgedruckt die Zeile: *ER ließ von ihm (Abraham) an den Steineichen Mamres sich sehen.* Er (Abraham) hob seine Augen, sah: drei Männer aufrecht über ihm.

Er sah, lief vom Einlaß des Zeltes ihm entgegen und neigte sich zur Erde und sprach: «Mein Herr, möchte ich doch Gunst in deinen Augen gefunden haben. Schreite an deinem Knecht doch nimmer vorüber ...»

Er döst nicht, er sieht. Er erkennt. Er neigt sich zur Erde vor den drei Männern, aufrecht über ihm, und spricht: «Mein Herr!» Die drei – der eine! Wie fern jeder Transparenz: «Ihr seid wohl aus heiterem Himmel gekommen!» Noch vordergründiger: «Die drei zwinkern sich zu. Denn sie kommen tatsächlich aus heiterem Himmel!» Schlimmer aber das Gottesbild: Gott «inkognito» – welche Vokabel! Und dann: «Auf Geschäftsbesuch!» Was soll das? Kann man so mit Gott umgehen?

«Er will sich erquicken» – sonst nichts? «Gerade als Abraham vor sich hindöst. Den Seinen gibt´s der Herr im Schlaf.» Was? Und dann die eingeschobene Reflexion des Erzählers: «Wo auf der Welt wird in solch kühnen Bildern von Gottes Erscheinen berichtet?» – Kühne Bilder! Da ist nichts Kühnes zu entdecken.

Das ist ein Irrweg, das ist auf eine erschreckende Weise peinlich. Ein Leben lang habe ich gegen eine derartige Vergewaltigung, ja Zerstörung biblischer Texte gekämpft.[15]

Das kann Neidhart mit Phantasiearbeit nicht meinen, solche freischweifende, unkontrollierte, ganz nach Lust und Laune ausufernde Phantasie. Neidharts lebensvolle Schilderungen, die in der Regel den Bibeltext voraussetzen, denen es um unterschiedliche, von der Gegenwart her gedachte Deutungen aus Glauben (oder Unglauben) geht, sind immer theologisch und sprachlich in hohem Maße kontrolliert. Derartige Entgleisungen wären ihm nie unterlaufen. Bei ter Linden indes ist nichts mehr von Martin Buber: «Immer wenn ich einen biblischen Text zu übertragen oder zu interpretieren habe, tue ich es mit Furcht und Zittern in einer unentrinnbaren Schwebe zwischen dem Worte Gottes und dem Worte der Menschen.»

Meine Nacherzählung ist thematisch akzentuiert. Wie in dem schönen Kinderbuch «Sara lacht» von Regine Schindler geht es auch bei mir um das Lachen in verschiedenen Erscheinungsformen. In dem freien Einleitungsteil wird das umgesetzt. Ich denke, die Transparenz des Textes auf den einen in den dreien hin bleibt dennoch gewahrt. Erzählt wird, wie Sara, Abrahams Frau, vom zweifelnden Lachen (‹Ich kann doch gar nicht mehr gebären!›) zum befreiten, offenen Lachen findet.[16]

Die Erzählung[17]

Menschen können lachen./ Tiere nicht./
Lachst du gern?/
Es ist schön, wenn Menschen lachen./
Einer hat einen Spaß gemacht oder einen Witz erzählt.
Da gibt es ein großes Lachen./
Heiterkeit breitet sich aus, Fröhlichkeit./
Oder ein Kind lacht dich an,
ein Kind, das erst wenige Wochen alt ist,
sein erstes Lächeln, wie wunderbar./
Lachen können, das ist schön.
Das löst, das befreit, das macht glücklich./

Doch es gibt auch ein böses Lachen,
wenn jemand ausgelacht wird oder verhöhnt oder verspottet./

Doch schöner ist das fröhliche Lachen, das herzhafte Lachen,
das Lachen aus voller Seele./
Das steckt an, wenn jemand sich ausschütten will vor Lachen,
da muss man ja mitlachen./

Da ist Sara, eine alte Frau./
Sie lebt im Zelt. Sie ist eine Nomadenfrau./
Abraham ist ihr Mann. Auch er ist sehr alt./
Sie ziehen mit ihren Herden, mit den Schafen und Ziegen
von Weide zu Weide, durch Wüste und Gebirge,
von Wasserloch zu Wasserloch./
Sie sind immer unterwegs./
Sara hat nichts zu lachen./
Warum?/
Sara wartet. Schon endlos lange./

Endlos sind sie herumgezogen./
Und immer warteten Sara und Abraham auf ein Kind./
Gott hatte es ihnen versprochen./
Gott hatte zu Abraham gesagt: «Zu einem großen Volk will ich euch machen. Ihr sollt Kinder und Kindeskinder haben./
Segnen will ich euch mit Kindern!»/

Aber Sara bekommt kein Kind./
Sie warten und warten./
Sie warten schon so lange.
Darüber sind sie alt geworden, sehr alt./

Sara schämt sich sehr.
Eine Frau, die kein Kind hat, gilt nichts vor anderen Frauen./
Sie gilt als unfruchtbar./
Sie wird scheel angesehen. Sie hat nichts zu lachen./
Sara ist traurig. Sie zweifelt.
Sie glaubt nicht mehr daran, dass sie ein Kind bekommen wird:/
Wir werden nie ein großes Volk. Wir werden nie gesegnet./
Ich bin wie ein Baum ohne Früchte. Ich bin wie eine verdorrte Blume./
Sara ist ganz verzweifelt.

Aber dann geschieht es./
Es ist in Mamre bei den Steineichen:
Gott gibt sich Abraham zu sehen./
Es ist Mittag, große Hitze./
Abraham sitzt am Eingang des Zeltes. Er schaut auf./
Da kommen drei Männer, Boten Gottes. Da kommt Gott./

Abraham springt auf. Er läuft ihm entgegen.
Er beugt sich zur Erde./
Er sagt zu den drei Männern: «Bleibt! Ich will euch bewirten!»
Abraham läuft ins Zelt zu Sara:
«Schnell, drei Schüsseln Mehl, vom feinsten! Backe Brot!»/
Abraham läuft zu den Rindern. Er holt ein junges Tier.
Er lässt es schlachten und braten./
Abraham bringt Milch und Sahne, Brot und das gebratene Fleisch./
Er setzt es den Männern vor./
Sie essen./
Dann fragen sie: «Wo ist Sara, deine Frau?»/
Er sagt: «Drinnen im Zelt!»/

Gott spricht: «Nächstes Jahr komme ich zurück:
Dann ist neues Leben da./
Dann hat Sara, deine Frau, einen Sohn!»

Sara aber hat gehorcht. Hinter dem Eingang des Zeltes./
Sie ist voller Zweifel: Ich, einen Sohn?/
Dass ich nicht lache. Jetzt bin ich wirklich zu alt./

Gott aber spricht zu Abraham: «Warum lacht Sara?/
Warum sagt sie: Ich bin zu alt. Ich kann nicht mehr gebären./
Warum sagt sie das?/
Gibt es etwas, was Gott nicht kann?/
Nächstes Jahr um diese Zeit, dann hat Sara einen Sohn!»/

Als Sara das hört, da erschrickt sie. Sie kommt aus dem Zelt heraus./
Sie sagt: «Ich habe nicht gelacht!»/
Ganz verwirrt ist Sara.
Darum sagt sie: «Ich habe nicht gelacht!»
Darum spricht sie die Unwahrheit.
Sie ist verwirrt: Sollten die Männer doch Recht haben?/

Hat Gott da gesprochen?/
Die drei Männer aber stehen auf und gehen./
Nächstes Jahr um diese Zeit!/

Vor Verzweiflung hat Sara gelacht. Sie glaubt nicht an ein Kind./
Aber Gott vergisst Sara nicht./
Sie wird schwanger. Ihr Bauch wird rund./
Trotz ihres Alters. Die jungen Frauen wundern sich./

Und dann ist es soweit. Sara bekommt Wehen. Sie kommt nieder./
Sie bringt ein Kind zur Welt, einen Sohn./

Da lacht Sara. Sie lacht aus ganzem Herzen./
Ganz tief lacht sie. Von innen heraus./

Isaak heißt der Sohn. Das bedeutet «Gott lacht»./
Ja, Gott, der Herr, er kann lachen./

Und der Neugeborene lächelt. Isaak lacht seine Mutter an./

Und Sara sagt: «Danke, Gott. Du hast mich gesegnet./
Du bist wiedergekommen – in Isaak!/
Du hast gemacht, dass ich wieder lachen kann. Danke!/

Du bist zurückgekommen, Gott. Jetzt werden wir ein großes Volk./
Wunderbar bist du, Gott. Du bist von großer Güte.
Danke für den Sohn!»/

Und Sara lacht und lacht und lacht./

Ihr kommen Tränen der Freude./
Sie wiegt Isaak auf den Armen./
Sie lacht vor Glück./

Und die das sehen, die lachen mit./
Sie nehmen teil an Saras Freude:/
Das hätten wir nicht gedacht. Sara hat wirklich etwas zu lachen!/

Und Isaak wächst und gedeiht./
Und Abraham feiert ein großes Fest. Alle kommen./
Alle sind froh. Alle singen und lachen./

Gott ist groß./
Gott sitzt zu Tisch./
Drei in eins./
Gott spricht./
Und was er spricht, das geschieht./
Gott hält sein Versprechen./
Abraham und Sara haben es erfahren./

1 Johann Baptist Metz: Kleine Apologie des Erzählens, in: Concilium IX. Jg. 1973, S. 337.

2 Martin Buber: Zu einer neuen Verdeutschung der Schrift. Beilage zum ersten Band Die fünf Bücher der Weisung, Heidelberg 1976, S. 5. Buber ist sprachmächtiger Übersetzer, nach Luther der bedeutendste, er ist Religionsphilosoph, Gottesgelehrter, Erzieher, aber kein Didaktiker. Er fragt nicht nach dem Erzählen für Kinder.

3 Vgl. Dietrich Steinwede: So viel Gott strömt über. Streiflichter eines Lebens, hg. v. Rainer Lachmann (StTh 20), Würzburg 2000, S. 139 - 156 u. S. 191-208 (mit Bibliografie).

4 Andere Erzählformen, die ich gepflegt habe: Neben der texttreuen Form besonders im Hinblick auf das NT (vgl. das Vorwort zu «Und Zachäus stieg vom Baum» [Gütersloher TB 841], Gütersloh 1997; alle folgenden Beispiele dort):

- die Erzählung aus der Sicht eines am Geschehen Beteiligten, die so genannte perspektivische Erzählung (Beispiel: «Zufällig hineingeraten»);

- die Erzählung, die eine theologische Interpretation breit entfaltet (Beispiel: «Unbeirrbar»);

- die Erzählung, die durch eingeschobene Psalmworte oder Liedzeilen die theologische Aussage vertieft (Beispiel: «Engel und Hirten»);

- die mit historischer Phantasie, aber im Geiste des Textes erweiterte Erzählung (Beispiel: «König der Juden»);

- die Nacherzählung, der eine situative Einleitung aus der Lebens- und Erfahrungswelt der Kinder von heute vorangestellt ist (Beispiel: «Erstaunlich, was in ihm steckt»);

- die freie Erzählung als Information zum religionsgeschichtlichen Hintergrund (Beispiel: «Das Passafest»);

- die Erzählung als Meditation (Beispiel: «Als Jesus gestorben war»).

5 Einen Text zu erzählen, ist Lebensaufgabe. Ich begegne ihm, je nach meiner Lebenssituation je und je neu. Ich erzähle ihn, je nach der Situation meiner Hörergruppe je und je neu.

6 Der SPIEGEL 21/2000, S. 250.

7 Christian Gotthilf Salzmann: Über die wirksamsten Mittel, Kindern Religion beizubringen, 1780; hier zitiert nach Kirchen- und Theologiegeschichte in Quellen, Bd. IV, 1 Neuzeit, 1. Teil, Neukirchen-Vluyn 1979, S. 135.

8 In Tanja Blixens letzter Erzählung ‚Wiedersehen', kurz vor ihrem Tode 1962 geschrieben, wird der Satz von einem italienischen Marionettenspieler gegenüber Lord Byron geäußert, ist aber gewiss eigenes Bekenntnis der Autorin. Veröffentlicht in dem Band «Gespensterpferde. Nachgelassene Erzählungen» (rororo 22682), Hamburg 1986, S. 266.

9 Walter Benjamin: «So haftet an der Erzählung die Spur des Erzählenden wie die Spur der Töpferhand an der Tonschale.», in: Illuminationen. Ausgewählte Schriften (suhrkamp tb 345), Frankfurt/Main 1955, S. 393.

10 Martin Buber: Die Erzählungen der Chassidim, Zürich 1949, Einleitung S. 19.

11 Auch die christlichen Überlieferungen gehen auf begeisterte, pfingstliche Menschen zurück. «Wo ein Begeisterter steht, da ist der Gipfel» (Joseph von Eichendorff).

12 Kommt und schaut die Taten Gottes. Die Bibel in Auswahl nacherzählt von Dietrich Steinwede. Mit Bildern aus dem ersten Jahrtausend christlicher Kunst, Göttingen 1982, S. 80.

13 Detaillierte Auskunft über all dies gibt mein Nachwort zu: Kommt und schaut, S. 206.

14 Nico ter Linden: Es wird erzählt..., Bd. I: Von der Schöpfung bis zum Gelobten Land, Gütersloh 1998, S. 83.

15 Wohlgemerkt: Ich diskreditiere nur diese eine Stelle. Nicht das ganze Buch. Ich kenne es ja gar nicht.

16 Die «Gotteslehre» dieser Geschichte aber ist: Gott vermag dir in dem zu begegnen, der als Gast an deinem Tisch sitzt.

17 Geschrieben für den Kindergottesdienst. Diese «Andacht» lässt Gegenwartserfahrung und biblische Erfahrung aneinander zur Sprache kommen.

Philipp Wegenast

«Nach ein paar Tagen war niemand mehr beim grossen Turm» – Die Bildwelt des Alten Testaments im Comic

«Nach ein paar Tagen war niemand mehr beim grossen Turm»
Die Bildwelt des Alten Testaments im Comic

Vorbemerkung zum Verhältnis von Bilderbibeln zu Bibelcomics

Im Horizont von Kinder- und Jugendbibeln nehmen Bibelcomics eine Sonderstellung ein. So ähnlich sich Kinderbibeln und Bibelcomics auch sein mögen, so groß sind die Unterschiede zwischen ihnen. Zuerst liegen diese Unterschiede am Medium selbst. Sind Kinderbibeln wesentlich durch ein Nebeneinander von Text und Bild bestimmt, so sind im Comic Bild und Text ineinander verzahnt. Anstelle des Nebeneinanders von Bild und Text in den Kinderbibeln, in dem die Bilder den Text erläutern, ergänzen und schmücken, tritt im Comic ein Nacheinander von Bild-Text-Ensembles, in dem Bilder und Texte zusammen in eine absichtsvolle räumliche Anordnung (Sequenzen) gestellt sind.[1] Hinsichtlich der Gestaltung von Comics bedeutet dies, dass einer Arbeit am Text relativ enge Grenzen gesetzt sind, demgegenüber sind die bildlichen und sequentiellen Gestaltungsmittel außerordentlich viel größer als bspw. in einer herkömmlichen Kinderbibel. Eine gekonnte Anwendung dieser Gestaltungsmittel erfordert große Übung und ist nicht wirklich mit dem Gestalten von Texten oder von Illustrationen zu vergleichen. Zwei Comic-Künstler, Will Eisner und Scott McCloud, bezeichnen den Comic treffend als sequentielle Kunst. Die Bezeichnung «Comic» für diese spezielle Ausdrucksform ist jedoch missverständlich, da die Mehrheit der heute erscheinenden Comic-Bücher nicht mehr «komisch» sind, wie das zu Zeiten der Entstehung dieser Bezeichnung am Ende des 19. Jahrhunderts im amerikanischen Zeitungswesen gewesen sein mag. Im deutschen Sprachraum findet sich für den Comic neben «sequentielle Kunst» auch noch der Ausdruck «neunte Kunst».

Kulturgeschichtlich gehört die sequentielle Kunst zu den ältesten Überlieferungstechniken überhaupt. Das Aneinanderreihen von (Sinn-) Bildern (Hieroglyphen) zu Sequenzen markiert sozusagen den Übergang der Bildkultur zur Schriftkultur. Heute ist es vor allem die grosse Nähe der sequentiellen Kunst zum Film, welche auf die Gestaltung Einfluss hat und darüber hinaus die Beliebtheit fördert. Überraschende Schnitte, Einstellungen, Dynamik, Perspektive, Lichteinfall, Einfärbungen, bestimmte Verzerrungen gehören heute ebenso zum Repertoire des Unterhaltungsfilms wie zu dem der sequentiellen Kunst. Die Übergänge zwischen Comic und Film sind deshalb fließend. Häufig werden Comicfiguren und ihre Geschichten verfilmt: Ich denke an Asterix, Superman, Batman, die Spinne, Tank Girl, Popeye, um nur einige zu nennen; aber auch Filme werden in Comics szenisch zitiert, parodiert oder weitergeschrieben. Eine Besonderheit des Comics liegt in der Art, wie er rezipiert wird. Da Bilder schneller aufgenommen werden können als Texte, ist ein Überfliegen eines Comic einfacher als das Querlesen eines Textes. Entsprechend werden Comics eher wie Zeitschriften gelesen. Das heißt, die Leser/-innen lesen einen Comic schneller, auch öfter und geben ihn so ohne Skrupel weiter. Andererseits werden Comics schlechter erinnert als Bücher oder auch Einzelbilder, da die hohe Informationsdichte der Sequenzen eher zu einer assimilativen als zu einer kontemplativen Rezeption animiert. Entsprechend können Bibelcomics kaum ein Ersatz sein für die Kontemplation, die wir bei einem Text der Bibel suchen und erleben. Die große Stärke von Bibelcomics liegt vielmehr in der Sichtbarmachung zahlreicher Zusammenhänge, Entwicklungen, «Färbungen» und Details, die in einem Text einer Bilderbibel kaum explizit gemacht werden können.

So unterschiedlich Bibelcomics und Bilderbibeln auch sein mögen, im Blick auf das Ziel der Vermittlung biblischer Geschichten an Kinder, Jugendliche und Erwachsene sind sie weitgehend identisch. Mithin entsprechen sich Bibelcomics und Bilderbibeln auch hinsichtlich ihrer zentralen Aufgaben und Hindernisse.

Zum Umgang mit biblischen Stoffen in Bibelcomics

Zum Problem Comics und Religion gibt es eine Reihe guter Arbeiten. Was hingegen Bibelcomics anbetrifft, fehlen im europäischen Raum, vor allem jedoch im deutschsprachigen, bemerkenswerte Publikationen.[2] Gründe dafür liegen wohl im nachlassenden Interesse von Autoren, Verlagen und Lesern[3] an der Bearbeitung von biblischen Stoffen im Comic, aber auch daran, dass die Bearbeitung von alten Vorlagen ungleich schwieriger ist als die Erfindung von neuen. In besonderem Maße gilt dies für die Bearbeitung von biblischen Stoffen: Die Jahrtausende alte Tradition der biblischen Texte bringt es mit sich, dass die Ansprüche an eine Neubearbeitung, zumal in einem Comic, enorm hoch sind. Zahlreiche Schwierigkeiten entstehen angesichts der bildmächtigen und detailfreudigen Ausdrucksform des Comic im Gegenüber der zuweilen holzschnittartigen biblischen Erzählungen. So stellen sich dem Comiczeichner und dem Texter zunächst analoge Probleme wie dem Regisseur einer Verfilmung biblischer Stoffe:
- Fragen der Auswahl: Welche Stoffe lassen sich überhaupt umsetzen?
- Fragen der Interpretation: Welche Deutung dieser Texte will ich bearbeiten?
- Fragen der Aktualisierung: Soll die Handlung in der historischen Umwelt spielen oder heute?

- Fragen der Zuschaueradaption: Für welches Publikum verfasse ich den Comic?
- Fragen der Intentionalität: Will ich eher dokumentieren, appellieren oder geht es mir vor allem um das Nacherzählen einer Geschichte?
- Fragen nach der Inszenierung: Wie baue ich den Comic auf? Gehe ich dem Text entlang oder arbeite ich mit Einblendungen, Rahmengeschichten und anderen inszenatorischen Eingriffen?

Darüber hinaus gibt es comicspezifische Probleme:
- Fragen nach dem Bild-Text-Verhältnis: Wie weit sollen die Bilder den Text illustrieren, inwieweit stehen die Bilder anstelle des Textes oder gehen interpretierend über diesen hinaus?
- Fragen nach dem Seitenaufbau und der Sequenzialität: Erzähle ich starr in Rahmen oder nutze ich einen völlig freien, jeweils der Aktion angemessenen Bildaufbau?
- Fragen vor allem dann nach dem «Stil»: Zeichne ich im Funny-Stil oder realisitisch? Nutze ich die Mittel der Abstraktion oder bleibe ich bei der Eindeutigkeit des «Ligne Claire»-Stils von Hergé, dem Schöpfer von «Tim und Struppi»?

Hinsichtlich der Schaffung eines Bibelcomics stellen sich alle diese Fragen immer auch im Horizont einer viele Jahrhunderte alten Geschichte der Illustration biblischer Texte einerseits und von in der Kindheit erfahrenen Bibelillustrationen andererseits. Die Wirkung dieser Vorbilder und deren Einfluss auf neue Interpretationen ist sehr groß. Die Folgen dieses Tatbestandes sind unter anderem Abhängigkeit von Interpretationstraditionen (Merian, Schnorr von Carolsfeld, Kees de Koort) und deutliche regionale Unterschiede bei der Interpretation (Eurozentrik).

Die heute erhältlichen Bibelcomics, die sich mit der Vermittlung alttestamentlicher Stoffe befassen, sind rasch aufgezählt und charakterisiert:

Rüdiger Pfeffer: Rut, Stuttgart 1997. (Rut)
In seinem 5. Bibelcomic und seinem 3. zum Alten Testament bearbeitet der Autor nach seinem bewährten Konzept das Buch Rut.

Rüdiger Pfeffer: David & Saul, Stuttgart, 1995 (1. Samuel 8 - 2. Samuel 2) Die Bearbeitung der Geschichte vom Aufstieg des Hirtenjungen David zum König ist das erste alttesamentliche Comic, das in der außerordentlich fruchtbaren Zusammenarbeit von Hannelore Jahr und Rüdiger Pfeffer entstanden ist.
Wie schon in «Jesus der Galiläer» mischt Pfeffer auch hier virtuos biblische Texte, historische Versatzstücke und Anachronismen zu einem stimmigen Gesamtbild. Eindrücklich dabei ist, wie sorgfältig der Autor mit dem alttestamentlichen Stoff der Davids-Geschichte umgegangen ist. Es wäre völlig falsch von den etwas grell farbigen und munteren Bildern darauf zu schließen, dass Pfeffer nur auf den Effekt bedacht ist und weniger auf die Geschichte. Tatsächlich möchte er mit seiner durchdachten Form der Interpretation die Aktualität der biblischen Geschichten unmittelbar deutlich werden lassen.

Rüdiger Pfeffer: David und Söhne. Stuttgart, 1997 (2. Samuel 2 - 1. Könige 2) In der Fortsetzung von «David & Saul» beschreibt Rüdiger Pfeffer die Geschichte von der Inthronisation Davids bis zu seinem Tod.
Als weitere Comicbibel ist von R. Pfeffer erschienen: Adam, Eva & Co. Die Geschichte vom Anfang (2002).

Die Bibel im Bild. Biblische Geschichten in farbigen Comics, Stuttgart, 1995.

Die 15 Hefte wurden in den 60er Jahren im damals sehr verbreiteten realistischen Comic-Stil in den USA gezeichnet. Unter den 15 Heften finden sich 11 zum AT. Das Konzept dieser Comics hat eine starke historisierende Tendenz und leistet mithin der Illusion Vorschub, dass die Biblischen Texte «historische Tatsachenberichte» seien. Dennoch war und ist für viele die Lektüre dieser Hefte eine Bereicherung.

Jeff Anderson/Mike Maddox: Die Bibel. Das Buch der Bücher als packende Comic-Story, Asslar-Berghausen 2001.

Dieser Bibelcomic will die Bibel so realistisch wie möglich darstellen. Die expressiven Gouache Bilder, die übertriebene Gestik und Mimik der Figuren, der Focus Heldentum, Kämpfe, Wunder, Tränen und Freude, wirken auf europäische, gemäßigtere Töne liebende, kritische Betrachter eher abschreckend.

Allen diesen Comics gemeinsam ist, dass sie ganz ähnlich wie in einer Bilderbibel den biblischen Text illustrieren. Der einzige Unterschied besteht darin, dass die Illustration durch sequentielle Kunst geschieht. Was aber gibt es für Alternativen? Inwieweit können und dürfen künftige Bibelcomics die oben genannten Gestaltungsfragen anders beantworten als sie durch die heutigen Bibelcomics gemeinhin beantwortet werden? Inwieweit lässt sich die Relevanz der biblischen Botschaft für das je eigene Leben erkennbar im Bibelcomic darstellen? Darum geht es ja letzten Endes im Bibelcomic: Um die lebendige Fortschreibung der biblischen Tradition.

Wie das erreicht werden kann, können die nachfolgend dargestellten drei Comic-Bearbeitungen der Geschichte vom Turmbau zu Babel (Gen 11,1-9) zeigen.

Drei Beispiele für Bearbeitungen von Gen 11,1-9 im Comic

Die biblische Geschichte vom Turmbau zu Babel hat eine außerordentlich breite Wirkungsgeschichte in der bildenden Kunst und der Literatur.[4] Die Schlussgeschichte der biblischen Urgeschichte regt inhaltlich wie formal zum Nacherzählen an. Inhaltlich sind es die klare Grenzziehung zwischen Gott und Mensch, das zweimalige direkte Eingreifen Gottes sowie die Herausstellung der Sprache als Gemeinschaft bildendes, aber auch verhinderndes Medium, welche immer wieder zur Bearbeitung reizen. Illustratorisch sind es natürlich das Sinnbild des Turms und die Arbeitsmetaphorik, die den Stoff für Künstler attraktiv machen. In der sequentiellen Kunst fallen gegenwärtig gleich drei außerordentlich interessante Bearbeitungen auf:

François Schuiten und Benoît Peeters paraphrasieren die Geschichte in ihrer Comic-Novelle «Der Turm». Der Künstler Alberto Breccia und der Dissident Héctor Oesterheld aus Argentinien finden in der Geschichte vom Turmbau das Thema der Unterdrückung und der Rebellion. Der junge französische Comic-Zeichner Marc-Antoine Mathieu schließlich deutet die Geschichte allegorisch und erzählt eine mystische Entwicklungsgeschichte.

In allen drei Beispielen steht auf je verschiedene Art und Weise der Mensch im Turm im Zentrum des Interesses. Seine Gefühle, Fragen, Denkweisen im Innern des Turms oder bei der Arbeit an ihm sind für die Künstler das zentrale Motiv. Damit unterscheiden sich diese Bearbeitungen von den meisten Bearbeitungen des Themas in der Kinder- und Jugendliteratur. Darüber hinaus sind alle drei Bearbeitungen eng mit der Biografie ihrer Autoren verbunden; eher unüblich für biblische Kinder- und Jugendliteratur.

François Schuiten / Benoît Peeters: Der Turm

Biografisches

Der Belgier François Schuiten wurde am 26.04.1956 in Brüssel geboren. Er selbst stammt aus einer reichen und angesehenen Brüsseler Architekten-Familie. Er hat jedoch nie Architektur studiert. In seinem Elternhaus erfuhr er eine streng katholische Erziehung. Auch seine schulische Laufbahn war durch den Katholizismus geprägt. So besuchte er unter anderem das «Collège Don Bosco», eine streng religiöse Schule, die ihn beeindruckt hat. Schon früh begann er zu zeichnen. Dabei war es von Anfang an der Comic, der ihn interessierte. Mit 16 Jahren veröffentlichte Schuiten seinen ersten Comic im Comic-Magazin «Pilote». An der angesehenen Kunstakademie «L'Institut Saint Luc» in Brüssel bildete er sich im «Atelier Bande Dessinée» zum Comic-Zeichner aus. 1977 begann er für die französische Avant-Garde-Comic-Zeitschrift «Mètal Hurlant» zu arbeiten. Zunächst in Gemeinschaft mit Claude Renard, den er am Institut Saint Luc kennengelernt hatte, später auch mit seinem Bruder Luc. In den Alben, die in dieser Zusammenarbeit zwischen 1980-84 entstehen, entwickelt Schuiten einen unverwechselbaren Stil, in dessen Mittelpunkt die Architektur steht.

Nach einem Besuch des Palais de Justice zusammen mit dem Philosophen und Schriftsteller Benoît Peeters entwickeln die beiden Jugendfreunde die Idee der «Cités obscures», Städten, die in einer Parallelwelt existieren und uns verborgen sind.[5] Aus dieser Idee entsteht seit 1980 eine lange Reihe von Alben, in denen es in stets neuen Varianten um architektonische resp. stadtplanerische Phantasien geht. Die Alben trugen die Titel «Les murailles de Samaris», «La fièvre d'Urbicande», «L'Archiviste», «La Tour», «La route d'Armilia», «Le musée A. Desombres», «Brüsel», «L'Echo des Cités», «Mary la penchée», «L'Enfant penchée» und «Le Guide des Cités». In immer neuen Geschichten variieren die Freunde das Thema der Wirkung von Architektur als Versuch die Welt in eine logische Ordnung zu zwingen. Die Alben wurden in nahezu alle Weltsprachen übersetzt und gelten heute als Meilenstein in der Literaturgeschichte des Comic. Neben ihrer Arbeit als Comic-Künstler haben Schuiten und Peeters ihre Ideenwelt auch in vielen Ausstellungen lebendig werden lassen, so unter anderem im vielbeachteten belgischen Pavillon «Utopie» der Hannover-Expo im Jahr 2000. Heute gelten Schuiten und Peeters als wohl wichtigste Repräsentanten des modernen belgischen Comics. Ihre Breitenwirkung ist auch in der Architektur enorm.

Zur Geschichte

In einer durch unaufhörliche Kriege zerrissenen Welt, die wir vom Stil her dem Europa des späten 18. Jahrhunderts zuordnen können, haben die Menschen eines Volkes einen gewaltigen Turm gebaut. Er soll Symbol gleichermaßen für den Frieden und für die Überlegenheit des eigenen Volkes gegenüber den kriegerischen Horden sein, welche die Welt mit Terror überziehen. Der Turm ist von unvorstellbarer Größe. Ganze Städte haben auf ihm Platz.

Nun ist es aber so, dass ein solcher Turm auch Wartungsarbeiten mit sich bringt. Hierzu sind im Inneren des Turms zahlreiche Instandhalter angesiedelt worden, deren Aufgabe es ist, allfällige Schäden und Risse sofort auszubessern.

Die Geschichte beginnt, als der Instandhalter Giovanni Battista aufgrund der in seinem Sektor auftretenden Schäden beschließt, Meldung «nach oben» zu machen. Es zeigt sich jedoch, dass dieses Vorhaben wesentlich schwieriger ist als sich Giovanni Battista dies vorgestellt hat. Bei einem abenteuerlichen Versuch mit einer Art Fallschirm zu den Bauherren nach unten zu gelangen, wird er durch gewaltige Aufwinde entlang des Turmes in die Höhe getragen und strandet schließlich in einer Stadt auf dem Turm. Dort wird er durch den Astrologen und Traumdeuter Elias Aurelius Palingenius und dessen Ziehtochter Milena empfangen. Während Elias die zahlreichen Fragen Battistas zu den Geheimnissen des Turms beantwortet und ihm auch einige großformatige farbige Bilder des

Turms vorstellt, bahnt sich zwischen Milena und dem «neuen Ikarus» eine Liebesbeziehung an.

Nach einiger Zeit bei Elias beschließt Battista, seine intensiven Studien zum Turm durch eine Expedition zur Spitze des Turmes zu vervollständigen. Zusammen mit Milena beginnt er den abenteuerlichen Weg dorthin. Doch oben angelangt merken sie, dass der Turm nichts ist als ... ein Turm. Kein Geheimnis, keine mystische Verklärung, nichts, nicht einmal Arbeiter oder Architekten. Konsterniert und verärgert, die Bauherren nicht gefunden zu haben, steigen Giovanni Battista und Milena durch den Mittelschacht des Turmes immer weiter hinab. Schließlich landen Sie ganz unten. Doch kaum kriechen sie aus dem Turm, werden sie von Soldaten in farbige Uniformen gesteckt und in eine Schlacht geführt. Auf dem Höhepunkt dieser Schlacht bricht der riesige Turm im Hintergrund zusammen. Das ist der Moment, in dem der schwarz-weiss gezeichnete Giovanni Battista die Führung der zerlumpten Soldaten übernimmt und sie zum Sieg führt. Das Ende des Albums bildet ein farbiges Gemälde von Giovanni Battista: «Es gibt Tage, da holt mich die Wirklichkeit des Turmes ein und scheint mich erdrücken zu wollen, und dann wieder, an anderen Tagen, erscheint es mir, als hätte ich das alles nie erlebt, als sei ich selbst Teil einer Legende (...).»[6]

Interpretation
Schuiten und Peeters zeigen in ihrem außerordentlich vielschichtigen Comic eine beachtliche Interpretation des Turmbaus. Dabei ist es weniger das Handeln Gottes, das sie thematisieren. Ihr Focus liegt vielmehr auf der Darstellung der Absurdität der großen Ideen und Ideologien der Menschen. Das schwarzweiß gezeichnete Leben der Menschen im Turm und der Turm selbst sind Sinnbild der «Eindimensionalität» und Lebensfeindlichkeit der Realisierung solcher großer Ideen. Die Geschichte des Giovanni Battista, sein Aufbruch aus seinem gewohnten Lebensraum, das Wagnis seines Aufstieges, sein Studium bei Elias, seine Beziehung zu Milena, sein Gang auf die Spitze des Turmes und zum Fundament des Turmes, schließlich sein Sieg in der Schlacht können so gesehen als Stationen auf dem Weg aus den Verstrickungen in die Ideen lebensfeindlicher Ideologien verstanden werden. Wir könnten auch sagen, das Abenteuer des Battista illustriert die Stufen eines Lernprozesses: Erkenntnis eines Missstandes, Widerstand, Aufbruch ins Unbekannte, theoretische Forschung, Experiment, Falsifikation des bisher für richtig Gehaltenen, Lösung und Anwendung. Auf jeden Fall verbindet «der Turm» den biblischen Stoff mit politischen Fragestellungen: Etwa mit dem zivilen Ungehorsam gegen

«papierene Machthaber» und dem bewussten Eintreten für das Leben in der Polis, für die der Turm steht.

Schuiten und Peeters haben in den Comic neben der biblischen Geschichte eine ganze Reihe von Bild- und Text-Quellen eingearbeitet. In den Bildern sind es besonders Klassiker der Architektur, die zitiert werden.

Textlich werden z.T. wörtlich kosmologische Theorien zitiert. So lehnt sich etwa ein Dialog zwischen Giovanni Battista und Elias über die Stufen des Universums an eine Schrift von Paracelsus zum Thema an. Schuiten und Peeters nutzen solche «Zitate», aber auch die architektonische, astronomische und mathematische Schlüssigkeit der gemachten Aussagen, um ihrer Erzählung eine gewisse «Authentizität» zu verleihen. Gemäß eigener Aussagen ist «der Turm» für sie aufgrund solcher Bezüge, des beschriebenen Charakters des Giovanni Battista, und der Nachvollziehbarkeit seiner Motive und seines Handelns eine ihrer gelungensten Arbeiten.[7]

Alberto Breccia / Héctor Oesterheld: Mort Cinder
Biografisches

Aus den 50er-Jahren stammt die Interpretation der Turmbaugeschichte der beiden Argentinier Alberto Breccia und Héctor Oesterheld. Breccia und Oesterheld gehören zu den Pionieren des lateinamerikanischen Comic. Breccia wurde 1919 in Uruguay geboren, lebte aber seit 1922 in Buenos Aires. Er stammt aus einer armen Arbeiterfamilie und war Autodidakt. 1936, im Alter von 17 Jahren, veröffentlichte er zunächst humoristische Zeichenstrips, ab 1938 dann ausschließlich Abenteuer-Comics. Zunächst Western wie «Kid del Rio Grande» und «El Vengador», dann ab 1945 auch Detektivgeschichten, z.B. «Vito Nervio», die Geschichte eines etwas naiven argentinischen Detektivs in den Armenvierteln von Buenos Aires. In dieser Zeit beginnt er auch zusammen mit Hugo Pratt junge Zeichner zu unterrichten. Später gründet er eine eigene Zeichnerschule. 1957 begegnet er dem Verleger, Lektor und Szenarist Héctor German Oesterheld. Der 1919 in Buenos Aires geborene Oesterheld stammt aus einer wohlhabenden deutschen Einwandererfamilie. Breccia und Oesterheld verstanden sich sofort. Oesterhelds Ideen lieferten dem Abenteuercomic völlig neue Impulse. Ganz anders als die vornehmlich auf Unterhaltung zielenden Comics der späten 50er-Jahre bringt Oesterheld jetzt sowohl eine gewisse Ernsthaftigkeit als auch einen mitunter verwirrenden Realismus in den Comic. Neben Breccia arbeiten auch andere Comiczeichner wie Hugo Pratt, José Munoz und Walter Fahrer mit Oesterheld zusammen. 1962 begründen Breccia und Oesterheld gemeinsam die Comic-Serie «Mort Cinder», welche die Geschichte eines ewig lebenden Mannes erzählt, der seinem Freund, einem Antiquitätenhändler, die Rätsel verschiedener antiker Gegenstände erklärt. Es entsteht das eigentliche Meisterwerk der beiden Künstler. Die Interpretation des Turmbaus findet sich in dieser Reihe. Breccia wie Oesterheld sind von einer enormen Schaffenskraft. In den 60er-Jahren schaffen sie eine unübersehbare Menge von Comics und Szenarios. Als 1970 in Argentinien eine Diktatur an die Macht kommt, wendet sich Oesterheld in seinen Szenarien mehr oder weniger explizit gegen die Unrechtszustände in seiner Heimat. 1977 wird er, nachdem ein Jahr vorher schon seine 4 erwachsenen Töchter verhaftet worden waren, von einer paramilitärischen «Arbeitsgruppe» abgeführt. Amnesty International und Kollegen Oesterhelds aus Frankreich und Belgien, berühmte Comiczeichner wie er, starteten eine Kampagne, doch sie konnten ihn nicht retten. Er wurde vermutlich 1978 umgebracht.

Breccia hat im Gegensatz zu Oesterheld erst nach dem Niedergang der Diktatur politisch Stellung genommen. Während der Zeit der Diktatur konzentrierte er sich auf die Lehre in dem von ihm gegründeten «Instituto de Arte». Erst Mitte der 80er-Jahre nimmt er seine zeichnerische Tätigkeit noch einmal auf. In europäischen Verlagen veröffentlicht er einige Alben, darunter Péramus, eine lange erhoffte Abrechnung mit dem Totalitarismus.

Oesterheld und Breccia gelten heute zusammen mit Borges, Cortazar und Casares als die Hauptvertreter der argentinischen Literatur des 20. Jahrhunderts.

Zur Geschichte

> EINE GANZE NACHT WAR VERGANGEN. ES WAR BEREITS MORGEN ABER AM TURM GING ALLES DRUNTER UND DRÜBER. DIE SKLAVEN IRRTEN UMHER UND WUSSTEN NICHT, WAS SIE TUN SOLLTEN. EINIGE PRÜGELTEN SICH...

Der ältere, friedliebende Ezra Winston, in dem sich Breccia selbst darstellt, ist Spross einer Londoner Antiqitätenhändler-Familie und selbst ein Antiquitätenhändler mit Leib und Seele. Eines Tages verstellen sich in seinem kleinen Laden sämtliche Uhren und zeigen auf eine bestimmte Uhrzeit. Damit beginnt für Ezra Winston ein unglaubliches Abenteuer. Im Laufe dieses Abenteuers rettet er einem merkwürdigen Menschen das Leben. In der Folge stellt sich heraus, dass dieser Mann mit Namen Mort Cinder von Beginn der Menschheit an lebt und Augenzeuge einer Vielzahl bedeutender historischer Ereignisse gewesen ist, angefangen beim Turmbau zu Babel über die Schlacht bei den Thermopylen bis zum Zweiten Weltkrieg. So kann er Ezra Winston auch erklären, woher der merkwürdige Stein stammt, den er zunächst für wertlos gehalten hatte. Er ist nämlich «ein Teil des phantastischsten Bauwerks, das je von Menschenhand gebaut wurde».[8] Mort erzählt ihm die Geschichte des Turmbaus zu Babel, wie er sie selbst erlebt hat. Als einer von vielen Sklaven wollte er das große Werk vollenden, das ein König und drei «große Weise» geplant hatten. Es gelingt ihm, das Vertrauen dieser Weisen zu gewinnen, indem er einen merkwürdigen Unglückspropheten verjagt, der versucht hatte, die Sklaven von ihrer Arbeit abzuhalten.

Unter der Obhut von Merkin, Amur und Rub, den drei Weisen, hilft er fürderhin bei der Gewinnung eines seltsamen, fluoreszierenden Metalls. Schließlich fordern ihn Nipal und die Weisen auf, anzusehen, was der Grund für den Turm ist: Eine riesige Rakete nämlich, die es Nipal und seinen Getreuen ermöglichen soll, zu Ischatar, dem Mond zu fliegen. Mort erschrickt einerseits über die Ehre, dass Nipal ihn mitnehmen möchte, andererseits aber auch über die Unverfrorenheit, die Göttin so herauszufordern. So kommt es, dass er, als der Unglücksprophet wieder erscheint, diesem das Leben rettet und ihm folgt. Der Unglücksprophet, so stellt sich heraus, ist ein Außerirdischer, dessen Aufgabe es ist, den Flug zum Mond zu verhindern, denn «es ist noch viel zu früh für die menschliche Rasse, eine solche Macht zu besitzen» (19). Mit einer großen Maschine, die er Konfusor nennt, verändert er deshalb bei allen Menschen außer bei seinem Lebensretter «einen Teil der menschlichen Intelligenz», denjenigen, der die Kommunikation, das wechselseitige Verstehen, ermöglicht. Mort beendet seine Erzählung mit einem wörtlichen Zitat aus Gen 11,9.

Interpretation
Mort Cinder ist sicherlich das bekannteste Werk von Breccia und Oesterheld. Ursprünglich als Feuilleton-Comic-Serie in der argentinischen Zeitschrift Mysterix erschienen, wurde die Geschichte vom ewigen Mort Cinder in zahlreiche Sprachen übersetzt. Eindrücklich am Comic ist vor allem die Virtuosität der Illustration Breccias. Durch die Kombination verschiedenster Mittel: Zeichentechniken, Bildkomposition, Panell- und Seitenaufbau definiert er mit Mort Cinder den Schwarzweiss-Comic völlig neu. Durch seine innovative Illustrationskunst macht Breccia die von Oesterheld beschriebenen bedrückenden totalitären Verhältnisse in eindrücklicher Weise fassbar.

Bei der Interpretation der Turmbaugeschichte hält sich Oesterheld genau an die biblische Vorlage. Anders als viele zeigt er jedoch nicht begeisterte Mengen von Verblendeten, die einen Turm bauen, sondern er zeichnet totalitäre Herrschaft, die ihren verborgenen Plan auf Kosten vieler verwirklicht. Historisch ist er damit dem Ursprung der biblischen Geschichte im babylonischen Exil vermutlich sehr nahe. Die phantastischen Komponenten der Erzählung, die durch Kernreaktion getriebene Mondrakete, der außerirdische «Prophet», der mittels eines Kommunikations-Konfusors den Fortschritt der Menschen bremst, und die Figur von Mort Cinder, dem ewig Wiederkehrenden, sind Stilmittel für die Vergegenwärtigung mythischen Geschehens. Interessant bei dieser Aktualisierung ist vor allem die Gratwanderung zwischen Gegenwart und Vergangenheit. Durch die phantastischen Elemente, die Nachvollziehbarkeit der Motive der Protagonisten sowie die stimmige Rahmenerzählung gelingt es Oesterheld und Breccia, den garstigen historischen Graben verhältnismäßig leicht zu überwinden.

Marc-Antoine Mathieu: Le Retour de Dieu

Biografisches

Marc-Antoine Mathieu (*1959) besuchte die Kunstschule in Angres. Er ist Mitbegründer der auf die Organisation von Ausstellungen von moderner Grafik spezialisierten «Agency Lucie Lom».

Zusammen mit seinem Bruder Jean Luc veröffentlicht er 1987 in der berühmten kleinformatigen Collection X. sein erstes Comic «Paris-Mâcon». Von Anfang an zeichnet seine Arbeiten ein unverwechselbarer Schwarzweiß-Stil aus. Während der 90er-Jahre erscheinen in rascher Folge seine Alben «Julius-Corentin Acquefacques, prisonnier des rêves», «L'origine» (dt. Der Ursprung), «La qu...» (dt. Das Loch), «Le processus» (dt. Der Wirbel), «Le début de la fin» (dt. Der Anfang vom Ende), «Mémoire morte» (dt. Tote Erinnerung). Anders als Schuiten und Breccia schreibt Mathieu seine Szenarien selbst. Seine Hauptinspirationsquellen sind dabei die Gesetze des Comic selbst und phantastische Literatur z.B. von Franz Kafka, Jose Luis Borges und anderen.

Mathieu ist Mitbegründer der wichtigen Avant Garde Comic Gruppe «L'association». Deren Mitglieder Jean-Christophe Menu, Stanislas Barthélémy, David Beauchard, Lewis Trondheim und Matt Konture haben sich zum Ziel gesetzt, den französischsprachigen Comic aus der künstlerischen Sackgasse herauszuführen, in die er durch Comics wie Asterix, Tim und Struppi und Lucky Luke hineingeraten ist.

Zur Geschichte

Der Comic «L'Ascension» (Aufstieg oder auch «Himmelfahrt») erscheint 1994 in der Sammlung «Le Retour de Dieu».[9] Die Geschichte beginnt in einer Art Heizungskeller, der Hölle. Der Protagonist – ein Mann ohne Namen, ein Nichts – arbeitet dort als Vernichter blasphemischer Bücher. Er kann nicht lesen, dennoch flüstern ihm die Bücher, die er verbrennt, zu, dass er nur deswegen zu unterst unten ist, damit er sich besser erheben kann. Eines Tages bietet sich ihm die Chance für den Gang nach oben. Durch eine zufällig offene Türe tritt er in einen Gang. Dort begegnet er einem Architekten. Dieser hat sich bei seiner Arbeit – der zeichnerischen Rekonstruktion der immensen Kathedrale, in der sie sich beide befinden – verlaufen hat. Nachdem der Architekt vergeblich versucht, den Mann als Zeichner anzuwerben, gibt er ihm ein leeres Register, damit der Mann darin seine Route nach oben einzeichne. Der Mann nimmt das Register und tritt seine Reise nach oben an. Zunächst begegnet er einem Mönch, der an einem Glockenstrang auf und ab schwebt. Aber man hört keine Glocken. Diese sind zu weit oben, als dass man sie hören könnte. Dann,

237 «NACH EIN PAAR TAGEN WAR NIEMAND MEHR BEIM GROSSEN TURM»

nach Monaten des Aufstiegs, begegnet er drei Priestern, welche auf drei gegenüberliegenden Kanzeln immer neue Dogmen und Theorien zur Kathedrale aufstellen. Nach weiteren Jahren, der Mann ist merklich gealtert (in Comics sehr außergewöhnlich!), kommt er zu einem Steinmetzen. Dieser schlägt in die Kapitelle riesiger Säulen jeweils eine Legende von der Entstehung der Kathedrale. Nach weiteren Jahren und vielen weiteren Stockwerken kommt er in einen kleineren Raum, in dem er auf einer Staffelei ein Bild findet. Er bleibt lange vor dem Bild stehen, in dem er ein mystisches Licht entdeckt, das er in den vielen Jahren seiner Reise im Innern der Kathedrale gesucht hat. Der Maler des Bildes jedoch sagt ihm, dass dies noch nicht die Endstation für ihn sei. Jetzt kommt er zu einem Glasmaler, der auf einem Fenster die tatsächliche Geschichte der Kathedrale abgebildet hat. Ganz oben auf dem mittleren Fenster ist ein Mann abgebildet. Der Glasmaler bedeutet dem Mann aus der Hölle, dass er jetzt noch die letzte Treppe hinaufsteigen solle, dort warte man auf ihn. Oben angekommen entdeckt er niemanden. Der nunmehr uralte Mann nimmt sein Register, in das er die Route eingetragen hat, die er genommen hat, reißt Seite für Seite aus dem Buch und legt sie aneinander. Das Resultat ist ein Bild von sich selbst, das genau den Platz auf dem Turm, auf dem er steht, ausfüllt.

Interpretation
Die Geschichte ist gleichermaßen inspiriert durch die Turmbaugeschichte, durch ein Fragment von José Luis Borges[10], und dann durch Kafkas «Schloss». Sind die vorangehend beschriebenen Comics stark am Plot des biblischen Vorbildes orientiert, so ist «L'Ascension» der Versuch, einen mystischen Sinn «hinter» der Geschichte sichtbar zu machen. Der Aufstieg des Mannes aus der Hölle ist, anders als der Aufstieg Giovanni Battistas im Comic Schuitens, nicht durch die Suche nach Rechtfertigung motiviert. Vielmehr entspricht der Weg, den der Mann zurücklegt, seinem Lebensweg. Mit fortschreitendem Alter begegnet der Mann verschiedenen Menschen, die ihm immer etwas mehr über die Gestalt der Kathedrale sagen können. Dabei ist ihr Wissen immer fragmentarisch und wird erst in der Gesamtheit der Aufzeichnungen des Mannes zu einem überraschenden Sinnganzen integriert.

Das Motiv des Turms, resp. der Kathedrale, wird hier umgedeutet zum Gebäude, das ein Leben als Ganzes darstellt, dessen Gesamtheit man aber nur überschaut, wenn es vollendet ist. Die Hybris der Bauherren, der Eingriff Gottes in die Vorhaben der Menschen, bleiben verborgen, zeigen sich allenfalls in den wirren Äußerungen der Bewohner der Kathedrale zu deren Gestalt, Geschichte, Begründung. Tatsächlich deutet Mathieu die biblische Geschichte ätiologisch: In dieser Deutung gründet die Vielfalt der Sprachen einerseits in der Verblendung der Menschen und dann auf der misslichen Vorstellung, sich über andere stellen zu können.

In der Einleitung zu «Le retour de Dieu» schreibt der Herausgeber Thierry Groenstein: «Kommt Gott wirklich zurück? Jeder weiß, dass unsere Gesellschaft säkularisiert ist und die Kirchen sich geleert haben. Doch die Kirche findet eine neue Aktualität in einem beunruhigenden Phänomen, der Integration des Islams sowie durch die pervertierter Formen des Gottesdienstes (Sekten, Fernseh-Evangelisation) (...). In dieser materialistischen Zeit ist es weniger Gott, den wir erwarten, als vielmehr eine neue Dimension der Spiritualität.» (5). Mathieu findet in diesem Sinne in seinem Comic eine eigentümlich spirituelle Antwort auf die Anfrage des Titels. Eine spannende Deutung der Turmbaugeschichte! Die Suche nach Gott, wie sie in beiden angefragt ist, kann letztlich nur eine Suche nach uns selbst sein.

Fazit

Zusammenfassend ist zu sagen: In den drei Beispielen finden sich Anknüpfungspunkte für eine Erneuerung der illustrativen Interpretation alttestamentlicher Geschichten im Bibelcomic. Besonders anregend erscheint mir die Idee der Indienstnahme phantastischer Elemente zur Überbrückung der historischen Distanz, aber auch zur Neuinterpretation des Mythischen in den Geschichten. Darüber hinaus lassen sich aus den drei vorgestellten Comics und deren Herangehensweise thesenhaft folgende Anregung für die aktuelle Interpretation biblischer Geschichten im Bibelcomic ableiten:

1. *Interpretation der Überlieferung – nicht bloße Weitergabe:*
Um die Überlieferung biblischer Geschichten am Leben zu halten, kann es hilfreich sein, die Geschichten mit der Gegenwart heutiger Menschen derart zu verknüpfen, dass die Geschichten wie «eigene» gelesen und erinnert werden können. Dies setzt voraus, dass die Schöpfer/-innen von Bibelcomics einerseits freier mit Überlieferung umgehen, indem sie diese nicht in ihrer «autorisierten Urgestalt» wiedergeben, andererseits aber auch bereit sind, ihre persönliche Auseinandersetzung mit der Bibel offenzulegen, ihre Brücke zwischen Leben und Überlieferung zu zeigen.

2. *Einübung des fremden Blicks – nicht Reproduktion von Vorbildern:*
Die Geschichten neu zu interpretieren bedeutet weiter, sie neu zu lesen, mithin immer wieder gehörte Deutungen zu überwinden, sich erneut irritieren zu lassen von dem, was da geschrieben steht und neue Worte zu finden für das, was irritiert. Auf diese Weise kann es auch gelingen, in eigenen Geschichten die biblische wiederzufinden, resp. die Wurzel des Fremden der biblischen Geschichte auch in eigenen Geschichten zu entdecken.

3. *Ehrlichkeit und eigene Erfahrungen als Prinzip der Interpretation – nicht «Angleichung an Akzeptanz»:* Eine der grössten Schwierigkeiten bei der Neuinterpretation biblischer Geschichten im Bibelcomic ist letztlich die Freiheit der Zeichner/-innen und Autoren/-innen. Comics müssen «marktgängig» sein, das gilt auch für Bibelcomics. Die Gefahr ist aber, dass bei aller Gefälligkeit die Sprengkraft der biblischen Botschaft weg-

geglättet wird. Eine Bereitschaft, gerade auch das Anstößige der Bibel im Comic zur Sprache zu bringen, wäre ein Schritt hin zu aufregenden wie lebendigen Interpretationen der Bibel im Comic.

1   Weiterführende Erklärungen zu dieser Definition finden sich im Standardwerk von Scott McCloud: Comics richtig lesen, Hamburg 1994.

2   Vgl. u.a. Jutta Wermke (Hg.): Comics und Religion. Eine interdisziplinäre Diskussion, München 1976. Dies. (Hg.): Kerygma in Comic-Form, München 1979. Hans Günter Heimbrock: Religiöse Erfahrungen in Comics, in: Ders. (Hg.): Erfahrungen in religiösen Lernprozessen, Göttingen 1983, S. 141-155; Hans Ulrich Nübel: Comics fordern den Religionspädagogen heraus, in: EvErz 32/1980, S. 38-58. F.Th. Brinkmann: Comics und Religion. Das Medium der «Neunten Kunst» in der gegenwärtigen Deutungskultur, Stuttgart 2000; schließlich Philipp Wegenast: Die neunte Kunst und die Bibel, in: Gottfried Adam / Rainer Lachmann (Hg.): Kinder- und Schulbibeln. Probleme ihrer Erforschung, Göttingen 1999, S. 135-157. Daneben gibt es verstreut kleinere Artikel zum Themenkreis Comic – Mythos – Religion. Zudem finden sich auf dem Internet einige Artikel und Erfahrungsberichte zum Thema. Eine spezielle Arbeit zum Thema Comics und Altes Testament fehlt jedoch bislang.

3   Vgl. zu diesem Thema auch Peter Biehl/Klaus Wegenast (Hg.): Religionspädagogik und Kultur. Beiträge zu einer religionspädagogischen Theorie kulturell vermittelter Praxis in Kirche und Gesellschaft, Neukirchen-Vluyn 2000. Interessant auch die Beiträge im Sonderheft der Zeitschrift Merkur mit dem Titel «Nach Gott fragen». (hg. v. Karl Heinz Bohrer und Kurt Scheel. Heft 9/10, 53. Jg. Sept/Okt. 1999).

4   In 6 Bänden finden wir diese Wirkungsgeschichte dokumentiert in Arno Borst: Der Turmbau zu Babel, 6 Bände, München 1995.

5   Die Namen der Städte (Tlön, Amilia etc.) entlehnen Schuiten und Peeters gerne den phantastischen Erzählungen von Jorge Luis Borges.

6   François Schuiten/Benoît Peeters: Der Turm, Stuttgart 1991, letzte Seite (unpaginiert).

7   In einem Radio Interview stellen Sie fest: «FS: La Tour est, de toutes les histoires que nous avons faites, celle que je préfère. BP: Et peut-être que Giovanni, par certains côtés, reste le personnage le plus attachant et le plus complet.....»

8   Alberto Breccia/Héctor Oesterheld: Mort Cinder. Comic Erzählungen – Zweiter Band, Hamburg 1992, S. 4.

9   David B. Rue de Rosiers, François Ayroles, Jean-Christophe Menu, Lorenzo Mattotti, Marc-Antoine Mathieu: Le retour de Dieu. Histoires graphiques 2, Paris: Éditions autrement, 1994.

10 Mathieu bezieht sich auf die Anmerkungen zu «Der Weg des Almotásim» (Jorge Luis Borges: Gesammelte Werke. Essays 1932-1936, München 1981). In dieser Anmerkung schildert Borges die Geschichte und den Hintergrund eines indischen Romans. Mathieus Comic ist weniger inspiriert durch die Borges interessierende indische Kriminalgeschichte als vielmehr durch eine Fußnote, in der Borges das Lehrgedicht «Kolloquium der Vögel» des persischen Mystikers Abu Talib Muhammad ben Ibrahim Attar referiert. In diesem Gedicht beschließen die Vögel, den sagenumwobenen Semiurg, den Besitzer einer kostbaren Feder zu suchen. Am Ziel ihrer Suche entdecken sie, dass «sie der Semiurg sind und dass der Semiurg jeder einzelne von ihnen und sie alle zusammen ist.» (ebd., S. 275f.)

Christine Reents

Neuere Kinderbibeln unter der Lupe

Neuere Kinderbibeln unter der Lupe

In dem folgenden, chronologisch geordneten Querschnitt ausgewählter neuerer Kinderbibeln[1] werden nur solche Titel berücksichtigt, die nach Auskunft des Titelblattes für Kinder gedacht sind[2] und die das Alte und Neue Testament relativ umfassend berücksichtigen. Deshalb fehlen Bücher, die nur Teile der Bibel bieten, z.B. Jesusbücher. Dasselbe gilt für Titel mit frei erfundenen Bezugsfiguren[3] und mit Bastelanleitungen.[4]

Wer Kinderbibeln sichtet, wüsste gern, welche Bücher Kindern und ihren Eltern oder Großeltern gefallen, wo Verständnisschwierigkeiten zu beobachten sind, was nach dem Eindruck der Kinder gelungen ist und was beiseite gelegt wird. Leider fehlen empirische Untersuchungen, die darüber Auskunft geben, wie Kinder mit den für sie konzipierten Kinderbibeln tatsächlich umgehen.

Zwischen 1955 und 1994 waren 1.650.000 Exemplare der Kinderbibel des niederländischen Lehrers Anne de Vries[5] verkauft worden. Seit den siebziger Jahren wurde klar, dass der Bestseller, vor allem wegen der Moralisierungen und Verniedlichungen, nicht mehr brauchbar war. Auch die Neuauflage (1988) änderte nicht viel. So entstand der Wunsch nach neuen Konzeptionen. Hier setzt mein Literaturbericht ein.

Das «Bibelbilderbuch» von Kees de Kort fasst 25 Einzelbücher der Reihe «Was uns die Bibel erzählt» (1966ff.) zusammen.[6] Sie entstanden in den Niederlanden auf Initiative der dortigen evangelischen und katholischen Bibelgesellschaft in Kooperation mit einem Team von Ärzten, Psychologen, Rabbinern und evangelischen wie katholischen Theologen. Sie waren ursprünglich für sieben- bis achtjährige geistig Behinderte konzipiert. Das Team wählte die Geschichten aus und formulierte knappe, prägnante Texte zu den Bildern. Als Künstler weiß sich der Niederländer Kees de Kort (geb. 1934, Nijkerk) dem ökumenischen Denken des Beraterteams verpflichtet. Inzwischen sind die Bilderbücher in rund vierzig Sprachen übersetzt und weltweit beliebt.

Kees de Kort: Bibelbilderbuch, 5 Bde, Stuttgart: Deutsche Bibelgesellschaft 1984 ff.

Als Kunsterzieher entlehnt de Kort seine Gestaltungsprinzipien aus Kinderzeichnungen. Kennzeichnend sind: der Verzicht auf Perspektive, die zumeist gleiche Größe der Figuren, Einfachheit mit wenig Detail, Sparsamkeit in Mimik und Gestik, expressive Farbigkeit und dekorative Gewänder. Um der Wiedererkennbarkeit willen sehen die Hauptfiguren immer gleich aus, z.B. trägt Jesus als Hinweis auf Gott stets ein weißes Gewand. Die Proportionen der Figuren sind nach dem Kindchenschema aufgeteilt (d.h. Kopf:Körper = 1:4). Vor allem wegen ihrer weit geöffneten Augen erinnern manche Gestalten an die religiösen Bilder von Emil Nolde und Paul Gauguin, gelegentlich auch an Marc Chagall, George Rouault und Max Beckmann. Da sich Metaphysisches kaum malen lässt, geht de Kort mit Wundergeschichten sparsam um. Beispielsweise sehen die Jünger Jesus bei der Himmelfahrtsgeschichte plötzlich nicht mehr; das ist alles. Anders verfährt de Kort bei Träumen; in der Erzählung von Jakobs Himmelsleiter deutet eine grau-weiß abgestufte Traumblase an, dass es sich um eine nächtliche Vision aus einer anderen Welt handelt. Engel werden weiß, ohne Flügel und ohne Geschlechtsmerkmale, ins Bild gebracht. Gottesbilder fehlen. Insgesamt strahlen die Bilder Ruhe aus und regen ohne irreführende Ablenkungen zum Erzählen und Nacherzählen der Biblischen Geschichten an.

Auf dem Titelbild der «Neukirchener Kinder-Bibel» ist die Konzeption ablesbar: die vorwärts-weisende Hand Abrahams zeigt in die Zukunft. Auf ihrem Weg ins Unbekannte schauen Groß und Klein nach vorn. Diese hoffnungsvolle Haltung entspricht dem letzten Kapitel des Buches: «Jesus kommt wieder»; hier sieht der weißgewandete Jesus die Menschen mit offenen Augen an und zeigt vorwärts. Die Biblische Geschichte ist – mit Entsprechungen zwischen AT und NT – als Gottes Weg mit den Menschen erzählt. In biblischer Reihenfolge finden sich 80 Geschichten aus dem AT und 74 aus dem NT, die gelegentlich wie eine Evangelienharmonie miteinander verbunden sind. In die Erzähltexte werden an passenden Stellen vereinzelt Psalmen eingefügt.

Irmgard Weth: Neukirchener Kinder-Bibel. Mit Bildern von Kees de Kort, Neukirchen-Vluyn: Kalenderverlag des Erziehungsvereins 1988. 13. Aufl. 2001 (Zulassung als Grundschulbibel in vielen Bundesländern)

Das Buch schließt mit einer theologischen Einführung in die Konzeption; ein Bibelstellenregister und eine einfache Palästinakarte nur zum NT runden die Kinder-Bibel ab. Jeder der 16 Hauptabschnitte beginnt mit einer informierenden Kurzeinführung, die durch Kursivschrift von den biblischen Geschichten unterschieden ist. Knappe Überschriften, nach Sinnzeilen gegliederte, zweispaltig gesetzte Texte und eine einfache, bildhafte Sprache zeichnen diese Kinder-Bibel aus.

In den Erzählungen finden sich kaum zusätzliche Elemente, denn die Erzählerin baut auf die Kraft der biblischen Sprache. Wichtig ist, dass im Vergleich zur 1. Aufl. die Stelle von der Erschaffung der Menschen korrigiert wurde: «Und Gott schuf den Menschen nach seinem Bild: Mann und Frau» (S. 13 nach 1 Mose 1,27); dies bringt die Gleichheit von Mann und Frau und die ihnen zukommende Gottebenbildlichkeit und Menschenwürde zum Ausdruck. Frauengestalten der Bibel ließen sich noch konsequenter berücksichtigen. Schwierig ist es, dunkle Stellen des AT für Kinder ehrlich und angemessen zu erzählen.

Erstaunlich, wie der Illustrator de Kort ausdrucksstarke Situationen für neue Bildmotive aufspürt (S. 19, 95, 130f., 156f., 180 u.ö.). Das theophane Jesusbild wirkt lebendiger als in den biblischen Bilderbüchern (bes. S. 218, 233, 271). Böse sind leider gelegentlich an der dunklen Farbgebung erkennbar (S. 33, 119, 133 u.ö.).

Zusammenfassend stellt sich die Frage: Warum ist diese Kinder-Bibel so beliebt trotz ihrer strengen theologischen Komposition und ihrer bibelnahen, manchmal fast zu trockenen Sprache? Oder ist sie gerade wegen ihrer theologischen Zuverlässigkeit und wegen der beliebten Illustrationen der derzeitige Bestseller unter den Kinderbibeln?

Tomie de Paola/Josef Quadflieg: Die neue Bilderbibel, Düsseldorf 1990, 3. Aufl. 1995.

«Die neue Kinderbibel» des Trierer Religionspädagogen Quadflieg erzählt für die Kleinsten[7] 32 Geschichten von der Schöpfung bis zum ersten Pfingstfest in einer Sprache, die sich um Nähe zur biblischen Vorlage bemüht, ohne für Kinder unverständlich zu sein. Die Botschaft der Bibel ist in dem Gottesnamen zusammengefasst: «Jahwe heißt: Der Ich-bin-da-für euch» (S. 39 und 128 mit Bezug auf 2 Mose 3,14). Die stilisierten, symbolhaltigen Illustrationen des Italo-Amerikaners Tomie de Paola – teils Ornamente, teils großflächige Bilder ohne Perspektive – haben einen eigenen Stellenwert: sie stehen in einem Rahmen, wirken feierlich und erinnern an die katholische Glaubenswelt, so z. B. die Jungfrau Maria bei der Verkündigungsszene im weißen Gewand mit weißer Lilie unter der Überschrift: «Gottes Sohn wird Mensch» (S. 84f.); das theophane Jesusbild in der Tradition der Vera-Eikon-Darstellungen (z. B. Schweißtuch der Veronika); Maria als schmerzensreiche Mutter im Gewand einer Nonne mit dem toten Jesus (S. 121) und Maria als Mutter der Kirche mit den Jüngern als Mönche und Nonnen beim ersten Pfingstfest. Die Kinderbibel ist klar im Interesse einer katholischen Kindererziehung gestaltet.

«Die neue Patmos-Bibel» berücksichtigt vielfältige Texte des AT und NT (z.B. aus den Propheten, Psalmen, Hiob, Esther, Bergpredigt) teils als bibelnahe Nacherzählungen, teils als Zitate, als zusammenfassende Berichte oder fiktive Dialoge (S. 37-39; 142ff.). Diese unterschiedlichen Textsorten sind im Schriftbild nicht klar unterschieden. Ohne Begründung fängt das Buch mit Exodus-Erzählungen an; die Schöpfungs- und Vätergeschichten folgen im Kontext des Exils (S. 139ff.). Es finden sich leider viele Bibelzitate von einem grausam strafenden Gott, z.B. die Fluchworte (1 Mose 3,14f.) unter

José M. Rovira Belloso/Carme Solé Vendrell: Die neue Patmos-Bibel, Düsseldorf 1990, 3. Aufl. 1993 (Aus dem Spanischen von Hans Hoffmann).

der Überschrift: «Wie das Böse in die Welt gekommen ist» (S. 154ff.), das Fluchwort zum Bilderverbot (2 Mose 20,4-6, S. 24) oder die Deutung der großen Flut als Strafe (S. 168), unterstützt durch ein großformatiges, düsteres Bild vom Ertrinken zweier Menschen. Das Leben Jesu wird bibelnah als Evangelienharmonie erzählt. – Die Illustrationen der in Barcelona lebenden Künstlerin sind durchweg in hellen Pastelltönen wie gelb, orange, violett gehalten und lassen das Buch freundlich wirken. Häufig ist die Diagonale z.B. mit unüblichen Bewegungen von rechts nach links betont. Jesus wird menschlich gezeigt. Neben Miniaturen finden sich doppelseitige Illustrationen z.B. zur Taufe Jesu oder zum leeren Grab (S. 290f.) und gelegentlich grausameindrückliche Bilder wie die Beinahe-Opferung Isaaks (S. 177). Oft wirken die Figuren relativ starr.

Die «Kinderbibel» von Laubi/Fuchshuber stand 1993 auf der Empfehlungsliste für den Katholischen Kinderbuchpreis. «Es war immer mein Traum, eine Kinderbibel zu illustrieren, denn Kinder können mehr aus Bildern herausholen; sie schauen Bilder gründlicher an als Erwachsene», sagte die Illustratorin Annegert Fuchshuber (1940, Magdeburg – 1998, Augsburg) bei einem Symposion.

Werner Laubi/Annegert Fuchshuber: Kinderbibel, Lahr: Kaufmann 1992, 8. Aufl. 2002 Darmstadt: Wiss. Buchgesellschaft 2000 und Würzburg: Arena TB 2245, 2001 (Zulassung als Grundschulbibel in vielen Bundesländern).

Deshalb will sie durch ihre Bilder auf die Geschichten neugierig machen. Indem sie vom Sehen zum Lesen führt, findet sie überraschende Bildmotive und eigenständige Gestaltungen. Mit Wasserfarbe und Pinsel entstanden ohne Rücksicht auf Perspektive vor allem Vignetten, Sachzeichnungen und erzählende Symbolbilder, die z.B. Löwe und Lamm friedlich nebeneinander im Paradies zeigen. Viele Menschen sind als Juden zu identifizieren. Dass Engel einen jüdischen Gebetsschal tragen (zu 1 Mose 28, S. 33), ist allerdings unlogisch; schließlich sind Engelvorstellungen in vielen Religionen verbreitet. Die Versuchung Jesu wurde unkonventionell gestaltet, da der Versucher als Alter Ego, als zweites Ich, hinter Jesus steht (S. 194 und 196). Da Anachronismen nicht tabu sind, gelingt es, das Ferne mit dem Nahen zu verknüpfen.

Der Schweizer Pfarrer Werner Laubi erzählt 143 Geschichten in biblischer Abfolge genau, klar, anschaulich und bibelnah. An die Stelle direkter Gotteserfahrungen tritt gelegentlich eine innere Reflexion, z.B. «Kain jedoch konnte beim Opfern nicht froh werden. Er dachte: ‹Gott gefällt mein Opfer nicht. Aber am Opfer meines Bruders hat er Freude›. Da wurde er neidisch und zornig.» (S. 12 zu 1 Mose 4,4b–5). Laubi wählt die Texte so aus, dass sie in der jüdisch-christlichen Tradition wichtig und zugleich für Kinder verständlich sind. Die Jesusgeschichte folgt zumeist dem Markusevangelium, ergänzt durch die anderen Synoptiker; das Johannesevangelium fehlt. Das Jesusbild ist vielseitig und offen: Jesus ist der

Versuchte, der Zugewandte, der Betende, der aus gutem Grund Zornige und schließlich der Gekreuzigte und Auferstandene. Auch seltene Texte sind zu entdecken wie Sprichworte aus dem AT und Teile der Bergpredigt, illustriert durch Menschen, die nach der Bergpredigt lebten wie Mutter Teresa, Janusz Korczak, Martin Luther King und Mahatma Gandhi. Biblische Frauengestalten fehlen nicht: Mirjam, Rahab, Rut, Maria, Martha und Maria sowie die Frauen, die Jesus unter Lebensgefahr bis zum Kreuz begleiteten. Diese reichhaltige Textauswahl beginnt bei der Schöpfung und endet bei der Ankunft des Paulus in Rom. «Nichts kann uns von Gottes Liebe trennen» (S. 264 nach Röm 8,38f.) ist die Grundüberzeugung des Autors.

Der Hinweis auf eine Comicreihe darf hier nicht fehlen, obwohl diese Einzelhefte nicht den eingangs genannten Auswahlgesichtspunkten entsprechen. Schließlich sind Kinder mit der Comicsprache vertraut und schätzen es, wenn man mit Hilfe der Sprechblasen genau weiß, wer spricht. Nur Erwachsene stellen die besorgte Frage, ob die Bibel ‹comicable› sei.

Pfeffers Comics wurden 1995

Rüdiger Pfeffer: Jesus der Galiläer. Comicbibel. 2 Hefte, Stuttgart: Deutsche Bibelgesellschaft 1992 f.
Ders.: David & Saul, Stuttgart: Deutsche Bibelgesellschaft 1995.
Ders.: David & Söhne, Stuttgart: Deutsche Bibelgesellschaft 1997.
Ders.: Rut - Happy End in Bethlehem, Stuttgart: Deutsche Bibelgesellschaft 2000.

von der Deutschen Bischofskonferenz und vom Gemeinschaftswerk evangelischer Publizistik ausgezeichnet als richtungsweisende Umsetzung biblischer Geschichten in die säkularisierte Gegenwart. Dies bestätigt sich schon auf der ersten Seite: Da sieht man Lukas am Strand in südlicher Sonne, er tippt mit einer Schreibmaschine sein Evangelium in Comicform an Theophilus. In den Denk- und Sprechblasen ist der Anfang des Lukasevangeliums (1,1–4) nach der «Bibel in heutigem Deutsch» zu lesen. In diesem Stil geht es weiter: der Verkündigungsengel kommt aus dem Fernseher; Josef fährt mit seiner hochschwangeren Frau auf einer Vespa nach Bethlehem und ein paar Tage später mit dem Baby wieder zurück. Der erwachsene Jesus im weißen Gewand mit rotem Tuch fährt Fahrrad, predigt, heilt, tröstet, erweckt Tote und vergibt Sünden. Der Text ist bibelnah, während die kantig-spritzigen, phantasievollen Zeichnungen mit ihren ausdrucksvollen Gesichtern Anteilnahme wecken und die alte Welt mit der modernen zu verbinden suchen. Können Kinder beide Ebenen unterscheiden und einordnen?

Die Davidgeschichte, vor allem die Thronnachfolgeerzählung, wird ehrlich, mit menschlichen Verfehlungen und ohne Idealisierung, spannend und dramatisch dargestellt.

Dasselbe gilt von dem neuesten Heft, in dem die Geschichte der Rut originell und ohne sexuelle Verklemmung mit Comicelementen in Bildern und Worten nacherzählt wird. Da ist sogar zu sehen, wie sich Rut nachts heimlich zu Füßen des Boas legt und sich ihm als dem gesetzlich verpflichteten Beistand (=Leviratsehe 5 Mose 25,5-10) anbietet (S. 29).

Auf dem Titelblatt ist hier Noahs Arche mit Elefanten, Giraffen, Krokodilen und Wildschweinen zu sehen. Hier wird die Bibel als großformatiges buntes Kinderbuch mit 58 Geschichten aus dem AT und 60 Geschichten aus dem NT von der Schöpfung bis zur Johannesapokalypse präsentiert. Als evangelischer Pfarrer gestaltet Block (geb. 1934, Hannover) die zweispaltig gesetzten Texte sorgfältig, verständlich und bibelnah mit Zusätzen. Die erste Schöpfungsgeschichte endet so: «Gott schuf sie nicht fertig, er baute immer weiter an ihnen (= Himmel und Erde). Auch heute ist der Schöpfer am Werk. Wir merken es, wenn ein kleines Kind geboren wird oder ein neuer Stern im Weltraum entsteht» (S. 21). Block versucht gelegentlich, biblische Überlieferungen mit naturwissenschaftlichen Erkenntnissen zu verbinden. In dem übersichtlichen Inhaltsverzeichnis mit exakter Angabe der Fundstellen vermisse ich viele biblische Frauengestalten: So ist es z.B. Mose, der das Danklied der Mirjam singt (Ex 15,20, S. 78). Außerdem fehlt die Thronnachfolgegeschichte Davids einschließlich des Ehebruchs und des Mordes. Das Leben Jesu ist als Evangelienharmonie gestaltet. Bei der Kreuzigung wird Pilatus geschont, indem die Barrabas-Szene (Mk 15,6–15, S. 195f.) erzählt wird.

Detlev Block / Gisela Röder: Die große bunte Kinderbibel, Bindlach: Loewe 1993, 2. Aufl. 1996.

Die preisgekrönte Kinderbuch-Illustratorin Gisela Röder (geb. 1936, Schwerin) schuf realistische, farb- und formklare Bilder in verschiedenen Formaten, die die Texte unterstützen. Die Vignetten sprechen besonders an. Auf manchen erzählenden Bildern finden sich leider altbekannte Klischees. Beispielsweise steigt der Rauch beim Opfer Abels empor, bei Kains Opfer kriecht er nach unten, eine Rationalisierung, die schon Merian benutzte. Bei Jakobs Himmelsleiter sehen wir eine Art lichtdurchflutetes Mandorla mit vielen Engeln, ohne dass der Traumcharakter deutlich wird.

An dieser Kinderbibel überzeugt mich vor allem die Textgestaltung. Im Unterschied dazu urteilt Rolf Krenzer: «Brauchbare Texte, die aber von den originellen, frischen und überraschenden, farbigen, zum Teil ganzseitigen Bildern in den Schatten gestellt werden. Hier stimmt einfach alles».[8]

Der Redakteur beim Evangeliums-Rundfunk Wetzlar und gelernte Maschinenschlosser zur Nieden (geb. 1939) erzählt phantasievoll ausgeschmückt 76 Geschichten aus dem AT und 78 aus dem NT von der Schöpfung bis zur Ankunft des Paulus in Rom. Psalmen sind rar; die Bergpredigt fehlt. Die Zusätze sollen veranschaulichen, erklären, dramatisieren, dialogisieren und psychologisch motivieren. Gelegentlich sind christologische Deutungen in das AT eingetragen, z.B. heißt es in der Geschichte von der Vertreibung aus dem Paradies: «Adam und Eva verstanden nicht, was sie da hörten. Denn sie wußten noch nicht: Später würde Gott einen Retter schicken, um das Böse zu besiegen» (S. 22). Das Gottesbild ist auch im AT positiv: Gott hält sein Versprechen, straft, aber verzeiht vor allem, ist über die Hybris der Menschen traurig und liebt sie, «egal, ob sie etwas Großartiges geleistet haben oder nicht» (S. 34 zu 1 Mose 11). Mit dem Thema Gewalt wird behutsam umgegangen; der Realismus der Texte tritt dabei zurück. Die Jesus-Texte stammen aus allen Evangelien. In den breit entfalteten Erzählungen gehen die knappen Logien Jesu fast unter (z.B. S. 45-48; S. 104-106). Ein Teil der Überschrif-

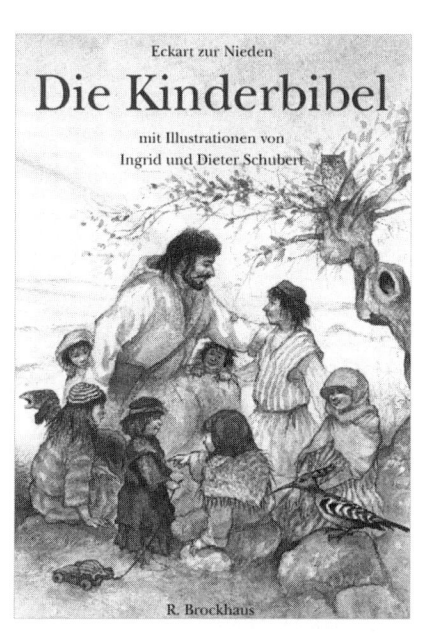

Eckart zur Nieden/Ingrid und Dieter Schubert: Was der Regenbogen verspricht. Kinderbibel. Altes Testament. Wuppertal/Zürich: Brockhaus, Frankfurt: Aare 1994.

Dies.: Kommt, wir sind eingeladen! Kinderbibel. Neues Testament. Wuppertal/Zürich: Brockhaus, Frankfurt: Aare 1993.
Ders.: Die Kinderbibel. Mit Illustrationen von Ingrid und Dieter Schubert. Wuppertal/Zürich: Brockhaus, Frankfurt: Aare 1998 (Nachdruck der zweibändigen Ausgabe).

ten ist auf Spannung aus; z.B. «Muss Isaak sterben?» – «Zwei Hochzeiten und ein neuer Name» – «Wolle, Tau und ein Zeichen Gottes» – «Die verhinderte Beerdigung». Jesus gilt als Freund, doch zugleich fragen sich die Jünger, ob sie «so einen heiligen Mann Freund nennen» dürfen (S. 42). «Jesus sieht mit Gottes Augen» (S. 102) heißt eine Zwischenüberschrift. Durch Jesus können die Jünger «einen Augenblick in Gottes Welt schauen, die uns unsichtbar immer umgibt» (S. 103). In seinem Kapuzenkittel erinnert Jesus an Franziskus.

Die Grafik wirkt ansprechend, angefangen von dem treffend gestalteten Vorsatzpapier über die ganzseitigen, zartfarbigen Aquarelle von I. und D. Schubert bis hin zu den Bleistiftzeichnungen mit ausdrucksvollen Gesichtern und Händen. Gestik und Mimik spiegeln Gefühle wider. Gelegentlich finden sich Symbolbilder, z.B. Feuerflammen in Form einer Taube zum ersten Pfingstfest (S. 163).

Josef Quadflieg/Rita Frind: Die Bibel für Kinder ausgewählt und erläutert, Düsseldorf: Patmos 1994, 2. Aufl. 1999. Verkleinerte Ausgabe mit Bibelstellenangaben 1995 (Als Schulbibel in vielen Bundesländern zugelassen).

Das Buch von J.Quadflieg und R. Frind bietet eine solide Einführung in die Bibel für Kinder, die gut lesen können. Es enthält eine Textauswahl bibelnaher und zugleich lesbarer Geschichten. Außerdem bietet es kursiv gesetzte Einleitungen zu den Textgruppen der Bibel. Im Anhang («Aus der Welt der Bibel», S. 249-286) geht es um Fotos, Zeichnungen und Dokumente aus der Archäologie. Dieser Realitätsbezug ist für ein neuzeitliches Bibelverständnis unentbehrlich. Der Impuls zu vergleichenden Gesprächen zwischen Bibeltext und Realität wäre wirksamer, wenn die zusammengehörenden Fakten und Geschichten jeweils auf einer Seite übersichtlich angeordnet worden wären.[9]

Die Illustratorin Rita Frind (geb. 1956, Köln)[10] wurde von ihrer Mutter jüdisch erzogen; sie ist am Gemeinsamen der unterschiedlichen Glaubensrichtungen interessiert. Deshalb versucht sie, die existenziellen Themen in jeder biblischen Geschichte aufzuspüren. Um diese Grundaussage in Bilder umzusetzen, hat sie die entsprechenden Formen aus farbigen und eingefärbten Seidenpapieren gerissen und zusammengeklebt. Extrem wenige Details wurden mit Buntstiften herausgearbeitet. Durch diese Technik der übereinandergelegten durchscheinenden Papierschichten ergibt sich eine schillernde Zahl von Farbnuancen, die der Vielschichtigkeit der Texte entsprechen soll. Einige Bilder wirken wie von magischem Licht überflutet (so die Zusammenstellung der Schöpfungswerke S. 8f., der Regenbogen S. 20f., Moses am brennenden Dornbusch S. 53, Israels Exodus S. 56f., Jesu Taufe S. 165, das leere Grab S. 208f.); andere sprechen mich weniger an. Das kindliche Bedürfnis nach erzählenden Bildern wird kaum berücksichtigt; eher wird Abstraktionsfähigkeit geschult.

Der Versuch, Kinder und Jugendliche durch Wort und Bild zu Realitätsverständnis und Symboldenken durch Vergleiche von Bildern zur Bibel anzuregen, sollte weiterentwickelt werden.

Der Kunsterzieher und Malerpriester Sieger Köder[11] (geb. 1925, Wasseralfingen/Württ.) malte zuerst die 37 Bilder mit Ölfarbe auf Papier; ursprünglich für Grundschul-Religionsbücher, vier von ihnen sind Altarbilder. Köder versteht seine Kunst nicht autonom, sondern im Dienst der Verkündigung. Wichtig sind ihm die Leuchtkraft der Farben und die Symbolsprache wobei Einflüsse von El Greco, Chagall und Rouault eine Rolle spielen. Die Symbolbilder regen zu Gesprächen an.

Nachdem die Bilder vorlagen, wurde die Kinder-Bibel konzipiert, indem drei unterschiedliche Textsorten um die Bilder gruppiert wurden:

Sieger Köder: Kinder-Bibel mit Bildern, Stuttgart: Katholisches Bibelwerk 1995.

(1.) Beate Brielmaier schrieb zu jedem Bild eine meditative Einführung, die stets links vom Bild steht. (2.) Kursiv gedruckte Texte führen in Themen wie Schöpfung, Exodus u.ä. ein. (3.) Frei nach der Einheitsübersetzung der Heiligen Schrift wurden biblische Texte paraphrasierend nacherzählt, wobei zu dem Bild auf S. 113 der Text Mt 25,31–45 fehlt. Da sich die Aufteilung der Bilder und Texte nach drucktechnischen Gesichtspunkten richtet, wirkt die Gestaltung unübersichtlich, Kinder sind kaum im Blick. Folgendes ist wichtig:

- Symbole der Transzendenz sind in den Farben gelb und rot gestaltet, gelegentlich auch nachtblau wie bei Jakobs Himmelsleiter.
- Das Symbol der Rose steht für Liebe und für Messianität mit Anklang an die messianische Weissagung (Jes 11,1) und das Weihnachtslied: «Es ist ein Ros entsprungen ...». Solch ein versteckter Hinweis auf die Messianität ist schon bei Moses Dornbusch zu sehen (S. 41).
- Davids Thron wird von Rosen umrahmt (S. 61) und der Visionär Jesaja schaut, wie aus dem Stacheldraht eine Rose wächst (S. 70). Wir sehen eine Rose beim Gleichnis vom guten Hirten (S. 117), am leeren Grab Jesu (S. 141) und bei der Vision vom neuen Jerusalem (S. 157).

Das Jesusbild ist vielfältig und nicht festgelegt: sehr menschlich und zugleich als Lichtsymbol. An drei Stellen gibt der Künstler Hinweise auf seine katholische Überzeugung:
- Im Abendmahlskelch spiegelt sich das Antlitz Christi; das Brot ist so angeordnet, dass die Anfangsbuchstaben Christi zu lesen sind: Chi = X und Rho = P: Soll hier die Transsubstantiationslehre angedeutet werden (S. 127)?
- Maria als Himmelskönigin bildet die Spitze des Stammbaumes Jesu (S. 83).
- Josef gilt nicht als Vater des jungfräulich gezeugten Kindes (S. 89 oben).

Die neueste Kinderbibel dieses Kinderbuchverlages[12] wurde von einem internationalen Team gestaltet: Eine Französin suchte 21 Texte aus dem AT und 35 Texte aus dem NT aus, von der Schöpfung bis zur Pfingstgeschichte; der evangelische Pfarrer Erne (geb. 1956) erzählte die Texte für Sechs- bis Zwölf Jährige bibelnah und zugleich verständlich; er möchte, dass Kinder den Geschichten mit Vergnügen folgen. Schließlich schuf der spanische Illustrator Wensell stimmungsvolle, großformatige Bilder in Pastellfarben mit lichtdurchfluteten Landschaften. Konzeptionell soll es eine Auswahl der schönsten Geschichten sein, wobei vermutlich auf der Basis französischer Tradition einige schöne Geschichten ausgelassen wurden, z.B. die Josefserzählung und Jesu Gleich-

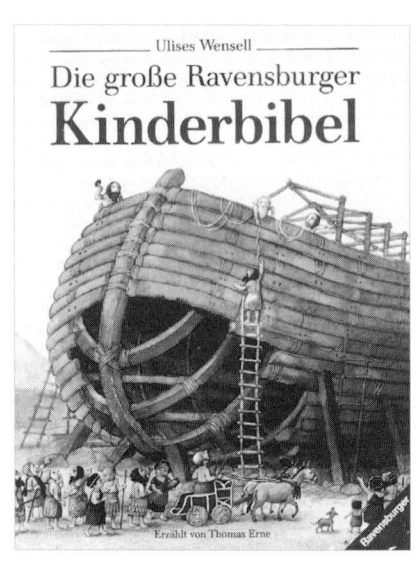

Thomas Erne/Ulises Wensell: Die große Ravensburger Kinderbibel, Ravensburg: Ravensburger Buchverlag 1995.

nisse vom verlorenen Sohn und vom barmherzigen Samariter. Die Auswahl der Texte ist laut Vorrede von dem Gedanken an Gottes Liebe bestimmt, die sich wie ein weiter Mantel um die Leserinnen und Leser legen soll. Religion soll als positives Gefühl vermittelt werden. Dem entspricht auch das Titelbild mit der Arche Noah. Traurige Geschichten fehlen nicht, z.B. Isaaks Opferung und der Kindermord von Bethlehem; im Vorwort wird behauptet: «Die traurigste Geschichte – es geht um die Kreuzigung Jesu – ist zu einer der tröstlichsten geworden». Stets ist das Ende gut. Durchgehend wird aus der Sicht des manchmal allwissenden biblischen Autors erzählt.

Bild und Text sind aufeinander abgestimmt, z.B. ist bei der Geschichte von Isaaks Nicht-Opferung der schwere Weg bergauf in blauen, kühlen Tönen gehalten, während der Weg bergab in erdigen, hellen, warmen Farben gehalten ist. Nicht immer ist die Illustration konsequent. Ein Beispiel: Die Menschen der priesterlichen Schöpfungsgeschichte werden als Horde von Steinzeitmenschen gezeigt, während Adam und Eva im Paradies als geschlechtslose Mitteleuropäer zu sehen sind (S. 14f. und 19). Jüdisches spielt kaum eine Rolle. Transzendentes ist durch helles Licht symbolisiert. Viele Probleme sind ausgeklammert. Ich frage mich, ob Kinder nicht auch dunkle, grausame Geschichten brauchen, um innere Ängste und Konflikte in ihrer Familie und ihrem Umfeld verarbeiten zu können?[13]

«Auf dem Weg» stellt eine Überraschung des katholisch geprägten Auer-Verlages dar. Der Text der 126 Geschichten wurde von einer niederländischen Mennonitin erarbeitet; die Illustratorin Lika Tov ist in den Niederlanden geboren und lebt in Jerusalem. Die freien Erzählungen beginnen bei Abraham, der in der Tradition des Midrasch als Entdecker des Monotheismus gilt; sie enden bei der Vision des Sehers Johannes. Dem AT gelten 60 %, dem NT 40 % des Buches. Die Urgeschichte ist als Ganze dem Exil zugeordnet. Da Lukas im NT als Freund des Paulus gilt, wird die von ihm stammende

Baukje Offringa/Lika Tov: Auf dem Weg. Bibel für Kinder. Donauwörth: Auer 1996 (aus dem Niederländischen von Jörg Schilling)

Überlieferung als besonders zuverlässig gewertet. Viele Geschichten stammen aus seinem Evangelium und aus der Apostelgeschichte. Ein Nachwort begründet die Konzeption; vier Kartenskizzen beschließen das Buch. Offringa arbeitet nach den Erzählregeln der Reformpädagogik; sie will die Kinder emotional mit den Geschichten vertraut machen; deshalb versucht sie zu motivieren, zu dialogisieren und zu inszenieren, gelegentlich auch zu rationalisieren und die Einzelgeschichten miteinander zu verknüpfen. Falsches Moralisieren vermeidet sie. Als Kontexte für den Dekalog, für die Exilszeit und die Epoche der Befreiungskämpfe der Makkabäer gestaltet sie historisierende Rahmenerzählungen, die das Leben einer jüdischen Familie aus der Sicht eines Priesters, einer Mutter oder eines Lehrers schildern. Dass die fiktiven Figuren biblische Namen tragen, wird zu Verwechslungen führen. Sie sind so konstruiert, dass die sich anschließenden biblischen Erzählungen auf Kinderfragen eingehen. Durch beide Testamente zieht sich als roter Faden die Bedeutung der Gebote, vor allem des Fremdgötterverbotes. Gott gilt als Befreier, Jesus als Rabbi und Friedenskönig. Gelegentlich idealisiert Baukje Offringa: etwa den alternden David, Elia, Rut. Manchmal finden sich auch unpräzise Übersetzungen.

Bilder und Texte sind aufeinander abgestimmt. Die Illustratorin setzt den Titel mehrfach ins Bild, indem sie Menschengruppen in Bewegung gestaltet. Sie arbeitet mit einer Mischtechnik von Druck, Collage und mit auf einem Roller aufgetragenen Wasserfarben. Warme Farbgebung herrscht vor. Oft wirken die Figuren überproportional lang, schemenhaft und typisiert. Die Größenverhältnisse wechseln. Die biblischen Motive sind konkret, relativ offen und gelegentlich mit neuen Motiven (z.B. zu Pfingsten ein Taufbild nach Apg 2,38 auf S. 272) gestaltet. Zusammenfassend: eine Kinderbibel mit viel Verständnis für die hebräische Bibel und das Judentum.

Der reich bebilderten Erzählbibel «Mit Gott unterwegs» ist anzusehen, dass sie dem Teamwork zwischen einer erfahrenen Autorin religiöser Jugendbücher und einem renommierten Kinderbuchillustrator entstammt. Die Zürcherin Regine Schindler (geb. 1935, Berlin)

Regine Schindler/Štěpán Zavřel: Mit Gott unterwegs. Die Bibel für Kinder und Erwachsene neu erzählt, Zürich: bohem press 1996, 5. Aufl. 2003.

schrieb 88 einfühlsame Geschichten in poetische Sprache, frei und doch nicht zu frei. Die Auswahl aus der Bibel ist reichhaltig, beginnend mit «Geschichten vom Anfang» bis zur Ankunft des Paulus in Rom.

Der preisgekrönte tschechische Künstler Štěpán Zavřel (1932, Prag – 1999, Rugalo di Sarmeda/Italien) malte mit dickem Pinsel über 150 phantasievolle, farbenprächtige Bilder in Acryl-Technik mit vielen Bildzitaten aus Archäologie und Kunst. Er versetzt Kinder in eine fiktive orientalische Welt. Neben dramatischen Erzählbildern mit Liebe zum Detail finden sich auch ruhige, meditative. Bild und Text passen zusammen; wie schon das Titelbild zeigt: Gott wird als Wegbegleiter verstanden. Viele unübliche Motive regen zu neuem Betrachten und Nachdenken an. Beispielsweise ist nicht der bekannte Zug der Tiere in Noahs Arche zu sehen, sondern wir schauen in das Innere der Arche wie in einen Luftschutzbunker. Dazu lautet der Text: «Die Kinder sitzen neben ihren Eltern und Großeltern im dunklen Schiff ...» (S. 19). Kultisches wird ins Bild gebracht: Männer und Frauen stellen während der Wüstenwanderung das heilige Zelt äußerst kunstreich her (S. 75). Hier wie beim Bau des salomonischen Tempels (S. 110) wird anschaulich, dass Kunst im Zusammenhang des Kultus entstand. Dieser Künstler hat Zugang zum Kultus: er war katholisch und stand der griechischen Orthodoxie nahe.

Die evangelische Erzählerin wechselt häufig die Perspektive, sie erzählt oft aus der Sicht der Beteiligten: der Moseschwester Mirjam, von Rut und Noomi, von Hanna, Batseba, Daniel; aus der Sicht der Jünger Jesu, die nach dem großen Sturm von ihren Frauen und Kindern empfangen werden. Dazu eine kleine Probe: «Die Männer steigen aus. Sie werden umringt. ‹Was ist geschehen? Seid ihr seekrank geworden?› Stockend erzählen die Jünger: ‹Es war entsetzlich. Wir sind in einen gewaltigen Sturm geraten. Hohe Wellen wie Berge. Auf und ab ging unser Boot. Und Wasser spritzte hinein. Das Wasser blieb im Boot liegen, und das Boot wurde geschüttelt wie bei einem Erdbeben.›» (S. 184)

Diese Familienbibel spricht die kindliche Neugier an: hier gibt es viel zu sehen, zu entdecken, zu hören und zu lesen. Sie genügt theologischen und ästhetischen Ansprüchen.

Der Schwede Ulf Löfgren illustrierte «Meine bunte Kinderbibel», die von Karin Jeromin betreut wurde. Die Bilderbibel bietet 69 Geschichten aus dem AT von der Schöpfung bis zu den Propheten und 92 Geschichten aus dem NT von den Geburtsgeschichten des Lukas bis zu «Gottes neue(r) Welt» nach der Johannesoffenbarung. Gelegentlich werden Sach- und Hintergrundinformationen eingeflochten. Ein Nachwort für Erwachsene

Ulf Löfgren: Meine bunte Bilderbibel, Stuttgart: Deutsche Bibelgesellschaft 1997, 2. Aufl. 1998.

rundet die Kinderbibel ab, die an die Heilige Schrift heranführen will. Bilder und Texte sind aufeinander abgestimmt.

Das Buch ist in einem flächigen Bilderbuchstil mit Pastelltönen illustriert. Die Männer tragen Bärte, die Frauen zumeist Kopftücher; dadurch soll orientalisches Milieu vermittelt werden. Nur Adam und seine blonde Eva sehen nicht wie Menschen aus dem Orient aus; sie sind nackt, doch geschlechtslos. Die schemenhaften Figuren wirken meistens untersetzt, denn ihre Proportionen entsprechen dem Kindchenschema.

Jesus ist an seiner Haltung und seiner gleich bleibenden Kleidung erkennbar: oft ein steingraues Obergewand und ein beiges Untergewand mit Gürtel. Gelegentlich sitzt ein Kind auf seinem Schoß oder er hält eine Schriftrolle in der Hand. Beliebte Attribute sind der Wanderstock und der jüdische Gebetsmantel. Sein Mund ist geschlossen; seine ausdruckslosen Augen wirken wie Punkte. Nur durch seine Größe und seine häufige Mittelpunktstellung unterscheidet er sich von seinem Milieu.

Über Geschmack lässt sich bekanntlich nicht streiten; auf mich wirken die Bilder puppenhaft und starr, während die Textgestaltung überzeugt.

Nun liegt die überarbeitete «Elementar-Bibel»[14] in einem ansprechenden Band vor. Sie entstand in den Jahren 1973–1993 in acht Einzelheften mit Kommentaren, die Geschichten von den Vätergeschichten bis zu den frühen christlichen Gemeinden bieten. Die Texte aus jüdischer – das AT ist mit ca. 75 % berücksichtigt – und christlicher Tradition wurden nach dem derzeitigen Stand der historisch-kritischen Forschung angeordnet und durch knappe, kursiv gedruckte Einführungen erläutert. So ist die Schöpfungsgeschichte in den Kontext des babylonischen Exils eingeordnet und die Kindheitsgeschichten Jesu an den Schluss der Evangelien gestellt. Die sprachliche Bearbeitung sucht die Nähe zum Bibeltext und ist zugleich an poetischer Gestaltung und Übersichtlichkeit interessiert. Die Konzeption von Text und Bild ist in sich stimmig. Es ist zu spüren, dass die Verfasserin Anneliese Pokrandt (geb. 1926) als Sonderschullehrerin das Ziel verfolgt, dass sich Kinder biblische Geschichten möglichst selbstständig erarbeiten können. Dem dienen auch die Namens- und Begriffserklärungen am Schluss (S. 561–580) sowie das sorgfältig gestaltete Inhaltsverzeichnis mit exakter Angabe der Bibelstellen.

Als die Texte vorlagen, begann der Münsteraner Professor für Design Reinhard Herrmann (1923-2002), seine miniaturähnlichen aquarellierten Zeichnungen mit viel Liebe zum Detail zu gestalten. Ihm ist es wichtig, archetypische Bilder zu gestalten, denn die Welt der Urbilder und Symbole ist bis heute wirksam. Außerdem ließ er sich von archäologischen Funden inspirieren. Die Bibelillustrationen nehmen etwa ein Drittel des Raumes ein und regen zum genauen Beobachten an. Sie sind nur zweifarbig ausgeführt: schwarz und rot; der Künstler misst den Farben Symbolwert bei: «Rot bedeutet Blut, Feuer, Leben, Leidenschaft, Kraft und Leistungsfähigkeit, Selbstvertrauen. In der roten Farbe ist Gott. ... Schwarz ist Erde, Schatten, Dunkelheit, Nacht, Trauer, Tiefe, Erdulden.» Das Lichtkreissymbol steht für die Welt Gottes; gelegentlich ist sogar eine Gottesfigur zu sehen (S. 297, 325).

Mich überzeugt diese Kinderbibel. Doch: werden Kinder von selbst nach dem Buch greifen?

Anneliese Pokrandt/Reinhard Herrmann: Elementar-Bibel, Lahr: Kaufmann 1998, in Vertriebsgemeinschaft mit Stuttgart: Deutsche Bibelgesellschaft 1998 (Zulassung als Grundschulbibel in vielen Bundesländern).

Die neue Kinderbibel «Eine Arche voller Geschichten» hinterlässt bei mir einen zwiespältigen Eindruck, bei dem Positives jedoch überwiegt. Das handliche Werk ist als anregendes Kinderbuch gestaltet: die stimmungsvollen Bilder und die überschaubaren Texte passen zueinander. Den ganzseitigen Illustrationen lässt sich viel Konzeptionelles entnehmen: das erste und letzte Bild zeigt eine Friedenstaube mit einem grünen Olivenzweig, der an die Noahgeschichte erinnert (S. 18 f.). Der Messias wird als Frie-

Herma Vogel/Gitte Spee: Eine Arche voller Geschichten. Die Bibel für Kinder. Aus dem Niederländischen von Verena Kiefer, Hamburg: Agentur des Rauhen Hauses 2001.

denskönig erhofft (S. 71); Jesus erfüllt diese Hoffnung (S. 103, 106, 138). Daneben finden sich gelegentlich fast zu viele Schafe (S. 55,73, 83,132), frömmelnd-betende, fliegende Engel (S. 137, 84) und zwei Füße im Himmel als Himmelfahrtssymbol. Einige Bilder empfinde ich als ausdrucksstark, z.b. unterschiedliche Rassen im Schöpfungskontext (S. 15, ähnlich S. 119) und das Baby zwischen den Händen der beiden streitenden Frauen (S. 60 zu 1 Kön 3,16-28). Nur selten ist Jesus als unauffälliger bärtiger Mann zu sehen (S. 109, 114,128). Kinder sind als Identifikationsfiguren häufig sehr klein dargestellt (S. 29, 30, 32, 57, 101,126); es fragt sich, ob diese Größe zu Identifikationen führen kann. Manche alten Stolpersteine fehlen, z.B. Isaaks Nicht-Opferung oder Jesus am Kreuz (S. 131). Leider werden Adam und Eva als erstes Menschenpaar gezeigt (S. 11), ohne die Gottebenbildlichkeit zu erwähnen.

Inhaltlich umfasst das Buch Texte von der Schöpfung bis Pfingsten; es sind 21 freie Erzählungen aus dem AT und 22 aus dem NT, wobei fast ein Drittel zu den Kindheitsgeschichten Jesu gehören. Dem Titel entspricht es, dass die Geschichte von der Arche Noah relativ breit erzählt wird, leider ohne den Regenbogen und ohne die Verheißung: «Solange die Erde steht, soll nicht aufhören Saat und Ernte, Frost und Hitze, Sommer und Winter, Tag und Nacht (1 Mose 8,22, vgl. S. 16-19).

Geprägte Texte wie die Gebote oder das Vaterunser fehlen. Jüdisches wird eliminiert (z.B. Tempel, Synagoge, Sabbat) oder zu wenig sachgerecht erwähnt (S. 52). Es sind keine Bibelstellen zu finden. Positiv fällt die konkretisierende Erzählweise mit vielen kindgerechten Beispielen auf; die christlichen Feste sind der Grund dafür, dass «alle Kinder schulfrei» haben (S. 142). Schade ist, dass Moralisierungen als kindgemäß gelten, z.B. kümmert sich Jesus um «schlechte Menschen» (S. 124); er ist gekommen, damit die «Menschen ehrlicher und netter sind» (S. 138). Diese Kinderbibel kann dazu beitragen, viele übliche Klischees zu vermeiden.

Babybibeln – ein sinnvolles Unterfangen?

Neu im letzten Jahrzehnt sind Kinderbibeln für die Allerkleinsten mit farbenfrohen, zumeist harmlosen Illustrationen, im Stil oft zwischen Comic und Pixieheft anzusiedeln. Ein Impuls dazu kam vermutlich aus fundamentalistischen Kreisen der USA: Einige Titel stammen aus den USA und manches erinnert an den Stil von «Holy Land».

«Die kleine Bibel für mich» bietet 20 Geschichten aus dem AT, von der Schöpfung bis zu Jona, und 22 aus dem NT, von den Geburtsgeschichten bis zur Wiederkunft Jesu als Weltenrichter.[15] Die Geschichten werden ergänzt durch Erziehungsregeln, die die Pflicht der Kinder zu Hilfsbereitschaft, Nächstenliebe und unkritischem Gehorsam betonen, denn: «Dann freut sich Gott über dich».[16] Kinder werden stets als niedlich, klein, artig und sauber ins Bild gebracht; traurige, schmutzige oder bockige Kinder fehlen. Die Illustrationen wirken wie Abziehbildchen.

«Meine allererste Kinderbibel» bietet zwanzig Geschichten von der Schöpfung («Und schwupp – machte er die große weite Welt») bis Pfings-

Mary Hollingsworth/Stephanie McFetridge Britt: Die kleine Bibel für mich. Geschichten aus der Bibel (USA 1991), Stuttgart-Neuhausen: Hänssler 1993.

Bernhard Meuser/Alfred Neuwald: Meine allererste Kinderbibel, Augsburg: Pattloch 1994.

Barbara Cratzius/Colin und Moira Mac Lean: Die Baby-Bibel (USA 1996), Augsburg: Pattloch 1996.

ten mit Maria als Mutter der Kirche in der Pfingstgemeinde.[17] Die Illustrationen schwanken zwischen orientalischem und europäischem Flair.

«Die Baby-Bibel» zeigt niedliche Kinder neben Kuscheltieren wie Schäfchen, Kätzchen und kleinen Mäuschen. Auf 20 abwaschbaren Pappseiten werden zehn biblische Themen von der Schöpfung bis zur Auferstehung mit knappen Texten und freundlichen Bildern dargestellt.[18] Die Texte wirken wie historisch belegbare Berichte. Problematisches ist nicht zu erwarten; z.B. wird die Arche mit vielen Tieren gezeigt, doch der Untergang der Menschen außerhalb der Arche wird ebenso ausgeblendet wie die Tatsache, dass Noah und die Seinen Überlebende sind. Dadurch wird die Geschichte verharmlost, wie in zahlreichen anderen Fällen auch: Warum musste Mose als Baby in einem Schilfkörbchen versteckt werden? Eine Erklärung fehlt. Und warum wurde Jesus im Stall geboren? Die Kreuzigung Jesu wird theologisch gedeutet: «Jesus starb für dich und mich am Kreuz», während seine Auferstehung mit Osterhasen und die Kindersegnung auf farbenfrohen, doppelseitigen Bildern zu sehen sind. Jesus ist als harmloser Menschenfreund ohne Gegner im rotgestreiften Gewand dargestellt. Laut Klappentext soll es eine «Bibel zum Liebgewinnnen» sein.

Frei und gefühlsbetont werden in «Meine bunte Kinderbibel» sieben Geschichten aus dem AT von der Schöpfung in sieben Tagen bis zur Jonaerzählung dargeboten.[19] Die Erzählerin springt von «Mose im Binsenkörbchen» zu «Daniel in der Löwengrube»; sie will von Helden erzählen, die «eine ganz besondere Beziehung zu Gott»[20] hatten. Im NT überwiegen drei Kindheitsgeschichten Jesu und drei Erzählungen von Kreuz und Auferstehung Jesu. Aus dem Leben Jesu wird lediglich von den «Fünftausend Hungrige(n)» berichtet. Das ergibt ein einseitiges Bild von Jesus als Wundermann, der seine Umgebung in Erstaunen versetzt. Ganz anders in den Illustrationen: Hier ist ein unauffälliger bärtiger Typ im schlichten grauen Gewand mit ausdruckslosem Gesicht zu sehen. Die pastellfarbigen Tuschzeichnungen wirken wie eine Aufreihung von Menschen und Tieren. Unklar ist angesichts der knappen Auswahl, warum ausgerechnet Isaaks Nicht-Opferung und der Kindermord von Bethlehem berücksichtigt wurden.

Marie Hoffmann / Julie Downing: Meine bunte Kinderbibel (A first Bible Story Book, London 1997), Augsburg: Pattloch 1998.

"Meine kleine Bilder-Bibel" stammt aus Schottland und wurde «für Kinder ab 3» konzipiert.[21] Jeder Text- ist eine Bildseite zugeordnet, die Wesentliches hervorheben soll. 69 Geschichten werden knapp wiedergegeben. Durch Fragen regen die Gestalterinnen an, die Antworten mit Hilfe der angegebenen Fundstellen in der Bibel zu suchen. Die Auswahl der Texte reicht von der Schöpfung bis zur Unterweisung des jungen Timotheus, der als Vorbild gelten soll: «Schon als kleiner Junge lernte Timotheus die Bibel kennen. Seine Mutter und seine Großmutter erzählten ihm viel von Gott. Beide hatten Gott lieb, und Timotheus lernte von ihnen» (Apg. 16,1-5).

«Meine ersten Bibel-Geschichten» beginnen mit Adam und Eva in einem wunderschönen Garten und enden mit der Geschichte von Jesus und den Kindern.[22] Die 17 Texte wurden von dem evangelischen Pfarrer Thomas Erne in eine leicht verständliche, sachlich angemessene Sprache gebracht, die an die «Gute Nachricht» erinnert. Die stimmungsvollen, manchmal etwas kitschig wirkenden Erzählbilder von Ulises Wensell führen zum Text. Dieser spanische Illustrator liebt lichtdurchflutete Landschaften. Er hat bereits «Die große Ravensburger Kinderbibel»[23] für Sechs- bis Zwölfjährige gestaltet (vgl. S. 252f.); einige wichtige Geschichten, die dort fehlen, wurden nun in das Pappbilderbuch für Zwei- bis Dreijährige aufgenommen: Josef und seine Brüder, Der blinde Bettler, Jesu Gleichnisse vom verlorenen Sohn und vom barmherzigen Samariter u.a.m. Diese Beobachtung lässt allerdings fragen, nach welcher Konzeption das Ravensburger Verlagshaus seine Kinderbibeln für Kleinkinder und für Sechs- bis Zehnjährige gestaltet hat.

Carine Mac Kenzie/Jennifer Stevenson: Meine kleine Bilder-Bibel, Neukirchen-Vluyn: Bahn 1998.

Paloma und Ulises Wensell: Meine ersten Bibel-Geschichten, Ravensburg: Otto Maier 2001.

Vielfalt und Übersichtlichkeit

Wer die sechs ausgewählten Kinderbibeln für die Kleinsten mit den Kinderbibeln für Acht- bis Zwölfjährige vergleicht, fragt nach Kriterien für eine altersstufengerechte Gestaltung. Ist es sinnvoll, Kinderbibeln für Kleinstkinder in Wort und Bild zu konzipieren anhand von verkürzten, leicht verständlichen Ausschnitten aus einigen biblischen Geschichten? Dahinter steht die Begründung, es solle bereits in der häuslichen Primärsozialisation ein Zugang zur Bibel ermöglicht werden, da die frühen Erfahrungen im Kontext gelebter Religion besonders prägend sind. Sicher bietet es sich im Zusammenhang des Abendgebetes und der christlichen Feste an, von Jesus und Gott zu erzählen. Wer die religiöse Primärsozialisation anhand einer Bibel für Kleinkinder inhaltlich gestalten möchte, sollte aber auch im Blick haben, wie die christliche Erziehung im kirchlichen Unterricht und im Religionsunterricht der Schule in späteren Altersstufen aussehen wird. Das unverstellte Neugierverhalten des Kindes ist eine Primärmotivation, biblische Geschichten zu hören, zu lesen und methodisch vielfältig zu verarbeiten. Nur Neues spricht dieses Neugierverhalten an. Wer aus seiner Kindheit stark reduzierte Ausschnitte einzelner Geschichten kennt, reagiert später leicht mit einem gelangweilten «Kenn' ich doch schon!» Die vollständige Geschichte wird dann nicht mehr zur Kenntnis genommen. Deshalb darf das Neugierverhalten nicht zu früh «verbraucht» werden durch zu viele zu stark verkürzte Geschichten.

Es gibt noch einen zweiten Grund für meine skeptische Frage, ob es didaktisch sinnvoll ist, die Bibel in ein Buch für Kleinkinder zu verwandeln. Schon Maria Montessori beobachtete, dass sich Kleinkinder intensiv und ausdauernd wiederholt mit einem Gegenstand oder einer Aufgabe befassen, bis die Sache für sie geklärt ist. Sie können dieselbe Geschichte immer wieder neu hören. Deshalb halte ich es für sinnvoll, in der frühen Kindheit zuerst mit biblischen Bilderbüchern zu geeigneten Einzelgeschichten zu arbeiten, die wiederholt angeschaut und erzählend kommentiert werden können. Man sollte nicht hastig weiterblättern und vieles nur oberflächlich antippen. Später könnte dann ein Gesamtzusammenhang ohne langweilige Wiederholungen durch eine umfangreichere Kinderbibel geschaffen werden. Damit würde man auch der Gefahr entgehen, dass die Kleinkinderbibel zusammen mit anderen Pappbilderbüchern weggeworfen wird. Die Bibel darf nicht auf ein Kleinkindniveau reduziert werden, dem man sehr rasch entwächst.

Drittens werden schwerwiegende Probleme in den Kinderbibeln für die Kleinsten oft ausgeklammert. So entstehen «Wellness-Kinderbibeln» mit vielen Verharmlosungen. Mit zunehmendem Realitätsbewusstsein und mit genauerer Bibelkenntnis kann solch eine fiktive heile Welt zusammenbrechen, in der es Gott noch gab und Wunder zu erleben waren. Daraus ergibt sich die Frage, ob verharmlosende Kinderbibeln dem Abschied vom Kinderglauben Vorschub leisten können. Der gegenwärtige Kinderbibelmarkt ist viel reichhaltiger und unübersichtlicher, als es die Charakterisierung der Titel ahnen lässt. Zusammenfassend lässt sich feststellen, dass die ökumenische Kooperation zunimmt. Erfreulicherweise wird weitgehend auf Angst auslösende Moralisierungen verzichtet. Außerdem hat die sexuelle Prüderie abgenommen, wohl als Folge der Freizügigkeit in unserer Gesellschaft; z.B. wird Eva kaum noch mit langen Haaren gezeichnet, mit denen sie ihr Frausein verdeckt. Der Verzicht auf anthropomorphe Gottesfiguren scheint konsensfähig zu sein; das Jesusbild wird vielfältiger. Der Trend, jüdische Tradition erkennbar zu machen, ist erkennbar. Es bleibt eine ungelöste Frage, ob Idealisierungen vertretbar sind; schließlich ist der Bibel «nichts Menschliches fremd».

Erfreulich ist auch die vielfach zu beobachtende Erweiterung des herkömmlichen Textkanons, z.B. durch die Berücksichtigung ausgewählter Psalmen und Sprüche, der Bergpredigt und von Frauengestalten der Bibel. Erfreulich ist auch, dass die Verchristlichung des AT abnimmt. Eine offene Frage ist für mich, ob Illustrationen durchgehend im gleichen Stil gehalten werden sollten. Sicherlich geschieht das, damit das Buch einheitlich wirkt. Doch wird historisch differenzierendes Denken beim Kind dadurch nicht gefördert. Nicht zuletzt möchte ich der Freude darüber Ausdruck geben, wie viele renommierte Kinderbuchverlage sich an der Gestaltung von Kinderbibeln engagiert beteiligen. Dieses Engagement zeigt, dass die Kenntnis der Bibel als Weltkulturerbe für wichtig gehalten wird.

---

1 Vgl. Astrid Frey/Rolf Pitsch/Herbert Stangl: Mit der Bibel groß werden. Kinderbibeln im Vergleich, Bonn: Borromäusverein 2002.

2 Deshalb fehlt: Die Bibel. Ausgewählte Texte mit Bildern von Lisbeth Zwerger, Stuttgart: Deutsche Bibelgesellschaft und Verlag Katholisches Bibelwerk 2000.

3 Wilfried Pioch: Die neue Kinderbibel. Mit Kindern von Gott reden, Hamburg u.a. 1989. Die Kinderbibel besteht zu etwa einem Drittel aus grün unterlegten Zwischentexten, in denen die Zwillinge Stefan und Katrin Fragen stellen. Dann folgen frei erzählte biblische Geschichten, die die Kinderfragen beantworten sollen.

4 Bara van Pelt u.a.: Am Anfang schuf Gott Himmel und Erde. Eine Bibel für Kinder, Hamburg: Agentur des Rauhen Hauses 1998. – Karin Jeromin/Rüdiger Pfeffer: Komm, freu dich mit mir, Stuttgart 1999. Diese «Tauferinnerungsbibel» besteht zu zwei Dritteln aus 22 Bibelgeschichten und zu einem Drittel zu Spiel- und Bastelanleitungen mit einigen Gebeten. Im Anhang finden sich Kurzkommentare zu den Geschichten. Wido, der Wiedehopf, verbindet die Ebene der biblischen Geschichten mit der Ebene der kindlichen Erfahrungen. Als Identifikationsfigur begleitet er siebzigmal die Menschen in der Bibel und im Kinderzimmer. Es handelt sich um ein lustiges, gekonnt mit Comicelementen illustriertes Festbüchlein. Allerdings stellt sich die Frage, ob es sinnvoll ist, alttestamentliche Geschichten an die christlichen Festgeschichten anzufügen.

5 Anne de Vries: Die Kinderbibel, Konstanz 1955. Neuaufl. Konstanz 1988.

6 Außer der Reihe «Was uns die Bibel erzählt», die fast vollständig im «Bibelbilderbuch» enthalten ist, sind gekürzte Fassungen erhältlich: Meine Bilderbibel, Stuttgart 1990. – Meine schönsten Bibelgeschichten, Stuttgart 1992. – Mein Riesenbibelbuch. Stutt-

gart 1990. - Sekundärliteratur: Regine Schindler u.a.: Neuere Kinderbibeln. Schweizerisches Jugendbuch-Institut Zürich, 5. erw. Aufl. 1989, S. 50f. - Beliebt wie eh und je. 25 Jahre Kees de Kort in der Deutschen Bibelgesellschaft. Ein Portrait, in: Bibelreport 3/1993, S. 4f. Regine Schindler, Zur Hoffnung erziehen, Lahr/Zürich 1999, S. 286 u. Abb. 3 - Einige Angaben stammen aus einem Telefonat mit dem Künstler vom 28.3.2001.

7   Vgl. Regine Schindler: Die Bibel für Kinder, in: Börsenblatt für den deutschen Buchhandel 20 vom 10. März 1992, S. 237-242. Dies.: Zur Hoffnung erziehen (wie Anm. 5), S. 287 u. Abb. 9 u. 10. - Burkhard Gutleben: Kindern theologische Themen nahe bringen. Bibeln für die Kleinsten. Literaturbericht, in: Buch und Bibliothek 52 / 2000, S. 52-61.

8   In: Der evangelische Buchberater 48 / 1994, S. 80.

9   Vgl. Selina Hastings/Eric Thomas/Amy Burch: Illustrierte Bibel für Kinder, Augsburg u.a. 8. Auflage 2002.

10 Brief von Rita Frind vom 3. Mai 2001.

11 Zum Oeuvre vgl. Gertrud Widmann (Hg.): Bild und Gleichnis. Ostfildern 1990, 3. Aufl. 1996. Außerdem: Schindler, aaO., S. 288.

12 Unberücksichtigt blieb hier Max Bolliger: Das Ravensburger Buch der Biblischen Geschichten. Mit Bildern von Silvio Neuendorf, Ravensburg 1999: es handelt sich um einen Nachdruck von fünf beliebten, häufig aufgelegten Ravensburger Taschenbüchern mit neuen Illustrationen: Joseph (1967), Mose (1972), David (1965), Daniel (1968) und Jesus (Lahr: Kaufmann 1982).

13 Vgl. Bruno Bettelheim: Kinder brauchen Märchen, Stuttgart 1977.

14 Vgl. Reinhard Herrmann: Überlegungen zur Gestaltung und Illustration der Elementarbibel. Manuskript, August 1982 (ungedruckt). Rezensionen: Regine Schindler u.a., aaO., S. 21. Anneliese Pokrandt: Die «Elementarbibel». Kriterien der Auswahl, Gliederung sowie sprachlichen und bildnerischen Gestaltung, in: Gottfried Adam/Rainer Lachmann (Hg.), Kinder- und Schulbibeln. Probleme ihrer Erforschung, Göttingen 1999, S. 158-178. Hilde Rosenau/Hans-Gerd Fritzsche (Hg.): Empfehlenswerte Kinder- und Jugendbibeln. Ein kleiner Leitfaden, Ganderkesee ³1993, S. 20. Christoph Dohmen-Funke: Bestechende Einfachheit, in: KatBl 125 / 2000, S. 24.

15 Die kleine Bibel für mich. Geschichten aus der Bibel, nacherzählt von Mary Hollingsworth. Illustrationen von Stephanie McFetridge Britt. Übersetzt von Sieglinde Denzel/Susanne Neumann, Stuttgart-Neuhausen: Hänssler 1993.

16 S. 42 unter Berufung auf Spr 3,1-4; S. 90 unter Berufung auf Eph 6,1-3.

17 Meine allererste Kinderbibel. Text: Bernhard Meuser. Illustrationen: Alfred Neuwald, Augsburg: Pattloch 1994.

18 Die Baby-Bibel. Text: Barbara Cratzius. Illustrationen: Colin und Moira MacLean, Augsburg: Pattloch 1996.

19 Meine bunte Kinderbibel. Text: Mark Hoffmann. Illustrationen: Julie Downing. Ins Deutsche übertragen von Maria Bühler, Augsburg: Pattloch 1998.

20 Ebd., S. 4.

21 Meine kleine Bilder-Bibel. Text: Carine MacKenzie. Illustrationen: Jennifer Stevenson, Neukirchen-Vluyn: Bahn 1998.

22 Paloma und Ulises Wensell: Meine ersten Bibel-Geschichten. Textfassung: Thomas Erne, Ravensburg: Otto Maier 2001.

23 Ulises Wensell: Die große Ravensburger Kinderbibel. Textauswahl: Marie-Helene Delval. Deutsche Textfassung: Thomas Erne, Ravensburg: Otto Maier 1995. Vgl. oben die Abb. auf S. 252.

Gottfried Adam
Rainer Lachmann

Anhang

Bibliografie

1. Kinderbibel-Ausgaben

1.1 Historisch (bis Ende des 2. Weltkriegs)

M.M. *Büdinger*, Die kleine Bibel, Stuttgart 1823.

A.J. *Cohn*, Erzählungen der heiligen Schrift, Iserlohn 1843; Barmen 1853, 1864; Leipzig 1880.

W. *Corrodi*, Biblische Erzählungen aus dem Alten und Neuen Testament. Mit Zeichnungen von H. Meyer, Zürich 1842-44.

Diese sind die Geschichten der Kinder Israels, Stuttgart 1837, ³1875.

H. *Drücke*, Biblische Geschichten für Kinder, Paderborn 1840.

J.L. *Ewald*, Die Heiligen Schriften des Alten Testaments in Hundert Biblischen Kupfern dargestellt. Gestochen unter der Leitung von C. Schuler, Freiburg 1810.

G. *Fankhauser*, Geschichten der Heiligen Schrift, 1. Band: Erschaffung der Welt bis Moses Tod, Basel 1928, ⁶1946.

B.H. *Flehinger*, Erzählungen aus den heiligen Schriften der Jisraeliten. Dargest. f. d. kleinere jisraelit. Jugend, Darmstadt 1836, 1841, 1843; Frankfurt a. M. ⁶1850, ⁷1853, ²³1901.

W. *Grütter*, Kinder-Bibel, ein Lesebuch für den Religionsunterricht; Bilder und Buchschmuck von Rudolf Münger, Bern 1922.

J.P. *Hebel*, Biblische Geschichten, Stuttgart/Tübingen 1824.

E. *Hecht*, Biblische Geschichten für Kinder von 6-9 J., Fulda 1842.

[J.J. *Heß u.a.*], Biblische Erzählungen für die Jugend. Altes Testament, Zürich 1772.

[J.J. *Heß u.a.*], Biblische Erzählungen für die Jugend. Altes und Neues Testament, Zürich 1774.

J. *Hübner*, Zweymal zwey und funffzig Auserlesene Biblische Historien Aus dem Alten und Neuen Testamente, Der Jugend zum Besten abgefasset, Leipzig 1714/31ff. Nachdruck Hildesheim/Zürich/New York 1986.

A. *Knapp*, Bilder-Bibel für die Jugend oder Geschichte des Alten und Neuen Testaments mit 24 Tafeln, Nürnberg 1844.

A. *Kyburz*, Catechetische Kinder-Bibel, oder heilige Kirchen- und Bibel-Historien, In einem ordentlichen Zusammenhang, nebst einfaltigen Randfragen, reichlichen Lehren und Gottseeligen Betrachtungen sonderlich zum Dienst und Nutzen der lieben Jugend, 2 Bde., Bern/Zürich 1744-45.

A. *Kyburz*, Historien-Bet- und Bilderbibel/ Oder: Das Geheimnis der Gottseeligkeit und der Bosheit, 6 Bde., Augsburg 1737-63.

J.C. *Lavater*, Christliches Handbüchlein für Kinder, Zürich 1771, in Bd. 3 der Lavater-Ausgabe, Zürich 2003.

J.C. *Lavater*, Gebether und Lieder für Kinder, Neue Auflage, Zürich 1776.

J.C. *Lavater*, Reimen zu den Biblischen Geschichten des Alten und Neuen Testamentes. Für die Jugend, Zürich 1782.

J.C. *Lavater*, Christlicher Religionsunterricht für denkende Jünglinge, [Winterthur] 1788.

J. *Prinz*, Die Geschichten der Bibel, Berlin 1934.

G. *Salomon,* Deutsche Volks- und Schulbibeln für Israeliten, Altona 1837.

J.R. *Schellenberg* [Bildkommentare von J. C. Lavater], 60 Biblische Geschichten des alten Testaments in Kupfer geätzt, Winterthur 1774.

J.R. *Schellenberg* [Bildkommentare von J. C. Lavater], 60 Biblische Geschichten des neuen Testaments in Kupfer geätzt, Winterthur 1779.

J. *Schnorr v. Carolsfeld,* Die Bibel in Bildern, Leipzig 1852ff.

H. *Stephani,* Die biblische Geschichte oder biblisches Lesebuch für Schulen, Erlangen 1821.

J.S. *Stoy,* Bilder-Akademie für die Jugend: Abbildung und Beschreibung der vornehmsten Gegenstände der jungendlichen Aufmerksamkeit – aus der biblischen und Profangeschichte, aus dem gemeinen Leben, dem Naturreiche und den Berufsgeschäften, aus der heidnischen Götter- und Alterthums- Lehre, aus den besten Sammlungen guter Fabeln und moralischer Erzählungen. Vorerst in Lieferungen erschienen. Dann 1 Band mit 54 Tafeln, 2 Bände Erklärungen, Nürnberg 1780-1784.

E. *Veit,* Gottbüchlein: Erster Unterricht im christlichen Glauben. Mit Bildern von B. Goldschmitt, München 1935.

W. *Vesper,* Die Jugendbibel: nach der Heiligen Schrift neu erzählt für die deutsche Jugend und das deutsche Volk. Illustrationen: Paula Jordan, Oldenburg i. O. 1927.

Ch. *Weigel,* Die Heilige Schrifft Alten und Neuen Testaments, Nürnberg um 1700.

1.2. Aktuell

G. *Adams/P. Utton,* Meine ersten Bibelgeschichten, Gießen 1995.

P. *Alexander/C. Cox,* Meine kleine Kinderbibel, Gießen [7]1998.

S. *Andres,* Die Biblische Geschichte. 102 Illustrationen von Gerhard Oberländer, München/Zürich 1965.

E. *Beck,* Meine Bilderbibel. Das große Buch von Gott und den Menschen. Illustriert von Bert Bouman, Konstanz/ Kevelaer 1976.

E. *Beck/G. Oostema,* Gott liebt mich. Bibel für die Kleinsten, Stuttgart 1995.

V.G. *Beers/C. Boerke,* Mein Bibel-Bilderbuch. Für die Allerkleinsten, Aßlar 1993.

J.M.R. *Belloso,* Die Neue Patmos Kinderbibel. Mit Bildern von C.S. Vendrell. Aus dem Spanischen von H. Hoffmann, Düsseldorf 1990.

W. *Beneker,* Gott und sein Volk. Das Alte Testament für Kinder. Bilder von J. Dalenoord, Hamburg 1976.

D. *Block,* Die große bunte Kinderbibel. Illustriert von G. Röder, Bindlach 1993.

M. *Bolliger,* Das Ravensburger Buch der Biblischen Geschichten. Mit Bildern von S. Neuendorf, Ravensburg 1999.

M.R. *Bottermann-Broj/M. Koplin,* Die Geschichte von der Arche Noah den Kindern erzählt, Kevelaer 1994.

A. *Breccia/H. Oesterheld,* Mort Cinder. Comic Erzählungen. 2 Bde., Hamburg 1992.

R. *Brunelli /M. Fjodorow / A. Sciandra,* Die Heilige Bibel. Geschichten für das ganze Jahr, Milan 1997.

M. *Christa*, Gute-Nacht Geschichten aus der Bibel. Illustriert von J. Steinbacher, Augsburg 1998.

D. *Christie-Murray*/A. *Wheatcroft* / I. *Uffelmann*, Meine farbige Kinderbibel, Niedernhausen 1994.

A.M. *Cocagnac*, Patmos Bibel. Für die Jugend erzählt von A. M. Cocagnac und H. Hoffmann. Bilder von Jacques Le Scanff, Düsseldorf 1967-1968.

C.B. *Costecalde* /P. *Dennis*, Die große illustrierte Kinderbibel, Stuttgart 1998.

D.A. *Cramer-Schaap*, Die Bibel erzählt für Kinder, Basel 1969.

B. *Cratzius*, Die Baby-Bibel. Illustrationen von C. und M. Mac Lean, Augsburg 1996.

E. *Emhardt*/M. *Haubensak-Tellenbach*, Arche Noah, Herrsching 1977.

J. *Erb*, Schild des Glaubens. Geschichten der Bibel Alten und Neuen Testaments. Mit Bildern von Paula Jordan (1949), Karlsruhe [50]1969.

T. *Erne*, Die große Ravensburger Kinderbibel. Illustriert von U. Wensell. Textauswahl: M.H. Delval. Deutsche Textfassung: Th. Erne, Ravensburg 1995.

K. *Eykman*, Die Bibel erzählt. Illustrationen von Bert Bouman, Freiburg i. Br. 1978.

A. *Falk*, Meine kleine Tora, Zürich 1996.

G. *Fussenegger*/J. *Grabianski*, Bibelgeschichten, Wien u.a. 1972.

G. *Fussenegger*, Die Arche Noah. Illustriert von A. Fuchshuber, Wien u.a. 1982.

G. *Fussenegger*, Bibelgeschichten. Mit Bildern von Ch. Krais, Wien 1991.

E. *Gilles-Sebaoun*/C. *Roederer*, Die Bibel für Kinder, Rastatt 1998.

E. *Gruber (Hrsg.)*, Die Bibel in 365 Geschichten erzählt, Freiburg u.a. [5]1990.

J.C. *Grund*/H. *Schuster*, Noah und die Arche des Herrn, Augsburg 1983.

J.C. *Grund*, Geschichten aus der Bibel, Fürth 1993.

Gute-Nacht Geschichten aus der Bibel, Augsburg 1998.

B. *Hadaway*/J. *Atcheson*, Bibel für Kinder, Köln 1973.

B. *Hartmann*/S. *Poole*, Die Bibel für alle Kinder, München 1995.

S. *Hastings*/E. *Thomas*/A. *Burch*, Illustrierte Bibel für Kinder, Augsburg 1994.

V. *Hausmann*/T. *Moroney*, Meine Bibel, München 2000.

C. *Heinen*/L. *Baxter*, Meine allererste Bibel, Freiburg u.a. 1997.

S. *Herhol* /O. *Mitgutsch*, Mein kleines Buch von Noah und der Arche, München 1997.

M. *Hoffmann*, Meine bunte Kinderbibel. Illustriert von J. Downing. Ins Deutsche übertragen von M. Bühler, Augsburg 1998.

M. *Hollingsworth*/S. *McFetridge Britt*, Die kleine Bibel für mich, Stuttgart-Neuhausen 1993.

P.J. *Hunt*/G. *Kaselli*, Bibelgeschichten, München 1996.

P.J. *Hunt*/A. *McBride*, Bibelgeschichten. Nacherzählt für junge Leser, Hamburg 1982.

K. *Jeromin*/R. *Pfeffer*, Komm, freu dich mit mir, Stuttgart 1999.

K. *Knoke/E.H. Kristensen,* Die Bibel für Kinder, Stuttgart 1995.

S. *Köder,* Kinder-Bibel mit Bildern von S. Köder, Stuttgart 1995.

K. *de Kort,* Der Regenbogen, Stuttgart 1976.

K. *de Kort,* Bilderbibelbuch, 5 Bde., Stuttgart 1984ff.

E. *Kuijt/R. de Jonge,* Komm und sieh. Stephanus Bibel, Uhldingen ²1992.

M. *Lashbrook/S. McFetridge Britt,* »Du sollst eine Arche bauen!« Noah vertraut Gott, Marburg a.d. Lahn 1988.

W. *Laubi,* Kaufmann Kinderbibel. Illustriert von A. Fuchshuber, Lahr 1992.

U. *Löfgren,* Meine bunte Bilderbibel, Stuttgart 1997.

C. *MacKenzie,* Meine kleine Bilder-Bibel. Illustriert von J. Stevenson, Neukirchen-Vluyn 1998.

B. *Marchon/C. Millet/D. Millet,* Die Bibel. Geschichten des Alten und Neuen Testamentes, Augsburg 1997.

G. *Marshall-Taylor,* Die Bibel. Ein Lese- und Bilderbuch für Kinder, Köln 1990.

Meine kleine Bilder-Bibel, Neukirchem-Vluyn 1998.

B. *Meuser/A. Neuwald,* Meine allererste Kinderbibel, Augsburg 1994.

E. *zur Nieden,* Kommt, wir sind eingeladen! Kinderbibel. Neues Testament. Illustriert von D. und I. Schubert, Wuppertal/ Zürich 1993.

E. *zur Nieden,* Was der Regenbogen verspricht. Kinderbibel. Altes Testament. Illustriert von D. und I. Schubert, Wuppertal 1994.

E. *zur Nieden,* Die Kinderbibel. Mit Illustrationen von D. und I. Schubert, Wuppertal/ Zürich 1998, Wuppertal ²2001.

B. *Offringa/L. Tov,* Auf dem Weg. Bibel für Kinder, Donauwörth 1996.

H. *Ossowski/A. Bültemeier/B. Smith,* Die Bibel für Kinder, Recklinghausen 1984.

B. *van Pelt u.a.,* Am Anfang schuf Gott Himmel und Erde. Eine Bibel für Kinder, Hamburg 1998.

H. *Peuckmann/A. Ebert,* Die schönsten Geschichten aus der Bibel, Würzburg 2001.

R. *Pfeffer,* Jesus der Galiläer. Comicbibel, 2 Hefte, Stuttgart 1992f.

W. *Pioch,* Die Neue Kinderbibel. Mit Kindern von Gott reden. IIlustriert von E. Bruchmann, Hamburg 1989.

A. *Pokrandt,* Elementarbibel. Ausgewählt, in acht Teile gegliedert und in einfache Sprache gefasst von A. Pokrandt. Illustriert von R. Herrmann, Lahr 1998.

L. *Purves/E. Thomas,* Die schönsten Bibelgeschichten für Kinder, Augsburg u.a. 1999.

J. *Quadflieg,* Die Bibel für Kinder ausgewählt und erläutert. Illustriert von R. Frind, Düsseldorf 1994.

J. *Quadflieg/T. de Paola,* Geschichten aus dem Alten Testament, Düsseldorf 1994.

J. *Quadflieg/D. Bäumer,* Kleine Kinderbibel, Düsseldorf 1992.

J. *Rees-Larcombe,* Unsere große Kinderbibel, Gießen u.a. 1992.

U. *Scheffler/B. Gotzen-Beek,* Herders Kinderbibel, Freiburg u.a. 2001.

R. *Schindler*, Deine Schöpfung - meine Welt. Bilder von H. Heyduck-Huth, Lahr 1982.

R. *Schindler*, Mit Gott unterwegs. Die Bibel für Kinder und Erwachsene neu erzählt. Illustriert von Štěpán Zavřel, Zürich 1996.

F. *Schuiten/B. Peeters*, Der Turm, Stuttgart 1991.

C. *u .S. Smithson*, Noah und das Schiff der Tiere, Gießen 1992.

D. *Steinwede*, Kommt und schaut die Taten Gottes. Die Bibel in Auswahl nacherzählt. Mit Bildern aus dem ersten Jahrtausend christlicher Kunst, Göttingen 1982.

J. *Streit*, Lasst uns den Tempel bauen. Der Weg Israels von König Salomo bis Johannes dem Täufer. Illustrationen von H. Holzing, Stuttgart 1990.

A. *Stutschinsky*, Die Bibel für Kinder erzählt nach der Heiligen Schrift und der Agada, Köln 1964.

H. *Taubes*, Die Bibel erzählt, Frankfurt a. M. 1963.

K.N. *Taylor*, Die Geschichte von der Arche Noah, München 1995.

K.N. *Taylor*, Die Familien-Bilderbibel, Marburg 1996.

K.N. *Taylor*, Hoffnung für Kinder, Marburg ²1997.

L. *Tobler-Maler*, Die Bibel den Kindern erzählt. Bilder von Moritz Kennel, 3 Bde., Zürich 1967-68.

A. *Vogel*, Die Arche Noah, Münster 1988.

G.H. *Vogel/G. Spee*, Eine Arche voller Geschichten. Die Bibel für Kinder, Wien/ München 2001.

A. *de Vries*, Großes Erzählbuch der biblischen Geschichte. Bd. 1, Konstanz 1983.

A. *de Vries*, Die Kinderbibel, Konstanz 1955, Neuauflage Konstanz 1988.

A. *de Vries*, Die Kinderbibel. Durchgesehene Neuausgabe. Illustriert von H. F. Schäfer, Konstanz 1992.

G. *Wagener/N. Pohl*, Noah und die große Flut den Kindern erzählt, Hamburg 1995.

S. *Walter/E. Schmid*, Eine kleine Bibel, Frauenfeld 1980.

U. *Wensell*, Meine ersten Bibel-Geschichten, Ravensburg 2001.

I. *Weth*, Neukirchner Kinder-Bibel. Mit Bildern von Kees de Kort, Neukirchen-Vluyn 1988.

J. *Zink*, Der Morgen weiß mehr als der Abend. Bibel für Kinder. Illustriert von H. Deininger, Stuttgart 1981.

2. Kinderbibel-Literatur

G. *Adam/R. Lachmann (Hrsg.)*, Kinder- und Schulbibeln. Probleme ihrer Erforschung, Göttingen 1999.

G. *Adam*, Der «Schild des Glaubens» von Jörg Erb. Eine biblische Geschichte von Rang, in: G. Adam/R. Lachmann (Hrsg.), Kinder- und Schulbibeln, Göttingen 1999, S. 64-89.

M. *Ammann/E. Polzin*, «Und der Herr sprach mit dem Fisch...» Übersetzungsfragen und Textgestaltung bei Kinderbibeln, in: Glaube und Leben 5 (1990), S. 185-195.

A. *Angst*, Die religions- und moralpädagogischen Jugendschriften in der deutschen Schweiz von der Reformation bis zur Mitte des 19. Jahrhunderts, Zürich 1947.

I. Baldermann, Wer hört mein Weinen? Kinder entdecken sich selbst in den Psalmen (Wege des Lernens 4), Neukirchen-Vluyn 1986.

I. Baldermann, Gottes Reich – Hoffnung für Kinder. Entdeckungen mit Kindern in den Evangelien, Neukirchen-Vluyn 1991.

A. Baum-Resch, Der kleine Mensch und das große Buch. Orientierungshilfen zur Beurteilung von Kinderbibeln, Trier 1994.

A. Baum-Resch, Männer und Frauen, die guten und die bösen. Welche Vorbilder finden Jungen und Mädchen in Kinderbibeln?, in: F. Niehl/H.-G. Wirtz (Hrsg.), Moral in Kinderbibeln. Vortrag und Berichte von der 3. Trierer Kinderbibeltagung, Trier 1998, S. 39-62.

A .Baum-Resch, Kritisch-konstruktive Analyse von Kinderbibeln. Überlegungen zu den Kriterien der Beurteilung, in: G. Adam/R. Lachmann (Hrsg.), Kinder- und Schulbibeln. Probleme ihrer Erforschung, Göttingen 1999, S. 252-276.

A. Baum-Resch, Schatztruhen oder offenes Haus. Bibeln für Kinder, in: Bulletin Jugend & Literatur 12/1999, S. 18-20.

A. Baum-Resch, Literaturbericht. Was gibt es über Kinderbibeln zu lesen? Hinweise zur Sekundärliteratur, in: KatBl 125/2000, S. 290-292.

A. Baum-Resch, Warum ich diese Kinderbibel schätze. Unkonventionelles inbegriffen (zur Kinderbibel von van Pelt/de Fluiter/Cotteleer), in: KatBl 125/2000, S. 245.

A. Baum-Resch, Zwei Rezensionen zu den Kinderbibeln von Schindler/Zavřel und Offringa, in: KatBl 125/2000, S. 246f.

A. Baum-Resch, «Wann ist eine Kinderbibel gut?», in: F. Niehl/H.-G. Wirtz (Hrsg.), Kinderbibeln zwischen Qualität und Kommerz. Vorträge und Berichte von der 4. Trierer Kinderbibeltagung, Trier 2000, S. 12-37.

B. Bettelheim, Kinder brauchen Märchen, Stuttgart 1977.

R.B. Bottigheimer, Biblische Thematik in Wort und Bild, in: R. Cordes (Hrsg.), Die Bibel als Kinderbuch, Schwerte 1991, S. 111-138.

R.B. Bottigheimer, Kinderbibeln in Deutschland und Europa. Geschichtlicher Überblick, in: R. Cordes (Hrsg.), Die Bibel als Kinderbuch, Schwerte 1991, S. 85-93.

R.B. Bottigheimer, Bible-Reading, «Bibles» and the Bible for Children in Early Modern Germany, in: Past and Present. May 1993, S. 66-89.

R.B. Bottigheimer, The Child-Reader of Children`s Bibles 1656-1753, in: Infant Voices, ed. Elisabeth Goodenough/Mark Heberle/Naomi Sokoloff, Detroit: Wayne State University Press 1994, S.44-56.

R.B. Bottigheimer, Kinderbibeln. Probleme der sprachlichen Gestaltung am Beispiel Gen 22 und 39, in: Christenlehre 48/1995, S. 194-202.

R.B. Bottigheimer, The Bible for Children from the Age of Gutenberg to the Present, New Haven/London 1996.

R.B. Bottigheimer, Aneignung des Fremden. Väterliche Gewalt in biblischen Geschichten für Kinder, in: B. Hurrelmann (Hrsg.), Das Fremde in der Kinder- und Jugendliteratur, Weinheim u.a. 1998, S. 19-27.

R.B. Bottigheimer, Gott in Kinderbibeln. Der veränderliche Charakter Gottes, in: G. Adam/R. Lachmann

(Hrsg.), Kinder- und Schulbibeln. Probleme ihrer Erforschung, Göttingen 1999, S. 90-102.

R.B. Bottigheimer, Kinderbibeln als Gattung. Historische und forschungspraktische Bemerkungen zu Gestalt und Wandel einer literarischen Gattung, in: G. Adam/R. Lachmann (Hrsg.), Kinder- und Schulbibeln. Probleme ihrer Erforschung, Göttingen 1999, S. 229-236.

J. Braun, Art. Kinderbibel, in: LThK 1996, Bd.V, Sp. 1437f.

J. Braun, Literaturtheoretische Betrachtung von Bibelbearbeitungen für Kinder und Jugendliche. Ansatzmöglichkeiten zur Typologisierung und begrifflichen Differenzierung, in: G. Adam/R. Lachmann (Hrsg.), Kinder- und Schulbibeln. Probleme ihrer Erforschung, Göttingen 1999, 237-251.

J. Braun, Humor in Kinderbibeln, in: F. Niehl/ H.-G. Wirtz (Hrsg.), Kinderbibeln zwischen Qualität und Kommerz. Vorträge und Berichte von der 4. Trierer Kinderbibeltagung, Trier 2000, S. 37-43.

J. Braun, Mit kritischem Blick auf Kinderbibeln heute, in: KatBl 125/2000, S. 226-232.

J. Braun, Art. Kinder- und Schulbibeln. 2 Katholisch, in: LexRP 1/2001, Sp. 1015-1017.

F.Th. Brinkmann, Comics und Religion. Das Medium der «Neunten Kunst» in der gegenwärtigen Deutungskultur, Stuttgart 2000.

T. Brüggemann in Zusammenarbeit mit H.H. Ewers (Hrsg.), Handbuch zur Kinder- und Jugendliteratur. Von 1750 bis 1800, Stuttgart 1982.

M. Buber, Zu einer neuen Verdeutschung der Schrift. Beilage zum ersten Band «Die fünf Bücher der Weisung», verdeutscht von M. Buber gemeinsam mit F. Rosenzweig, Heidelberg [11]1987.

Ch. Dohmen-Funke, Mehr als Kitsch und Moral. Kinderbibeln aus theologisch-didaktischer Sicht, unveröffentlichtes Manuskript 1994.

Ch. Dohmen-Funke, Der Gott der Bibel – ein Gott der Kinder? Alttestamentliche Gottesvorstellungen in Kinderbibeln, in: H.-G. Wirtz (Hrsg.), Der Glaube der Kinder und das Gottesbild in Kinderbibeln, Weimar 1997, S. 37-55.

Ch. Dohmen-Funke, Ethisch handeln lernen mit Kinderbibeln. Welche Möglichkeiten eröffnen Texte aus Kinderbibeln?, in: F. Niehl/ H.-G. Wirtz (Hrsg.), Moral in Kinderbibeln. Vortrag und Berichte von der 3. Trierer Kinderbibeltagung, Trier 1998, S. 63-70.

Ch. Dohmen-Funke, Wenn die Bibel Angst macht. Die «Opferung Isaaks» in Kinderbibeln, in: Bibel und Liturgie 72/1999, H. 4, S. 234-238.

Ch. Dohmen-Funke, Kinderbibeln früher und heute. Von den Veränderungen einer Buchgattung, in: KatBl 125/2000, S. 248-251.

Ch. Dohmen-Funke, Kinderbibeln – früher und heute. Von den Veränderungen einer Buchgattung, in: F. Niehl/ H.-G. Wirtz (Hrsg.), Kinderbibeln zwischen Qualität und Kommerz. Vorträge und Berichte von der 4. Trierer Kinderbibeltagung, Trier 2000, S. 44-58.

Ch. Dohmen-Funke, Warum ich diese Kinderbibel schätze. Bestechende Einfachheit (zur Elementarbibel), in: KatBl 125/2000, S. 242-248.

A. *Echelmeyer,* Einige neue Kinderbibeln. Literaturbericht, in: Unsere Seelsorge 33/1983, S. 6.

J. *Fromme/ N. Meder/ N. Vollmer,* Computerspiele in der Kinderkultur. Virtuelle Welten. Band 1, Opladen 2000.

H. *Gärtner/ A. Fuchshuber,* «Man kann nicht immer nur Heilsgeschichte malen», in: KatBl 118/1993, S. 576-583.

H. *Gehrke,* Die Bibel für Kinder. Kinderbibeln unter der Lupe. Bericht, in: Anstösse 42/1995, S. 61-63.

R. *Gleiß,* Müssen Kinder wie Erwachsene glauben? Eine Studie zum Verhältnis von Kinderbibeln und christlichem Glauben, in: S. Eckerle u.a., Gott der Kinder – ein Forschungsprojekt zu Bildern und Gottesvorstellungen von Kindern, Münster 2001, S. 103-169.

B. *Gutleben,* Kindern theologische Themen nahe bringen. Bibeln für die Kleinsten. Literaturbericht, in: Buch und Bibliothek 52/2000, S. 52-61.

R. *HaCohen,* Die Bibel kehrt heim: »Biblische Geschichte« für jüdische Kinder, in: H.H. Ewers u.a. (Hrsg.), Kinder und Jugendliteraturforschung, Stuttgart/Weimar 1996/97, S. 9-21.

H.G. *Heimbrock,* Religiöse Erfahrungen in Comics, in: Ders. (Hrsg.), Erfahrungen in religiösen Lernprozessen, Göttingen 1983.

R. *Herrmann,* Überlegungen zur Gestaltung und Illustration der Elementarbibel. Manuskript, August 1982 (ungedruckt).

G. *Hilger/ B. Bergs,* Kinderbibeln und biblisches Schulbuch, in: W. Langer (Hrsg.), Handbuch der Bibelarbeit, München 1987, S. 280.

G. *Hilger/ J. Braun,* Heikle Fragen gut gelöst. Elementare Zugänge in Kinderbibeln, in: KatBl 125/2000, S. 237-241.

K. *Hilpert,* Experimentieren mit (un)moralischen Geschichten. Modelle des Handelns in Kinderbibeln, in: F. Niehl/H.-G. Wirtz (Hrsg.), Moral in Kinderbibeln. Vortrag und Berichte von der 3. Trierer Kinderbibeltagung, Trier 1998, S. 5-38.

E. *Hofhansl,* Schul- und Kinderbibeln in Österreich, in: G. Adam/R. Lachmann (Hrsg.), Kinder- und Schulbibeln. Probleme ihrer Erforschung, Göttingen 1999, S. 120-132.

F. *Kriechbaum,* Art. «Kinderbibel», in: K. Doderer, Lexikon der Kinder- und Jugendliteratur, Bd. 2, Weinheim/Basel 1984, S. 170f.

R. *Lachmann,* «Und Gott versuchte Abraham» – Gen 22, eine Geschichte für Grundschulkinder?, in: U. Körtner/R. Schelander (Hrsg.): Gottes Vorstellungen. Die Frage nach Gott in religiösen Bildungsprozessen. Gottfried Adam zum 60. Geburtstag, Wien 1999, S. 249-264.

R. *Lachmann,* Biblische Geschichte(n) im «Ersten Unterricht im christlichen Glauben», in: G. Adam/R. Lachmann (Hrsg.), Kinder- und Schulbibeln. Probleme ihrer Erforschung, Göttingen 1999, S. 42-63.

H. *Lang,* Ist Eva neugieriger als Adam? Frauen- und Männerrollen in Kinderbibeln, in: Theorie und Praxis der Sozialpädagogik 97/1989, S. 30-33.

H. *Leewe,* Kinder brauchen biblische Geschichten, in: PÄD Forum 24/1996, S. 349-355.

R. *Lohse,* Kinderbibeln auf dem Prüfstand. Ein Überblick für Eltern und Erzieher, Stuttgart ³1991.

H. Mühle, Reinmar Tschirch: Erzähl mir doch von Jesus. Ein Gegenentwurf zur Kinderbibel von Anne de Vries, in: Theorie und Praxis der Sozialpädagogik 101/1993, S. 174f.

Th. Nauerth, Alter Wein in bunten Schläuchen. Neuere Bibelausgaben für Kinder und Jugendliche, in: KatBl 118/1993, S. 584-588.

H.U. Nübel, Comics fordern den Religionspädagogen heraus, in: EvErz 32/1980, S. 38-58.

P. Orth, Hilfen zum biblischen Erzählen. Beispiele aus Kinderbibeln, in: KatBl 125/2000, S. 252-255.

R. Pitsch, Schöpfungsgeschichten in Kinderbibeln, in: W. Fährmann (Hrsg.), Ja zur Schöpfung – Ja zum Leben, Mühlheim: Katholische Akademie 1996, S. 53-75.

H. Pitters, Biblische Lehrstoffe und Erzählungen in Siebenbürgischen Schulbüchern, in: G. Adam/R. Lachmann (Hrsg.), Kinder- und Schulbibeln. Probleme ihrer Erforschung, Göttingen 1999, 105-119.

A. Pokrandt, Die «Elementarbibel». Kriterien der Auswahl, Gliederung sowie sprachlichen und bildnerischen Gestaltung, in: G. Adam/R. Lachmann (Hrsg.), Kinder- und Schulbibeln. Probleme ihrer Erforschung, Göttingen 1999, S. 158-178.

G. von Rad, Das Opfer des Abraham. Mit Texten von Luther, Kierkegaard, Kolakowski und Bildern von Rembrandt, München 1971.

Ch. Reents, Die Bibel als Schul- und Hausbuch für Kinder. Werkanalyse und Wirkungsgeschichte einer frühen Schul- und Kinderbibel im evangelischen Raum: Zu Johann Hübner, Zweymal zwey und funffzig Auserlesene Biblische Historien, der Jugend zum Besten abgefasst..., Leipzig 1714 bis Leipzig 1874 und Schwelm 1902, Göttingen 1984.

Ch. Reents, Art. «Kinderbibel», in: TRE XVIII 1989, S. 176-182.

Ch. Reents, Jesusbilder in Kinderbibeln und katechetischer Gebrauchsliteratur, in: R. Cordes (Hrsg.), Die Bibel als Kinderbuch, Schwerte 1991, S. 43-73.

Ch. Reents, Gutenachtgeschichten auf biblischer Grundlage. Jörg Zinks Bibel für Kinder, in: Fabula 39/1998, S. 79-89.

Ch. Reents, «Die Bibel in Bildern» von Julius Schnorr von Carolsfeld, in: G. Adam/R. Lachmann (Hrsg.), Kinder- und Schulbibeln. Probleme ihrer Erforschung, Göttingen 1999, S. 13-41.

Ch. Reents, Warum ich diese Kinderbibel schätze. Für biblisch Unerfahrene (zur Kinderbibel von Eykman/Bouman), in: KatBl 125/2000, S. 243.

Ch. Reents, Art. Kinder- und Schulbibeln 1 Evangelisch, in: Lex RP 1/2001, Sp. 1007-1014.

I. Renz, Kinderbibeln als Bibeln für Kinder ?!, in: K. Kürzdörfer (Hrsg.), Die Bibel-als Erzieherin?, Bad Heilbrunn 1994, S. 167-177.

H. Rosenau/H.-G. Fritzsche (Hrsg.), Empfehlenswerte Kinder- und Jugendbibeln. Ein kleiner Leitfaden, Ganderkesee ³1993.

H. Rosenau, Empfehlenswerte Kinderbibeln, Stuttgart 1998.

H. Rosenau, Das Jesusbild in Kinderbibeln. Eine Untersuchung zu Illustrationen in Kinderbibeln seit 1948, in: G. Adam/R. Lachmann (Hrsg.),

Kinder- und Schulbibeln. Probleme ihrer Erforschung, Göttingen 1999, S. 179-205.

G. *Rosenberger,* Das große Buch für kleine Leute. Kriterien und Beurteilung ausgewählter Kinderbibeln (Religionspädagogische Perspektiven 28), Essen 1997.

R. *Schindler u.a.,* Neuere Kinderbibeln. Beschreibung – Kritik – Empfehlungen, Zürich ⁵1989.

R. *Schindler,* Kinderbibeln – Gratwanderung zwischen Kunst und Anbiederung, in: J. Seim/L. Steiger (Hrsg.), Lobet Gott. FS R.Bohren, München 1990, S.162-170.

R. *Schindler,* Die Bibel für Kinder, in: Börsenblatt für den deutschen Buchhandel 20 vom 10. März 1992, S. 237-242.

R. *Schindler,* Zur Hoffnung erziehen. Gott im Kinderalltag, Lahr/Zürich 1999.

R. *Schindler,* Zwischen Himmel und Erde. Kinderbibeln zum Alten Testament – in Vergangenheit und Gegenwart, Zürich 2000.

R. *Schindler,* Kinderbibeln. Zur Geschichte eines Klassikers der Kinder- und Jugendliteratur, in: Bibelreport Dez. 2000, S. 8f.

R. *Schindler,* Moderne Kinderbibeln – worauf es ankommt!, in: Bibelreport 3/2001, S. 8-10.

A. *Schindler/R. Schindler,* «Mit freyem Flug und frohem Blick». Zu Lavaters «Kinder-Theologie», in: H. Bedford-Strohm/H.Kuhlmann/K.-H. Lütcke (Hrsg.), Freiheit verantworten. FS W. Huber, Gütersloh 2002, S. 407-420.

Ph. *Schmidt,* Die Illustration der Lutherbibel 1522-1700. Ein Stück abendländische Kultur- und Kirchengeschichte. Mit Verzeichnissen der Bibeln, Bilder und Künstler, 400 Abbildungen, Basel 1962.

N. *Schulze-Raestrup (Red.),* Kinderbibeln. Kurzbeschreibung und Empfehlung, Münster 1998.

C. u. S. *Smithson,* Noah und das Schiff der Tiere, Gießen 1992.

D. *Steinwede,* Kind und Bibel, in: E. Feifel u.a.(Hrsg.), Handbuch der Religionspädagogik. Bd. III, Gütersloh / Zürich 1975, S. 232-249.

R. *Tschirch,* Kinderbibeln kritisch gelesen. Vergleich verschiedener Kinderbibelerzählungen, in: R. Cordes (Hrsg.), Die Bibel als Kinderbuch, Schwerte 1991, S. 27-41.

R. *Tschirch,* Die Schöpfungserzählungen in Kinderbibeln. Eine kritische theologische Analyse neuerer Kinderbibelausgaben, in: B. Straeck (Hrsg.), Gib uns Augen, dass wir staunend seh'n. Religionspädagogische Fragestellungen und Praxismodelle, Rissen 1992, S. 278-289.

R. *Tschirsch,* Bibeln für Kinder. Die Kinderbibel in Kirche, Gemeinde, Schule und Familie, Stuttgart u.a. 1995.

R. *Tschirch,* Biblische Geschichten erzählen, Stuttgart u.a. 1997.

R. *Tschirch,* Zum Streit um die Neubearbeitung der Kinderbibel von Anne de Vries. Bibeltreue – ein uneingelöster Anspruch, in: G. Adam/R. Lachmann (Hrsg.), Kinder- und Schulbibeln. Probleme ihrer Erforschung, Göttingen 1999, S. 206-226.

R. *Tschirch,* Warum ich diese Kinderbibel schätze. Eine wirklich neue Kinderbibel (zur Kinderbibel von Laubi/Fuchshuber), in: KatBl 125/2000, S. 243-245.

Ph. Wegenast, Die neunte Kunst und die Bibel, in: G. Adam/R. Lachmann (Hrsg.), Kinder- und Schulbibeln. Probleme ihrer Erforschung, Göttingen 1999, S. 135-157.

Ph. Wegenast-Rohrer, Bibeln für Kids? Fünf Kinderbibeln unter der Lupe, in: Eselsohr 1994.

J. Wermke (Hrsg.), Comics und Religion. Eine interdisziplinäre Diskussion, München 1976.

J. Wermke (Hrsg.), Kerygma in Comic-Form, München 1979.

H. Wilfert/G. Böckermann, Und wenn es ein Flopp wird? Stimmen aus dem Lektorat, in: F. Niehl/H.-G. Wirtz (Hrsg.), Kinderbibeln zwischen Qualität und Kommerz. Vorträge und Berichte von der 4. Trierer Kinderbibeltagung, Trier 2000, S. 5-11.

H.-G. Wirtz, Der Glaube der Kinder und das Gottesbild in Kinderbibeln, Weimar 1997.

R. Wunderlich, Johann Peter Hebels «Biblische Geschichten». Eine Bibeldichtung zwischen Spätaufklärung und Biedermeier (ARP 7), Göttingen 1990.

W. Zuidema, Isaak wird wieder geopfert. Die Bindung Isaaks als Symbol des Leidens Israels, Neukirchen-Vluyn 1987.

Bibelstellenregister

Altes Testament
1 Mose 1 140-145, 212
1 Mose 1f. 142
1 Mose 1,1-25 144
1 Mose 1,27 143, 244
1 Mose 1,27f. 141, 148
1 Mose 1,31 116
1 Mose 1-2,4 141, 195
1 Mose. 1-11 51
1 Mose 2 140-145, 151, 193
1 Mose 2,22f. 141, 148f.
1 Mose 2,7 25
1 Mose 2/3 214
1 Mose 3 140, 144
1 Mose 3,14ff. 245
1 Mose 3-11 159
1 Mose 4,4b-5 246
1 Mose 4,4f. 162
1 Mose 6,1-9.29 112
1 Mose 6,5-7 113
1 Mose 6,6 165
1 Mose 6,7 114
1 Mose 6,8 119
1 Mose 6,9 119
1 Mose 6,11.12 116
1 Mose 6,13.17 114
1 Mose 6,14.17 113
1 Mose 6-9 156
1 Mose 7,8.9 112
1 Mose 8 156
1 Mose 8,6-12 112
1 Mose 8,19 112
1 Mose 8,20-22 117
1 Mose 8,21-22 112-114
1 Mose 8,22 258
1 Mose 9 156
1 Mose 9,8-17 112, 114, 117
1 Mose 11 10, 249
1 Mose 11,1-9 228
1 Mose 11,9 235
1 Mose 12,1-50,22a 135
1 Mose 16 9, 133, 135, 136
1 Mose 17,15-21 214
1 Mose 17,18ff. 133
1 Mose 18 97
1 Mose 18,1-15 214
1 Mose 20-23,19 135
1 Mose 21 9, 133
1 Mose 21,1-7 214
1 Mose 21,2.3 133

1 Mose 21,9-21 133
1 Mose 21,18 136
1 Mose 21-22 136
1 Mose 22 9, 122, 125, 131, 133-135, 155, 165
1 Mose 22,1 160
1 Mose 22,1-19 133
1 Mose 22,3 167
1 Mose 25,24 162
1 Mose 28 246
1 Mose 28,10-22 30
1 Mose 32,25.29 160
1 Mose 37-50 169
1 Mose 39 91
1 Mose 50,20 169
2 Mose 1 157
2 Mose 1f. 155
2 Mose 2f. 157
2 Mose 3.14 245
2 Mose 4,24 160
2 Mose 5,22 161
2 Mose 5-12 160
2 Mose 14,10ff. 157
2 Mose 15,20 248
2 Mose 15,20f. 168
2 Mose 17,18ff. 168
2 Mose 20,4-6 245
3 Mose 16,1 160
4 Mose 21ff. 168
5 Mose 2-3,11 168
5 Mose 4,24 164
5 Mose 6,4 48
5 Mose 7,6f. 168
5 Mose 8,14 168
5 Mose 24,18 168
5 Mose 25,5-10 248
Jos 6,17ff. 169
Ri 5 168
Ri 21, 25 157
Rut 4,14-22 169
1 Sam 2,12ff. 157
1 Sam 4,19ff. 168
1 Sam 4-6
1 Sam 13,13f. 162
1 Sam 15,2ff. 160
1 Sam 15,3ff 169
2 Sam 6 169
2 Sam 7,7 160
2 Sam 13 159
1 Kön 2 159
1 Kön 3,16-28 258
1 Kön 18,4 159

1 Kön 18,40 52, 54, 169
1 Kön 19,1 159
2 Kön 11 159
2 Kön 21,6 159
Hiob 7,19 163
Hiob 10,18ff. 163
Hiob 19,25 163
Hiob 30,21 163
Hiob 38 142
Hiob 38, 4-7 15
Hiob 42 169
Ps 10,1 162
Ps 10,12ff. 164
Ps 13,2 162
Ps 22,2 162
Ps 44 162
Ps 66,11f. 168
Ps 73,18ff. 164
Ps 73,23 164
Ps 74 162
Ps 78 209, 212
Ps 78,2ff. 212
Ps 78,6f. 157
Ps 79 162
Ps 80 162
Ps 104 142, 145
Ps 124 168
Ps 139 198
Ps 148 142
Spr 3,1-4 264
Spr 3,1-7 87
Jes 11,1 252
Jes 9,2 47
Jes 40,12-28 142
Jes 40-55 52
Jes 41,14 159
Jes 53,7 48
Jes 63,16ff. 163
Jes 63,7ff. 162
Jer 2.31f. 164
Jer 3,9ff. 161
Jer 8,21 165
Jer 15,18 163
Jer 20,7 163
Jer 20,11 163
Jer 29,11 168
Jer. 32,20 164
Hes 16,3ff. 168f.
Dan 7 57
Hos 5,12 165

Neues Testament
Mt 24,37ff. par. 118
Mt 25,31-45 251
Mk 10,36 148
Mk 10,46-52 148
Mk 10,51 148
Mk 10,52 148
Mk 12,29 48
Mk 15 165
Mk 15,6-15 248
Lk 1 148
Lk 1,1-4 247
Lk 1,52 158
Lk 2 148
Apg 2,38 254
Apg 8,32f. 48
Apg 16,1-5 261
Röm 4,17 165, 168
Röm. 8,38f. 247
Röm 9-11 47
1 Kor 1,23 165
Gal 4,4 47
1 Petr 3,20 118
2 Petr 2,5 118
1 Joh 3,12 28
Hebr 11,7 118
Hebr 9,15 42
Offb 1,8 53
Offb 21 51

Personenregister

Autorinnen und Autoren

Vorbemerkung: Kursiv gesetzte Seitenzahlen weisen auf ganze Artikel hin.

Ackvas, F. 100
Adam, G. 7, 57, 137, 240, 264, 270-275
Adams, G. 124, 125, 267
Albertz, R. 138
Alexander, P. 124, 267
Alt, F. 57
Altmann, A. 83
Ammann, M. 270
Anderson, J. 227
Andres, S. 28, 39, 267
Angst, A. 99, 271
Aschkenazi, J. 67, 72
Atcheson, J. 125, 268
Auerbach, J. 82, 84
Augstein, R. 57
Augustinus 211
Ayroles, F. 240
Bach, J. S. 191, 206
Bader, W. 9, *171-185*
Bagster, S. 81
Bahrdt, C. F. 87, 100
Baldermann, I. 125, 134, 157, 164, 168, 271
Bargheer, F. W. 57
Barthélémy, S 236
Basedow, J.B. 20, 38, 86f.
Baumann, P. 82
Bäumer, D. 124, 269
Baumgart, N.C. 124
Baumgärtel, F. 57
Baum-Resch, A. 9, *101-109*, 271
Baxter, L. 124, 268
Beauchard, D. 236
Beck, E. 39, 267
Beck, S.E. 125
Beckmann, M. 243
Beers, V.G. 125, 267
Bell, D. 57
Belloso, J.M.R. 125, 150, 245, 267
Beneker, W. 150, 267
Benjamin, W. 206, 221
Berg, H.K. 124f.
Bergs, B. 273

Bettelheim, B. 264, 271
Biehl, P. 240
Blixen, T. 211
Block, D. 124f., 142, 147, 150, 248, 267
Bloßmann, D. 203
Blum, E. 138
Böckermann, G. 276
Bodmer, J.J. 91
Boerke, C. 125, 267
Bohrer, K.H. 240
Bolliger, M. 264, 267
Borges, J.L. 233, 236, 238, 240
Borst, A. 240
Bottermann-Broj, M.-R. 124, 267
Bottingheimer, R.B. 8, 40, *71-84, 83f.,* 271f.
Bouman, B. 39, 51, 55, 109, 124, 267, 268
Braun, J. 9, *111-126*, 272, 273
Breccia, A. 228, 232-236, 240, 267
Breuer, E. 83
Brielmaier, B. 251
Brinkmann, F.T. 240, 272
Brosier, F. 31
Bruchmann, E. 150, 269
Brüggemann, T. 99, 272
Brunelli, R. 125, 268
Buber, M. 10, 53, 57, 169, 208, 212, 215f., 221, 272
Büdinger, Frau 75f.
Büdinger, Max 79, 81
Büdinger, Moses M. 8, *71-84*, 266
Bühler, M. 264, 268
Bültemeier, A. 125, 269
Bultmann, R. 57
Burch, A. 125, 264, 268
Busch, W. 188
Byron, Lord 221
Camartin, I. 39
Casares 233
Caselli, G. 124
Caspari, G. 188, 203
Chagall, M. 206, 243, 251
Chodowiecki, D. 20
Christa, M. 268
Christine-Murray, D. 125, 268
Chrysostomos, J. 26, 39
Cocagnac, A.-M. 39, 268
Cohn, A.J. 81, 266

PERSONENREGISTER

Comenius, J.A. 39
Comestor, P. 77
Cordes, R. 40, 271, 274f.
Corrodi, W. 22, 39, 266
Cortazar 233
Costecalde, C.-B. 125, 268
Cox, C. 124, 267
Cramer-Schaap, D.A. 27, 39, 268
Cranach, L. 208
Cratzius, B. 125, 264, 268
Crugot, M. 100
Dalenoord, J. 150, 267
Daut, R. 125
Deininger, H. 150, 270
Delval, M.-H. 264, 268
Dennis, P. 125, 268
Denzel, S. 264
Deßecker, K. 203
Diedrich, F. 124
Dietrich, W. 168f.
Doderer, K. 203
Dohm, C.W. 83
Dohmen, C. 125
Dohmen-Funke, C. 264, 272f.
Doney, S.M. 168
Doré, G. 125
Downing, J. 260, 264, 268
Drücke, H. 82, 266
Düntzer, H. 100
Ebach, J. 168
Ebert, A. 124, 269
Echelmeyer, A. 273
Eckerle, S. 273
Eggenberger, H. 100
Eichendorff, J. von 221
Eisenberg, M. 83
Eisner, W. 224
El Greco 251
Emhardt, E. 124, 268
Erb, Jörg 39, 46, 47f., 268
Erne, T. 39, 252, 261, 264, 268
Euchel, I.A. 72
Ewald, J.L. 35f., 40, 266
Ewers, H.-H. 83, 99, 273
Eykman, K. 28, 39, 51f., 109, 124, 268
Fahrer, W. 232
Fährmann, W. 168, 274
Falk, A. 70, 268
Fankhauser, G. 266
Feibel, T. 181, 185

Feifel, E. 275
Fischer, I. 135
Fjodorow, M. 125, 268
Flehinger, B. H. 81, 266
Fontaine, J. de La 79
Frankel, S. 73
Frankhauser, G. 27, 39
Franziskus 250
Frey, A. 263
Friedländer, J.A. 72
Frind, R. 109, 150, 250, 264
Fritzsche, H.-G. 264, 275
Fritz, V. 124
Fromme, J. 174, 178f., 185, 273
Fuchshuber, A. 29f., 39, 52, 57, 124f., 133, 150, 246, 268f., 273
Fussenegger, G. 30, 39, 124f., 268
Galli, L. 31
Gandhi, M. 247
Gärtner, H. 57, 273
Gauguin, P. 243
Gehrke, H. 273
Gerhardt, P. 213
Gigon, O. 169
Gilles-Sebaoun, E. 124, 268
Ginzberg, L. 83
Glagla, J. 39
Gleiß, R. 273
Goldschmitt, B. 38f., 267
Gotzen-Beek, B. 124, 270
Grabianski, J. 124, 268
Grimm, Jacob 79f., 81, 84
Grimm, Wilhelm 79, 81, 84
Groenstein, T. 238
Gruber, E. 268
Grund, J.C. 124f., 268
Grütter, W. 38, 266
Gryphius, A. 213
Gunsch, E. 181
Gutleben, B. 273
Haase, D.P. 84
HaCohen, R. 83, 273
Hadaway, B. 125, 268
Hagemann, L. 137
Hahn, A. 188
Halbfas, H. 124f., 213
Hammerich, J.F. 81
Hari, A. 50
Harnack, A. von 57, 154
Hartman, B. 124, 268

Hastings, S. 125, 264, 268
Haubensak-Tellenbach, M. 124, 268
Hausammann, S. 57
Hausmann, V. 124f., 268
Hebel, J.P. 27, 31, 36, 39f., 266
Hecht, E. 81, 266
Heimbrock, H.G. 240, 273
Heine, P. 137
Heinen, C. 124, 268
Herder, F. 88
Herder, J.G. 94f., 100
Hergé 226
Herholz, S. 125, 268
Herrmann, R. 10, 17, 24f., 31, 39, 125, 133, 150, 187-204, 189, 203, 257, 264, 269, 273
Hess/Heß, J.J. 18, 36, 88, 91, 93, 95, 97, 99f., 266
Hesse, F. 57
Heuck, S. 168
Heyduck-Huth, H. 146, 150, 270
Hilger, G. 273
Hilpert, K. 134, 138, 273
Hirsch, E. 57, 168
Hirzel, M.E. 38, 99
Hoffmann, F. 133
Hoffmann, H. 39, 125, 150, 245, 267f.
Hoffmann, M. 260, 264, 268
Hofhansl, E. 273
Hollingsworth, M. 125, 264, 268
Holst, A. 203
Holzing, H. 33, 39, 270
Hübner, J. 8, 16-19, 21, 24, 27, 33, 38-40, 47, 67f., 77, 137, 266
Hunt, P.J. 124, 268f.
Hurrelmann, B. 135, 272
Illies, J. 39
Iselin, I. 87
Jacobi, J. 192, 203
Jahr, H. 227
Jammer, C. 168
Jedliczka, H. 134
Jeromin, K. 44f., 47f., 56, 125, 255, 263, 269
Jonge, R. de 124f., 269
Jordan, P. 22f., 33, 39, 47, 267f.
Jung, C. G. 192

Kafka, F. 206, 236, 238
Kaselli, G. 268
Katz, P. 40
Katzer, E. 57
Keel, O. 191, 203
Keller, G. 27
Kennel, M. 39, 270
Khoury, A.T. 137
Kiefer, V. 258
King, M.L. 247
Kirschbaum, E. 125
Klauber, J. 23
Klauber, J. 23f.
Klee, P. 213
Kleist, H. von 207
Knapp, A. 22, 39, 266 Knoke, K. 125, 269
Köder, S. 34, 142, 150, 251, 269
Konture, M. 236
Koplin, M. 124, 267
Korczak, J. 247
Kort, Kees de 29, 39, 53, 56, 124, 133, 150, 226, 242-244, 264f., 269f.
Körtner, U. 125, 273
Krais, C. 30, 124, 268
Kraus, H.-J. 57
Krenzer, R. 249
Kriechbaum, F. 273
Kristensen, E.H. 125, 269
Kuijt, E. 124f., 269
Küng, H. 130
Kürzdörfer, K. 274
Kuschel, K.-J. 137
Kutzer, E. 188, 203
Kyburz, A. 18f., 24, 38, 39, 266
Lachmann, R. 7, 10, 57, 125, 137, 221, 240, 264, 266, 270-275
Lämmermann, G. 137
Land, S. van der 28
Landolt, N. 99
Lang, H. 273
Lashbrook, M. 125, 269
Laubi, W. 28, 39, 52, 124, 133, 142, 150, 246, 269
Lavater, J.C. 8f., 18, 20, 36, 38f., 85-100, 137, 266f.
Leewe, H. 274
Lenz, S. 210
Lessing, G.E. 48, 57
Lieme, H. de 82

Linden, N. ter 134, 214-216, 221
Link, C. 168f.
Löfgren, U. 255f., 269
Lohfink, N. 168
Lohse, R.274
Lucas, H. 84
Luther, M. 19, 42f., 57, 134, 147, 169, 208, 212, 221
MacKenzie, C. 261, 264, 269
MacLean, C. 259, 264, 268
MacLean, M. 259, 264, 268
Maddox, M. 227
Marchon, B. 125, 269
Marshall-Taylor, G. 125, 269
Mathieu, J.L. 236
Mathieu, M.-A. 228, 236, 238-240
Mattotti, L. 240
McBride, A. 124, 269
McCloud, S. 224, 240
McFetridge Britt, S. 125, 264, 268f.
Meder, N. 174, 178f., 185, 273 Meier, I. 8
Mendelssohn, M. 67, 72f., 83
Menu, J.-C. 236, 240
Merian 39f., 226, 249
Metz, J.B. 208, 221
Meuser, B. 124f., 264, 269
Meyer, H. 39, 266
Michelangelo 24
Michels, M. 99
Miller, J.P. 18, 38
Millet, C. 125, 269
Millet, D. 125, 269
Mitgutsch, O. 125, 268
Montessori, M. 262
Moroney, T. 124f., 268
Moser, T. 155, 168
Mühle, H. 274
Mühlmeister, K. 188
Müller, H.-P. 124
Müller, H. 203
Münger, R. 17, 38, 266
Munoz, J. 232
Mutter Teresa 247
Nagel, M. 83
Nauerth, T. 274
Neidhart, W. 100, 216
Neuendorf, S. 264, 267
Neumann, M.S. 83
Neumann, S. 264

Neuwald, A. 124f., 264, 269
Nieden, E. zur 124, 142, 150, 249, 269
Niehl, F. 271-273, 276 Nies, H. 50
Nolde, E. 243
Novalis 213
Nübel, H.U. 240, 274
Oberländer, G. 39, 267
Oeming, M. 57
Oesterheld, H.G. 228, 232f., 235, 240, 267
Offringe, B. 109, 124f., 253f., 269
Oostema, G. 267
Orth, P. 274
Ossowski, H. 125, 269
Page, Nick 42
Palmer, C. 57
Paola, T. de 124, 244f., 269
Peeters, B. 228f., 231f., 240, 270
Pelt, B. van 124, 263, 269
Perrault, C. 79
Pestalozzi, J.H. 86
Peter, N. 40
Petuchowski, J.J. 83
Peuckmann, H. 124, 269
Pfeffer, R. 44f., 125, 227, 247, 263, 269
Pfenninger, J.K. 88
Pioch, W. 125, 142, 144f., 150f., 263, 269
Pitsch, R. 263, 274
Pitters, H. 274
Pohl, N. 125, 270
Pokrandt, A. 25, 39, 125, 133, 137, 145f., 149-151, 189-191, 194, 196, 203, 257, 264, 269, 274
Polzin, E. 270
Poole, S. 124, 268
Postema, G. 125
Postman, N. 157, 168
Pratt, H. 232f.
Prinz, J. 68, 70, 82, 267
Purves, L. 124f., 269
Quadflieg, J. 109, 124, 145f., 150, 244, 250, 269
Rad, G. von 169, 274
Ray, J. 124
Reents, C. 8, 10, 38, 40, *41-57, 57, 241-264,* 274
Rees-Larcombe, J. 124, 269

Rehmann, R. 134
Reich-Ranicki, M. 210
Renard, C. 229
Renz, I. 274
Reuter, E. 22
Röder, G. 124f., 150, 248, 267
Roederer, C. 124, 268
Rohr, B. 102, 104, 109
Rosenau, H. 264, 275
Rosenberg, A. 154, 168
Rosenberger, G. 57, 128, 137, 275
Rosenzweig, F. 169, 272
Rothenberg, J. 83
Rouault, G. 243, 251
Rousseau, J.-J. 86
Rue de Rosiers, D.B. 240
Rutschmann, V. 8
Saba, Königin von 33, 35, 102
Salis, U. von 87
Salomon, G. 81, 267
Salzmann, C.G. 210, 221
Samoscz, D. 67f.
Saussure, F.E. de 133
Sauer, G. 203
Scanff, J. Le 25, 39, 268
Schäfer, H. F.
Scharbert, J 150, 270 124
Scheel, K. 240
Scheffler, U. 124, 270
Scheilke, C.T. 9, *127-138*
Schelander, R. 125, 273
Schellenberg, J.R. 20f., 38f., 88, 99, 267
Scheuchzer, J.J. 17, 32f., 38f., 188, 203
Schilling, J. 253
Schindler, A. 7, 99
Schindler, R. 7f., *13-40*, 38f., 56, 99, 109, 125, 145f., 150, 188, 198, 204, 216, 254, 264, 270, 275
Schmid, C. von 35
Schmid, E. 124, 270
Schmidt, P. 39, 275
Schmidt 83
Schneider, G: 57, 150
Schnorr von Carolsfeld, J. 24, 125, 226, 167
Schnurre, W.-D. 210
Schröer, H. 206
Schubert, D. 124, 150, 249f., 269

Schubert, I. 124, 150, 249f., 269
Schuiten, F. 228f., 231f., 236, 238, 240, 270
Schuiten, L. 229
Schuler, C.L. 34, 35, 40, 266
Schulte, W. 57
Schulze-Raestrup, N. 275
Schuster, H. 124, 268
Schütz, P. 169
Schwager, R. 168
Schweitzer, A. 57
Schwimbersky, G. 10
Sciandra, A. 125, 268
Singer, C. 50 Smith, B. 125, 269
Smithson, C. 168, 270, 275
Smithson, S. 168, 270, 275
Spee, G. 258, 270
Stangl, H. 263
Steinbacher, J. 268
Steinheim, S.L. 83
Steinwede, D. 10, 28f., 39, *205-221*, 221, 270, 275
Stemberger, G. 62, 70
Stephani, H. 47, 48, 57, 267
Stevenson, J. 260, 264, 269
Stimmer, T. 40
Storm, T. 203
Stoy, J.S. 20, 38, 267
Straeck, B. 275
Streit, J. 33, 39, 270
Stubbe, E. 7
Stutschinsky, A. 26, 39, 62, 68, 70, 270
Sulimann, J. 8, *59-70*
Szold, H. 83
Taubes, H. 63f., 66, 68, 70, 270
Taylor, K.N. 124f., 270
Thomas, E. 124f., 264, 268f.
Thyen, J.-D. 137
Tobler, J. 88
Tobler-Maler, L. 27, 39, 270
Tov, L. 109, 253, 269
Trondheim, L. 236
Tschirch, R. 9, 128f., 131, 134f., 137f., *139-151*, 275f.
Uffelmann, I. 125, 268
Ulonska, H. 57
Ulrich, A. 39
Urchs, W. 168
Utton, P. 124f., 267
Veit, E. 38f., 267

Vendrell, C.S. 125, 245, 267
Vesper, W. 39f., 267
Vries, A. de 124, 142, 150, 242, 263, 270
Vogel, A. 125, 270
Vogel, H. 258, 270
Vollmer, N. 174, 178f., 185, 273
Völpel, A. 83
Vries, A. de 26, 39, 125, 270
Wagener, G. 125, 270
Wagner, J.M. 18f.
Walcha, H. 191
Walter, S. 124, 270
Wardetzky, K. 83
Wartensleben, I. von 90
Wegenast(-Rohrer), Philipp 10, *223-240*, 240, 276
Weigel, C. 21, 39, 267
Weigelt, H. 9, 38, *85-100*, 99
Weissmann, Rabbi M. 70
Wensell, P. 261, 264
Wensell, U. 31, 39, 252, 261, 264, 268, 270
Wenz-Viëtor, E. 188, 203
Wermke, J. 240, 276
Wertensleben, F.G. von 90, 97
Wessely, H. 83
Westermann, C. 39, 124, 135
Weth, I. 9, 39, 53, 133, 142-144, 150f., *153-169*, 168, 243, 270
Wheatcroft, A. 125, 268
Widmann, G. 264
Wilfert, H. 276
Willms, W. 206
Wirtz, H.-G. 271-273, 276
Wittmann, E. 133
Wolff, H. 57
Wolfsson 72
Zakon, M.S.
Zavřel, Š. 70 29, 34, 39, 109, 121f., 125, 150, 254f., 270
Zenger, E. 124
Zink, J. 43f., 47f., 56, 142, 150, 270
Zinzendorf, E. 36
Zinzendorf, N.L.Graf von 36f., 40
Zuidema, W. 169, 276
Zweig, S. 128
Zwerger, L. 263

Biblische Personen

Aaron 160
Abel 8, 25-30, 43, 63, 162, 249
Abigajil 102, 105
Abraham 9, 35, 43-45, 53, 60, 62-66, 87, 95, 97, 100, 102, 105, 107, 122, 127f., 130f., 133-137, 160, 167, 190f., 198f., 204, 214-220, 243, 253
Absalom 54, 78, 159 Adam 26, 29, 64, 78, 100, 106, 143f., 146, 151, 195, 203, 249, 253, 256, 258, 261
Ahab 51
Amram 78
Athalja 159
Barak 74 Barrabas 248
Bartimäus 148
Batseba 75-78, 102, 105, 255
Bileam 43, 199
Boas 32, 62, 106, 107, 248
Daniel 57, 200, 201, 255, 260
Darius 200
David 43-45, 47, 53f., 75-78, 105, 159, 162, 169, 182, 227, 248, 252
Debora 74, 83, 102, 168, 192f., 203
Dina 75f., 84
Elia 52-54, 102, 169, 200, 254
Elieser 43, 108
Elisa 100
Esau 31, 53, 55, 63, 162
Ester 61, 102, 105, 245
Eva 26, 29, 64, 78, 84, 100, 103, 105f., 143, 146, 151, 195, 203, 249, 253, 256, 258, 261, 263
Ezechiel 74
Gideon 53, 192, 193, 200, 203
Goliath 44f., 182
Hagar 35, 102, 105, 107, 133, 135, 199, 204
Ham 77
Hanna 35, 105, 108, 255
Hiob 15, 52-54, 63, 65, 74, 155, 163, 169, 245
Hiobs Frau 102
Isaak/Isaac 9, 42, 55, 60, 64-66, 84, 100, 105, 108, 131, 133-137, 155, 165-167, 169, 190f., 199, 219f., 250, 253, 258, 260
Isebel 54, 105, 159

Ismael 9, 35, 105, 133-137, 199
Jabin 75
Jachin 32
Jaël 74, 76, 78, 82f.
Jairus, Tochter d. 130
Jakob (auch: Jacob) 8, 30f., 53, 55, 60, 63, 75, 100, 105, 108, 159f., 162, 190f., 199, 243, 249, 252
Jehuda 62
Jeremia 74, 161, 163
Jesaja 52, 74, 200f., 252
Jesus 21, 36, 42-48, 53, 55, 57, 107, 148, 155, 165, 207-213, 243-247, 249-263
Jiftach 192f.
Jiftachs Tochter 102, 193
Joab 76
Jochebed 78
Johannes 148, 253, 255
Johannes der Täufer 45
Jona 44f., 100, 112, 183, 259, 260
Joseph/Josef (AT)
Josef (NT) 43, 78, 84, 87f., 91-93, 95, 100, 155, 169, 183, 252, 261 247, 252
Josua 53, 61f.
Kain 8, 25-30, 43, 53, 63, 162, 246, 249
Königin von Saba 33, 35, 102
Laban 31 Lazarus 213
Lea 60, 102, 105
Lot 53, 62, 78, 84, 135, 199
Lukas 148, 247, 253, 255
Manasse 159
Manoah 200
Maria 53, 103, 245, 247, 252, 259
Maria (Marthas Schwester) 45, 247
Markus 48, 148
Martha 45, 247
Mirjam 33f., 102, 105, 109, 168, 247, 248, 255
Mose 8, 19, 21, 43-45, 53, 60-62, 73f., 78, 95, 151, 155, 157, 160f., 182, 189, 191f., 199, 248, 251, 255, 260
Nebukadnezar 146
Noah/Noach 9, 45, 77f., 84, 100, 111-125, 156, 181-183, 190, 248, 253, 255, 257f., 260
Noomi 106f., 255

Paulus 47, 166, 207, 247, 249, 253, 255
Pennina 108
Pilatus
Pinhas' Frau 248 168
Potiphars Frau 33f., 40, 78, 84, 102, 105
Pua 102
Rachel 102, 105
Rahab 105, 247
Rebekka 9, 33f., 55, 60, 101f., 105, 108, 191
Rut 33, 61, 62, 100, 105-107, 169, 227, 247f., 254f.
Salomo 8, 31-33, 35, 74, 140, 160
Samuel 35, 43, 108, 159
Sara 44f., 60, 64, 102, 105, 107, 133, 135f., 198, 204, 216-220
Saul 43, 53, 100, 162
Schechem 75
Schifra 102
Simson 192f., 203
Simsons Mutter 200
Sisera 74f., 82
Tamar 102, 159
Theophilus 247
Tobias 193, 201, 204
Tobit 102, 105, 192f., 201
Uria 76, 78
Ussas 169
Witwe von Sarepta 102, 105
Zacharias 53
Zachäus 45
Timotheus 260f.

Sachregister

Namen aus der Literatur
Amur 234
Asterix 224, 236
Batman 224
Battista, Giovanni 230-232, 238
Cinder, Mort 232-235
Lucky Luke 236
Meretlein 27
Merkin 234
Milena 230f.
Niphal 234
Palingenius, Elias Aurelius 230-232
Popeye 224
Rub 234
Schneewittchen 202
Spinne, Die 224
Struppi 226, 236
Superman 224
Tank Girl 224
Tim 226, 236
Winson, Ezra 234

Sachregister

Altes Testament
- dunkle Seiten 54f., 154 169
- u. Comics 224-240
- u. Illustrationen 188-204
- u. NT 21, 42-57, 192, 243

Antijudaismus 47, 55

Arche Noah 112-126, 181-183, 255, 260

Ascetische Gesellschaft 20, 88

Bibel
s. auch Kinderbibel
- Einheit 53f.
- Mitte der Schrift 42
- Multimedia-Bibel 181
- Spannungen 55f.
- u. Boulevardjournalismus 42
- u. Illustrationen 20

Bibelumgang
- b. Lavater 90-96
- in Comics 225-228, 239f.
- interaktiv 172-185
- jüdischer 63f., 69

Bibliografie
- Kinderbibel-Ausgaben 266-270
- Kinderbibel-Literatur 270-276

Comics 10, 44, 68, 224-240, 247f.

Computerspiele 174-179

Dekalog 43f., 52

Dialog
- christlich-islamischer 130, 132, 136f.
- jüdisch-christlicher 137, 154

Elementarbibel 10, 189-198, 256f.

Engel 14f., 31, 194, 198-201

Erfahrung von
- Anfechtung 161-164
- Gewalt 158f.
- Gott als Feind 160f.
- Leid 158f.
- Schuld 159f.

Erstbegegnung 44, 56

Erzählen
- alttestamentlicher Geschichten 206-221
- biblischer Geschichten 61f., 103, 189f., 198f.,

206-221
- Phantasiearbeit 96, 216
- theologische Verantwortung 147-149, 214, 216
- u. Bilder 214
- u. Familienbibel 17, 245

Erziehung
- b. Lavater 86f.
- jüdische 60-70
- religiöse 47f., 130, 259, 262

Familie 44, 55

Feste, religiöse 44-46, 61, 131f.

Flanelltafelbilder 189f.

Frauen(gestalten) 9, 33-37, 74-76, 102-109, 160, 244

Frömmigkeit 27, 75, 78

Gesetz u. Evangelium 49f.

Gott
- Gottesbild 23-25, 29, 49, 63f., 155, 160-165, 194, 249
- Gotteserfahrung 97f., 158
- u. Altes Testament 156-168
- u. Erzählen 53, 63f., 9tf., 122f., 144f., 148, 157f., 160-167, 193f., 209, 215, 217-220, 245, 248, 249,

Himmelsleiter Jakobs 30f., 243, 249

Hoffnung 156-158

Illustration(en)
- Elementarbibel 188-197
- Engel 14f., 194, 198-201
- Noachgeschichte 120-122
- Schöpfungsgeschichten 146f.
- u. religiöse Botschaft 202
- Vielfalt 50f.
- Weihnachtsgeschichte 189

Jesusbild 21, 55, 246f., 249f., 252, 256, 260

Kinder
- Bibelverständnis 143
- mit geistiger Behinderung 242f.
- mit Lernbehinderungen 189f.
- u. biblische Widersprüche 54-56
- u. Computerspiele 174-179
- Volksschulkinder 44-46

Kinderbibel

- Alters(stufen)gemäßheit 56, 94f.
- auf CDs 81f.
- Auswahl 21, 54f.
- Bibliografie 266-276
- Bilderbibeln 224f.
- Bindung Isaaks 65f.
- Comics 10, 44, 68, 224-240
- digital 9, 172-185
- Elementarbibel 10, 189-198, 256f.
- Familienbibel 17, 245
- Forschungskolloquium 7, 11, 15, 38
- Frauen(gestalten) 33-37, 74-76,102-109, 166, 244
- Gottesbild 23-25, 49, 63f., 155, 160.165, 194, 249
- Illustrationen 20, 50f., 120-122, 146f., 188-204
- Jakobs Traum 30f., 243, 249
- Jesusbild 21, 55, 246f., 249f., 252, 256, 260
- jüdische 8, 26f., 67-70, 72-74, 81f.
- Kain u. Abel 25-30
- Kriterienfrage 56, 62-66, 92-95, 97, 122f., 128, 179f., 214
- Lavater 9, 86-99
- Schöpfungserzählungen 113f., 140-151, 193-197, 244, 248f.
- Sintfluterzählung 112-124, 156f., 245
- Titelblattgestaltung 21-23
- u. Frauen(gestalten) 9, 33-37, 74-76, 102-109, 160, 244
- u. Kleinkinder 56, 113f., 120f., 244f., 259-263
- u. neue Medien 9
- wachsendes Interesse 7, 128f.
- Zürcher Ausstellung 15-40

Kriterien
- Alters(stufen)gemäßheit 56, 94f.
- Erbaulichkeit 92f., 97
- Kindgemäßheit 62-66,122f., 128, 214
- mediale 179f.
- Texttreue 135, 190
- Verständlichkeit 91f.

Medien 172f.

Mitte der Schrift 42

Mizwa 60, 66f.

Neues Testament
- u. AT 21, 42-57, 192, 243

Neujahrsblatt 14-17

Schöpfung
- bibelwissenschaftlich 140-142, 147-149
- in Kinderbibeln 113f., 142-146, 193-197, 244, 248f.,

Sintfluterzählung 112-124, 156f., 245

Symbolik 192, 198, 245f., 252, 257f.

Tempel 31-33

Text
- Texttreue 135,190
- u. Bild 242-262

Turmbau zu Babel
- b. Breccia, A./Oesterheld, H. 232-235
- b. Mathieu, M.-A. 236-239
- b. F. Schuiten, F./Peeters, B 229-232

Zürich
- im 18. Jh. 15-18
- Neujahrsblatt 14-17

Verzeichnis der Mitarbeiterinnen und Mitarbeiter

Adam, Dr. Dr. h.c. Gottfried; Professor für Religionspädagogik an der Evangelisch-Theologischen Fakultät der Universität Wien.
Rooseveltplatz 10, A-1090 Wien.
Bildungsverantwortung wahrnehmen. Beiträge zur Religionspädagogik III (StTh 15), Würzburg 1999.
Theologische Schlüsselbegriffe. Biblisch-systematisch-didaktisch *(TLL 1; mit Rainer Lachmann u. Werner H. Ritter),* Göttingen 1999.
Elementare Bibeltexte. Exegetisch-systematisch-didaktisch *(TLL 2; hg. mit Rainer Lachmann u. Christine Reents),* Göttingen 2001.
(Hg. mit Rainer Lachmann), Schul- und Kinderbibeln. Probleme ihrer Erforschung, Göttingen 1999.

Bader, Dr. Winfried; Verlagslektor beim Katholischen Bibelwerk Stuttgart.
Silberburgstrasse 121, D-70176 Stuttgart.
Simson bei Delila. Computerlinguistische Interpretation des Textes Ri 13-16 (THLI 3), Tübingen 1991.
(Hg.) «Und die Wahrheit wurde hinweggefegt.» Daniel 8 linguistisch interpretiert (THLI 9), Tübingen 1994.
«Birg den Versprengten, den Flüchtling verrate nicht» (Jes 16,3) – Asyl im Alten Testament, in: Hans Jürgen Guth (Hg.), Kirchenasyl. Probleme – Konzepte – Erfahrungen, Mössingen 1996, S. 17-46.

Baum-Resch, Anneli; Referentin für die Fortbildung von Religionslehrerinnen und – lehrern am Institut für Lehrerfortbildung in Mainz.
van-Gogh-Str. 47, D-55127 Mainz.
Als Mann und Frau lesen sie. Einführung in den dialogischen Bibelunterricht, Trier 1999.
Literaturbericht: Was gibt es über Kinderbibeln zu lesen?, in: KatBl 125/2000, H. 2.
Art. Renate Günzel-Horatz, in: Kinder- und Jugendliteratur. Ein Lexikon, 15. Ergänzungslieferung, Meitingen 2002.

Bottigheimer, PhD Ruth B.; Professorin im Dept. of Comparative Literature der State University of New York in Stony Brook, New York/USA.
61 Cedar Str., Stony Brook, NY 1170-335.
Grimm's Bad Girls and Bold Boys. The Moral and Social Vision of the Tales, New Haven: Conn.: Yale University Press 1987.
Children's Bibles: Sacred Stories, Eternal Words, and Holy Pictures. Exhibit Catalog notes, Harvard University: Houghton Library 1994.
The Bible for Children from the Age of Gutenberg to the Present, New Haven, Conn.: Yale University Press 1996.

Braun, Josef, Theologe; Doktorand im Fach Religionspädagogik an der Universität Regensburg und Lehrer am Gymnasium in Regensburg.
Postfach 37, D-93171 Wenzenbach.

Kleines ABC des Kirchenraumes, Freiburg/Basel/Wien ³1994.
Mit kritischem Blick auf Kinderbibeln heute. Übersicht, exemplarische Fehlformen, Beurteilung, in: KatBl 125/2000, S. 226-232.
Humor in Kinderbibeln, in: Franz W. Niehl/Hans-Gerd Wirtz (Hg.), Kinderbibeln zwischen Qualität und Kommerz. Vorträge und Berichte von der 4. Trierer Kinderbibeltagung vom 10. bis 12. November 1999, Trier 2000, S. 38-43.

Herrmann, Reinhard, 1923-2002; Grafiker und Illustrator, Lehrtätigkeit ab 1955, 1971 bis 1990 als Professor im Fachbereich Design der Fachhochschule Münster.
Zehn biblische Bilderbücher, Gütersloh 1959-1969.
Der Weg zur Krippe. Ein Adventskalender zum Basteln und Vorlesen, Lahr 1960.
Die Elementarbibel, Text von Anneliese Pokrandt, in 8 Einzelbänden, Lahr und München 1973-1993. Als Gesamtausgabe (gekürzt), Lahr 1998.

Lachmann, Dr. Rainer; Professor an der Universität Bamberg, Lehrstuhl für Evangelische Theologie mit Schwerpunkt Religionspädagogik und Didaktik des Religionsunterrichts.
Hetzerstr. 3, D-96049 Bamberg.
Johann Hübner, Zweymal zwey und funffzig Auserlesene Biblische Historien aus dem Alten und Neuen Testamente (1714/31). *Herausgegeben, eingeleitet und kommentiert zus. mit Christine Reents*, Hildesheim/Zürich/New York 1986.
(Hg. mit Gottfried Adam), Schul- und Kinderbibeln. Probleme ihrer Erforschung, Göttingen 1999.
Theologische Schlüsselbegriffe. Biblisch-systematisch-didaktisch *(TLL 1; mit Gottfried Adam u. Werner H. Ritter)*, Göttingen 1999.
Elementare Bibeltexte. Exegetisch-systematisch-didaktisch *(TLL 2; hg. mit Gottfried Adam u. Christine Reents)*, Göttingen 2001.
Die Religions-Pädagogik Christian Gotthilf Salzmanns (Arbeiten zur Historischen Religionspädagogik 2), Jena 2. völlig überarb. u. erw. Aufl. 2003.

Reents, Dr. Christine, geb. Kaestner; von 1988-1999 Professorin für Praktische Theologie an der Kirchlichen Hochschule Wuppertal.
Mühlenteichstr. 48, D-26316 Varel.
Erziehung zum kritisch-produktiven Denken im Religionsunterricht der Grund- und Orientierungsstufe. Bd. 1 u. 2, Gütersloh 1974.
Die Bibel als Schul- und Hausbuch für Kinder. Werkanalyse und Wirkungsgeschichte einer frühen Schul- und Kinderbibel im evangelischen Raum. Johann Hübner, Zweymahl zwey und funffzig auserlesene Biblische Historien. Der Jugend zum Besten abgefasset ..., Leipzig 1714 bis Schwelm 1902, Göttingen 1984.
Religionspädagogik im Gespräch. Eine subjektiv-selbstkritische Rückschau, in: *Rainer Lachmann/Horst F. Rupp (Hg.)*, Lebensweg und religiöse Erziehung, Bd. 3, Weinheim 2000, S. 305-326.

Scheilke, Dr. Christoph Th.; Direktor des Pädagogisch-Theologischen Zentrums in Stuttgart-Birkach und Honorarprofessor an der Evangelisch-Theolo-

gischen Fakultät der Universität Münster/Westf.
Fernholzstr. 67, D-48159 Münster.
Bildung und Religion in der allgemeinbildenden Schule für alle Kinder und Jugendlichen, in: Neue Sammlung 37/1997, S. 165-186.
(Hg. *mit Martin Schreiner*), Handbuch Evangelische Schulen, Gütersloh 1999.
(Hg. *mit Friedrich Schweitzer*), Kinder brauchen Hoffnung-Religion im Alltag des Kindergartens Bd. 1-4, Gütersloh 1999-2002.
Von Religion lernen, Münster 2003.

Schindler, Dr.phil. Dr.theol.h.c. Regine; Germanistin und Schriftstellerin.
Seestraße 216, CH-8713 Uerikon.
«Religion für kleine Leute». Bilderbuchreihe mit verschiedenen Illustratoren, 17 Bände, Lahr 1979-1994.
Was Kinder von Gott erwarten, Kevelaer/Lahr 1993.
Erziehen zur Hoffnung. Ein Elternbuch zur religiösen Erziehung, Zürich/Lahr (1977) ³1986. Dass. völlig neu geschrieben:
Zur Hoffnung erziehen. Gott im Kinderalltag, Zürich/Lahr 1999, bearb. 2000.
Dass. (gekürzt) als Taschenbuch: Himmel und Erde, Freiburg u.a. 2000.
Mit Gott unterwegs: Die Bibel für Kinder und Erwachsene neu erzählt. Illustrationen von Štěpán Zavřel, Zürich 1996.

Steinwede, Dr. h.c. Dietrich; Lehrer an Volksschulen, Studium der Germanistik und Geschichte, Dozent am Religionspädagogischen Institut in Loccum und am Pädagogisch-Theologischen Institut in Bonn-Bad Godesberg (1970-1993).
Behringstr. 5, D- 53177 Bonn.
Zu erzählen deine Herrlichkeit. Biblische Geschichten für Schule, Haus und Kindergottesdienst, Göttingen 1965.
werkstatt erzählen, Münster 1974.
Kommt und schaut die Taten Gottes. Die Bibel in Auswahl mit Bildern aus dem ersten Jahrtausend christlicher Kunst, Göttingen 1982.
Soviel Gott strömt über. Streiflichter eines Lebens (StTh 20), Würzburg 2000 (mit einer Bibliographie von fast 200 Titeln).

Suliman, Judith; Lic. phil., jüdische Religionspädagogin, Lehrbauftragte am Institut für Kirche und Judentum, Zürcher Lehrhaus.
Seestr. 2, CH-8002 Zürich.

Tschirch, Dr. Reinmar; Pastor i.R. und Honorarprofessor erziehungswissenschaftlicher Fachbereich der Universität Hannover.
Kirchröder Str. 68A, D-30625 Hannover
Gott für Kinder. Religiöse Erziehung -Vorschläge und Beispiele, Gütersloh (1974), 11., vollst. überarbeitete Aufl. 2000.
Bibel für Kinder. Die Kinderbibel in Kirche, Gemeinde, Schule und Familie, Stuttgart u.a. 1995.
Biblische Geschichten erzählen, Stuttgart u.a. 1997.
Art. Kinderbibel, in: Kinder- und Jugendliteratur. Ein Lexikon, 9. Erg.-Lfg, Februar 2000.

Wegenast, Philipp, Lic. theol.; Personalleiter und Projektmanager in einer Schweizer Großbank.
Obstbergweg 8, CH-3006 Bern.
Lukas haut ab. Eine Bildergeschichte zum Gleichnis vom verlorenen Sohn. Illustriert von Martin Balscheit, Lahr 1997.
(*Hg. mit Godwin Lämmermann, Christoph Morgenthaler, Kurt Schori*), Bibeldidaktik in der Postmoderne, Stuttgart 1999.
Wie kommt die Religion ins Kinderbuch und wie wieder heraus?, in: Zeitschrift für Pädagogik und Theologie 54/2002, S. 353-359.

Weigelt, Dr. Horst; Professor (em.) an der Universität Bamberg.
Hennebergerstr. 7, D-96049 Bamberg.
Spiritualistische Tradition im Protestantismus. Die Geschichte des Schwenckfeldertums in Schlesien (AKG 43), Berlin 1973.
Sebastian Franck und die lutherische Reformation (SVRG 186), Gütersloh 1971.
Lavater und die Stillen im Lande – Distanz und Nähe. Die Beziehungen Lavaters zu Frömmigkeitsbewegungen im 18. Jahrhundert (APG 25), Göttingen 1988.
Johann Kaspar Lavater. Leben, Werk und Wirkung (KVR 1556), Göttingen 1991.

Weth, Irmgard; Leiterin der Neukirchener Diakonenausbildung und Dozentin am Berufskolleg des Neukirchener Erziehungsvereins, Neukirchen-Vluyn.
Wiesfurthstr.13a, D-47506 Neukirchen-Vluyn.
Wenn euch eure Kinder fragen, Neukirchen-Vluyn 1992.
Neukirchener Kinder-Bibel. Illustrationen von Kees de Kort, Neukirchen-Vluyn (1988), 13., überarbeitete und ergänzte Aufl. 2001.
Neukirchener Erzählbibel. Neue Geschichten aus dem Alten und Neuen Testament. Illustrationen von Michiel und Kees de Kort, Neukirchen-Vluyn 1998.